高职高专互联网+新形态教材·财会系列

财务会计(第 3 版)
(微课版)

史宁宁　刘　伟　主　编
刘松颖　刘巧茹　贾会棉　副主编

清华大学出版社
北京

内 容 简 介

本书根据高职高专会计专业的培养目标编写，采用新的课程教学模式，按会计实践工作岗位设置如下教学项目：出纳岗位，往来结算岗位，存货核算岗位，固定资产核算岗位，无形资产核算岗位，投资核算岗位，职工薪酬核算岗位，筹资核算岗位，涉税岗位，收入、费用和利润核算岗位，总账报表岗位。本书在编写时根据每个会计岗位的工作任务组织内容，使教学内容与实际工作相结合。此次再版中还增加了微课视频，更有利于老师教学和学生自学。

本书可作为高职高专会计专业及其他相关专业学习的教材，也可用作会计培训机构的教材。

本书封面贴有清华大学出版社防伪标签，无标签者不得销售。
版权所有，侵权必究。举报：010-62782989，beiqinquan@tup.tsinghua.edu.cn。

图书在版编目(CIP)数据

财务会计：微课版/史宁宁，刘伟主编. —3 版. —北京：清华大学出版社，2022.7(2025.2 重印)
高职高专互联网+新形态教材·财会系列
ISBN 978-7-302-61298-8

Ⅰ. ①财⋯　Ⅱ. ①史⋯　②刘⋯　Ⅲ. ①财务会计—高等职业教育—教材　Ⅳ. ①F234.4

中国版本图书馆 CIP 数据核字(2022)第 122417 号

责任编辑：梁媛媛
封面设计：李　坤
责任校对：徐彩虹
责任印制：宋　林
出版发行：清华大学出版社
　　　　　网　　址：https://www.tup.com.cn, https://www.wqxuetang.com
　　　　　地　　址：北京清华大学学研大厦 A 座　　邮　编：100084
　　　　　社 总 机：010-83470000　　邮　购：010-62786544
　　　　　投稿与读者服务：010-62776969, c-service@tup.tsinghua.edu.cn
　　　　　质量反馈：010-62772015, zhiliang@tup.tsinghua.edu.cn
　　　　　课件下载：https://www.tup.com.cn, 010-62791865
印 装 者：三河市龙大印装有限公司
经　　销：全国新华书店
开　　本：185mm×260mm　　印　张：20.75　　字　数：499 千字
版　　次：2013 年 3 月第 1 版　2022 年 8 月第 3 版　　印　次：2025 年 2 月第 2 次印刷
定　　价：59.00 元

产品编号：092079-01

前　言

高等职业教育是以培养具有一定专业技能的实用人才为主要目标，以能力培养为本位的教学活动。学校的教学内容应与实际工作相结合，以缩短毕业生与工作岗位间的差距。

财务会计课程是会计专业的核心课程，是一门具有较强实用性和可操作性的课程。因此，财务会计教材不但应具备系统性的特点，更应具备实用性、技术性，强调对学生实际技能的培养，使毕业生成为技术过硬的会计人才。在教学工作中我们发现，高职高专财务会计专业的现有教材多是按照会计要素的具体内容进行课程设置，教材结构安排与实际工作岗位业务脱节，岗位针对性薄弱，而社会对会计人员的需求则是针对具体的工作岗位，因此造成理论与实践脱节，教学内容与高职教育目标不匹配。

为满足会计教学需要，我们通过对会计专业毕业生就业岗位的跟踪分析，在调研了一线会计工作人员、高技能兼职教师的基础上，参考会计岗位技能及标准，依据最新修订的《企业会计准则》，确定了本书的内容。

本书在编写上具有以下特点。

1. 按照会计岗位工作内容组织教材内容

本书根据高职会计专业的培养目标，依据理论够用、注重实务操作的原则编写，打破了按照会计要素进行课程设置的传统学科模式，实现了课程体系按照工作岗位的重构。本书按照会计实际工作岗位的业务组织教材内容，每章都具体介绍岗位工作内容，工作流程(包括业务操作过程、流程图)，业务核算等内容，以培养学生的实际操作能力和岗位适应性。

2. 融合会计资格考试内容

财务会计是会计职称的必考课程。本书在培养学生岗位能力的同时，兼顾学生职业发展的需要，结合国家助理会计师、会计师资格考核标准选取内容，并在课后习题中安排会计职称考试题型，为学生将来考取职称奠定基础。

3. 内容循序渐进

在编写本书的过程中，充分考虑了高等职业技术教育和在校学生的特点，在兼顾教材内容系统性的同时，遵循由易到难、由简单到复杂的原则组织内容。本书课后习题分为单项选择题、多项选择题、判断题、业务操作题，以便于学生全面、准确掌握业务。本书各章按照学习目标、导读案例、岗位业务、本章小结、课后习题的结构编写，便于学生明确学习要点，启发学生思考、分析问题，培养学生的会计处理能力。

本书在第 2 版的基础上根据最新修订的会计准则和税法对相关内容进行了更新；按照调减后的增值税税率修改了相关业务的计算数据；修改了资产负债表、利润表、现金流量表和所有者权益变动表的格式和内容；删减了一些对于高职学生来说难度较大以及实际工作中运用较少的内容；对第 2 版教材中的部分疏漏进行了修订。

本书由具有多年会计教学经验的一线骨干教师，以及在企业从事会计工作的高技能兼职教师共同编写。本书由史宁宁负责拟定写作大纲、统稿，史宁宁、刘伟、刘松颖对本版内容进行了修改。各章具体编写分工如下：第一章、第二章、第七章由史宁宁(河北软件职业技术学院)编写；第三章、第四章、第八章由刘松颖(河北软件职业技术学院)编写；第五章、第六章、第十一章由刘巧茹(河北软件职业技术学院)编写；第九章、第十二章由刘伟(中国铁路北京局集团有限公司)编写；第十章由贾会棉(河北软件职业技术学院)编写。胡汉祥教授对本书编写内容提出了建议，在此表示感谢。

由于编写时间仓促，以及编者水平有限，书中难免有不足之处，恳请读者批评指正。

编　者

目　　录

第一章　财务会计认知 ... 1

第一节　财务会计概述 ... 2
一、财务会计的概念 ... 2
二、财务会计的特征 ... 2
三、财务会计的目标 ... 3
四、完成财务会计目标的工作环节 ... 3
五、财务会计对象 ... 5

第二节　财务会计规范 ... 10
一、会计确认、计量的基本前提 ... 10
二、会计确认、计量基础 ... 11
三、会计信息质量要求 ... 11

第二节　会计工作岗位设置 ... 13
一、会计机构 ... 13
二、设置会计工作岗位的原则 ... 13
三、财务会计主要工作岗位介绍 ... 14

本章小结 ... 16
课后习题 ... 16

第二章　出纳岗位业务 ... 20

第一节　出纳岗位概述 ... 20
一、出纳岗位的工作内容 ... 20
二、出纳岗位的业务流程 ... 22

第二节　出纳岗位的业务核算 ... 25
一、库存现金 ... 25
二、银行存款 ... 28
三、其他货币资金 ... 31
四、银行支付结算 ... 33

本章小结 ... 45
课后习题 ... 45

第三章　往来结算岗位业务 ... 50

第一节　往来结算岗位概述 ... 50
一、往来结算岗位的工作内容 ... 50
二、往来结算岗位的业务流程 ... 51

第二节　往来结算岗位业务核算 ... 52
一、应收及预付款项 ... 52

二、应付及预收款项 63
本章小结 67
课后习题 68

第四章　存货核算岗位业务 74

第一节　存货岗位概述 74
一、存货岗位的工作内容 74
二、存货岗位的业务流程 76
第二节　存货岗位业务核算 77
一、原材料 77
二、周转材料 92
三、委托加工物资 96
四、库存商品 97
五、存货清查 100
六、存货期末计价 102
本章小结 105
课后习题 106

第五章　固定资产岗位业务 114

第一节　固定资产岗位概述 115
一、固定资产岗位的工作内容 115
二、固定资产岗位的业务流程 117
第二节　固定资产岗位业务核算 118
一、取得固定资产的核算 118
二、固定资产折旧的核算 122
三、固定资产的后续支出 127
四、固定资产处置 130
五、固定资产清查 131
六、固定资产的期末计价 133
七、固定资产明细核算 134
本章小结 135
课后习题 136

第六章　无形资产和长期待摊费用岗位业务 142

第一节　无形资产岗位概述 142
一、无形资产岗位的工作内容 142
二、无形资产岗位的业务流程 145
第二节　无形资产业务核算 145
一、取得无形资产的核算 145
二、无形资产摊销 148

  三、无形资产减值 149
  四、无形资产处置 149
 第三节 长期待摊费用核算 151
 本章小结 152
 课后习题 152

第七章 投资岗位业务 156
 第一节 投资岗位概述 156
  一、投资岗位的工作内容 156
  二、投资岗位的业务流程 158
 第二节 投资岗位业务核算 159
  一、投资性房地产 159
  二、交易性金融资产 167
  三、债权投资 171
  四、长期股权投资 177
 本章小结 186
 课后习题 187

第八章 职工薪酬岗位业务 195
 第一节 职工薪酬岗位概述 195
  一、职工薪酬岗位的工作内容 195
  二、职工薪酬岗位的业务流程 197
 第二节 职工薪酬核算 198
  一、货币性职工薪酬核算 198
  二、非货币性职工薪酬核算 203
 本章小结 205
 课后习题 205

第九章 筹资核算岗位业务 209
 第一节 筹资岗位概述 209
  一、筹资岗位的工作内容 209
  二、筹资岗位的业务流程 210
 第二节 筹资岗位核算 211
  一、短期借款 211
  二、长期借款 212
  三、应付债券 214
  四、实收资本 217
  五、资本公积 221
  六、留存收益 223
 本章小结 225
 课后习题 225

第十章 涉税岗位业务 ... 230

第一节 涉税岗位概述 ... 230
一、涉税岗位的工作内容 ... 230
二、涉税岗位的业务流程 ... 231

第二节 涉税岗位核算 ... 232
一、应交增值税 ... 233
二、应交消费税 ... 239
三、应交城市维护建设税和教育费附加 ... 242
四、应交资源税 ... 242
五、应交房产税、土地使用税、车船使用税、矿产资源补偿费和印花税 ... 243
六、应交企业所得税 ... 243

本章小结 ... 248
课后习题 ... 249

第十一章 收入、费用和利润岗位业务 ... 254

第一节 收入、费用和利润岗位概述 ... 254
一、收入、费用和利润岗位的工作内容 ... 254
二、收入、费用和利润岗位的业务流程 ... 255

第二节 收入、费用和利润岗位业务核算 ... 256
一、收入 ... 256
二、费用 ... 271
三、利润 ... 274

本章小结 ... 281
课后习题 ... 281

第十二章 总账报表岗位业务 ... 287

第一节 总账报表岗位概述 ... 287
一、总账报表岗位的工作内容 ... 287
二、总账报表岗位的业务流程 ... 289

第二节 财务报表的编制 ... 290
一、财务报表的编制要求 ... 290
二、资产负债表 ... 291
三、利润表 ... 304
四、现金流量表 ... 307
五、所有者权益变动表 ... 313
六、附注 ... 316

本章小结 ... 317
课后习题 ... 318

参考文献 ... 322

第一章　财务会计认知

【学习目标】

- 掌握企业财务会计的概念、特征。
- 了解财务会计的目标和对象。
- 掌握企业财务会计规范。
- 了解会计岗位的设置。

【导读案例】

王强是一名会计专业的大学毕业生，毕业后应聘到华丰公司财务部工作。华丰公司是一家大型机械制造企业，生产制造的机械品种多，会计核算业务较为复杂。公司财务部设有财务、会计、审计三个职能科室，为了提高工作效率，出纳签发支票后自行审核签章，无须财务部门经理审核。为了节约成本支出，记账岗位精减会计人员，岗位分工不明确，会计人员工作业务量大，难以避免财务舞弊、重大差错等问题的发生。

华丰公司的会计机构设置如图 1-1 所示。

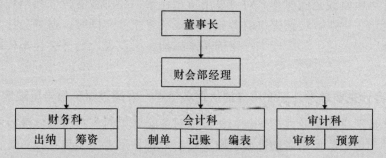

图 1-1　华丰公司的会计机构设置

工作一段时间以后，王强根据所学的专业知识，对公司的会计机构设置提出了以下问题及解决方案：①会计岗位设置与公司会计业务量不匹配，不符合单位会计核算的需要。作为大型的机械制造企业，会计数据多，会计岗位应该细致分工，因此需要在会计科下面增设存货核算岗位、固定资产核算岗位、成本核算岗位、往来核算岗位、工资核算岗位。在财务科下面增设涉税管理岗位、综合分析岗位，从而明确分工，提高会计人员的办事效率。②不满足牵制性原则，支票的签发与负责审核需要分离。

(资料来源：根据豆丁网案例删改，https://www.docin.com/p-1224655708.html.)

问题：

你认为王强提出的问题及解决方案有道理吗？

第一节　财务会计概述

一、财务会计的概念

现代企业会计经过长期的发展，已形成财务会计和管理会计两大分支，两者是随着企业内、外对会计信息的不同要求而分化的两个领域。管理会计以企业内部管理人员为主要服务对象，利用财务会计的核算资料，运用一系列技术和方法通过分析、预测，为企业内部管理者进行决策提供有用的信息。财务会计是以会计准则为依据，运用会计学的基本理论，对已经发生的经济业务通过确认、计量、记录和报告等专门方法，将企业的财务信息提供给使用者的一个信息系统。

二、财务会计的特征

财务会计和管理会计在企业经营中发挥着不同的作用，它们既互相联系又有明显的区别。与管理会计相比较，财务会计具有以下五个方面的特征。

1. 财务会计是传统会计的发展与延伸

财务会计运用复式记账原理，对可以用货币计量的经济业务，以原始凭证为依据，通过编制会计分录、记账、定期提供财务报告完成核算工作。同时，财务会计又将传统的会计方法系统化、规范化，形成较为严密的基本结构，所以说，财务会计是传统会计的发展与延伸。

2. 财务会计主要是为外部使用者提供财务信息，并通过财务报告反映信息

财务会计虽然也向企业内部提供信息，但财务会计以对外报告为主要目标，所提供的信息必须能够满足外部使用者的需要。财务信息外部使用者主要包括投资者、债权人、政府有关部门和社会公众等。财务会计的目的是让财务信息使用者通过财务报告了解企业的财务信息，并进行分析、比较、判断，从而作出经营决策。

3. 财务会计必须遵循会计准则、会计规章

企业外部使用者主要通过财务报告获得企业经营信息，并据此作出判断和决策。这就要求对财务信息进行规范，防止企业管理者为了达到某种目的或者由于会计处理方法不恰当而导致财务信息不真实或不全面。同时，规范的核算方法和财务报告也可以使不同企业或同一企业在不同时期的财务信息具有可比性。我国要求财务会计必须遵循由财政部颁布的《企业会计准则》和相关会计制度。

4. 财务会计的工作程序和方法比较统一、固定

财务会计有严密的核算程序，任何一项业务的处理都是根据原始凭证编制记账凭证，根据记账凭证或将其汇总后登记账簿，再根据账簿编制报表。财务会计有统一规定的凭证、账簿、报表格式，以及统一规定的报告期间。

5. 财务会计重点反映已发生和已完成的经济业务

财务会计主要是对已发生的经济业务进行事后的记录和监督，为会计信息使用者提供历史性的财务信息。

三、财务会计的目标

财务会计的目标是指财务会计所要达到的目的。根据《企业会计准则——基本准则》的规定，财务会计的目标可以概括为以下两个方面。

1. 向财务报告使用者提供决策有用的信息

财务会计的首要目标是为财务信息使用者提供有用的信息，帮助使用者作出相关决策。财务会计提供信息的主要形式是财务报告，通过财务报告，提供与企业财务状况、经营成果和现金流量等有关的会计信息。

财务报告使用者主要包括投资人、债权人、政府及其有关部门、企业管理者和社会公众等。投资人是企业生产经营资金的提供者，他们通过对企业财务报告的分析，可以了解企业的生产经营情况，使现有或者潜在的投资人根据相关会计信息作出理性的投资决策；债权人关心的是企业的偿债能力，他们通过分析企业的会计信息，判断企业能否及时偿还债务，作出贷款决策；企业提供的会计信息还为政府部门提供参考，从而使其作出宏观决策；其他有关部门(如税务部门)，根据企业提供的会计信息实行课税；企业管理者通过对财务会计信息的分析、判断，作出经营决策；社会公众是潜在的投资人和债权人，他们也关注企业的发展，从而决定将资金投向何处。

2. 反映企业管理层受托责任的履行情况

投资者向企业投入资本，企业管理者受托经营管理企业。投资人一般在企业之外，他们需要及时或者经常性地了解企业管理层保管、使用资产的情况，了解企业财务状况、经营成果，评价管理者的经营业绩，并作出经营决策。因此，会计信息的一个重要目标就是反映企业管理层(经营者)受托责任的履行情况，以有助于评价企业的经营管理责任及资源使用的有效性。

四、完成财务会计目标的工作环节

完成财务会计目标要经过确认、计量、记录和报告4个基本环节，这4个环节各自独立，又相互联系，每个环节又有相应的会计核算的具体方法。

(一)确认

1. 确认的含义

确认是指通过一定的标准或方法来确定所发生的经济活动是否作为会计要素加以记录，是否列入报表。即审核凭证并判断凭证中记载的经济事项能否作为会计要素入账；是什么要素；记入何账户；列入何种报表。确认主要解决某项经济业务事项"是什么，是否应当在会计上反映"的问题。

2. 确认的主要标准

企业各项经济业务是否应当在会计凭证、账簿中加以记录，以及怎样把账簿中的信息和其他数据转化为财务报告，都必须经过会计确认进行辨别和认定，这是会计处理的第一步。辨别和认定的主要标准有：①可定义性，即应予确认的项目必须符合会计要素的定义；②可计量性，即应予确认的项目能够可靠地计量，即有确凿的证据证明所计量的金额为多少；③该项目产生的经济利益将很可能流入或流出企业。

(二)计量

1. 计量的含义

计量是指以货币为主要计量单位，对已确认、可以进行会计处理的经济活动确定其应记录的金额。计量主要解决账户和报表中记录的金额是多少。

会计计量可分为初始计量和后续计量。初始计量是初始成本的确定，即某一会计要素初次入账的价值。后续计量是对经初始计量后价值变动情况的计量。例如，固定资产购入按照成本入账就是初始计量，以后每期折旧或者计提减值就是后续计量。

2. 计量属性

计量属性反映的是会计要素记录金额的确定基础，主要包括历史成本、重置成本、可变现净值、现值和公允价值等。

(1) 历史成本，又称为实际成本，是指对会计要素的记录，应以形成该要素时的实际交易金额为标准进行计量。例如，资产按照购置时支付的现金或者现金等价物的金额计量。历史成本计量方法简便，比较客观，是目前我国会计计量的基本方法。但是，在物价波动较大的情况下，历史成本不能真实反映会计要素的实际价值。

(2) 重置成本，又称现行成本，是指按照当前市场条件，重新取得同样一项资产所需支付的现金或现金等价物的金额。我国会计进行账务处理时，一般是在没有历史成本记录情况下采用重置成本，如盘盈固定资产。目前在资产评估工作中，大都采用重置成本。

(3) 可变现净值，是指某项资产在正常经营过程中预计可带来的现金净流入。即资产按照其正常对外销售所能收到现金或者现金等价物的金额，扣减该资产至完工时估计将要发生的成本、估计的销售费用以及相关税费后的金额计量。存货期末按可变现净值计量。

(4) 现值，是指对未来现金流量按照一定方法折合成的当前价值。在现值计量下，资产按照预计从其持续使用和最终处置中所产生的未来净现金流入量折现金额计量。负债按照预计期限内需要偿还的未来净现金流出量的折现金额计量。

(5) 公允价值，是指市场参与者在计量日发生的有序交易中，出售一项资产所能收到或者转移一项负债所需支付的价格。一般在金融资产、投资性房地产等业务核算中涉及公允价值计量。

我国《企业会计准则——基本准则》规定，企业在对财务报表要素进行计量时，一般应当采用历史成本。在某些情况下，以历史成本计量，难以达到会计信息质量要求时，有必要采取其他计量属性进行计量。

采用重置成本、可变现净值、现值和公允价值计量时，经常需要依赖于估计，为了保证会计信息的可靠性，企业应当保证所确定的财务报表要素金额能够取得并可靠计量，否则只能采取历史成本计量。

(三)记录

记录是指对经过确认、计量的经济业务，采用一定方法在账户中登记的过程。在手工记账程序下，记录包括填制会计凭证、登记账簿和编制会计报表等7种会计核算方法。

(四)报告

报告是指通过编制财务报告的形式向有关方面和人员提供会计信息。即将日常确认、计量、记录的结果汇总编制财务报告，从而实现财务会计目标。

总之，会计确认是会计计量的前提，会计计量是会计确认的延续；会计确认和计量的结果都在会计账户中加以记录，由财务报告加以披露。

五、财务会计对象

财务会计对象是指财务会计核算和监督的内容，是一个会计主体能以货币表现的经济活动，具体而言即为会计要素。会计要素就是对会计对象具体内容按经济特性所作的基本分类，包括资产、负债、所有者权益、收入、费用和利润。财务会计就是对企业在生产经营中的投入资产、发生耗费、取得收入、形成利润进行核算，从而提供企业财务状况、经营成果和现金流量等方面的信息。

(一)资产

资产是指企业过去的交易或者事项形成的、由企业拥有或者控制的、预期会给企业带来经济利益的资源。

1. 资产的特征

(1) 资产是一种经济资源，预期会给企业带来经济利益。

资产作为经济资源用于企业的经营活动，能够给企业带来经济利益，能否为企业带来经济利益是资产的重要特征。给企业带来经济利益，是指资产有直接或者间接导致现金和现金等价物流入企业的潜力。如果某一资源预期不能给企业带来经济利益，那么就不能将其确认为企业的资产。

(2) 资产必须为企业拥有或者控制。

拥有是指企业对资产享有所有权，企业能够按照自己的意愿使用或处置，从而获得经济利益。对于一些特殊方式形成的资产，企业虽不拥有其所有权，却能够对其进行实际控制，其使用寿命内产生的经济利益、使用中的风险归企业所有，也应当确认为企业资产。

(3) 资产是由过去的交易或者事项所形成的。

确认一项资产，必须是由过去已发生交易或者事项产生的现实资产，而不是预期的资产。未来交易或者事项可能产生的结果，则不能作为资产确认，如计划中可能形成的资产。

2. 资产的确认条件

将一项资源确认为资产，在符合资产定义的前提下，还应同时满足以下两个条件。

(1) 与该资源有关的经济利益很可能流入企业。

能够带来经济利益是资产的一个本质特征,如果与资源有关的经济利益是否流入企业不确定,那么该资源就不能确认为资产。

(2) 该资源的成本或者价值能够可靠地计量。

可计量是所有会计要素确认的前提,资产也是如此。只有当资源的成本或者价值能够可靠地计量时,才能在账面记录其金额,资产才能予以确认。

(二)负债

负债是指企业过去的交易或者事项形成的、预期会导致经济利益流出企业的现时义务。

1．负债的特征

(1) 负债是企业承担的现时义务。

负债是企业的一种义务,任何债务都需要偿还,只要有负债,企业就承担着偿还的责任和义务。

(2) 负债的清偿导致经济利益流出企业。

负债将来要以资产或提供劳务来偿还,清偿债务必然导致经济利益流出企业。

(3) 负债是由过去的交易或者事项所形成的。

作为负债入账的要素,必须是确实存在的,即由过去的实际交易或者事项所产生的结果,谈判中或计划中的未来债务不能确认为负债。

2．负债的确认

确认为负债,除符合负债的定义外,还要同时满足以下两个条件。

(1) 与该义务有关的经济利益很可能流出企业。

负债会导致经济利益流出企业,若经济利益的流出带有不确定性或经济利益流出企业的可能性已不复存在,不应将其作为负债予以确认。

(2) 未来流出的经济利益的金额能够可靠地计量。

负债的金额能够可靠计量时,才能在账面记录其金额,负债才能予以确认。

(三)所有者权益

所有者权益是指企业资产扣除负债后由所有者享有的剩余权益,其金额为资产减去负债后的余额。

1．所有者权益的特征

(1) 具有不可偿还性。

任何债权人的权益都有偿还时间,所有者权益代表的是所有者投入的永久资本,在企业持续经营期间不得以任何形式收回,除非企业减资或破产。

(2) 对资产的要求权的置后性。

债权人权益优先于所有者权益,当企业破产清算时,只有在清偿债务后才能向所有者退回一定的资本。如果在清偿所有债务后没有剩余资产,则所有者得不到任何补偿。

(3) 投资收益具有不确定性。

债权人的收益按约定的利率计算,一般是固定的,而所有者的投资回报不固定,与企业经营有关。企业盈利越多，投资者的回报就越多；企业盈利越少，投资者的回报就越少。

(4) 所有者可参与经营、分享利润。

债权人只有要求企业偿还其债务的权益，无权参与企业经营决策，而所有者有对企业的经营决策权、利润分配权等权利。

2. 所有者权益的确认

所有者权益体现的是所有者对企业资产减去负债后净资产的所有权。因此，所有者权益的确认主要依赖于资产和负债的确认；所有者权益金额的确定也主要取决于资产和负债的计量。

(四)收入

收入是指企业在日常经营活动中形成的、会导致所有者权益增加、与所有者投入资本无关的经济利益的总流入。

1. 收入的特征

(1) 收入是企业在日常经营活动中形成的。

所谓日常活动，是指企业为完成其经营目标而从事的经营活动，以及与之有关的其他活动。

(2) 收入可能使企业资产增加，或负债减少，或两者兼而有之。

收入给企业带来经济利益的形式多种多样，既可能使企业增加银行存款、应收账款等资产项目，也可能使企业减少应付账款、应付票据等负债项目。

(3) 收入能导致企业所有者权益的增加。

与收入相关的经济利益的流入会导致所有者权益增加，不会导致所有者权益增加的经济利益流入不应确认为收入。

(4) 收入与所有者投入资本无关。

所有者投入资本也会导致经济利益流入企业，但这种经济利益的流入不是在企业经营中形成的，不能确认为收入，应当将其直接确认为所有者权益。

2. 收入的确认

收入应当在企业履行了合同中的履约义务，即客户取得相关商品或劳务的控制权时确认。当企业与客户之间的合同同时满足下列条件时，企业应当在客户取得相关商品或劳务的控制权时确认收入。

(1) 合同各方已批准该合同并承诺将履行各自义务。

(2) 该合同明确了合同各方与所转让商品或提供劳务相关的权利和义务。

(3) 该合同有明确的与所转让商品相关的支付条款。

(4) 该合同具有商业实质，即履行该合同将改变企业未来现金流量的风险、时间分布或金额。

(5) 企业因向客户转让商品而有权取得的对价很可能收回。

(五)费用

费用是指企业在日常活动中发生的、会导致所有者权益减少的、与向所有者分配利润无关的经济利益的总流出。

1．费用的特征

(1) 费用是企业在日常活动中发生的经济利益的流出。

费用是企业在日常活动中发生的，而不是从偶发的交易或者事项中产生的。

(2) 费用可能表现为资产的减少，或负债的增加，或二者兼而有之。

费用的发生形式多种多样，既可能表现为资产的减少，也可能使企业负债增加，还可能是二者的组合。

(3) 费用最终能引起所有者权益的减少。

费用始终是企业利润的扣减项目。在收入相同的情况下，费用越多，利润越少。因此，费用的增加会导致利润减少，从而导致所有者权益减少。

(4) 费用是与所有者分配利润无关的经济利益的总流出。

费用是为赚取收入而发生的支出。企业向所有者分配利润也会导致经济利益的流出，而该经济利益的流出是对投资者的投资回报，与收入的形成无关，不能确认为费用。

2．费用的确认

费用的确认除了应当符合定义外，还应当满足下列条件。

(1) 与费用相关的经济利益很可能流出企业。

(2) 经济利益的流出额能够可靠计量。

(六)利润

利润是指企业在一定会计期间的经营成果。利润包括收入减去费用后的净额、直接计入当期利润的利得和损失，即

$$利润=收入-费用+直接计入当期损益利得-直接计入当期损益损失$$

利得和损失可看作利润(或所有者权益的)的子要素。

利得是指由企业非日常活动所形成的、会导致所有者权益增加的、与所有者投入资本无关的经济利益的流入。利得包括直接计入所有者权益的利得和直接计入当期利润的利得。直接计入当期利润的利得是指计入营业外收入的项目，如罚款收入等。

损失是指由企业非日常活动所发生的、会导致所有者权益减少的、与向所有者分配利润无关的经济利益的流出。损失包括直接计入所有者权益的损失和直接计入当期利润的损失。直接计入当期利润的损失是指计入营业外支出的项目，如罚款支出等。

1．利润的特征

(1) 利润是收入和费用、利得和损失对比的结果，当某一会计期间的收益大于费用和损失时，表现为企业利润，反之则表现为企业亏损。

(2) 利润的形成会导致所有者权益的增加，亏损的发生则会造成所有者权益的减少。

(3) 利润可以全面反映企业的经营业绩。收入减去费用反映了企业日常活动的业绩，直接计入当期利润的利得和损失反映的是企业非日常活动的业绩。区分收入和利得、费用和损失，可全面地反映企业的经营业绩。

2．利润的确认

利润的确认主要依赖于收入和费用以及利得和损失的确认。

第一章 财务会计认知

可对会计要素按照经济业务内容和管理的要求，进一步分类形成会计科目。会计科目是记录和报告的基础。会计核算是以会计科目为基础开设账户，提供科学、详细的分类指标体系。

财务会计常用科目如表1-1所示。

表1-1 财务会计常用科目表

顺序号	编号	会计科目名称	顺序号	编号	会计科目名称
一、资产类			二、负债类		
1	1001	库存现金	42	2001	短期借款
2	1002	银行存款	43	2201	应付票据
3	1012	其他货币资金	44	2202	应付账款
4	1101	交易性金融资产	45	2203	预收账款
5	1121	应收票据	46	2211	应付职工薪酬
6	1122	应收账款	47	2221	应交税费
7	1123	预付账款	48	2231	应付利息
8	1131	应收股利	49	2232	应付股利
9	1132	应收利息	50	2241	其他应付款
10	1221	其他应收款	51	2501	长期借款
11	1231	坏账准备	52	2502	应付债券
12	1401	材料采购	53	2701	长期应付款
13	1402	在途物资	54	2901	递延所得税负债
14	1403	原材料	三、所有者权益类		
15	1404	材料成本差异	55	4001	实收资本
16	1405	库存商品	56	4002	资本公积
17	1406	发出商品	57	4103	其他综合收益
18	1407	商品进销差价	58	4101	盈余公积
19	1408	委托加工物资	59	4103	本年利润
20	1411	周转材料	60	4004	利润分配
21	1471	存货跌价准备	四、成本类		
22	1501	债权投资	61	5001	生产成本
23	1502	债权投资减值准备	62	5101	制造费用
24	1511	长期股权投资	63	5301	研发支出
25	1512	长期股权投资减值准备	五、损益类		
26	1521	投资性房地产	64	6001	主营业务收入
27	1531	长期应收款	65	6051	其他业务收入
28	1532	未实现融资收益	66	6101	公允价值变动损益
29	1601	固定资产	67	6111	投资收益
30	1602	累计折旧	68	6115	资产处置损益
31	1603	固定资产减值准备	69	6301	营业外收入
32	1604	在建工程	70	6401	主营业务成本
33	1605	工程物资	71	6402	其他业务成本
34	1606	固定资产清理	72	6403	税金及附加
35	1701	无形资产	73	6601	销售费用
36	1702	累计摊销	74	6602	管理费用
37	1703	无形资产减值准备	75	6603	财务费用
38	1801	长期待摊费用	76	6701	资产减值损失
39	1811	递延所得税资产	77	6702	信用减值损失
40	1901	待处理财产损溢	78	6711	营业外支出
41	1475	合同履约成本	79	6801	所得税费用
			80	6901	以前年度损益调整

第二节 财务会计规范

财务会计规范是指人们在从事与会计有关的活动时所应遵循的行为准则。我国财务会计规范主要包括以下三个层次：会计法律规范、会计行政法规和国家统一会计制度等。

(1) 会计法律规范。我国会计的基本法律规范是《会计法》，它是制定其他会计规范的依据和准绳，也是指导会计工作的最高准则。

(2) 会计行政法规。它是调整经济生活中某些方面会计关系的会计规范，如《企业财务会计报告条例》等。

(3) 国家统一会计制度。它是指财政部门根据《会计法》制定的关于会计核算、会计监督、会计机构和会计人员以及会计工作管理的制度，包括会计部门规章和会计规范性文件。我国会计准则体系中，基本准则属于部门规章，具体会计准则及准则应用指南属于规范性文件。基本准则在整个准则体系中起统驭作用，是制定具体准则的基础；具体会计准则是按照基本准则的内容要求，针对各种经济业务作出的具体规定；准则应用指南是补充，是对具体会计准则的操作指引。

我国基本准则由财务报告目标、会计要素定义及其确认、会计假设、会计核算基础和记账方法、会计信息质量要求、会计计量原则和财务会计报告等组成。本节将就基本准则的以下内容进行介绍。

一、会计确认、计量的基本前提

会计确认、计量的基本前提即会计假设，是对会计工作中一些不确定因素根据客观、正常的情况或趋势所作出的合理判断。它是企业会计确认、计量和报告的前提。会计基本假设包括会计主体、持续经营、会计分期和货币计量。

1. 会计主体

会计主体是会计工作为其服务的特定单位或组织，主要确定会计确认、计量和报告的空间范围，即明确要核算谁的业务。

只有明确会计主体，才能界定会计所要处理的各项交易或者事项的范围，才能将一个主体的业务与其他主体的业务以及企业投资者业务区分开。

会计主体不同于法律主体，一般来说，法律主体一定是会计主体，但会计主体却不一定是法律主体。

2. 持续经营

持续经营是指在可以预见的将来，企业将会按当前的规模和状态继续经营下去，不会停业，也不会大规模削减业务。会计确认、计量和报告以企业持续经营为前提。

企业是否以持续经营为前提，会影响会计方法的选择。在持续经营前提下，企业才能按照既定用途使用资产，按照既定的合约清偿债务；只有持续，企业的资产才能按历史成本计价，才能按权责发生制确认收入、费用。

在持续经营假设下，并不是企业就不会破产，如果企业在经营过程中破产的可能性很大，则要改变会计核算方法。

3. 会计分期

会计分期是指将企业持续的生产经营过程划分为若干连续的、长短相同的期间。会计期间通常分为年度和中期。会计年度一般是按公历起讫日期确定。中期是指短于一个完整的会计年度的报告期间，如月份、季度、半年。

通过会计分期，按照会计期间结算盈亏，编制财务报告，可以定期提供财务信息；及时反映企业经营情况，有利于信息使用者利用信息，及时决策；同时强化信息的预测性，财务信息使用者可以通过分析本期的信息，预测未来的经营情况。

由于会计分期，才产生了当期与以前期间、以后期间的差别，形成权责发生制和收付实现制、应收应付等会计核算方法。

4. 货币计量

货币计量是指会计主体在会计确认、计量和报告时以货币为主要计量单位，反映会计主体的生产经营活动。

货币是衡量一般商品价值的共同尺度，用货币计量，可以对不同会计要素在量上进行汇总和比较。只有选择货币计量，才能充分反映企业的生产经营情况。

《企业会计准则》规定："会计核算以人民币为记账本位币。"同时还规定："业务收支以外币为主的企业，也可以选定某种外币作为记账本位币，但编制的会计报表应当折算为人民币反映。"

二、会计确认、计量基础

会计确认、计量基础包括权责发生制和收付实现制。

权责发生制是指对收入或费用凡体现当期经营成果或当期收益，无论是否收付现金均作为当期收入和费用处理；否则，即使已收付现金也不作为当期收入和费用。

收付实现制是以收到或支付现金的时点为确认收入和费用归属期的依据。

企业会计的确认、计量和报告应当以权责发生制为基础，而行政单位的会计确认、计量基础一般是收付实现制。权责发生制可以正确反映各个会计期间所实现的收入和为实现收入而发生的费用，从而恰当地反映某一会计期间的经营成果。但也有一定局限性，如企业确认了收入，但实际还没有收到款项，利润表中有收入，所以要缴纳税金；另外收入多，可供支配的货币不一定多。为了弥补权责发生制的缺陷，企业的现金流量表依据收付实现制编制。

三、会计信息质量要求

财务会计提供的信息，是信息使用者评价企业经营情况，进行相关决策的主要依据，因此会计信息必须规范。会计信息质量要求是对企业财务报告中所提供的会计信息质量的基本要求，是会计信息应具备的基本特征，它主要包括可靠性、相关性、可理解性、可比性、实质重于形式、重要性、谨慎性和及时性等。

1. 可靠性

可靠性要求企业应当以实际发生的交易或者事项为依据进行确认、计量和报告，如实反映符合确认和计量要求的会计要素及其他相关信息，保证会计信息真实可靠、内容完整。会计信息要有用，必须以可靠性为基础，如果财务报告所提供的会计信息是不可靠的，就会对投资者等信息使用者的决策产生误导甚至带来损失。

可靠性包括三层含义：一是真实性，要求会计处理以实际发生的交易或者事项为准，以合理合法的凭证为依据，如实反映到财务报告中；二是客观性，交易或者事项需要会计人员作出判断时，要科学分析，以客观事实为依据；三是完整性，财务报告的内容应当保持完整，不能随意遗漏或者减少应予披露的信息。

2. 相关性

相关性也称为有用性，是指企业提供的会计信息应当与财务报告使用者的经济决策需要相关，有助于财务报告使用者对企业过去、现在或未来的情况作出评价或者预测，从而作出经营决策。会计信息是否有用，关键看其与使用者的决策需要是否相关，使用者是否可以根据会计信息作出判断和决策。若会计信息与使用者的决策无关，则会计提供的信息就没有价值。因此，要求会计在确认、计量和报告中，充分考虑使用者的决策需要。

3. 可理解性

可理解性要求企业提供的会计信息应当清晰明了，便于财务报告使用者的理解和使用。企业提供会计信息的目的在于使用，要有效使用会计信息，首先要能让使用者看懂会计信息的内容，然后才能作出分析、判断、决策，这就要求财务报告所提供的会计信息应当清晰明了，易于理解，只有这样才能提高会计信息的有用性。

4. 可比性

可比性要求企业提供的会计信息应当相互可以比较，具体包括两层含义：一是同一企业不同时期发生的相同或者相似的业务，应当可以比较，以利于财务报告使用者分析企业不同时期的经营状况，了解企业经营变化趋势；二是不同企业发生的相同或者相似的业务，应当可以比较，以便财务报告使用者分析不同企业的经营状况，从而作出比较和判断。

会计信息质量的可比性要求同一企业不同时期，或不同企业同一会计期间发生的相同或者相似的交易或者事项，应当采用一致的会计政策，不得随意变更，确保会计信息口径一致、相互可比，防止人为地利用方法的变动来操纵成本和利润。但是，满足会计信息可比性要求，并非要求企业不得变更会计政策，若会计环境发生变化，会计政策可以调整，但应当在财务报告附注中予以说明。

5. 实质重于形式

实质重于形式要求企业应当按照交易或者事项的经济实质进行会计确认、计量和报告，不仅仅以交易或者事项的法律形式为依据。

企业发生的业务有时经济实质和法律形式不一致，在这种情况下，应当按照交易或者事项的经济实质进行处理。例如，将租入的机器设备，在会计处理时视为使用权资产核算。遵循实质重于形式的要求，能够保证会计提供的信息与客观经济事实相符。

6. 重要性

重要性要求企业提供的会计信息应当反映与企业的财务状况、经营成果和现金流量有关的所有重要交易或者事项。具体而言，就是对相对重要的业务重点说明、单独反映，对于次要的内容，在不影响会计信息质量的前提下，可以简化合并。遵循重要性的要求，会计提供的信息既要重点突出，又可以简化核算手续，提高效益。

企业应当根据实际情况，从交易或者事项的性质和金额大小两个方面来判断。当某一交易或事项有可能对决策产生影响时，则该交易或事项就具有重要性。

7. 谨慎性

谨慎性要求企业对交易或者事项进行会计确认、计量和报告时应当保持应有的谨慎，不应当高估资产或者收益，低估负债或者费用。即企业面临不确定因素时，对于可能发生的损失可以合理预计，而对于可能发生的收益则不提前预计。

例如，期末企业对应收账款计提坏账准备，体现了会计信息的谨慎性要求。企业对于存在的风险合理预计，可以防范风险，提高竞争力。

8. 及时性

及时性要求企业对于已经发生的交易或者事项，应当及时进行确认、计量和报告，不得提前或延后。提前提供会计信息，不能保证会计信息的客观、真实和完整，而不及时提供会计信息，则会大大降低财务信息对于使用者的价值。任何信息都具有时效性，即使是可靠、相关的会计信息。

第三节　会计工作岗位设置

一、会计机构

会计机构是组织和从事会计工作的部门。为了完成会计工作，各单位应当根据会计业务的需要设置会计机构；规模小、会计业务量小的单位，如不具备单独设置会计机构条件的，应当在有关机构中配备专职会计人员，以保证会计工作顺利进行；会计业务很少的单位，若不设置会计机构和配备会计人员，应当委托会计师事务所或者持有代理记账许可证书的其他代理记账机构进行代理记账。

为了科学地组织会计核算，保证会计工作的有序进行，会计机构内部按照会计工作的内容，将会计工作划分为若干个岗位，并为每个岗位规定职责和要求，使每一项会计工作都有专人负责，且每一位会计人员都有明确的职责。

二、设置会计工作岗位的原则

1. 符合本单位会计业务的需要

每个单位应根据本单位规模的大小、业务量的多少和会计人员的配备情况设置会计岗位，可以一人一岗、一人多岗或者一岗多人。

通常情况下，经济业务量大、业务过程复杂的单位，会计机构规模较大，会计机构内部的岗位分工也较细；相反，经济业务量少、业务过程简单的单位，会计机构规模就会相应较小，会计机构内部的岗位分工也相应比较粗。

2. 遵循"不相容职务相互分离原则"

所谓不相容职务，是指那些如果由一个人担任，既可能发生错误和舞弊行为，又可能掩盖其错误和弊端行为的职务。不相容职务分离的核心是"内部牵制"，它要求每项经济业务都要经过两个或两个以上的部门或人员的处理，使每个人或部门的工作必须与其他人或部门的工作相联系，起到相互监督和制约的作用，以便堵塞漏洞、消除隐患，保持会计资料真实、完整。

一般情况下，单位的经济业务活动可分为授权、签发、核准、执行和记录 5 个步骤。在会计工作中应加以分离的主要不相容职务有：授权与执行要分离，如付款审批人员与付款执行人员；执行与审核要分离，如支票的签发与负责审核人员分离；执行与记录要分离，如出纳负责收付款项，不能同时兼任会计记账工作，如出纳保管库存现金，要由专人定期或不定期地进行盘点。

3. 有利于建立岗位责任制

会计机构内部各岗位分工要明确具体，每个岗位和工作人员应有明确的职权、责任和具体的工作内容，做到事事有人管，人人有专责，即部门之间、人员之间职责清、任务明，以利于实行岗位责任制，使考核有据可依。

4. 有利于提高工作效率

会计岗位要根据工作的实际需要合理设置，便于会计人员按规范的程序工作，使人尽其责，防止人浮于事，避免人力、物力的浪费，以利提高工作效率。

三、财务会计主要工作岗位介绍

财务会计工作按其核算的主要业务内容可以划分为如下岗位：出纳岗位，往来结算岗位，存货核算岗位，固定资产核算岗位，无形资产核算岗位，投资核算岗位，职工薪酬核算岗位，筹资核算岗位，涉税岗位，收入、费用和利润核算岗位，总账报表岗位等。在实务操作中，企业可以根据实际情况增加或合并会计岗位。例如，小型企业可以只设置出纳、总账报表和明细分类核算等会计岗位。

会计电算化后的工作岗位可分为基本会计岗位和电算化会计岗位。基本会计岗位与手工会计的各会计岗位相对应，电算化会计岗位是指直接管理、操作、维护计算机，以及会计软件系统的工作岗位。

1. 出纳岗位

出纳岗位涉及库存现金、银行存款和其他货币资金的相关业务。出纳岗位的主要业务是负责货币资金收付和保管，并登记库存现金和银行存款日记账等。出纳工作是一项比较烦琐同时对准确性要求又很高的工作，在任何单位里出纳都是一个独立的岗位。

2. 往来结算岗位

往来结算岗位负责企业与其他单位或个人之间应收、应付、预收、预付款项业务的处理，包括与客户间往来账款的对账，往来款项账簿的登记等。往来款项的即时结算，可有效地防止虚盈或潜亏，有利于真实地反映企业的经营成果。

3. 存货核算岗位

存货核算岗位负责材料等存货核算、成本的计算、账簿的登记等业务，并配合相关部门参与存货消耗定额的制订。在企业经营过程中，存货总是处在不断地购入、耗用或销售中，存货岗位的核算是企业会计核算的一项重要任务。

4. 固定资产核算岗位

固定资产岗位负责确定固定资产的核算范围，对固定资产增加、减少等变化进行账务处理，并参与固定资产的实物清查和盘点等。与流动资产相比，固定资产的购置或取得通常要花费较多费用，在绝大多数企业中，固定资产的价值在其资产总额中所占的比重较大，任何在固定资产计价或记录上的错误，都有可能较大地改变企业真实的财务状况。

5. 无形资产核算岗位

无形资产岗位负责无形资产的确认、核算等。无形资产是特殊资产，不以实物形态存在。随着经济的发展，无形资产对企业发展的促进作用日益突出。无形资产能够给企业带来超额利润，因此企业要加强无形资产管理，增强对无形资产的保护意识，保证其安全、完整。

6. 投资核算岗位

投资岗位负责编制投资计划，进行投资的分类和各项投资账务处理。企业通过投资活动可以扩大其资本积累规模，获得本企业经营活动以外的利润，提高资产收益率，增强抵御风险的能力。投资活动的会计业务在企业资产核算中比较复杂。

7. 职工薪酬核算岗位

职工薪酬岗位负责企业职工的工资、福利费等职工薪酬的核算。职工薪酬是企业生产费用的组成部分，在一般企业中，人工费在成本费用中所占比重较大。如果职工薪酬计算错误，将直接影响企业利润计算的正确性。

8. 筹资核算岗位

筹资核算岗位负责编制筹资计划，对资金筹集进行核算。筹资是企业为了满足其经营活动筹措和获取所需资金的一种行为，筹资活动是企业获得资金的重要途径，也是资金运动的起点，任何企业的经营活动都离不开筹资。

9. 涉税岗位

涉税岗位主要负责办理税务登记、发票领购使用和保管、税费计算、税费申报、涉税业务账务处理。涉税岗位的会计不仅要具备会计技能，还要掌握税法知识，熟悉纳税程序。

10. 收入、费用和利润核算岗位

收入、费用和利润核算岗位负责收入、费用和利润核算及编制收入和利润报表等。利润是企业的最终经营成果，会计信息使用者通过企业的利润可以分析企业的盈利水平，并可对企业长远的盈利能力作出评价。企业核算时要严格遵循收入、费用的确认标准，不能提前或推迟收入、费用的确认，从而人为地操纵利润，给会计信息使用者造成误导。

11. 总账报表岗位

总账报表岗位负责综合各个账户资料，汇总后编制有关财务报告。财务报告是企业提供会计信息的主要渠道，直接关系到会计信息使用者对企业经营情况的分析、判断和决策，因此编制规范的财务报告至关重要。

本章小结

本章主要阐述了财务会计的概念及其特征、会计法规、财务会计岗位设置，本章主要介绍了财务会计目标、会计基本假设、会计信息质量要求、会计要素及其确认、计量等内容。

财务会计作为现代企业会计体系的基础，通过对企业内部的经济活动进行确认、计量和记录，以定期提供财务报告为主要手段，向会计信息使用者提供企业的财务信息。

为了确保会计信息的质量，会计提供的信息必须符合企业会计准则和企业会计制度的要求。

明确财务会计的目标，是提供有用信息的前提；会计信息质量要求，体现了会计信息质量特征；会计基本假设是会计核算必须明确的前提条件；会计要素是会计对象的具体化，是对会计核算内容的基本分类。

会计岗位的设置是会计工作有序进行的基础，各单位应当根据会计业务的需要设置会计岗位。财务会计工作可以划分如下岗位：出纳岗位，往来结算岗位，存货核算岗位，固定资产核算岗位，无形资产核算岗位，投资核算岗位，职工薪酬核算岗位，筹资核算岗位，涉税岗位，收入、费用和利润核算岗位，总账报表岗位等。

课后习题

一、单项选择题

1. 财务会计核算和监督的主要是(　　)单位能以货币表现的经济业务。
   A. 企业　　　　B. 事业　　　　C. 政府　　　　D. 以上各项全包括
2. 下列会计处理方法中，体现了谨慎性信息质量要求的是(　　)。
   A. 按时编制财务报告
   B. 应收账款计提坏账准备
   C. 租入的机器设备作为"使用权资产"核算

D. 发出存货采用先进先出法计价
3. 财务会计对象包括的具体内容是( )。
   A. 历史成本计价　　　　　　　B. 货币计量
   C. 确认、计量、记录、报告　　D. 会计要素
4. 下列各项中,不符合资产定义的是( )。
   A. 库存商品　　　　　　　　　B. 报废的固定资产
   C. 委托加工物资　　　　　　　D. 半成品
5. 会计基本准则规定,企业在对财务报表要素进行计量时,一般应当采用( )。
   A. 公允价值　　B. 历史成本　　C. 可变现净值　　D. 现值　　E. 重置成本
6. 企业计提固定资产折旧首先是以( )假设为前提。
   A. 会计主体　　B. 会计分期　　C. 持续经营　　D. 货币计量
7. 财务会计向企业外部提供信息的主要方式是( )。
   A. 会计账簿　　B. 财务报告　　C. 信息发布会　　D. 会计凭证
8. 下列计价方法中,不符合历史成本计量属性的是( )。
   A. 购入存货按实际支付的金额计价
   B. 交易性金融资产期末采用公允价值计价
   C. 固定资产期末计提折旧
   D. 生产加工的产品按加工过程中发生的支出计价
9. 企业会计核算方法必须符合国家的统一规定,这主要是为了满足( )要求。
   A. 可靠性　　B. 可比性　　C. 相关性　　D. 重要性
10. 会计工作环节包括( )。
    A. 计量、记录、确认、报告　　B. 记录、计量、确认、报告
    C. 确认、计量、记录、报告　　D. 确认、记录、报告、计量

二、多项选择题

1. 下列性质属于财务会计特征的有( )。
   A. 财务会计是现代会计的重要分支
   B. 财务会计重点反映已发生和已完成的经济业务
   C. 财务会计主要为外部使用者提供信息
   D. 财务会计必须遵循会计准则、会计规章
2. 对会计要素进行确认应满足的条件是( )。
   A. 符合会计要素的定义　　　B. 经济利益很可能流入或流出企业
   C. 具有可靠性　　　　　　　D. 流入或流出的经济利益的金额能够可靠地计量
3. 会计岗位设置原则包括( )。
   A. 不相容职务相互分离　　　B. 符合会计主体业务需要
   C. 有利于会计分期　　　　　D. 有利于建立岗位责任制
4. 可靠性要求会计信息( )。
   A. 内容完整　　B. 真实可靠　　C. 清晰明了　　D. 客观反映
5. 下列各项中,属于我国财务报告目标的有( )。

A. 向财务报告使用者提供对决策有用的信息

B. 提供企业的财务和经营状况的信息

C. 以货币为主要计量单位进行核算、监督

D. 反映企业管理层受托责任的履行情况

6. 某企业下列做法中，违背会计核算可比性要求的有(　　)。

　A. 为了提高经营业绩，将本期收到的捐赠款作为营业收入

　B. 某项固定资产改扩建后，决定重新确定其折旧年限

　C. 根据客户的财务状况，调整坏账准备的计提比例

　D. 因预计可能发生亏损，本期无形资产不进行摊销

7. 会计的计量属性主要有(　　)。

　A. 历史成本　　　　B. 可变现净值　　　　C. 重置成本

　D. 公允价值　　　　E. 现值

8. 下列做法中，体现实质重于形式要求的有(　　)。

　A. 将租赁的机器设备作为使用权资产核算

　B. 固定资产计提减值准备

　C. 已销售的产品货款不能收回，会计上暂时不确认为收入

　D. 企业将可以使用若干个期间但价值比较低的工具一次性计入领用期间成本费用

9. 关于利润，下列说法中正确的有(　　)。

　A. 利润是企业一定会计期间的经营成果

　B. 利润不包括直接计入当期损益的利得和损失

　C. 利润反映企业的财务状况和经营成果

　D. 利润包括营业利润、利润总额和净利润

10. 下列岗位中，属于会计岗位的有(　　)。

　A. 债权、债务记账岗位　　　　B. 商场收银员岗位

　C. 仓库保管员记账岗位　　　　D. 存货核算岗位

三、判断题

1. 相关性要求会计在确认、计量和报告中，充分考虑使用者的决策需要。（　　）
2. 管理会计主要是对外提供财务信息，财务会计主要是对内提供信息。（　　）
3. 某一会计事项是否具有重要性，取决于会计核算方法。（　　）
4. 利得和损失不会影响当期损益。（　　）
5. 如果某项资产不能再为企业带来经济利益，即使是由企业拥有或者控制的，也不能作为企业的资产在资产负债表中列示。（　　）
6. 会计计量可分为初始计量和后续计量，购入机器的计量属于初始计量。（　　）
7. 我国会计确认、计量的基础是权责发生制。（　　）
8. 谨慎性要求企业尽可能低估资产、少计收入。（　　）
9. 不配备会计人员的企业，可以委托有代理记账许可证的代理记账机构进行代理记账。（　　）
10. 所谓不相容职务分离，是指会计岗位的设置可以为一人多岗或者一岗多人。（　　）

第一章　财务会计认知

 微课视频

扫一扫，获取本章相关微课视频。

1-1　财务会计简介　　　　1-2　会计确认计量基础　　　　1-3　会计信息质量要求

第二章 出纳岗位业务

【学习目标】

- 了解出纳岗位工作内容、货币资金管理的有关规章。
- 能说明出纳岗位业务流程,准确地处理货币资金核算业务。
- 掌握库存现金日记账、银行存款日记账的设置和登记方法。
- 掌握支付结算方式的种类、基本规定。

【导读案例】

> 某企业出纳在 6 月 7 日和 9 日的现金业务结束后,在例行的现金清查中,分别发现现金短缺 100 元和现金溢余 200 元,对此他反复思考也弄不明白原因。为了保全自己的面子,同时考虑到两次账实不符的金额又很小,他决定采取下列办法进行处理:对于现金短缺的 100 元,自掏腰包补齐;对于现金溢余的 200 元,暂时将其收起。因为公司出纳对公司银行存款的实有数额心中无数,甚至有时会影响公司日常业务的结算,所以公司经理就指派有关人员检查一下出纳的工作,结果发现他每次编制银行存款余额调节表时,只根据公司银行存款日记账的余额加或减银行对账单中企业的未入账款项来确定公司银行存款的实有数,而且每次做完此项工作以后,就立即将这些未入账的款项登记入账。
>
> (资料来源:根据百度知道案例删改。https://zhidao.baidu.com/question/431564084.html。)
>
> 问题:
>
> 该出纳对上述两项业务的处理是否正确?你能给出正确答案吗?

第一节 出纳岗位概述

一、出纳岗位的工作内容

(一)出纳的概念

出纳作为会计名词,包含出纳工作和出纳人员两层含义。

1. 出纳工作

出纳工作是管理货币资金、票据、有价证券的一项工作。具体而言,出纳是按照有关规定和制度,办理本单位的现金收付、银行结算及其账务处理,保管库存现金、有价证券、财务印章及有关票据等工作的总称。

2. 出纳人员

狭义的出纳人员仅指会计部门的出纳人员。从广义上来讲,出纳人员既包括会计部门从事出纳工作的人员,也包括业务部门的各类收款员。收款员的主要工作是办理货币资金和各种票据的收入,他们一般不专门设置账户进行核算。我国会计岗位的出纳是指会计部门的出纳人员。

(二)出纳与会计的关系

会计,从其所分管的账簿来看,可分为总账会计、明细账会计和出纳。三者之间既相互区别又相互联系,是分工与协作的关系。第一,工作内容不同,总账会计负责企业经济业务的总括核算,提供总括、全面的核算资料;明细账会计分管企业的明细账,提供详细的核算资料;出纳则分管企业票据、货币资金,以及有价证券等的收付、保管、核算工作,提供各种金融信息。第二,出纳工作是一种账实兼管的工作,出纳既要进行货币资金的账务处理,又要进行货币资金保管与收付业务。出纳以外的其他财会人员是管账不管钱,管账不管物。第三,既互相依赖又互相牵制,出纳的库存现金日记账和银行存款日记账与总账会计的库存现金和银行存款总分类账,以及总分类账与其所属的明细分类账等有金额上的等量关系。因此出纳、明细账会计、总账会计三者之间就构成了相互牵制与控制的关系,三者之间必须相互核对保持一致。

(三)出纳岗位的工作任务

出纳岗位的具体工作任务包括以下6个方面。

1. 办理现金收付业务

现金收付主要包括:与企业内部各部门和职工之间的款项收付;企业与外部单位或个人不能办理转账手续的款项收付;低于结算起点的小额款项的收付。

2. 办理银行收付结算

办理银行收付结算包括:从银行提取现金,将库存现金存入银行,以及银行支付结算业务。办理银行收付结算时,出纳应认真审查有关凭证,严格按照购销合同和银行结算制度,及时办理购销款项的结算。

3. 登记日记账

根据已经办理完业务的收款凭证或付款凭证,按业务发生的时间顺序逐日逐笔登记现金日记账和银行存款日记账,并结算出余额。

4. 保管库存现金、有价证券、各种票据以及有关印章

库存现金、有价证券、空白收据(发票)和空白支票、印章等可由出纳保管,但签发支票的各种印章,不得全部交由出纳一人保管。出纳人员必须严格按照规定妥善保管,以确保其安全性和完整性。

5. 审核工资单据,发放工资、奖金

根据实有职工人数、工资等级和工资标准,审核工资奖金计算表,办理代扣款项,计算实发工资,组织发放工资。

6．银行账户的开立、变更和撤销

单位可以根据实际情况，由出纳负责办理银行账户的开立、变更和撤销等业务。

(四)出纳岗位的内部控制

出纳岗位主要是对货币资金进行管理与核算。货币资金具有很强的流动性，按国家有关规定，企业内部货币资金管理应实行职务分离控制，确保办理货币资金业务的不相容岗位相互分离、相互制约和监督。

1．钱账分管

出纳与会计人员必须分清责任。出纳负责保管库存现金、结算票据，并负责现金日记账、银行存款日记账的记录，不得兼管其他账簿。会计负责记录库存现金、银行存款等总账。

2．现金支付与审批要分离

建立健全现金开支审批制度，出纳要按规定权限审批的凭证办理现金付款业务，一切现金支出凭证必须由经办人签名，并经有关人员审核后，出纳人员才能据以付款。

3．票据签发与审批分离

当业务发生时，由出纳填写票据，并由专人负责审批，签发票据与审批工作应分别由两个或两个以上的人员办理。

4．票据保管与印章保管分离

企业对各种银行结算票据应指定专人负责保管，使用时按编号顺序登记，如果丢失，应按规定及时向银行办理挂失手续；财务专用章由专人保管，个人人名章由本人或其授权人保管，严禁一人保管所有印章和票据，以确保资金安全。

二、出纳岗位的业务流程

出纳人员每天要处理大量的经济业务，并且要与相关部门协调配合，这就需要制定一个合理而有效的工作流程，使出纳工作有条不紊地执行，从而满足企业财务管理的需要。

(一)资金收支的一般程序

出纳人员办理资金收支业务要有章可循，并按照规定的程序进行业务处理，以保证出纳工作的质量。

1．资金收入的处理

1) 现金收入的处理程序

现金收入的处理程序如图 2-1 所示。

2) 银行存款收入的处理程序

银行存款收入的处理程序如图 2-2 所示。

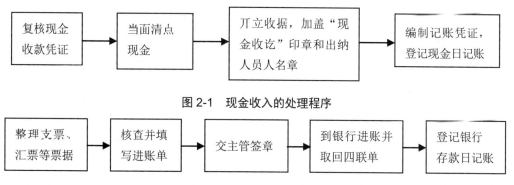

图 2-1 现金收入的处理程序

图 2-2 银行存款收入的处理程序

3) 流程说明

(1) 出纳人员在收到一笔资金之前,应当清楚地知道要收到多少钱,收谁的钱,收什么性质的钱,再按不同的情况进行分析和处理。

(2) 清点收入。出纳人员在清楚收入的金额和来源后,进行清点核对。现金收入应与经办人当面点清,在清点过程中出纳人员发现短缺、假钞等特殊问题,应由经办人负责。银行结算收入应由出纳人员与银行核对、进账,在取得银行有关的收款凭单后,正式确认收入,进行账务处理。

(3) 清点核对无误后,按规定开具发票或内部使用的收据,手续办理完毕后,在有关收款依据上加盖"收讫"章。

(4) 收入退回。如因特殊原因导致收入退回的,如支票印鉴不清、收款单位账号错误等,应由出纳人员及时联系有关经办人或对方单位,重新办理收款。

2. 资金支出的处理

1) 现金支出的处理程序

现金支出的处理程序如图 2-3 所示。

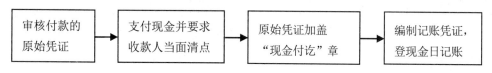

图 2-3 现金支出的处理程序

2) 银行存款支出的处理程序

银行存款支出的处理程序如图 2-4 所示。

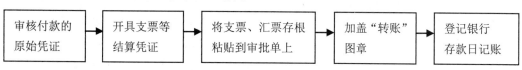

图 2-4 银行存款支出的处理程序

3) 流程说明

(1) 出纳人员支付每一笔资金时,一定要知道准确的付款金额和用途。对于不合法、不合理的付款应当坚决予以抵制,并向有关领导汇报;用途不明的,出纳人员可以拒付。

(2) 付款审批，首先由经办人填制付款单证，注明付款金额和用途，有关证明人签章。经领导签字，报经会计审核后，由出纳办理付款。

(3) 办理付款。付款是资金支出中最关键的一环，出纳人员应严格核实付款金额、用途及有关审批手续。

现金付款，双方应当面清点。在清点过程中若发现短缺、假钞等情况，由出纳人员负责处理。

银行付款，出纳人员应认真填写结算票据的各项内容，保证要素完整、印鉴清晰、书写正确，保证收款人能按时收到款项。

(4) 双方确认付款金额后，由收款人签字并加盖"付讫"章。如为转账或汇款的，银行单据直接作为已付款证明。

(5) 付款退回。如因特殊原因造成支票或汇款退回的，出纳人员应当立即查明原因。如因本方责任引起的，应换开支票或重新汇款，不得借故拖延；如因对方责任引起的，应由对方重新补办手续方可办理。

(二)出纳每日工作流程

作为出纳人员要对每日工作流程有个时间概念，以保证出纳业务及时处理，出纳信息得以及时反映。

出纳每日工作流程如图 2-5 所示。

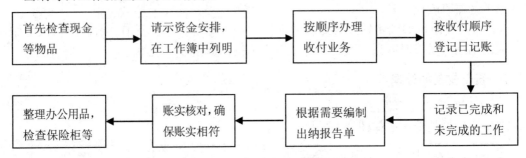

图 2-5　出纳每日工作流程

具体流程说明如下。

(1) 上班第一时间，检查现金、有价证券及其他贵重物品。

(2) 向有关领导及会计主管请示资金安排计划。在当日工作安排簿上一一列明，分清轻重缓急，根据工作时间合理安排。

(3) 按顺序办理各项收付款业务。

(4) 将所有的收付款单据编制记账凭证，根据记账凭证逐日逐笔按顺序登记库存现金日记账和银行存款日记账，并每日结出余额。

(5) 逐笔注销工作簿中已完成事项，因特殊事项或情况造成工作未完成的，应列明未尽事项，留待翌日优先办理。

(6) 根据单位需要，定期报送出纳报告。出纳人员记账后，应根据现金日记账、银行存款日记账等资料，定期编制"出纳报告单"，报告本单位一定时期现金、银行存款的收、支、存情况，并与总账会计核对期末余额。

出纳报告单可以按日或按周编制,也可与本单位总账会计汇总记账的周期相一致。出纳报告单的格式如表2-1所示。

(7) 当天下班前,出纳人员进行账实核对,必须保证现金实有数与日记账、总账相符;收到银行对账单的当天,出纳人员要将银行存款日记账与银行对账单核对,使银行存款日记账与对账单在调节未达账项后相符。

(8) 当天下班前,出纳人员应整理好办公用品,检查保险柜、抽屉是否锁好,资料凭证是否收好。

(9) 每月终了3天内,出纳人员应当对其保管的支票、发票、有价证券、重要结算凭证进行清点,并按顺序进行登记核对。

表2-1 出纳报告单

公司名称:新新服装公司　起始自 2021 年 9 月 1 日 至 2021 年 9 月 10 日　字:2021-9/1-10

项目	库存现金								银行存款								备注
	十	万	千	百	十	元	角	分	十	万	千	百	十	元	角	分	
期初余额			6	0	0	0	0	0		2	0	0	0	0	0	0	附单据15张
本期收入		2	8	0	0	0	0	0		3	0	0	0	0	0	0	
合计		3	4	0	0	0	0	0		3	2	0	0	0	0	0	
本期支出		2	3	0	0	0	0	0		1	3	0	0	0	0	0	
期末余额		1	1	0	0	0	0	0		1	9	0	0	0	0	0	
货币资金合计	201 000.00								贰拾万壹仟元整								

会计主管:　　　　　　记账:　　　　　　复核:　　　　　　制单:吴迪

第二节　出纳岗位的业务核算

出纳的日常工作主要是进行货币资金管理与核算。货币资金是指企业在生产经营过程中处于货币形态的那部分资金,它是企业流动资产的重要组成部分。货币资金按其用途和存放地点的不同,可分为库存现金、银行存款和其他货币资金。

一、库存现金

(一)库存现金的概念

库存现金通常是指存放于企业财会部门,由出纳人员保管的现金,包括库存的人民币和各种外币。

(二)库存现金的管理

库存现金的流动性强,也是不法分子谋利的直接目标。所以,企业应当严格遵守《现金管理暂行条例》中有关现金的管理规定,正确进行现金收支核算,监督现金使用的合理性与合法性。

1．库存现金的限额管理

开户单位库存现金一律实行限额管理。按规定允许保留的库存现金最高限额为企业 3 至 5 天的日常零星开支需要量，边远地区和交通不发达地区可以适当放宽，但最多不超过 15 天的日常零星开支需要量。企业每日的现金结存数，不得超过核定的限额，超过部分必须当日送存银行，不足限额时，可签发现金支票向银行提取现金。

2．库存现金的使用范围

企业应严格遵循国家规定的开支范围使用现金，结算金额超过起点的，不得使用现金。按照国务院发布的《现金管理暂行条例》规定，开户单位可以在下列范围内使用现金。

(1) 职工的工资、津贴。
(2) 个人劳务报酬。
(3) 根据国家规定发给个人的科学技术、文化艺术、体育等各种奖金。
(4) 各种劳保、福利费用以及国家规定的对个人的其他支出。
(5) 向个人收购农副产品和其他物资的价款。
(6) 出差人员必须随身携带的差旅费。
(7) 结算起点(1 000 元)以下的零星开支。
(8) 中国人民银行确定需要支付现金的其他支出。

除以上可用现金支付的项目外，企业的其他款项结算均需通过银行转账进行结算。

3．库存现金收支的管理

(1) 企业收入的现金应于当日送存银行，当日送存确有困难的，应在取得开户银行同意后，按双方协商的时间送存。

(2) 企业支付现金时，可以从本单位库存现金中支付或者从开户银行提取。从开户银行提取现金时，应当写明用途，由本单位财会部门负责人签字盖章，经开户银行审核后，予以支付现金。企业不得擅自"坐支"现金。所谓"坐支"现金，就是指企业从本单位现金收入中直接支付现金的行为。因特殊情况需要坐支现金的，应事先报经开户银行审查批准，由开户银行核定坐支范围和限额。

企业在组织现金收支工作中，还应做到六不准：①不准"白条顶库"，即不得用不符合财务制度的凭证抵顶库存现金；②不准"公款私存"，即不准用单位的现金以个人名义储蓄；③不准设置"小金库"，即不准保留账外公款；④不准谎报用途套取现金，即提款用途与实际用途不一致骗取现金；⑤不准用银行账户代其他单位和个人存取现金，即不准向其他单位或个人出借银行账户；⑥不准单位之间相互借用现金。

(三)库存现金的核算

1．库存现金的总分类核算

为了总括地反映企业库存现金收支和结存情况，应设置"库存现金"总分类账户，由不从事出纳工作的会计人员负责登记。该账户借方用于登记库存现金增加的金额，贷方用于登记库存现金减少的金额，期末借方余额表示企业实际持有的库存现金的金额。

企业进行现金的核算,要根据审核无误的原始凭证,作出账务处理。收到现金时,借记"库存现金"账户,贷记"银行存款""主营业务收入"等账户;支出现金时,借记"管理费用""其他应收款"等账户,贷记"库存现金"账户。

【例2-1】 9月1日,签发现金支票一张,从银行提取现金900元备用。
根据"现金支票存根"编制分录如下。

借:库存现金　　　　　　　　　　　　　900
　　贷:银行存款　　　　　　　　　　　　　900

【例2-2】 9月1日,以现金支付管理部门运费500元。
根据"发票""费用报销单"编制分录如下。

借:管理费用　　　　　　　　　　　　　500
　　贷:库存现金　　　　　　　　　　　　　500

【例2-3】 9月1日,职工张勇因公出差,预借差旅费1 100元,付给现金。
根据"借款单"编制分录如下。

借:其他应收款——张勇　　　　　　　1 100
　　贷:库存现金　　　　　　　　　　　　1 100

【例2-4】 9月1日,出售商品,价款800元,增值税104元,收到现金。
根据"增值税专用发票"编制分录如下。

借:库存现金　　　　　　　　　　　　　904
　　贷:主营业务收入　　　　　　　　　　　800
　　　　应交税费——应交增值税(销项税额)　104

2. 库存现金的序时核算

为了加强库存现金管理与核算,企业还应设置"库存现金日记账"进行序时核算,出纳人员根据审核无误的记账凭证逐日逐笔进行序时登记。每日终了,应当计算当日现金收入合计数、支出合计数和余额,并与实际库存现金进行核对。月末,"库存现金日记账"的余额应与"库存现金"总账的余额核对相符。库存现金日记账的格式如表2-2所示。

表2-2 库存现金日记账

单位:元

2021年		凭证		摘要	对方科目	借方	贷方	余额
月	日	字	号					
8	30			本月收付合计及余额		15 000	18 000	800
9	1	银付	1	提现金备用	银行存款	900		
9	1	现付	1	报销运费	管理费用		500	
9	1	现付	2	张勇预借差旅费	其他应收款		1 100	
9	1	现收	1	出售商品	主营业务收入等	904		
9	1			本日收付合计及余额		1 804	1 600	1 004

3. 库存现金的清查核算

库存现金的清查是指对库存现金的盘点与核对。现金清查包括出纳人员每日终了进行的现金核对以及清查小组进行的定期或不定期的现金盘点。现金清查一般采用实地盘点法。

对于清查的结果,应编制"库存现金盘点报告单"。若发现现金短缺或溢余的款项,应先通过"待处理财产损溢"账户进行核算,同时调整"库存现金"账户,使账实相符;待查明原因并得到批复后,从"待处理财产损溢"账户转出,分别按情况处理。

如果为库存现金短缺,属于应由责任人或保险公司赔偿的部分记入"其他应收款"账户,无法查明原因的记入"管理费用"账户,由于自然灾害造成的记入"营业外支出"账户。

如果为库存现金溢余,属于应支付给其他单位或有关人员的,记入"其他应付款"账户,属于无法查明原因的记入"营业外收入"账户。

【例2-5】 公司在进行现金清查时,发现有溢余现金200元,原因不明,待查。

根据"现金盘点报告单"编制分录如下。

借:库存现金　　　　　　　　　　　　　　　　200
　　贷:待处理财产损溢——待处理流动资产损溢　　200

【例2-6】 上述溢余的现金无法查明原因,经批准转作企业营业外收入。

根据批复后的"现金盘点报告单"编制分录如下。

借:待处理财产损溢——待处理流动资产损溢　　200
　　贷:营业外收入　　　　　　　　　　　　　　200

【例2-7】 假定公司在进行现金清查中发现现金短缺100元,原因不明,待查。

根据"现金盘点报告单"编制分录如下。

借:待处理财产损溢——待处理流动资产损溢　　100
　　贷:库存现金　　　　　　　　　　　　　　　100

【例2-8】 上述现金短缺,经查实,属于出纳人员的责任,根据批复意见由责任人赔偿。

根据批复后的"现金盘点报告单"编制分录如下。

借:其他应收款　　　　　　　　　　　　　　　100
　　贷:待处理财产损溢——待处理流动资产损溢　100

二、银行存款

(一)银行存款的概念

银行存款是指企业存放在银行或其他金融机构的货币资金,包括人民币存款和外币存款。

按我国有关规定,凡是独立核算的企业都必须在当地银行开立账户,用来办理货币资金的存取,以及转账结算业务。

(二)银行存款的管理

1. 银行账户的开设程序

1) 填写开户申请书

各单位若要在银行开立账户,必须向开户行提出申请,填写"开户申请表"之后要加盖本单位全称公章。

2) 提交有关的证明文件

开户申请人在填好开户申请表后,要将其报送有关单位审查,并向银行提交其主管部门出具的证明、营业执照等。

3) 填制并提交印鉴卡片

开户单位在提交开户申请书和有关单位证明的同时,应填写开户银行的印鉴卡片。印鉴卡片上填写的户名必须与单位名称一致,在卡片上要加盖单位公章、单位负责人或财务机构负责人及出纳人员三枚印章,以备查对。

4) 开户银行审批

开户银行对开户单位提交的开户申请书、有关证明、印鉴卡片、会计人员的"会计证"等文件,应根据有关规定进行审查。经银行审查同意后,银行确定账号、登记开户、发售各种结算凭证。

2. 银行结算账户的种类

银行结算账户分为4类:基本存款账户、一般存款账户、临时存款账户和专用存款账户。

1) 基本存款账户

基本存款账户是指存款人办理日常支付结算和现金收付的账户。企事业单位的工资、奖金等现金的支取只能通过此账户办理。一家企业只能在一家银行的一个营业机构开立一个基本存款账户。

2) 一般存款账户

一般存款账户是指存款人在基本账户以外开立的账户。存款人可以通过该账户办理转账结算和存入现金,但不能支取现金。

3) 临时存款账户

临时存款账户是指存款人因临时经营活动需要开立的账户。存款人可以通过该账户办理转账结算和根据国家现金管理规定办理现金收付。

4) 专用存款账户

专用存款账户是指存款人因特定用途而开立的账户。

3. 银行账户使用的规定

各单位应严格执行银行账户管理办法的规定,具体如下。

(1) 企业在银行开立的存款户,只能办理本企业经营范围内的资金收付,不得出租、出借或转让给其他单位或个人使用。

(2) 各种收支凭证必须如实填明款项来源用途,不允许套取现金。

(3) 银行存款账户必须有足够的资金保证支付,不准签发空头或远期支票,不允许套取银行信用。

(三)银行存款的核算

1. 银行存款的总分类核算

为了总括核算银行存款的收入、支出和结存情况,应设置"银行存款"总分类账户。该账户属于资产账户,借方登记存入银行和其他金融机构的款项,贷方登记从银行提取或支付的款项。余额在借方,表示企业银行存款的实有数。

企业办理银行存款收付业务,应严格按照国家有关规定填制或取得票据和银行结算凭证,经有关人员审核签证后,据以填制记账凭证,并及时登记入账。存入款项时,借记"银行存款"账户,贷记"库存现金""主营业务收入""应收账款"等账户;支付款项时,借记"材料采购""原材料""管理费用"等账户,贷记"银行存款"账户。

【例 2-9】 9 月 6 日,将本日销货款 33 900 元(其中含增值税 3 900 元)填制"进账单"送存银行。

根据"进账单回单联"编制分录如下。

借:银行存款　　　　　　　　　　　　　　　33 900
　　贷:主营业务收入　　　　　　　　　　　　30 000
　　　　应交税费——应交增值税(销项税额)　　3 900

【例 2-10】 9 月 9 日,购进甲材料一批,价款 6 000 元,增值税税款 780 元,签发转账支票付讫,材料已入库。

根据"增值税专用发票""转账支票存根""收料单"等编制分录如下。

借:原材料——甲材料　　　　　　　　　　　6 000
　　应交税费——应交增值税(进项税额)　　　　780
　　贷:银行存款　　　　　　　　　　　　　　6 780

2. 银行存款的序时核算

为了及时核算银行存款的收、付和结存情况,加强银行存款的管理,企业除进行银行存款总分类核算外,还要设"银行存款日记账"进行序时核算,按经济业务发生的顺序逐日逐笔进行登记,每日结出余额,并定期与银行核对,保证账实相符。企业可以按开户银行、存款种类及货币种类分设账簿。银行存款日记账的格式如表 2-3 所示。

表 2-3　银行存款日记账

单位:元

2021 年		凭证		摘要	对方科目	结算凭证		借方	贷方	余额
月	日	字	号			种类	号数			
9	2			承前页						850 000
9	3	银付	51	提现金备发工资	库存现金	现支			20 000	830 000
9	5	银收	62	收回甲公司货款	应收账款	汇兑		8 000		838 000
9	6	银收	63	货款存银行	主营业务收入等	进账单		33 900		871 900
9	9	银付	52	支付材料款	原材料、应交税费	转支			6 780	865 120

银行存款日记账也是由出纳人员负责登记。为了便于同银行核对账目,银行存款日记账要登记结算凭证种类及号数。

3. 银行存款的清查核算

银行存款的清查是指企业银行存款日记账与其开户银行转来的对账单进行核对。为了准确掌握银行存款实际金额,企业应经常(至少每月一次)与银行核对银行存款账户。首先,要认真检查企业银行存款日记账的正确性和完整性，然后与银行的对账单逐笔进行核对，如果发现双方的余额不一致，除记账错误外，还可能是未达账项的影响。

所谓未达账项，是指由于企业与银行取得有关凭证的时间不同，造成的发生的一方已经取得凭证登记入账，而另一方由于未取得凭证尚未入账的款项。未达账项具体分为4种情况：①银行已收，企业未收的款项；②银行已付，企业未付的款项；③企业已收，银行未收的款项；④企业已付，银行未付的款项。

在进行银行存款清查时，由企业出纳人员编制"银行存款余额调节表"，调节双方账面余额，剔除未达账项的影响后再进一步核对。企业出纳人员编制银行存款调节表时，首先将银行存款日记账的余额和银行对账单的余额登记在银行存款余额调节表上，然后将未达账项分别调整各自的余额。下面举例说明银行存款余额调节表的编制方法。

【例2-11】 9月30日，公司银行存款日记账余额53 000元，银行转来的对账单余额为82 000元。经核对，发现有以下未达账项。

(1) 企业送存银行本票一张，金额70 000元，根据进账单回联登记银行存款日记账。
(2) 企业开出转账支票一张，金额55 000元，持票人尚未到银行办理转账手续。
(3) 企业委托银行代收货款，金额50 000元，银行已收妥入账，企业尚未接到银行通知。
(4) 银行代企业付电费6 000元，企业未接到划款通知。

根据上述未达账项，编制的银行存款余额调节表如表2-4所示。

表2-4 银行存款余额调节表

9月30日　　　　　　　　　　　　　　　　　　　　　单位：元

项　目	金　额	项　目	金　额
企业银行存款日记账余额	53 000	银行对账单余额	82 000
加：银行已收企业未收的款项	50 000	加：企业已收银行未收的款项	70 000
减：银行已付企业未付的款项	6 000	减：企业已付银行未付的款项	55 000
调整后的余额	97 000	调整后的余额	97 000

表2-4所列调节后的余额97 000元即为该企业9月底银行存款的实有数额。经过对未达账项调节后双方的余额相等，说明银行存款日记账的登记基本无错。需要注意的是，银行存款余额调节表不能作为登账的依据，而要等收到有关凭证后，才能对未达账项进行账务处理。

三、其他货币资金

(一)其他货币资金的内容

其他货币资金是指企业除库存现金和银行存款以外的各种货币资金，包括外埠存款、银行汇票存款、银行本票存款、信用卡存款、存出投资款和信用证保证金存款等。

(1) 外埠存款是指企业到外地进行临时或零星采购时，汇往采购地某银行，开设临时采购专户的款项。采购专户只付不收，付完结束账户。
(2) 银行汇票存款是指企业为取得银行汇票按规定存入银行的款项。

(3) 银行本票存款是指企业为取得银行本票按规定存入银行的款项。

(4) 信用卡存款是指企业为取得信用卡按规定存入银行的款项。

(5) 存出投资款是指企业已存入证券公司但尚未进行投资的资金。

(6) 信用证保证金存款是指企业为取得信用证按规定存入银行的保证金。

其他货币资金仍属于企业存入银行或其他金融机构的款项，但因其有了专门的支付对象或特定的用途，与普通存款不同，所以需单独核算。

(二)其他货币资金的核算

为了反映和监督其他货币资金，企业应设置"其他货币资金"总分类账户。该账户属于资产账户，借方登记其他货币资金增加的金额，贷方登记其他货币资金减少的金额，余额在借方表示其他货币资金的结存金额。该账户可下设"外埠存款""银行汇票""银行本票""信用卡"和"存出投资款"等明细分类账户。

1．外埠存款的核算

企业将款项汇往外地开立采购专户时，借记"其他货币资金——外埠存款"账户，贷记"银行存款"账户；收到购货的有关凭证时，借记"原材料"等账户，贷记"其他货币资金——外埠存款"账户；收回剩余款项时，借记"银行存款"账户，贷记"其他货币资金——外埠存款"账户。发生的邮寄费用计入当期的财务费用。

【例2-12】 甲公司采购员张勇在外地进行零星采购，9月1日委托开户银行汇往采购地银行70 000元开立采购专户。9月12日采购员归来，交回供应单位发票账单等报销凭证，货款50 000元，增值税进项税额6 500元，多余款项已转回所在地银行。

甲公司进行会计处理如下。

(1) 开立采购专户时，根据"信汇结算凭证回单"编制会计分录如下。

借：其他货币资金——外埠存款　　　　　70 000
　　贷：银行存款　　　　　　　　　　　　　　　70 000

(2) 根据采购员交来的"增值税专用发票""材料入库单"编制会计分录如下。

借：原材料——C材料　　　　　　　　　50 000
　　应交税费——应交增值税(进项税额)　　6 500
　　贷：其他货币资金——外埠存款　　　　　　　56 500

(3) 根据开户银行"多余款收账通知"编制会计分录如下。

借：银行存款　　　　　　　　　　　　　13 500
　　贷：其他货币资金——外埠存款　　　　　　　13 500

2．存出投资款的核算

当企业向证券公司划出资金时，借记"其他货币资金——存出投资款"账户，贷记"银行存款"账户。购买股票或债券时，借记"交易性金融资产"等账户，贷记"其他货币资金——存出投资款"账户。

银行汇票存款、银行本票存款和信用卡存款的核算方法将在支付结算部分详细介绍。

四、银行支付结算

(一)支付结算的概念

结算是企业与外部各单位、个人或企业内部发生商品交换等经济往来时而引起的货币收付行为,包括现金结算和银行转账结算。

所谓支付结算,是指单位、个人在经济活动中使用票据、银行卡和汇兑、托收承付、委托收款等结算方式进行货币给付及资金清算的行为。即在结算过程中不使用现金,通过银行将款项从付款单位(或个人)的账户直接划转到收款单位(或个人)的账户的货币资金结算方式。企业的结算业务,除少量可以使用现金外,大部分都要通过银行转账办理支付结算。

(二)银行支付结算的种类

按照中国人民银行颁布的《支付结算办法》,支付结算方式包括支票、银行本票、银行汇票、商业汇票、汇兑、托收承付、委托收款和信用卡结算等。其中,前4种属于票据结算,后4种属于非票据结算。

1. 支票

1) 支票的概念

支票是指出票人签发的,委托办理支票存款业务的银行在见票时无条件支付确定的金额给收款人或持票人的票据。

2) 支票的种类

支票按其支付方式的不同,可分为现金支票、转账支票和普通支票三种。支票上印有"现金"字样的为现金支票,现金支票只能用于支取现金;支票上印有"转账"字样的为转账支票,转账支票只能用于转账;支票上未印"现金"或"转账"字样的为普通支票,普通支票既可以用于支取现金,也可以用于转账;在普通支票左上角划两条平行线的,为划线支票,划线支票只能用于转账,不得支取现金。

3) 支票的适用范围和特点

支票结算一般在同城范围内使用(同一票据交换区域),如果收、付款双方的开户行都加入了全国支票影像交换系统,就可以异地使用支票。为防范风险,异地使用支票单笔结算金额不得超过50万元。单位和个人的各种款项的结算均可使用支票。

支票具有清算及时、使用方便和结算灵活的特点。

现金支票的格式如表2-5所示。

4) 支票结算的基本规定

(1) 支票一律记名,可以背书转让。背书转让是指在票据上所作的以转让票据权利为目的的书面行为。

(2) 支票提示付款期限自出票日起10天内,但中国人民银行另有规定的除外。

(3) 签发支票应使用钢笔或碳素笔填写,但中国人民银行另有规定的除外。

(4) 禁止签发空头支票。不得签发与其预留银行签章不符的支票;使用支付密码的,不得签发支付密码错误的支票,否则银行将对其罚款。

表2-5 现金支票

| 中国建设银行
现金支票存根(冀)
$\frac{E}{0}\frac{K}{2}$ 08936216
附加信息

出票日期 年 月 日
收款人：
金 额：
用 途：
单位主管   会计 | 中国建设银行现金支票(冀)　定安 $\frac{E}{0}\frac{K}{2}$ 08936216
出票日期(大写)　　年　　月　　日　付款行名称：
收款人：..................................　　出票人账号：
人民币
(大写)　　　　　　　　　　　　　　　百十万千百十元角分

用途
上列款项请从
我账户内支付
出票人签章　　　　　　　　　　复核　　　记账 |

5) 支票结算的一般程序

支票结算的一般程序如图2-6所示。

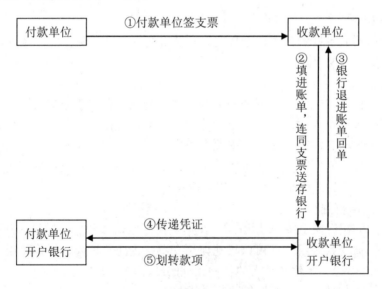

图2-6 支票结算的一般程序

6) 支票结算的账务处理

企业签发现金支票提取现金时，借记"库存现金"账户，贷记"银行存款"账户。企业采购材料，借记"原材料""应交税费——应交增值税(进项税额)"账户，贷记"银行存款"账户。

企业对外销售产品或提供劳务收到转账支票时，根据进账单回单等，借记"银行存款"账户，贷记"主营业务收入""应交税费——应交增值税(销项税额)"账户。

【例2-13】9月5日，甲公司向丙公司销售产品，售价100 000元，增值税13 000元，收到丙公司交来转账支票一张，金额113 000元，填制进账单，连同支票一并送存银行。

(1) 甲公司根据银行盖章退回的"进账单回单联""增值税专用发票"编制会计分录如下。

借：银行存款　　　　　　　　　　　　　　113 000
　　贷：主营业务收入　　　　　　　　　　100 000
　　　　应交税费——应交增值税(销项税额)　13 000

(2) 丙公司根据"支票存根联""增值税专用发票""收料单"编制会计分录如下。

借：原材料　　　　　　　　　　　　　　　100 000
　　应交税费——应交增值税(进项税额)　　　13 000
　　贷：银行存款　　　　　　　　　　　　113 000

2．银行本票

1) 银行本票的概念

银行本票是指银行签发的，承诺银行在见票时无条件支付确定的金额给收款人或持票人的票据。

2) 银行本票的种类

银行本票根据签发金额是否固定，可分为定额银行本票和不定额银行本票两种。定额银行本票的面额为 1 000 元、5 000 元、10 000 元和 50 000 元。

3) 银行本票的适用范围和特点

单位和个人在同一票据交换区域需要支付的各种款项，均可使用银行本票。

银行本票结算方式具有如下特点：信誉度高，支付能力强，并有代替现金使用的特点。银行本票可用于转账，注明"现金"字样的银行本票还可用于支取现金。

4) 银行本票结算的基本规定

(1) 银行本票一律记名，允许背书转让。

(2) 银行本票的提示付款期限自出票日起最长不超过 2 个月。

(3) 申请人办理银行本票时，应向银行填写"银行本票申请书"，填明收款人名称、申请人名称、支付金额、申请日期等事项并签章。申请人或收款人为单位的，银行不得为其签发现金银行本票。

银行本票的格式如表 2-6 所示。

5) 银行本票的结算程序

银行本票的一般结算程序如图 2-7 所示。

6) 银行本票结算的账务处理

(1) 付款单位的账务处理。

企业将款项交存银行，取得银行本票后，借记"其他货币资金——银行本票"账户，贷记"银行存款"账户。付款单位持银行本票与收款人结算后，借记"原材料""应交税费——应交增值税(进项税额)"账户，贷记"其他货币资金——银行本票"账户。付款单位持银行本票用于偿还应付账款，借记"应付账款"账户，贷记"其他货币资金——银行本票"账户。

(2) 收款单位的账务处理。

企业收到银行本票后，连同进账单一并交开户银行办理转账，借记"银行存款"账户，贷记"主营业务收入""应交税费——应交增值税(销项税额)"账户。

表2-6 银行本票

中 国 建 设 银 行

本　票

付款期限			出票日期	年	月	日	本票号码	
贰 个 月							1 第　号	
			(大写)					
收款人：			申请人：					此联签发结清本票时作传票
凭票即付	人民币(大写)							
转账	现金							
			出纳		复核		经办	

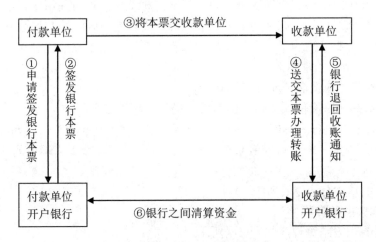

图2-7 银行本票的一般结算程序

【例2-14】 甲公司申请办理银行本票用于偿还应付账款100 000元。银行受理后开出定额本票1张。

① 甲公司收到银行本票时，根据"银行本票申请书"单位留存联，编制会计分录如下。

借：其他货币资金——银行本票　　　　　100 000
　　贷：银行存款　　　　　　　　　　　　　　　100 000

② 收到收款单位开出的"收据"时，编制会计分录如下。

借：应付账款　　　　　　　　　　　　100 000
　　贷：其他货币资金——银行本票　　　　　　　100 000

3．银行汇票

1) 银行汇票的概念

银行汇票是指出票银行签发的，由出票银行在见票时按照实际结算金额无条件支付给收款人或者持票人的票据。

2) 银行汇票的适用范围和特点

单位和个人异地间各种款项结算，均可使用银行汇票。

银行汇票结算方式具有如下特点：适用范围广；票随人走，钱货两清；信用度高，安全可靠；结算准确，余款自动退回。

3) 银行汇票结算的基本规定

(1) 银行汇票一律记名，允许背书转让(填明"现金"字样的除外)。

(2) 银行汇票的付款期限为一个月，对于逾期的汇票兑付银行不予受理。

(3) 汇票申请人办理银行汇票时，应向签发银行填写"银行汇票委托书"，填明收款人名称、汇票金额、申请人名称和申请日期等事项并签章，签发银行受理并收妥款项后，签发银行汇票交给汇款人。

(4) 收款人收到申请人交付的银行汇票时，将实际结算金额和多余金额填入银行汇票和解讫通知的有关栏内。银行汇票的格式如表2-7所示。

表2-7 银行汇票

中 国 建 设 银 行

银行汇票

付款期限 壹个月													汇票号码 1 第 号			
出票日期 (大写)	年 月 日	代理付款行：						行号：								
收款人：		账 号：														
出票金额	人民币 (大写)															
实际结算金额	人民币 (大写)	千	百	十	万	千	百	十	元	角	分					
申请人：_____		账号：_____														
出票行：_____ 行号：_____																
备 注：_____		多余金额									科目					
		千	百	万	千	百	十	元	角	分	对方科目 兑付日期				
复核 经办											复核 记账				

此联出票行结算汇票时作汇出汇款借方凭证

4) 银行汇票的结算程序

银行汇票的一般结算程序如图2-8所示。

5) 银行汇票结算的账务处理

(1) 付款单位的账务处理。

办理银行汇票时，企业应向银行填送"银行汇票委托书"并将款项交存开户银行，取得银行汇票后,借记"其他货币资金——银行汇票"账户,贷记"银行存款"账户。办理结算时,若为购买材料支付货款,且汇票款项有余额,借记"原材料""应交税费——应交增值税(进项税额)""银行存款"(多余金额)账户,贷记"其他货币资金——银行汇票"账户。付款单位持银行汇票用于偿还应付账款时,借记"应付账款"账户,贷记"其他货币资金——银行汇票"账户。

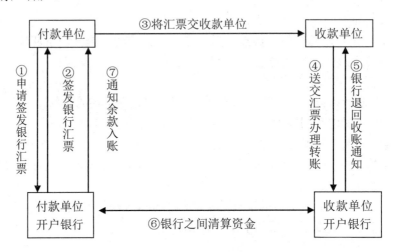

图 2-8 银行汇票的一般结算程序

(2) 收款单位的账务处理。

收款单位收到银行汇票后,应填制进账单连同银行汇票一起送存银行,借记"银行存款"账户,贷记"主营业务收入""应交税费——应交增值税(销项税额)"账户。

【例 2-15】甲公司申请办理 1 张金额为 70 000 元的银行汇票,用于偿还应付乙公司账款。银行受理后开出银行汇票、解讫通知。实际办理结算的金额为 56 500 元,余款银行自动划回。

① 甲公司收到银行汇票时,根据"银行汇票委托书"存根联编制如下会计分录。

借:其他货币资金——银行汇票　　　　　70 000
　　贷:银行存款　　　　　　　　　　　　　　70 000

② 甲公司收到乙公司收款"收据"时,编制会计分录如下。

借:应付账款　　　　　　　　　　　　　56 500
　　贷:其他货币资金——银行汇票　　　　　　56 500

③ 接到银行剩余款项划回通知时,根据"多余款收账通知"编制如下会计分录。

借:银行存款　　　　　　　　　　　　　13 500
　　贷:其他货币资金——银行汇票　　　　　　13 500

④ 乙公司根据"进账单"回单联,编制如下会计分录。

借:银行存款　　　　　　　　　　　　　56 500
　　贷:应收账款　　　　　　　　　　　　　　56 500

4. 商业汇票

1) 商业汇票的概念

商业汇票是指出票人签发的,委托付款人在指定日期无条件支付确定的金额给收款人或者持票人的票据。

商业汇票必须经承兑人承兑,即在商业汇票正面记载"承兑"字样和承兑日期并签章。商业汇票经承兑后,承兑人负有到期无条件支付票款的责任。

2) 商业汇票的种类

商业汇票根据承兑人的不同,分为商业承兑汇票和银行承兑汇票。商业承兑汇票是指由收款人或付款人签发,经付款人承兑的票据。银行承兑汇票是指由收款人或承兑申请人签发,并由承兑申请人向银行申请,经银行审查同意承兑的票据。银行承兑汇票的承兑银行,应按票面金额向出票人收取万分之五的手续费。

商业汇票根据票面是否带息,可分为带息商业汇票和不带息商业汇票。不带息商业汇票到期承兑人只支付票面款。带息商业汇票到期承兑人不仅支付票面款,还要按票面利率支付利息。

3) 商业汇票的适用范围及特点

商业汇票结算方式同城、异地均可使用,但只有在银行开立账户的法人之间具有真实的交易关系或债权债务关系时才能使用。

银行承兑汇票的格式如表2-8所示。

表2-8 银行承兑汇票(卡片)1

出票日期:　　　　年　　月　　日　　　　汇票号码
(大写)

出票人全称		收款人	全　称											此联承兑行留存备查到期支付票款时作借方凭证附件
出票人账号			账　号											
付款行全称			开户银行				行号							
出票金额	人民币(大写)			亿	千	百	十	万	千	百	十	元	角	分
汇票到期日(大写)		付款行	行　号											
承兑协议编号			地　址											
本汇票请你行承兑,此项汇票款我单位承兑协议于到期日前足额交存银行,到期请予以支付。出票人签章							复核			记账				
			备注:											

4) 商业汇票结算的基本规定

(1) 商业汇票一律记名,允许背书转让。

(2) 商业汇票的付款期限最长不得超过6个月。

(3) 商业汇票的提示付款期限,自汇票到期日起10日。

(4) 商业汇票的持票人可持未到期的商业汇票向银行申请贴现,持票人与出票人之间必须具有真实的商品交易关系,才能申请贴现。

(5) 商业承兑汇票到期时，付款人开户银行凭票将存款划转给收款人，如果付款人的存款不足支付票款的，开户银行将商业承兑汇票退给收款人或被背书人，由其自行处理，银行不负责付款。

(6) 银行承兑汇票，承兑申请人应于到期前将票款足额交存银行，承兑申请人于汇票到期日未能足额交存票款时，承兑银行凭票向收款人、被背书人或贴现银行无条件履行支付外，对承兑申请人进行扣款处理，并对尚未扣回的承兑金额每天按万分之五计收罚金。

5) 商业汇票的结算程序

下面以银行承兑汇票为例，来说明商业汇票的结算程序，如图 2-9 所示。

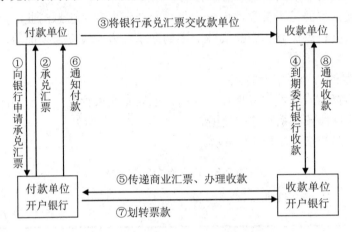

图 2-9 银行承兑汇票的一般结算程序

6) 商业汇票结算的账务处理

商业汇票的核算需设置"应收票据"账户和"应付票据"账户，具体账务处理将在第三章往来结算岗位业务中介绍。

5．汇兑

1) 汇兑的概念

汇兑是指汇款人委托银行将其款项支付给收款人的结算方式。

2) 汇兑的种类

汇兑分为信汇和电汇两种，由汇款人根据需要选择使用。

3) 汇兑的适用范围及特点

单位或个人间异地结算的各种业务均可采用汇兑结算方式。

汇兑结算适用范围广，手续简便易行，灵活方便，因而是目前应用极为广泛的一种结算方式。

汇兑结算，无论是信汇还是电汇，都没有金额起点的限制，不管款项为多少都可使用。

汇兑结算方式除了适用于单位之间的款项划拨外，也可用于单位对异地的个人支付有关款项，如退休工资、医药费、各种劳务费和稿酬等。

4) 汇兑结算方式的基本规定

(1) 汇款人委托银行办理汇兑时，应填写信汇或电汇凭证(如表 2-9 所示)。派人到汇入行领取汇款的，应注明"留行待取"字样；支取现金的信汇、电汇凭证上必须有按规定填明的"现金"字样才能办理。

表2-9　银行信汇凭证(回单)1

委托日期　　　年　月　日

汇款人	全称		收款人	全称		此联汇出行给汇款人的回单
	账号			账号		
	汇出地点	省　市/县		汇入地点	省　市/县	
汇出行名称			汇入行名称			
金额	人民币(大写)				亿千百万十万千十元角分	
			支付密码			
			附加信息及用途：			
	汇出行签章					
				复核　　记账		

(2) 汇入银行对开立存款账户的收款人，应将汇给收款人的款项直接转入收款人账户，并向其发出收账通知。

(3) 未在银行开立存款账户的收款人，凭信汇、电汇的取款通知和本人的身份证("留行待取"的仅凭本人的身份证件)向汇入银行支取款项。

5) 汇兑结算方式的一般程序

汇兑结算方式的一般程序如图2-10所示。

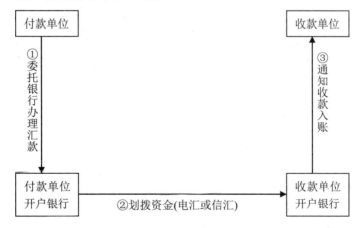

图2-10　汇兑结算方式的一般程序

6) 汇兑结算方式的账务处理

(1) 汇款单位的账务处理。汇款单位的账务处理分以下两种情况。

① 如果汇款是为了办理各种款项的结算，应根据汇兑结算凭证的回单联，借记"应付账款"账户，贷记"银行存款"账户。

② 如果汇款是为了到外地进行临时或零星采购，款项汇往外地开立采购临时存款户时，借记"其他货币资金——外埠存款"账户，贷记"银行存款"账户。

(2) 收款单位的账务处理。收款单位收到款项时，根据银行转来的汇兑结算凭证收账通知，借记"银行存款"账户，贷记"应收账款(主营业务收入、应交税费等)"账户。

6．托收承付

1) 托收承付的概念

托收承付是指根据购销合同由收款人发货后委托银行向异地付款人收取款项，由付款人向银行承认付款的一种结算方式。托收承付结算方式分为托收和承付两个阶段。

(1) 托收。销货单位按合同发运商品，办妥发货手续后，根据发票、代垫运杂费单据等填制"托收承付结算凭证"，连同发票、运单一并送交开户银行办理托收。

(2) 承付。购货单位收到银行转来的托收承付结算凭证及所附单证后，应在规定的承付期内审查核对，安排资金，承付货款。承付货款分为验单付款和验货付款两种，由收付双方商量选用，并在合同中明确规定。

验单付款承付期为 3 天，从付款人开户银行发出承付通知的次日算起。付款单位在承付期内未向银行表示拒绝付款的，银行即视作承付，并在承付期满的次日将款项付给收款单位。

验货付款的承付期为 10 天，从运输部门向付款人发出提货通知的次日算起。付款单位在收到提货通知后，应向银行交验提货通知。付款单位在银行发出承付通知书后，如未收到提货通知，应在 10 天内将情况通知银行，如不通知，银行即视作已经验货，承认付款，并于期满次日予以划款。

付款单位在承付期满日款项不足支付的，其不足部分即为逾期未付款项，根据逾期天数，按每天万分之五计算逾期未付赔偿金。

付款单位在验单或验货时，发现所到货物与合同规定不同，或货物已到，在承付期内，可向银行提出全部或部分拒绝付款，填写"拒绝付款理由书"并签章，注明拒绝付款理由，送交开户银行。开户银行必须认真审查拒绝付款理由书。银行同意拒绝付款的，应在拒绝付款理由书上签注意见，连同拒付证明和拒付商品清单邮寄收款人开户银行转交收款人。

2) 托收承付的适用范围和特点

托收承付属于异地间的结算方式，适用有合法购销合同的商品交易以及因商品交易而产生的劳务供应的款项。代销、寄销、赊销商品的款项，不得办理托收承付结算。收付双方使用托收承付结算的，应在合同上注明使用托收承付结算方式。

托收承付结算方式要求严格，并且银行有审核拒付理由的权力，不易出现无理拒付。同时，对付款方延期付款，银行可代收款人收取赔偿金，因此托收承付结算方式的安全性强。

3) 托收承付结算方式的基本规定

(1) 收款人办理托收，必须具有商品确已发运的证件，且还要向银行提供合同、发票等单据。

(2) 托收承付结算的每笔金额起点为 10 000 元，新华书店系统每笔的金额起点为 1 000 元。

(3) 收款单位的出纳员办理托收时，按规定逐项填明委托收款凭证的各项内容。

4) 托收承付结算方式的一般程序

托收承付结算方式的一般程序如图 2-11 所示。

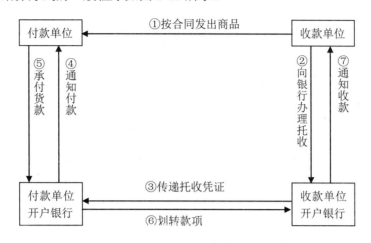

图 2-11　托收承付结算方式的一般程序

5) 托收承付结算方式的账务处理

(1) 收款单位的账务处理。

收款单位向银行办妥托收手续后,借记"应收账款"账户,贷记"主营业务收入""应交税费——应交增值税(销项税额)"等账户。收到款项时,借记"银行存款"账户,贷记"应收账款"等账户。

(2) 付款单位的账务处理。

付款单位承付货款后,根据银行转来的付款通知及有关原始凭证,借记"原材料""应交税费——应交增值税(进项税额)"账户,贷记"银行存款"等账户。

【例 2-16】 甲公司销售商品,售价 600 000 元,增值税销项税额 78 000 元。开出转账支票以支付代垫运费 500 元,上述款项已办妥托收手续。

甲公司根据托收凭证回单及其他有关原始凭证,编制如下会计分录。

借:应收账款　　　　　　　　　　　　　　　　　678 500
　　贷:主营业务收入　　　　　　　　　　　　　　　600 000
　　　　应交税费——应交增值税(销项税额)　　　　 78 000
　　　　银行存款　　　　　　　　　　　　　　　　　　 500

【例 2-17】 承接例 2-16,甲公司收回全部款项。

甲公司根据银行转来的收账通知,编制如下会计分录。

借:银行存款　　　　　　　　　　　　　　　　　678 500
　　贷:应收账款　　　　　　　　　　　　　　　　　678 500

7. 委托收款

1) 委托收款的概念

委托收款是指由收款人向其开户银行提供收款依据,委托银行向付款人收取款项的一种结算方式。委托收款结算方式分为"委托"和"付款"两个阶段。

(1) 委托。收款人办理委托收款的应向银行提交委托收款凭证和有关的债务证明,收款人开户银行审查同意后,将"委托收款凭证"的回单退给收款单位,表示已办妥委托收款手续。

(2) 付款。付款人开户银行接到寄来的委托收款凭证,审查无误后,应及时通知付款人。付款人对款项需要拒绝付款的,应在付款期内出具"拒绝付款理由书"并送交开户银行。付款人在付款期满而存款账户不足支付的,应将其债务证明连同未付款项通知书邮至收款人开户银行,转交收款人。

2) 委托收款的适用范围和特点

委托收款与托收承付结算比较,具有如下特点。

(1) 应用范围广,单位和个人同城、异地间各种业务结算均可使用委托收款结算。

(2) 收款依据简单,收款单位只需提供发票等表明托收金额的凭证。

(3) 无起点金额限制。

(4) 付款期为 3 天。

(5) 银行不审核拒付理由,结算中若发生争议,由双方自行协商解决。

委托收款结算程序、账务处理与托收承付相似,这里不再介绍。

8．信用卡结算

1) 信用卡的概念

信用卡是商业银行向个人和单位发行的,凭此向特约单位购物、消费和向银行存取现金,且具有消费信用的特制载体卡片。

2) 信用卡的种类

信用卡按使用对象分为单位卡和个人卡;按信誉等级分为金卡和普通卡。

3) 信用卡的适用范围及特点

(1) 适用范围。信用卡可以在全国各地的有关银行提取存入现金或在同城、异地的特约商场、商店、饭店、宾馆购物和消费。

(2) 特点。信用卡可用于支取现金,进行现金结算,也可以办理同城、异地的转账业务,代替支票、汇票等结算工具,具有银行户头的功能;在存款余额内消费,可以善意透支。信用卡的持卡人取现或消费以卡内存款余额为限度,当存款余额减少到一定限度时,应及时补充存款,如急需,不需存款即可透支消费,并可享有 20～50 天的免息期。若按时还款,不收利息。

4) 信用卡结算的基本规定

(1) 单位申领信用卡,应按规定填制申请表,连同有关资料一并送交发卡银行。符合条件并按一定要求交存一定金额的备用金后,银行为申请人开立信用卡存款账户,并发给其信用卡。

(2) 单位卡账户的资金一律从其基本存款账户转账存入,不得交存现金,不得将销货收入的款项存入该账户;单位卡一律不得支取现金。

(3) 信用卡仅限于合法持卡人本人使用,持卡人本人不得出租或转借信用卡。

(4) 持卡人可持信用卡在特约单位购物、消费。单位卡不得用于 100 000 元以上的商品交易、劳务供应款项的结算。

(5) 信用卡透支额依据其分类的不同而不同：金卡最高不得超过 10 000 元，普通卡最高不超过 5 000 元。透支期限最长为 60 天。

信用卡结算方式的账务处理与银行汇票账务处理相似。

本章小结

出纳岗位是每个单位都必须设置的会计岗位，其主要工作是对货币资金进行核算和管理。本章主要阐述了出纳的概念、出纳岗位的工作任务、出纳岗位内部控制制度、出纳工作流程；库存现金、银行存款、其他货币资金的核算和管理，以及结算业务等内容。

明确出纳岗位的工作任务和业务流程，才能确保出纳工作有序进行。

对于库存现金，企业应按照规定的范围使用，遵守有关库存限额的规定，并加强库存现金收支管理，以确保其安全、完整。库存现金的核算，需设置库存现金总账和日记账，并做到日清月结，定期盘点，保证账账相符、账实相符。

开设存款户是办理货币资金的存取及转账结算的基础，也是货币资金管理的要求。对银行存款的核算，需设置银行存款总账和日记账，定期与银行核对，保证银行存款账户记录正确和真实。

其他货币资金，仍属于企业存入银行或其他金融机构的款项，但因其有专门的支付对象或特定的用途，所以需要单独核算。

银行支付结算是指不使用现金，通过银行将款项从付款单位账户直接划转到收款单位账户的结算方式。银行结算支付方式包括支票、银行本票、银行汇票、商业汇票、汇兑、托收承付、委托收款和信用卡结算等。

课后习题

一、单项选择题

1. 出纳的工作任务不包括(　　)。
   A. 保管库存现金和结算票据　　B. 登记日记账
   C. 登记"库存现金"总账　　D. 办理银行结算
2. 关于出纳与会计的关系，下列叙述不正确的是(　　)。
   A. 出纳账实兼管，其他会计管账不管钱
   B. 出纳与会计均既管账又管钱
   C. 出纳与会计的工作内容不同
   D. 出纳和会计既互相依赖，又互相牵制
3. 现金清查中发现的溢余应首先通过(　　)科目核算。
   A. 其他应收款　　B. 其他应付款
   C. 待处理财产损溢　　D. 营业外收入
4. 企业发现现金短缺属于无法查明原因的，按照管理权限经批准处理时，应在(　　)科目核算。
  A. 其他应收款   B. 营业外支出
  C. 管理费用   D. 财务费用

5. 企业办理日常结算和现金收付的银行存款账户是( )。
  A. 基本存款账户   B. 一般存款账户
  C. 临时存款账户   D. 专用存款账户

6. 企业将款项委托开户银行汇往采购地银行，开立采购专户时应借记( )。
  A. 银行存款   B. 材料采购
  C. 其他应收款   D. 其他货币资金

7. 对于未达账项，企业应当( )。
  A. 根据"银行存款余额调节表"直接入账
  B. 根据"银行对账单"入账
  C. 待有关结算凭证到达后入账
  D. 根据自制凭证入账

8. 汇款人委托银行将其款项支付给收款人的结算方式是( )。
  A. 汇兑   B. 委托收款   C. 托收承付   D. 支票

9. 商业汇票的付款期限由交易双方商定，但最长不得超过( )。
  A. 2个月   B. 1个月   C. 6个月   D. 1年

10. 下列各项中，不通过其他货币资金账户核算的是( )。
  A. 外埠存款   B. 存出投资款
  C. 商业汇票   D. 信用卡存款

二、多项选择题

1. 企业管理现金的出纳人员不得兼任的工作有( )。
  A. 稽核   B. 库存现金保管
  C. 登记现金总账   D. 登记现金日记账

2. 按照《内部会计控制规范——货币资金》的要求，货币资金监督检查的主要内容包括( )。
  A. 是否存在货币资金业务不相容职务岗位混岗现象
  B. 是否存在货币资金支出越权审批的行为
  C. 是否存在办理付款业务的全部印章交由一人保管的现象
  D. 是否存在库存现金超限额的情况

3. 其他货币资金包括( )。
  A. 存出投资款   B. 外埠存款   C. 银行本票存款
  D. 银行汇票存款   E. 信用卡存款

4. 付款人向异地收款人支付款项时，可以直接使用"银行存款"结算方式的有( )。
  A. 汇兑   B. 银行汇票   C. 商业汇票
  D. 托收承付   E. 委托收款

5. 导致银行存款日记账余额与银行对账单余额不一致的原因有( )。

A. 企业记账有误

B. 销售产品银行已记收款，企业尚未记账

C. 银行记账有误

D. 企业开出转账支票已记账，但持票人尚未到银行办理转账

6. 只适用于异地交易的结算方式有(　　)。

 A. 支票　　　　　　　B. 银行汇票　　　　　　C. 商业汇票

 D. 银行本票　　　　　E. 托收承付

7. 根据中国人民银行有关支付结算办法的规定，下列结算方法叙述正确的是(　　)。

 A. 银行本票的付款期限为自出票日起1个月内

 B. 在银行开立存款账户的法人以及其他组织之间具有真实的交易关系或债权债务关系，均能使用商业汇票

 C. 单位可以将销货收入的款项存入其信用卡账户，但不得从单位卡中支取现金

 D. 采用托收承付结算方式时必须签订购销合同，并在合同上写明使用托收承付结算方式

8. 下列事项中，符合现金管理有关规定的有(　　)。

 A. 企业当日送存现金确实有困难的，由开户银行确定送存时间

 B. 因特殊情况需要坐支现金的，应当事先报经开户银行审批

 C. 企业从开户银行提取现金，只要由本单位出纳人员签字盖章即可

 D. 不准用银行账户代其他单位和个人存入或支取现金

9. 下列经济业务中能用现金支付的有(　　)。

 A. 购买办公用品600元　　　　B. 购买机器一台花费56 000元

 C. 支付职工奖金35 000元　　　D. 出差人员预借差旅费1 800元

10. 下列结算方式中，可用于异地结算方式的有(　　)。

 A. 银行汇票结算方式　　　　　B. 银行本票结算方式

 C. 汇兑结算方式　　　　　　　D. 委托收款结算方式

三、判断题

1. 每日终了，出纳必须将库存现金日记账的余额与库存现金的实存数核对，确保账实相符。(　　)

2. 企业的出纳员负责现金的收付，会计人员负责现金日记账的登记。(　　)

3. 收款人在收到一张银行本票或银行汇票时，应先记入"其他货币资金"账户。(　　)

4. 商业承兑汇票到期时，如果购货企业的存款不足支付票款，开户银行应将汇票退还销货企业，银行不负责付款。(　　)

5. 企业的各种存款都应该通过"银行存款"科目核算。(　　)

6. 企业平时核对银行存款，只要以银行对账单为准，就不会有什么问题。(　　)

7. 企业采用托收承付结算的款项，必须是商品交易，以及因商品交易而产生的劳务供应的款项。(　　)

8. 银行存款余额调节表是企业调整银行存款余额的原始凭证。(　　)

9. 普通支票左上角划两条平行线的，只能用来转账，不能提取现金。(　　)

10. 委托收款结算既适用于同城，又适用于异地。　　　　　　　　　　　　（　　）

四、业务操作题

【业务题一】

目的：练习库存现金、银行存款的核算。

要求：根据以下资料编写会计分录。

资料：甲公司发生如下经济业务。

1. 购买办公用品 600 元，以现金支付。

2. 将现金 1 200 元存入银行。

3. 用现金预支厂部职工刘佳差旅费 1 000 元。

4. 从银行提取现金 3 000 元备用。

5. 职工刘佳报销差旅费 880 元，余款 120 元交回现金。

6. 办公室处理废旧报纸收入 65 元。

7. 现金清查中发现溢余 60 元，无法查明原因，批准处理意见。

8. 现金清查中发现短缺 150 元，原因待查。

9. 上述现金短款原因已查明，系出纳员工作失职造成，当即交回现金 150 元，已作赔偿。

10. 投资者投入货币资金 300 000 元，存入银行。

11. 以银行存款 100 000 元，归还短期借款。

12. 收到应收账款 35 100 元存入银行。

13. 以银行存款支付本月行政管理部门电费 1 500 元。

14. 用银行存款上缴所得税税金 5 600 元。

15. 用银行存款支付广告费 3 000 元。

【业务题二】

目的：练习银行存款余额调节表的编制。

要求：根据以下资料编制"银行存款余额调节表"，计算甲公司 2021 年 9 月 30 日可动用的银行存款金额。

资料：甲公司 2021 年 9 月 30 日银行存款日记账余额是 365 000 元，银行送来的对账单上本企业银行存款余额是 382 000 元，经逐笔核对，发现以下几笔未达账项。

1. 企业委托银行代收货款 30 000 元，银行已经收到入账，企业尚未登账。

2. 银行代付电话费 3 500 元，企业尚未接到付款通知。

3. 企业送存转账支票 15 000 元，企业已入账，银行尚未登入企业存款账。

4. 企业开出转账支票一张，金额 5 500 元，用于支付广告费，但持票人尚未去银行办理。

【业务题三】

目的：练习其他货币资金和结算业务的核算。

要求：根据以下资料编制会计分录。

资料：甲公司发生如下经济业务。

1. 委托银行将 250 000 元汇往广州某银行开立采购临时存款账户。

2. 企业向银行提交"银行汇票委托书",并将 100 000 元交存银行,取得银行汇票。

3. 用银行汇票支付前欠货款 95 000 元。

4. 收到采购员交来发票等单据,采购员从广州用临时存款购买原材料 200 000 元,增值税 26 000 元,材料尚在运输途中。

5. 银行通知,收到银行汇票多余款及采购临时存款退回的余额。

6. 向银行申请面值 50 000 元的银行本票一张,本票已收到。

7. 购买材料价款 40 000 元,增值税 5 200 元,用面值 50 000 元本票结算,并收到转账支票结算多余款。

8. 企业办理信用卡申领手续,存入信用卡备用金存款 100 000 元。

9. 用信用卡支付业务招待费 3 000 元。

10. 开出转账支票一张,归还前欠乙公司货款 60 000 元。

11. 签发现金支票,从银行提取现金 900 元备用。

12. 销售给本市某公司产品一批,计价 20 000 元,应交增值税 2 600 元。收到一张转账支票存入银行。

13. 收到银行汇票面值 50 000 元,为归还上月所欠的货款。

14. 将过期未用价值 10 000 元的银行本票一张退给原签发银行。

15. 销售商品售价 30 000 元,增值税 3 900 元,收到面值为 33 900 元的银行汇票。

16. 委托银行向外地某公司汇款 2 650 元,以偿还前欠货款。

17. 销售一批商品,售价为 40 000 元,应交增值税 5 200 元,商品已发运,转账支票代垫运费 500 元,以上款项银行已办妥托收手续。

18. 收到银行通知前托收的款项 45 700 元已收回。

微课视频

扫一扫,获取本章相关微课视频。

2-1　库存现金管理　　　2-2　库存现金清查　　　2-3　银行存款清查

第三章　往来结算岗位业务

【学习目标】

- 了解往来结算岗位的职责和工作任务。
- 能说明往来结算岗位的工作流程。
- 会核算往来结算岗位业务及掌握坏账损失的确认与处理方法。
- 能根据有关资料登记往来业务账簿。

【导读案例】

> 兴旺公司为了促进商品的销售，通过新闻媒体打出广告，凡是从本公司进货 100 件以上享受商品销售价格 3%的优惠，100~500 件享受商品销售价格 6%的优惠，500 件以上享受商品销售价格 10%的优惠。同时承诺，货款无须立即支付，可在 1 个月内付清。如果客户提前付款，还可享受一定优惠。具体优惠办法是："2/10、1/20、n/30"。宝华公司赵经理看到广告后很感兴趣，马上让财务经理筹款准备进货。
>
> 此后宝华公司也仿效兴旺公司的做法，为客户提供一定的信用，导致公司应收账款的数额猛增，坏账也接踵而来，宝华公司决定对应收账款采取计提坏账准备的办法核算坏账损失，结果出现大额计提应收账款坏账准备的现象。
>
> (资料来源：根据道客巴巴案例删改，http://www.doc88.com/p-7048386935715.html.)
>
> 问题：
> (1) 兴旺公司广告中提到的两个优惠有什么区别？对于这两个优惠条件，会计上是否都要核算？
> (2) 你认为两家公司这样做有何风险？

第一节　往来结算岗位概述

一、往来结算岗位的工作内容

(一)往来结算岗位的概念及工作范围

往来结算业务是指企业在生产经营过程中发生的各种应收、预付业务及应付、预收业务。往来结算岗位会计就是由经济信用产生的，反映企业与其内部、外部不同经济主体间的往来业务核算的专项会计。其中包括以下内容：①企业与客户之间因赊销而形成的应收、预付业务；②企业与供应商之间因赊销而形成的应付、预收业务；③企业与内部各部门单位以及职工个人之间所发生的应收暂付与应付暂收业务；④其他往来业务等。

(二)往来结算岗位的工作任务

往来结算岗位的工作任务是进行各项往来款项结算业务的会计核算,履行各项往来业务会计的监督与管理,一般包括以下内容。

1. 建立往来款项的结算手续制度

按照国家有关规定,企业要对往来款项建立必要的管理制度,严格执行国家的结算制度和纪律。对购销业务以外的暂收、暂付、应收、应付、备用金等往来款项应加强管理、及时清算。

2. 办理往来款项的结算业务

往来结算会计负责及时办理各项往来款项的结算业务,定期对往来款项进行清算、催收及与对方对账。

3. 往来款项的核算

往来款项的核算要正确使用会计账户,按规定设置必要的明细账,做到记账清楚,账表相符,并按规定按时编报债权债务方面的报表。

二、往来结算岗位的业务流程

(一)应收款项业务流程

应收款项业务流程如图 3-1 所示。

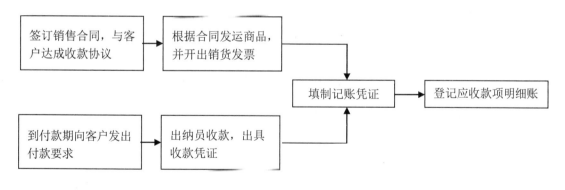

图 3-1 应收款项业务流程图

应收款项业务流程的具体说明如下。

(1) 业务员与客户签订合同,确定收款期限及收款条件。
(2) 仓库保管员根据合同发货,财务部门开出销货发票。
(3) 会计人员根据发票等原始凭证填制记账凭证,并登记应收款项明细账。
(4) 到预定的付款期,业务员向客户发出付款要求,并通知财务部应收款单位名称、收款项目和收款金额等信息。对已到付款期限但未收到的业务收入款项,业务员应及时向客户催收,并及时通知财务经理和主办会计,增大催收力度,防止坏账的发生。

(5) 出纳收款后,将有关收款的原始凭证传递给相关会计人员,由其填制记账凭证并登记应收款项明细账。

(二)应付款项业务流程

应付款项业务流程如图 3-2 所示。

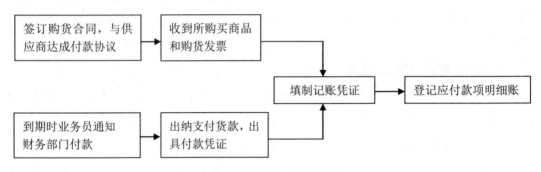

图 3-2　应付款项业务流程图

应付款项业务流程的具体说明如下。
(1) 业务员与供应商签订合同,确定付款期限及付款条件。
(2) 仓库保管员收到商品后点验入库。
(3) 仓库保管员、业务员将入库单及购货发票传递到财务部门,由会计人员填制记账凭证,并登记应付款项明细账。
(4) 到付款期时业务员通知财务部应付款单位名称、付款项目和付款金额等信息。
(5) 出纳根据付款通知付款,开具有关付款凭证,将付款的原始凭证传递给相关会计人员,由其填制记账凭证并登记应付款项明细账。

第二节　往来结算岗位业务核算

一、应收及预付款项

应收及预付款项是指企业在日常生产经营过程中发生的各项债权,包括应收款项和预付款项。应收款项包括应收账款、应收票据和其他应收款等;预付款项则是指企业按照合同规定预付的款项,如预付账款等。

(一)应收账款

应收账款是指企业因销售商品、提供劳务等经营活动,应向购货单位或接受劳务单位收取的款项,主要包括企业销售商品或提供劳务等应向有关债务人收取的价款、增值税及代购货单位垫付的包装费、运杂费等。

1. 应收账款的确认

1) 应收账款的确认范围

应收账款作为企业的一种短期债权，与其他债权相比，有其特定的范围。

(1) 应收账款是在商品交易、劳务供应过程中由于赊销业务而产生的，而现金交易不会形成应收账款。

(2) 应收账款是企业因销售商品、提供劳务等经营业务活动而形成的债权，企业与个人、外单位与内部部门的其他业务往来而形成的债权不属于应收账款。

2) 应收账款的确认时间

应收账款是与商品销售、劳务的提供直接相关的，因此确认应收账款的时间应与确认销售收入的时间一致。

2. 应收账款的计价

应收账款通常是按实际发生的金额入账，即按买卖双方成交时的实际金额入账，包括出售商品的货款、代购货单位垫付的费用和应缴的增值税销项税等。计价应收账款时应当注意折扣的处理。折扣是指销售单位根据购货方付款时间的长短或购货量的多少而给予购货方的价格优惠，包括商业折扣和现金折扣。

1) 发生商业折扣时应收账款的入账价值

商业折扣是为了鼓励购货方多购买商品而在价格上给予的优惠。这种折扣是在销售商品时直接给予购货方的，即购货方是按商品的售价扣除给予的折扣后的实际金额支付，销售方也按折扣后的售价作销售收入，并按此价作应收账款入账。因此，这种折扣在会计上不作单独的账务处理，企业应按扣除商业折扣后的实际售价确认入账金额。

2) 发生现金折扣时应收账款的入账价值

现金折扣是销货方为了鼓励购货方在规定的期限内早日付款而给予购货方的现金优惠。这种折扣的多少视购货方付款时间的长短而不同，即付款越早，折扣越多。在这种折扣方式下，销货方应在销售时与购货方达成协议，明确对方在不同的付款期限内享受不同的折扣条件。现金折扣条件一般以"折扣比例/付款时间"表示。例如2/10，是指在10天之内付款，可享受应付金额的2%的折扣；n/30是指在30天之内付款，不享受折扣优惠，按原价付款。

我国会计准则规定，企业应当根据合同条款，并结合以往的习惯做法确定交易价格。在确定交易价格时，企业应当考虑合同中存在的可变对价等因素的影响。可变对价是指对最终交易价格产生影响的不确定的对价，赊销商品承诺给予客户的现金折扣属于可变对价。若合同中存在可变对价，企业应当对计入交易价格的可变对价进行估计。企业应当按照期望值或最可能发生金额确定可变对价的最佳估计数。但是，企业不能在两种方法之间随意选择。期望值是按照各种可能发生的对价金额及相关概率计算确定的金额；最可能发生金额是一系列可能发生的对价金额中最可能发生的单一金额，即合同最可能产生的单一结果。

每一资产负债表日，企业应当重新估计应计入交易价格的可变对价金额。可变对价金额发生变动的，对于已履行的履约义务，后续变动额应当调整变动当期的营业收入。

3. 应收账款的账务处理

1) 无折扣条件时应收账款的账务处理

为了反映应收账款的发生及收回情况,应设置"应收账款"总账,并按债务人设置明细账进行明细核算。该账户属于资产类账户。当销售商品、提供劳务未收款时,借记"应收账款"账户,贷记"主营业务收入""应交税费——应交增值税(销项税额)"等账户;收回货款时,借记"银行存款"账户,贷记"应收账款"账户。

【例 3-1】 甲公司于 6 月 6 日销售给乙公司一批产品,货款为 50 000 元,增值税税额为 6 500 元,产品已运达对方,货款尚未收到。

甲公司根据增值税专用发票、产品出库单编制如下会计分录。

借:应收账款——乙公司　　　　　　　　　　56 500
　　贷:主营业务收入　　　　　　　　　　　　50 000
　　　　应交税费——应交增值税(销项税额)　　6 500

2) 存在商业折扣时应收账款的账务处理

企业应按扣除商业折扣后的实际售价入账。

【例 3-2】 甲公司向丙公司销售一批产品,该批商品价款 20 000 元,由于是批量购买,因此,甲公司给予 10% 的商业折扣,增值税税率 13%。甲公司开出转账支票支付代垫运费 200 元,并办理了托收承付手续。

商业折扣后的价格:20 000×(1-10%)=18 000(元)

商业折扣后的增值税:18 000×13%=2 340(元)

(1) 甲公司办妥托收手续后,根据增值税专用发票、托收凭证回单、转账支票存根、产品出库单等凭证编制如下会计分录。

借:应收账款——丙公司　　　　　　　　　　20 540
　　贷:主营业务收入　　　　　　　　　　　　18 000
　　　　应交税费——应交增值税(销项税额)　　2 340
　　　　银行存款　　　　　　　　　　　　　　　200

(2) 甲公司接到银行通知后,应收丙公司的欠款已收妥入账,根据银行结算凭证的收账通知编制如下会计分录。

借:银行存款　　　　　　　　　　　　　　　20 540
　　贷:应收账款——丙公司　　　　　　　　　20 540

3) 存在现金折扣时应收账款的账务处理

【例 3-3】 甲公司为增值税一般纳税人,2021 年 6 月 20 日向乙公司销售一批商品,售价 200 000 元,增值税税额 26 000 元。双方在合同中规定现金折扣条件为"5/10,3/20,n/30",且计算现金折扣时不考虑增值税。当日商品发出,乙公司收到商品并验收入库。甲公司基于对乙公司的了解,预计乙公司 10 天内付款的概率为 90%,10 天后付款的概率为 10%。2021 年 6 月 25 日收到乙公司支付的货款。

对于现金折扣,甲公司认为按照最可能发生金额能够更好地预测其有权获取的对价金额。因此,甲公司应确认的商品销售收入金额=200 000×(1-5%)=190 000(元)。

甲公司发出商品,办妥托收手续,根据增值税专用发票、托收凭证回单、产品出库单等凭证编制如下会计分录。

借：应收账款——乙公司　　　　　　　　216 000
　　贷：主营业务收入　　　　　　　　　　　190 000
　　　　应交税费——应交增值税(销项税额)　26 000

(1) 6月25日，收到货款时：
借：银行存款　　　　　　　　　　　　216 000
　　贷：应收账款——乙公司　　　　　　　　216 000

(2) 若7月5日收到货款，乙公司得到3%现金折扣。
6月30日，甲公司首先应当对交易价格的可变对价进行重新估计。
借：应收账款——乙公司　　　　　　　4 000 (200 000×2%=4 000)
　　贷：主营业务收入　　　　　　　　　　　4 000

7月5日，收到货款时：
借：银行存款　　　　　　　　　　　　220 000
　　贷：应收账款——乙公司　　　　　　　　220 000

(3) 若7月15日收到货款，乙公司不享受现金折扣。
借：银行存款　　　　　　　　　　　　226 000
　　贷：应收账款——乙公司　　　　　　　　216 000
　　　　主营业务收入　　　　　　　　　　　10 000

(二)应收票据

1. 应收票据的概念

应收票据是指企业采用商业汇票结算方式销售商品所收到的尚未到期兑现的商业汇票。应收票据和应收账款一样，都是在商品交易过程中因赊销商品而产生的债权。

2. 应收票据的计价

收款人实际收到商业汇票时，不论是带息票据还是不带息票据，都应按票据的面值入账。但对于带息应收票据，应于期末(中期期末和年度终了)按应收票据的面值和票面利率计提利息，计提的应收利息应增加应收票据的账面余额。

3. 应收票据的账务处理

为了反映商业汇票的取得和收回情况，应设置"应收票据"账户进行核算。该账户属于资产类账户。借方登记取得商业汇票的面值及带息应收票据计提的利息，贷方登记到期收回或到期前向银行贴现的应收票据的账面余额；余额在借方，表示到期尚未兑付的商业汇票的票面价值和应计利息。本账户可按开出、承兑商业汇票的单位进行明细核算，并设置"应收票据备查簿"，逐笔登记每张票据的出票日期、付款人、承兑人、背书人、面值、交易合同号、利息和到期日等资料。对已贴现的票据还应登记票据的贴现日期、贴现率和实收金额等。商业汇票到期结清票款或退票后，在备查登记簿应予注销。

1) 不带息应收票据

不带息应收票据的到期值就是票据的面值。应收票据取得的原因不同，其会计处理亦有所区别。取得因债务人抵偿前欠货款的商业汇票时，借记"应收票据"账户，贷记"应收账款"账户;因企业销售商品、提供劳务等而收到、开出承兑的商业汇票时,借记"应收票据"账户,贷记"主营业务收入""应交税费——应交增值税(销项税额)"等账户;收回票据款时,借记"银行存款"账户,贷记"应收票据"账户。到期付款方拒付或无力支付票据款时,应根据银行退回的商业承兑汇票、未付票款通知书,拒付理由书等凭证,借记"应收账款"账户,贷记"应收票据"账户。

【例3-4】 甲公司于2021年6月1日销售一批商品给华丰公司,货款110 000元,增值税税率为13%,当即收到华丰公司开出的3个月期、面值为124 300元的商业承兑汇票。

(1) 6月1日甲公司收到票据时,根据增值税专用发票、产品出库单等凭证,编制如下会计分录。

借:应收票据——华丰公司　　　　　　　　124 300
　　贷:主营业务收入　　　　　　　　　　　　　110 000
　　　　应交税费——应交增值税(销项税额)　　14 300

(2) 9月1日到期收到票据款时,根据银行收账通知,编制如下会计分录。

借:银行存款　　　　　　　　　　　　　　124 300
　　贷:应收票据——华丰公司　　　　　　　　　124 300

(3) 若9月1日没有收回票款,根据未付票款通知书、拒付理由书等凭证,编制如下会计分录。

借:应收账款——华丰公司　　　　　　　　124 300
　　贷:应收票据——华丰公司　　　　　　　　　124 300

2) 带息应收票据

带息应收票据的到期值是票据的面值加上按票面利率计算的利息。带息应收票据应于期末时,按应收票据的票面价值和确定的利率计提利息。其利息的计算公式如下。

$$应计利息=票据面值×票面利率×期限$$

公式中的期限一般是指从出票日到计算利息截止日的间隔时间。由于商业汇票的有效时间最长不超过6个月,因而该间隔时间可能是按月表示,也可能是按日表示。

如果按月表示,则票据的到期日即为票据到期月份中与出票日相同的日期。例如,4月20日签发的5个月期的商业汇票,其到期日为同年的9月20日;假如是月末签发的商业汇票,不管大月小月,其到期日均为到期月份的最后一天。如果将出票日改为2月28日,其他条件不变,则到期日为7月31日。

如果是按日表示的票据,其到期日就要按票据实际经历的天数计算。一般出票日和到期日只算其中一天,即所谓的"算头不算尾,算尾不算头"。

【例3-5】 甲公司收到一张带息的商业汇票,面值10 000元,年利率为8%,期限90天。试计算其到期利息。

到期利息=10 000×8%×90÷360=200(元)

对利息的账务处理,应视具体情况而定:如果持有期间按规定计提的利息,应借记"应收票据"账户,贷记"财务费用"账户;对到期利息,应借记"银行存款"账户,贷记"财务费用"等账户。

带息应收票据到期收回款项时,应借记"银行存款"(收到的本息)账户,贷记"应收票据"(账面余额)"财务费用"(差额,即未计提利息部分)账户。

如果带息应收票据到期不能收回款项，应按其账面余额将"应收票据"转入"应收账款"核算，期末不再计提利息。

【例 3-6】 甲公司于 2021 年 4 月 1 日销售一批商品给华丰公司，货款 100 000 元，增值税税率为 13%，当即收到华丰公司开出的 6 个月期、面值为 113 000 元、票面利率为年利率 10% 的商业承兑汇票(甲公司按季预提利息)。

(1) 4 月 1 日甲公司收到票据时，根据增值税专用发票、产品出库单等凭证，编制如下会计分录。

借：应收票据——华丰公司　　　　　　　　　113 000
　　贷：主营业务收入　　　　　　　　　　　　　　100 000
　　　　应交税费——应交增值税(销项税额)　　　　13 000

(2) 6 月 30 日计提票据利息时：
应计利息=113 000×10%÷12×3=2 825(元)
根据票据利息计算表等凭证，编制如下会计分录。

借：应收票据——华丰公司　　　　　　　　　2 825
　　贷：财务费用　　　　　　　　　　　　　　　　2 825

(3) 票据到期收回票款及利息时：
应计利息=113 000×10%÷12×6=5 650(元)
到期实收金额=113 000+5 650=118 650(元)
根据委托收款凭证，编制如下会计分录。

借：银行存款　　　　　　　　　　　　　　118 650
　　贷：应收票据——华丰公司　　　　　　　　　115 825
　　　　财务费用　　　　　　　　　　　　　　　2 825

(4) 若票据到期，对方拒付或无力付款，则根据银行退回的商业承兑汇票、未付票款通知书，拒付理由书等凭证，编制如下会计分录。

借：应收账款——华丰公司　　　　　　　　118 650
　　贷：应收票据——华丰公司　　　　　　　　　115 825
　　　　财务费用　　　　　　　　　　　　　　　2 825

当应收票据期限短、利息金额较小时，为了简化核算，企业可以不预提利息，到期收回票款时再作账务处理，确认利息。在此情况下，可借记"银行存款"(收到的本息)账户，贷记"应收票据"(票面值)、"财务费用"(收到的全部利息)账户。

3) 应收票据贴现

(1) 应收票据贴现的概念。

企业持有的商业汇票在到期前，如果需要提前取得资金，可将未到期的商业汇票向银行申请贴现。票据贴现实质上是企业融通资金的一种形式。

贴现是指票据持有人将未到期的票据背书转让给银行，银行受理后从票据到期值中扣除按规定的贴现率计算的贴现息后，并将贴现净额支付给持票人的经济业务。即票据持有人将未到期的票据转让给银行，以取得货币资金的行为。

贴现所得额是银行对企业的短期贷款。贴现企业若提前使用货币资金，须向银行支付利息，即贴现息。随着票据的转移，企业债权变为银行对付款人的债权，贴现企业得到资金，但不直接负有还本付息的责任，只是当票据到期，付款人不能支付票款时，因票据附有追索权，贴现企业负有向银行兑付的责任。

(2) 应收票据贴现净额的计算。

应收票据的贴现净额取决于票据到期值、贴现息和贴现期等因素。

$$票据到期值=票据面值+到期利息$$

或 $$票据到期值=票据面值×(1+利率×期限)$$

不带息票据的到期值就是票据的面值。

$$贴现息=票据到期值×贴现率×贴现期$$

$$贴现净额=票据到期值-贴现息$$

贴现期是指从贴现日至票据到期日之间的间隔时间，按实际日历天数计算。

贴现率是指贴现的利率，一般是指年利率。在计算贴现息时，如果贴现期是月份，则应将票面利率换算为月利率(年利率/12)；如果贴现期是日数，则应将票面利率换算为日利率(年利率/360)。为简化计算，每年的天数按 360 天算。

【例 3-7】甲公司于 4 月 8 日将一张出票日为 2 月 5 日、期限为 4 个月、面值为 80 000 元的商业承兑汇票向银行申请贴现，银行贴现率为 12%。甲公司与承兑企业均在同一交换区域内，试计算贴现净额。

因为该票据的到期日为 6 月 5 日，所以贴现期为

贴现期限=(30-8)+31+5=58(天)

贴现息=80 000×(12%÷360)×58=1 546.67(元)

贴现净额=80 000-1 546.67=78 453.33(元)

【例 3-8】甲企业将期限为 90 天、年利率为 8.4%、票面金额为 20 000 元的银行承兑汇票持有 60 天后，向银行申请贴现，银行年贴现率为 9.6%。甲企业与承兑企业均在同一交换区域内，试计算贴现净额。

贴现期限=90-60=30(天)

到期利息=20 000×(8.4%÷360)×90=420(元)

票据到期值=20 000+420=20 420(元)

贴现息=20 420×(9.6%÷360)×30 =163.36(元)

贴现净额=20 420-163.36=20 256.64(元)

(3) 应收票据贴现的账务处理。

企业将未到期的商业汇票向银行贴现，如果是不带息商业汇票，支付的贴现息直接作当期损益计入财务费用；如果是带息商业汇票，由于票据有到期利息，贴现息与票据本身的利息往往存在差额，处理时应将两者的差额计入当期的财务费用。

【例 3-9】承接例 3-7 和例 3-8，根据银行盖章退回的贴现凭证收账通知，分别编制如下会计分录。

借：银行存款　　　　　　　　　　　　　　　　78 453.33
　　财务费用　　　　　　　　　　　　　　　　 1 546.67
　　贷：应收票据　　　　　　　　　　　　　　　　80 000
借：银行存款　　　　　　　　　　　　　　　　20 256.64
　　贷：应收票据　　　　　　　　　　　　　　　　20 000
　　　　财务费用　　　　　　　　　　　　　　　　256.64

已经贴现的商业承兑汇票到期后,若承兑人不能兑付票据款,则银行将已贴现的商业承兑汇票退还申请贴现企业,同时从申请贴现企业的账户中划回票据款。申请贴现企业收到银行退回的票据和支款通知时,按所付本息,借记"应收账款"账户,贷记"银行存款"账户;如果申请贴现企业的银行存款账户余额不足,银行作逾期贷款处理时,借记"应收账款"账户,贷记"短期借款"账户。

(三)预付账款

预付账款是指按购货合同规定预先支付给供货方或提供给劳务方的款项。

为了反映预付账款的发生及结转收回情况,应设置"预付账款"账户,按供货单位设置明细账。该账户属于资产类账户。预付货款时,按实际预付金额借记"预付账款"账户,贷记"银行存款"账户;收到预购的物资时,根据发票账单等列明应计入购入物资成本的金额,借记"材料采购""原材料""库存商品"等账户,按专用发票上注明的增值税税额,借记"应交税费——应交增值税(进项税额)账户,按预付金额,贷记"预付账款"账户;当预付货款小于采购货物所需支付的款项时,应将不足部分补付,借记"预付账款"账户,贷记"银行存款"账户;当预付货款大于采购货物所需支付的款项时,对收回的多余款项,借记"银行存款"账户,贷记"预付账款"账户。

【例3-10】 长江公司拟向康达公司购买原材料200 000元,8月2日按购货合同规定预先支付150 000元,24日收到全部货物并验收入库,28日通过银行付清余款。

(1) 8月2日预付货款时,根据开出的转账支票存根,编制如下会计分录。

借:预付账款——康达公司　　　　　　　　150 000
　　贷:银行存款　　　　　　　　　　　　　　　150 000

(2) 24日货物验收入库时,根据增值税专用发票、入库单等凭证,编制如下会计分录。

借:原材料　　　　　　　　　　　　　　　200 000
　　应交税费——应交增值税(进项税额)　　 26 000
　　贷:预付账款——康达公司　　　　　　　　　226 000

(3) 28日补付余款时,根据开出的转账支票存根,编制如下会计分录。

借:预付账款——康达公司　　　　　　　　 76 000
　　贷:银行存款　　　　　　　　　　　　　　　 76 000

(4) 如果康达公司只发运来100 000元的材料,余款通过银行退回,则根据增值税专用发票、入库单、银行收账通知等凭证,编制如下会计分录。

借:原材料　　　　　　　　　　　　　　　100 000
　　应交税费——应交增值税(进项税额)　　 13 000
　　贷:预付账款——康达公司　　　　　　　　　113 000
借:银行存款　　　　　　　　　　　　　　 37 000
　　贷:预付账款——康达公司　　　　　　　　　 37 000

由于预付账款和应付账款是企业与供货单位之间发生的往来款项,因此对预付账款业务不多的企业,可以不单独设置"预付账款"账户,而将发生的预付账款业务通过"应付账款"账户核算,但在期末编制会计报表时,仍应将"应付账款"与"预付账款"分开列示。

(四)其他应收款

其他应收款是指企业除应收账款、应收票据、预付账款等之外的其他各种应收及暂付款项。其主要内容有：①应收的各种赔款、罚款，如因企业财产等遭受意外损失而应向有关保险公司收取的赔款等；②应收的出租包装物租金；③应向职工收取的各种垫付款项，如应向职工收取的水电费、应由职工负担的医药费、房租等；④租入包装物支付的押金；⑤备用金，如向企业各有关部门拨出的备用金；⑥其他各种应收、暂付款项。

为了反映和监督其他应收款的发生及收回情况，应设置"其他应收款"账户。该账户属于资产类账户。借方登记其他应收款的增加，贷方登记其他应收款的收回。期末余额一般在借方，反映企业尚未收回的其他应收款项。该账户应按对方单位(或个人)进行明细核算。发生各种其他应收款项时，借记"其他应收款"账户，贷记有关账户；收回其他应收款时，借记"库存现金""银行存款"等账户，贷记"其他应收款"账户。

【例3-11】 甲企业向乙企业租入一批包装箱，预付押金5 000元，开出转账支票支付。

(1) 甲企业根据转账支票存根，编制如下会计分录。

借：其他应收款——乙企业　　　　　　　　5 000
　　贷：银行存款　　　　　　　　　　　　　　5 000

(2) 甲企业归还包装箱，收回押金存入银行，根据银行收账通知，编制如下会计分录。

借：银行存款　　　　　　　　　　　　　　5 000
　　贷：其他应收款——乙企业　　　　　　　　5 000

备用金是指企业为了简化频繁的日常零星支出的审批和核算手续，并满足企业内部有关部门和人员生产经营活动的需要，而暂时拨付给有关部门和人员周转使用的备用现金。备用金的管理方式有两种：一种是定额管理，即根据各部门的实际需要，核定定额，一次拨付，用后报销时补足定额；另一种是非定额管理，即各部门根据需要临时领用，使用后备用金减少，不再补充。对企业内部单位或个人暂借备用金的核算方法，与其是否实行定额管理制度有关。

为了具体反映和监督备用金的领用和报销情况，一般在"其他应收款"账户下设置"备用金"二级账户，并按使用单位和个人进项明细核算。

实行非定额管理的备用金，领用备用金时，应根据借款单等单据，借记"其他应收款——备用金"账户，贷记"库存现金""银行存款"账户；实际报销时，应根据实际报销数，借记"管理费用"等账户，对于退回的余款或补付数，借或贷记"库存现金"等账户，贷记"其他应收款——备用金"账户。

【例3-12】 某企业对厂办的备用金实行非定额管理。厂办购买办公用品预支800元，开出现金支票支付。

(1) 根据现金支票存根，编制如下会计分录。

借：其他应收款——备用金(厂办)　　　　　800
　　贷：银行存款　　　　　　　　　　　　　　800

(2) 厂办报销时，实际购买办公用品650元，余款交回现金。根据现金收据、购买办公用品的发票等凭证，编制如下会计分录。

借：管理费用——办公费　　　　　　　　　650

库存现金　　　　　　　　　　　　　　　　　　　150
　　　贷：其他应收款——备用金(厂办)　　　　　　800

对于定额管理的备用金,实行定额预付、凭据报销、补足定额的核算管理方法。例如,例 3-12,假如对厂办的零星开支实行定额管理,核定的备用金定额为 800 元。厂办首次领用时同上,实际报销 650 元时,用现金补足报销数,则编制如下会计分录。

　　借：管理费用——办公费　　　　　　　　　　650
　　　贷：库存现金　　　　　　　　　　　　　　650

(五)应收款项减值的核算

由于种种原因,赊销业务产生的应收款项往往不能全部收回。企业应当在资产负债表日对应收款项的账面价值进行检查。有客观证据表明,该类金融资产发生减值的,应当将该应收款项的账面价值减记至预计未来现金流量现值。减记的金额用以确认减值损失,应计入当期损益。

1. 应收款项减值的证据

应收款项发生减值的客观证据,应当包括下列各项。
(1) 债务人发生严重财务困难。
(2) 债务人违反了合同条款,如偿付利息或本金发生违约或逾期等。
(3) 债权人出于经济或法律等方面因素的考虑,对发生财务困难的债务人作出让步。
(4) 债务人很可能倒闭或进行其他财务重组。
(5) 债务人支付能力逐步恶化,或债务人所在国家或地区失业率提高,担保物在其所在地区的价格明显下降,所处行业不景气等。
(6) 其他表明金融资产发生减值的客观证据。

2. 应收款项减值的账务处理

无法收回或收回可能性极小的应收款项,会计上称为"坏账"。由于发生坏账而造成的损失,称为"坏账损失"。我国《企业会计准则》规定,采用备抵法处理坏账损失。备抵法是按期估计可能发生的坏账并提取坏账准备金的方法。当应收款项全部或部分确认为坏账时,可冲减坏账准备金并核销应收款项账户。

企业应当设置资产类"坏账准备"账户,用来核算企业应收款项的坏账准备计提、转销等情况。该账户是应收款项的备抵调整账户,可按应收款项的类别进行明细核算。该账户贷方登记计提的坏账准备,借方登记实际发生的坏账损失金额和冲减的坏账准备金额。期末余额一般在贷方,反映企业已计提但尚未转销的坏账准备。

在资产负债表日,应收款项发生减值的,按应减记的金额,借记"信用减值损失——计提的坏账准备"账户,贷记"坏账准备"账户。本期应计提的坏账准备大于其账面余额的,应按其差额计提;应计提的坏账准备小于其账面余额的差额时应作相反的会计分录。

对于确实无法收回的应收款项,按管理权限报经批准后作为坏账,转销应收款项,借记"坏账准备"账户,贷记"应收票据""应收账款""预付账款""其他应收款""长期应收款"等账户。

已确认并转销的应收款项以后又收回的，应按实际收回的金额，借记"应收票据""应收账款""预付账款""其他应收款""长期应收款"等账户，贷记"坏账准备"账户；同时，借记"银行存款"账户，贷记"应收票据""应收账款""预付账款""其他应收款""长期应收款"等账户。

对于已确认并转销的应收款项以后又收回的，也可以按照实际收回的金额，借记"银行存款"账户，贷记"坏账准备"账户。

在实务中，计提坏账准备金的具体方法有应收款项余额百分比法和账龄分析法等。应收款项余额百分比法是按应收款项余额的一定比例计算计提准备额。账龄分析法是根据应收款项账龄的长短估计坏账损失率，确定应计提的坏账准备，是应收款项余额百分比法的具体化。

计提的坏账准备金的具体计算步骤如下。

(1) 首次计提时，坏账准备提取数=应收款项年末余额×计提比例。

(2) 以后年度计提坏账时，应计算当年坏账准备应提取数额，将"坏账准备"账面余额调整为应提坏账额，具体分为以下 4 种情况。

① 当"坏账准备"贷方余额等于应提坏账准备额时，无须进行会计处理。

② 当"坏账准备"贷方余额小于应提额时，需补提差额，本期实提额=应提额-贷方余额。

③ 当"坏账准备"账面余额大于应提额时，需冲减差额，本期冲减额=贷方余额-应提额。

④ 当"坏账准备"为借方余额时，本期实提额=应提额+借方余额。

【例 3-13】 甲公司 2018 年年末对应收丙公司的账款进行减值测试，确认应收丙公司账款减值损失 50 000 元，应计提准备 50 000 元，此时"坏账准备"账户期初余额为零。

(1) 2018 年年末有关业务处理如下。

借：信用减值损失——计提的坏账准备　　　　50 000
　　贷：坏账准备　　　　　　　　　　　　　　　　50 000

坏账准备贷方余额为 50 000 元。

(2) 2019 年年末，经减值测试决定应收丙公司账款计提坏账准备 60 000 元，业务处理如下。

借：信用减值损失——计提的坏账准备　　　　10 000
　　贷：坏账准备　　　　　　　　　　　　　　　　10 000

坏账准备贷方余额为 60 000 元。

(3) 2020 年 2 月 10 日，确认一笔坏账损失 80 000 元，2020 年年末经减值测试决定对应收丙公司账款计提坏账准备 30 000 元。

① 2020 年 2 月 10 日，确认坏账时的业务处理如下。

借：坏账准备　　　　　　　　　　　　　　　　80 000
　　贷：应收账款　　　　　　　　　　　　　　　　80 000

坏账准备账面余额=60 000-80 000 = -20 000(元)，即坏账准备为借方余额 20 000 元。

② 2020 年年末有关业务处理如下。

借：信用减值损失——计提的坏账准备　　　　50 000
　　贷：坏账准备　　　　　　　　　　　　　　　　50 000

坏账准备贷方余额为 30 000 元。

(4) 2021年5月16日，已核销的坏账80 000元被追回，当年年末经减值测试决定应收丙公司账款计提坏账准备100 000元。

① 2021年5月16日，收回坏账时的业务处理如下。

借：银行存款　　　　　　　　　　　　　　80 000
　　贷：坏账准备　　　　　　　　　　　　　　　80 000

坏账准备账面余额=30 000+80 000=110 000(元)

② 2021年年末有关业务处理如下。

借：坏账准备　　　　　　　　　　　　　　10 000
　　贷：信用减值损失——计提的坏账准备　　　　10 000

2021年年末坏账准备贷方余额为100 000元。

二、应付及预收款项

应付及预收款项是企业在经营过程中由商品交易和劳务供应款项结算而形成的，包括应付账款、应付票据、预收账款和其他应付款等。

(一)应付账款

1. 应付账款的概念

应付账款是指企业因购买材料、商品和接受劳务供应等而应付给供应单位的款项。它主要是买卖双方在购销活动中由于取得物资和支付货款在时间上有先有后而发生的负债。

2. 应付账款的计量

应付账款一般在较短的期限内偿付，所以应按发票上记载的应付金额入账。在有购货折扣的情况下，应按不同情况进行处理：对于商业折扣，购货方应根据发票价格，也就是扣除商业折扣后的金额入账；对于现金折扣，企业应先按发票上记载的应付金额入账，即按不扣除现金折扣的金额入账，待实际发生现金折扣时，将获得的现金折扣作为一项理财收益，冲减当期财务费用，这种方法称为总价法。我国《企业会计准则》规定，应付账款采用总价法核算。

3. 应付账款的核算

企业应设置负债类"应付账款"账户，用以核算应付账款的发生、偿还、转销等情况。该账户贷方登记企业购买材料、商品和接受劳务等而发生的应付账款，借方登记偿还的应付账款，或开出商业汇票抵付应付账款的款项，或已冲销的无法支付的应付账款；余额一般在贷方，表示企业尚未支付的应付账款余额。本账户一般应按照债权人设置明细账户进行明细核算。

企业在购入材料、商品等验收入库后但尚未支付货款时，应根据有关凭证，借记"原材料""材料采购"等账户，按可抵扣的增值税税额，借记"应交税费——应交增值税(进项税额)"账户，按应付的价款，贷记"应付账款"账户。

对于企业接受供应单位提供劳务而发生的应付未付款项，应根据供应单位的发票账单，借记"生产成本""管理费用"等账户，按照增值税专用发票上注明的可抵扣的增值税进项税额,借记"应交税费——应交增值税(进项税额)"账户,贷记"应付账款"账户。

企业偿还应付账款或开出商业汇票抵付应付账款时,借记"应付账款"账户,贷记"银行存款""应付票据"等账户。

对于企业转销确实无法支付的应付账款,应按其账面余额,借记"应付账款"账户,贷记"营业外收入"账户。

【例3-14】 甲企业为增值税一般纳税人。2021年4月1日,甲企业从乙企业购入一批材料,货款为100 000元,增值税税额为13 000元,对方代垫运杂费1 000元。材料已运到并验收入库(该企业材料按实际成本计价核算),款项尚未支付。

(1) 甲企业应根据材料入库单、增值税专用发票等有关凭证,编制如下会计分录。

借:原材料　　　　　　　　　　　　　　　　　　101 000
　　应交税费——应交增值税(进项税额)　　　　　 13 000
　　贷:应付账款——乙企业　　　　　　　　　　　　　114 000

(2) 假如甲企业于2021年4月10日开出了一张面值为114 000元、期限为2个月的商业承兑汇票,以抵偿乙企业的货款,则应根据商业承兑汇票存根,编制如下会计分录。

借:应付账款——乙企业　　　　　　　　　　　　114 000
　　贷:应付票据——乙企业　　　　　　　　　　　　　114 000

【例3-15】 大华商场于2021年4月2日从甲公司购入一批家电产品并验收入库。增值税专用发票上列明,该批家电的价款为1 000 000元,增值税税额为130 000元。按照购货协议的规定,大华商场如在15天内付清货款,将获得1%的现金折扣(假定计算现金折扣时需考虑增值税)。

(1) 大华商场应根据产品入库单、增值税专用发票等有关凭证,编制如下会计分录。

借:库存商品　　　　　　　　　　　　　　　　　1 000 000
　　应交税费——应交增值税(进项税额)　　　　　 130 000
　　贷:应付账款——甲公司　　　　　　　　　　　　1 130 000

(2) 假如大华商场于2021年4月12日偿付甲公司货款,则应根据转账支票存根,编制如下会计分录。

借:应付账款——甲公司　　　　　　　　　　　　1 130 000
　　贷:银行存款　　　　　　　　　　　　　　　　　1 118 700
　　　　财务费用　　　　　　　　　　　　　　　　　　11 300

(二)应付票据

1. 应付票据的概念

应付票据是指企业购买材料、商品和接受劳务供应等而开出、承兑的商业汇票。

2. 应付票据的账户设置

企业应通过负债类"应付票据"账户,核算应付票据的发生、偿付等情况。该账户贷方登记开出、承兑汇票的面值及带息票据的预提利息,借方登记支付票据的金额;月末余额在贷方,表示企业尚未到期的商业汇票的票面金额。该账户可按债权人进行明细核算。

企业应当设置"应付票据备查簿",以详细登记商业汇票的种类、号数和出票日期、到期日、票面余额、交易合同号和收款人姓名或单位名称以及付款日期和金额等资料。应付票据到期结清时，应当在备查簿内予以注销。

3. 应付票据的核算

企业因购买材料、商品和接受劳务供应等而开出、承兑的商业汇票，应按其票面金额，借记"材料采购""在途物资""原材料""库存商品""应付账款""应交税费——应交增值税(进项税额)"等账户，贷记"应付票据"账户。

企业支付的银行承兑汇票手续费应当计入当期财务费用，借记"财务费用"账户，取得增值税专用发票的，按注明的增值税进项税额，借记"应交税费——应交增值税(进项税额)"，按实际支付的金额，贷记"银行存款"账户。

应付票据到期支付票款时，应按账面余额予以结转，借记"应付票据"账户，贷记"银行存款"账户。

应付银行承兑汇票到期时，如企业无力支付票款，应将应付票据的账面余额转作短期借款，借记"应付票据"账户，贷记"短期借款"账户。商业承兑汇票到期时，企业无力支付票款的，应按应付票据的票面金额，借记"应付票据"账户，贷记"应付账款"账户。

【例 3-16】 甲企业为增值税一般纳税人。该企业于 2021 年 3 月 1 日开出一张面值为 56 500 元、期限为 3 个月的不带息商业承兑汇票，用以采购一批材料。增值税专用发票上注明的材料价款为 50 000 元，增值税税额为 6 500 元。材料尚未到达(该企业原材料按照实际成本计价核算)。

(1) 2021 年 3 月 1 日，甲企业应根据商业承兑汇票存根、增值税专用发票等原始凭证，编制如下会计分录。

借：在途物资　　　　　　　　　　　　　　　　　50 000
　　应交税费——应交增值税(进项税额)　　　　　　6 500
　　贷：应付票据　　　　　　　　　　　　　　　　56 500

(2) 2021 年 6 月 1 日，商业汇票到期，甲企业通知其开户银行以银行存款支付票款，相应会计分录如下。

借：应付票据　　　　　　　　　　　　　　　　　56 500
　　贷：银行存款　　　　　　　　　　　　　　　　56 500

【例 3-17】 甲企业为增值税一般纳税人。该企业于 2021 年 5 月 10 日开出一张面值为 22 600 元、期限为 5 个月的不带息银行承兑汇票，用以采购一批材料。增值税专用发票上注明的材料价款为 20 000 元，增值税税额为 2 600 元。该批材料已经验收入库(该企业原材料按照实际成本计价核算)，并已支付银行手续费 11.7 元，其中增值税 0.66 元。

(1) 2021 年 5 月 10 日，甲企业签发银行承兑汇票，编制如下会计分录。

借：原材料　　　　　　　　　　　　　　　　　　20 000
　　应交税费——应交增值税(进项税额)　　　　　　2 600
　　贷：应付票据　　　　　　　　　　　　　　　　22 600

(2) 甲企业支付承兑手续费，编制如下会计分录。

借：财务费用　　　　　　　　　　　　　　　　　11.04
　　应交税费——应交增值税(进项税额)　　　　　　0.66
　　贷：银行存款　　　　　　　　　　　　　　　　11.7

(3) 假设票据到期,甲企业无力支付票款,则应编制如下会计分录。

借:应付票据　　　　　　　　　　　　　　　22 600
　　贷:短期借款　　　　　　　　　　　　　　22 600

(三)预收账款

1. 预收账款的概念

预收账款是指企业按照合同规定,向购货单位或个人预先收取的款项。预收账款与应付账款不同,预收账款所形成的负债不是以货币偿付,而是以货物偿付。

2. 预收账款的核算

企业应设置负债类"预收账款"账户。该账户贷方登记发生的预收账款的数额和购货单位补付账款的数额,借方登记企业向购货方发货后冲销的预收账款数额和退回购货方多付账款的数额。余额一般在贷方,反映企业向购货单位预收款项但尚未向购货方发货的数额;若为借方余额,反映企业尚未转销的款项。企业应当按照购货单位设置明细账户进行明细核算。

如果企业预收账款的情况较少,可以将预收的款项直接记入"应收账款"账户的贷方。

企业向购货单位预收款项时,借记"银行存款"账户,贷记"预收账款"账户;销售实现时,借记"预收账款"账户,按照实现的营业收入,贷记"主营业务收入"账户,按照增值税专用发票上注明的增值税税额,贷记"应交税费——应交增值税(销项税额)"等账户;企业收到购货单位补付的款项时,借记"银行存款"账户,贷记"预收账款"账户;向购货单位退回其多付的款项时,借记"预收账款"账户,贷记"银行存款"账户。

【例3-18】 新华公司为增值税一般纳税人。2021年3月5日,新华公司与东方公司签订了供货合同,向其出售一批产品,货款共计100 000元,增值税税额13 000元。合同约定,东方公司在购货合同签订一周内,应当向新华公司预付货款60 000元,剩余货款在交货后付清。2021年3月10日,新华公司收到东方公司交来的预付款60 000元,并存入银行。2021年3月15日,新华公司将货物发到东方公司并开出增值税发票,东方公司验收合格后付清了剩余货款。新华公司的有关会计处理如下。

(1) 2021年3月10日,新华公司收到东方公司交来的预付款60 000元,根据银行收账通知,编制如下会计分录。

借:银行存款　　　　　　　　　　　　　　　60 000
　　贷:预收账款——东方公司　　　　　　　　60 000

(2) 2021年3月15日新华公司发货后,根据增值税专用发票等编制如下会计分录。

借:预收账款——东方公司　　　　　　　　　113 000
　　贷:主营业务收入　　　　　　　　　　　　100 000
　　　　应交税费——应交增值税(销项税额)　　13 000

(3) 新华公司收到东方公司的剩余货款后,编制如下会计分录。

借:银行存款　　　　　　　　　　　　　　　53 000
　　贷:预收账款——东方公司　　　　　　　　53 000

(4) 若新华公司只能向东方公司供货40 000元,则新华公司应向东方公司退回预收账款

14 800 元，编制会计分录如下。

  借：预收账款——东方公司   60 000
    贷：主营业务收入   40 000
      应交税费——应交增值税(销项税额)   5 200
      银行存款   14 800

(四)其他应付款

  其他应付款是指企业除应付账款、应付票据、预收账款等经营活动以外的其他各项应付、暂收其他单位或个人的款项。它包括应付租入包装物的租金、存入保证金(如收到的包装物押金等)、应付暂收所属单位和个人的款项等。

  企业应设置负债类"其他应付款"账户。该账户贷方登记发生的各种应付、暂收款项，借方登记偿还或转销的各种应付、暂收款项；期末余额在贷方，反映企业应付未付的其他应付款项。本账户按照其他应付款的项目和对方单位(或个人)设置明细账户进行明细核算。

  企业发生其他各种应付、暂收款项时，借记"银行存款""管理费用"等账户，贷记"其他应付款"账户；支付或退回其他各种应付、暂收款项时，借记"其他应付款"账户，贷记"银行存款"等账户。

  【例 3-19】 甲公司从 2021 年 1 月 1 日起，以短期租赁方式租入一批管理用办公设备，每月租金 3 000 元，按季支付。2021 年 3 月 31 日，甲公司以银行存款支付租金 9 000 元，增值税进项税额为 1 170 元。甲公司的有关会计处理如下。

  (1) 2021 年 1 月 31 日，甲公司计提应付短期租入固定资产租金，根据相关原始凭证，编制如下会计分录。

  借：管理费用   3 000
    贷：其他应付款   3 000

2021 年 2 月底，计提应付短期租入固定资产租金的会计处理同上。

  (2) 2021 年 3 月 31 日支付租金，根据转账支票存根等原始凭证，编制如下会计分录。

  借：其他应付款   6 000
    管理费用   3 000
    应交税费——应交增值税(进项税额)   1 170
    贷：银行存款   10 170

本章小结

  往来结算业务是指企业在生产经营过程中发生的各种应收、预付业务及应付、预收业务，具体包括应收账款、应收票据、预付账款、其他应收款、应付账款、应付票据、预收账款和其他应付款等。往来业务关系表现为企业与外部、企业与内部之间的债权债务关系。

  本章介绍了往来结算岗位工作任务、业务流程及业务核算。

  应收账款是企业因销售商品、产品及提供劳务等，应向购货单位或接受劳务单位收取的款项。应收账款通常是按实际发生的金额入账，即按买卖双方成交时的实际金额入账；

发生商业折扣时应收账款按扣除商品折扣后的实际售价入账确认。若合同中存在现金折扣等可变对价,企业应当对计入交易价格的可变对价进行估计,按照期望值或最可能发生金额确定可变对价的最佳估计数。应收票据是指企业采用商业汇票结算方式销售商品,由此收到的尚未到期兑现的商业汇票。它是以票据形式表现的债权,可以转让、贴现。预付账款是指按购货合同规定预先支付给供货方或提供给劳务方的账款。其他应收款是指企业除应收账款、应收票据、预付账款等之外的其他各种应收及暂付款项。企业应当在资产负债表日对应收款项的账面价值进行检查,有客观证据表明其发生减值的,应确认减值损失,计提减值准备。

应付账款、应付票据、预收账款属于债务性质的结算款项,分别与应收账款、应收票据和预付账款相对应,是债务单位核算涉及的项目。其他应付款是指企业除应付账款、应付票据、预收账款等经营活动以外的其他各项应付、暂收其他单位或个人的款项。

课后习题

一、单项选择题

1. 对于超过承兑期收不回的应收票据,应( )。
   A. 转作管理费用   B. 冲减坏账准备   C. 转作应收账款   D. 冲减营业收入
2. 企业在采用总价法入账的情况下,发生的现金折扣应作为( )处理。
   A. 主营业务收入   B. 销售费用   C. 财务费用   D. 管理费用
3. 一张7月26日签发的期限为30天的票据,其到期日为( )。
   A. 8月26日   B. 8月25日   C. 8月27日   D. 8月24日
4. 在我国会计实务中,应收账款的入账价值为( )。
   A. 未扣除商业折扣和现金折扣以前的售价
   B. 扣除商业折扣和现金折扣的售价
   C. 扣除商业折扣但未扣除现金折扣的售价
   D. 扣除现金折扣但未扣除商业折扣的售价
5. 企业对厂办室采用定额备用金管理制度,厂办室报销支出时,应借记( )账户。
   A. 其他应收款   B. 其他应付款   C. 管理费用   D. 生产成本
6. 下列应收、暂付款项中,不通过"其他应收款"账户核算的是( )。
   A. 应收保险公司的赔款   B. 应收出租包装物租金
   C. 应向职工收取的垫付款   D. 应向购货方收取的代垫运费
7. 若企业发生赊购商品业务,则下列各项中不影响应付账款入账金额的是( )。
   A. 商品价款   B. 增值税进项税额
   C. 现金折扣   D. 销货方代垫运杂费
8. 计提坏账准备时,下列项目中,不予以考虑的是( )。
   A. 应收账款   B. 应收票据   C. 预付账款   D. 预收账款
9. 某企业以一张期限为6个月的商业承兑汇票支付货款,面值为100万元,票面年利率为4%。该票据到期时,企业应支付的金额为( )万元。

A. 100　　　　　　B. 102　　　　　　C. 104　　　　　　D. 140
10. 对于预收货款业务不多的企业,其所发生的预收货款可以通过(　　)账户进行核算。
　　A. 应收账款　　　B. 应付账款　　　C. 预付账款　　　D. 其他应收款

二、多项选择题

1. 我国的应收票据包括(　　)。
　　A. 支票　　　　　　　B. 银行本票　　　C. 商业承兑汇票
　　D. 银行承兑汇票　　　E. 银行汇票
2. 对于带息的应收票据,企业应在中期、期末和年终时(　　)。
　　A. 计提坏账准备　　　　　　B. 计提票据利息
　　C. 增加应收票据的票面价值　　D. 冲减"财务费用"账户
3. 应收账款包括(　　)。
　　A. 应收职工欠款　　　　　　B. 应收赊销货款
　　C. 应收利息　　　　　　　　D. 应收代购货单位垫付的销售运费
4. 下列各项中,应记入"坏账准备"账户借方的有(　　)。
　　A. 计提坏账准备　　　　　　B. 冲回多提坏账准备
　　C. 收回以前确认并转销的坏账　D. 备抵法下实际发生的坏账
5. 一般来说,企业的应收款项符合(　　)条件的,应确认为坏账。
　　A. 债务人死亡,以其遗产清偿后,仍然无法收回
　　B. 债务人破产,以其破产财产清偿后,仍然无法收回
　　C. 债务人较长时间未履行偿债义务,并有足够证据表明无法收回或收回的可能性很小
　　D. 超过一年的应收款项
6. 票据贴现息的计算与(　　)有关。
　　A. 银行存款利率　　B. 票据面值　　　C. 贴现率　　　　D. 贴现期
7. 票据贴现时,票据贴现净额可能(　　)票据面值。
　　A. 大于　　　　　　B. 小于　　　　　C. 等于　　　　　D. 无法确定
8. "预收账款"账户的贷方登记(　　)。
　　A. 预收货款的数额
　　B. 企业向购货方发货后冲销的预收货款的数额
　　C. 收到购货单位补付货款的数额
　　D. 退回购货方多付货款的数额
9. 关于"预付账款"账户,下列说法中正确的有(　　)。
　　A. "预付账款"属于资产性质的账户
　　B. 预付货款不多的企业,可以不设"预付账款"账户,而将预付的货款记入"应付账款"账户
　　C. "预付账款"账户贷方余额反映应付供货单位的货款
　　D. "预付账款"账户用于核算企业因销售业务产生的往来款
10. 下列项目中,应作为"其他应付款"核算的有(　　)。
　　A. 应付购货单位款项　　　B. 应付存入保证金

C. 应付短期借款利息　　　D. 应付以短期租赁方式租入机器设备的租赁费

E. 应付包装物租金

11. 往来结算岗位的工作任务有(   )。

A. 定期对往来款项进行清算、催收及与对方对账

B. 编制债权债务方面的报表

C. 核算企业与客户之间的应收、预付、应付、预收款项

D. 核算其他应收款、其他应付款

三、判断题

1. 应收账款是企业因销售商品等经营活动所形成的债务。　　　　　　　　　(　　)

2. 商业折扣是债权人为鼓励债务人在规定期限内提前付款而向其提供的债务扣除。(　　)

3. 已转销坏账又重新收回时,借记"银行存款"账户,贷记"坏账准备"账户。(　　)

4. 企业按年末应收款项余额的一定比例计算的坏账准备金额,应等于年末"坏账准备"账户的余额。　　　　　　　　　　　　　　　　　　　　　　　　　　　　　(　　)

5. 不带息应收票据按面值入账,带息应收票据按到期价值入账。　　　　　　(　　)

6. 应收账款和预付账款都是企业的短期性债权,因此预付账款不多的企业,可以不设此账户,而将预付货款计入"应收账款"账户核算。　　　　　　　　　　　　(　　)

7. 应收票据到期收回票款时一律借记"银行存款"账户,贷记"应收票据"账户。
　　　　　　　　　　　　　　　　　　　　　　　　　　　　　　　　　　(　　)

8. 企业对于确实无法支付的应付账款,应冲减已计提的坏账准备。　　　　　(　　)

9. 预收账款与应付账款均属于负债项目,但它通常不需要以货币进行偿付。　(　　)

10. 对于企业到期无力偿付的商业承兑汇票,应按其账面余额转入"资本公积"。(　　)

四、业务操作题

【业务题一】

目的:练习应收账款的核算。

要求:根据下列业务编制会计分录。

资料:甲公司 2021 年发生如下经济业务。

1. 6 月 2 日销售一批产品,价值为 30 000 元,增值税税率为 13%,以银行存款代购货方垫付运费 600 元,增值税税率为 9%,已办妥委托银行收款手续。

2. 6 月 3 日接到银行收款通知,收回某企业前欠的货款 234 000 元。

3. 6 月 5 日销售一批产品,标明价格为 600 000 元,增值税税率为 13%,商业折扣为 5%,货款尚未收到。

4. 6 月 8 日销售一批产品,售价为 200 000 元,增值税税率 13%。双方约定付款的现金折扣为"2/10,n/30",且计算现金折扣时不考虑增值税。当日商品发出,客户收到商品并验收入库。根据以往的交易习惯,该客户极有可能在 10 天内偿还欠款。写出售出商品 6 月 15 日收到货款的会计分录。

5. 6 月 20 日销售一批产品,价目表标明价格为 300 000 元,增值税税率 13%。由于成批销售,商业折扣为 10%,现金折扣为"2/10,1/20,n/30",计算现金折扣时不考虑增值

税。产品已发出并办妥托收手续。甲公司基于对客户的了解，预计客户10天内付款的概率为90%，10天后付款的概率为10%。写出售出商品6月28日收到货款的会计分录。

6. 若甲公司7月5日收到货款，写出会计分录。

【业务题二】

目的：练习应收票据的核算。

要求：根据下列业务编制会计分录。

资料：甲公司2021年发生如下经济业务。

1. 根据以下业务编制收到商业汇票、每月末计提利息、到期的会计分录。

(1) 8月25日向乙公司销售一批产品，价款500 000元，增值税税额65 000元，货已发出，收到期限为2个月、面值为565 000元的不带息银行承兑汇票一张。

(2) 9月1日销售一批产品，售价100 000元，增值税税额13 000元，货已发出，收到面值为113 000元、票面年利率为10%、期限为6个月的带息银行承兑汇票一张。

2. 如果上题应收票据按年计息，编制收到商业汇票、年末计提利息、到期的会计分录。

3. 根据以下业务，计算到期日；计算贴现净额；编制贴现的会计分录(保留整数)。

(1) 向A企业销售一批产品，收到A企业签发的票面值为100 000元、3个月期不带息商业汇票，持有一个月后向银行贴现，年贴现率为9%。计算贴现净额并写贴现分录。

(2) 甲企业于7月8日收到B企业一张期限为100天、年利率为8%、票面金额为200 000元的银行承兑汇票。假如甲企业于8月15日将所持票据向银行申请贴现，银行贴现率为10%。

4. 9月1日，将出票日为8月1日、期限为3个月、面值为20 000元、票面利率为4%的商业汇票向银行贴现，年贴现率为6%，计算贴现净额并编制贴现会计分录。

【业务题三】

目的：练习预付账款和其他应收款的核算。

要求：根据下列业务编制会计分录。

资料：甲公司2021年发生如下经济业务。

1. 9月3日根据购销合同，预付购料款，将360 000元支付给乙公司。

2. 9月12日收到乙公司发来的原材料，材料价款300 000元，增值税税额39 000元，多付款项当即收回入账。

3. 假设9月12日收到乙公司发来的原材料，材料价款400 000元，增值税税额52 000元，少付款项当即补付。

4. 9月12日厂部职工李明预借差旅费2 000元。

5. 9月15日职工张月因违纪，厂部决定对其罚款150元(从工资中扣除)，财会部门收到厂部签发的扣款通知单。

6. 9月18日李明出差归来报销差旅费1 800元，余款交回现金。

7. 9月20日总务科领取备用金1 000元，以现金支付(企业实行定额备用金制度)。

8. 9月25日总务科报销日常零星开支750元，以现金补足备用金。

【业务题四】

目的：练习坏账准备的核算。

要求：根据下列业务编制会计分录。

资料：甲公司2020年发生如下经济业务。

1. 2019年12月31日，甲公司应收账款余额为800 000元，假设坏账准备没有期初余额，按10%计提坏账准备。2020年甲公司实际发生坏账40 000元。2020年年末应收账款余额为1 000 000元。经减值测试，甲公司确定按8%计提坏账准备。2021年4月20日收到已经转销的坏账20 000元。2021年年末应收账款余额为500 000元。经减值测试，甲公司确定按8%计提坏账准备。根据上述资料，编制甲公司2019年年末、2020年度、2021年度与坏账准备有关的会计分录。

2. 甲企业按应收账款年末余额的3%提取坏账准备。2017年应收账款年末余额为1 000 000元，假设坏账准备没有期初余额。2018年发生坏账20 000元。应收账款年末余额为1 200 000元。2019年应收账款年末余额为300 000元。2020年已核销的坏账又收回15 000元。2020年应收账款年末余额为500 000元。2021年发生坏账损失25 000元。年末应收账款余额为1 000 000元。根据上述资料，编制甲公司各年度与坏账准备有关的会计分录。

【业务题五】

目的：应付、预收的核算。

要求：根据下列业务编制会计分录。

资料：甲公司为增值税一般纳税人。2021年发生如下经济业务。

1. 6月1日从乙公司购入一批材料，货款500 000元，增值税税额65 000元，对方代垫运费3 000元，增值税税额270元。材料已运到并验收入库(材料按实际成本计价核算)，款项尚未支付。

2. 6月9日收到银行转来的某电力公司供电部门开具的增值税专用发票，发票上注明的电费为28 000元、增值税税额为3 640元，企业以银行存款付讫。月末，经计算，本月应付电费28 000元，其中生产车间电费12 000元，企业行政管理部门电费16 000元。

3. 6月10日从丙公司购入一批家电产品并已验收入库。增值税专用发票上列明的价款为200 000元，增值税税额为26 000元。付款条件为"1/15，n/30"，假定计算现金折扣不需要考虑增值税。

4. 6月21日以银行存款向丙公司支付货款。

5. 假设上题中，甲公司于6月30日以银行存款向丙公司支付货款。

6. 甲公司确定一笔应付账款6 000元为无法支付的款项，应予转销。

7. 甲公司与A公司签订供货合同，向A公司销售一批商品，货款金额共计300 000元，应交增值税销项税额39 000元。6月8日，甲公司收到A公司交来的预付款180 000元，并存入银行。

8. 6月18日，甲公司将货物发给A公司并开出增值税专用发票，A公司验收合格后付清了剩余货款。

9. 甲公司采购一批材料，增值税专用发票上注明的材料价款为100 000元，增值税税额13 000元，开出一张面值为113 000元、期限为3个月的不带息银行承兑汇票。

10. 甲公司向银行支付承兑手续费58元，其中增值税税额3.28元。

11. 甲公司开出的银行承兑汇票到期，甲公司通知其开户行以银行存款支付票款。

12. 假设上题中商业汇票到期，甲公司无力支付票据款。

13. 假设甲公司开出的是商业承兑汇票，到期甲公司无力支付票款。

14. 7月1日以短期租赁方式租入一批管理用办公设备，每月租金5 000元，按季支付，按月确认，编制7月31日甲公司确认租金的会计分录。

15. 9月30日，甲公司以银行存款支付应付租金15 000元，增值税进项税额1 950元。

 微课视频

扫一扫，获取本章相关微课视频。

3-1　应收账款核算

3-2　应收票据核算

3-3　应收款项减值核算

第四章 存货核算岗位业务

【学习目标】

- 了解存货岗位的岗位职责和工作任务。
- 能够说明存货岗位的工作流程。
- 学会存货发出的计价方法。
- 会应用实际成本计价法和计划成本计价法进行材料收发的核算。
- 会进行周转材料和委托加工物资的业务核算。
- 会进行库存商品的业务核算。
- 学会存货期末计量的会计核算。

【导读案例】

某公司 2021 年刚成立，其存货情况如表 4-1 所示。

表 4-1 某公司存货情况

购入月份	入库数量/千克	单位成本/元	总成本/元
1	500	100	5 000
3	200	110	2 200
6	300	120	36 000
10	400	130	52 000
12	600	140	84 000
合计	2 000		244 000

2021 年年末，经实地盘点查明该存货实际结存 700 千克，其余皆已售出。

问题：

1. 在实地盘存制下分别按先进先出法和全年一次加权平均法计算销售成本。按先进先出法计算的销售成本是否一定最低，为什么？

2. 如果你是公司的总经理，想要交一份当年业绩较优的财务报表给董事会，对于发出存货会采用何种计价方法？

第一节 存货岗位概述

一、存货岗位的工作内容

(一)存货的概念

存货是指企业在日常活动中持有以备出售的产成品或商品、处在生产过程中的在产品、在生产过程或提供劳务过程中耗用的材料或物料等。存货区别于固定资产等非流动资产的最基本的特征是,企业持有存货的最终目的是将其出售,包括可供直接销售的产成品、商品,以及须经过进一步加工后出售的原材料等。

(二)存货的种类

1. 按经济内容不同分类

存货按经济内容不同可分为原材料、在产品、半成品、产成品、商品、周转材料、委托代销商品和委托加工物资等。

2. 按存放地点不同分类

存货按存放地点不同可分为库存存货、在途存货、加工中的存货和存放在其他单位的存货等。

3. 按存货来源不同分类

存货按来源不同可分为外购存货、自制存货、委托外单位加工的存货、投资者投入的存货和接受捐赠的存货等。

(三)存货的成本

企业对取得的存货应当按照成本进行计量。存货成本包括以下几种。

1. 外购存货的成本

企业外购存货主要包括原材料和商品。外购存货的成本即存货的采购成本,是指企业物资从采购到入库前所发生的全部支出,具体包括以下几项。

(1) 外购存货的购买价款(即发票账单上列明的价款,但不包括可以抵扣的增值税税额)。
(2) 运杂费(即存货采购过程中发生的运输费、装卸费、保险费和包装费等)。
(3) 途中合理损耗。
(4) 入库前挑选整理费、采购过程中发生的仓储费。
(5) 计入成本的关税、消费税等相关税费。

对于这些费用中能分清负担对象的,应将其直接计入存货的采购成本;不能分清负担对象的,应将其分配计入有关存货的采购成本。

对于商品流通企业在采购商品过程中发生的可归属于存货采购成本的费用,应计入所购商品成本。进货费用金额较小的,可以在发生时直接计入当期销售费用。

2. 自制存货的成本

自制存货的成本是指加工制造过程中的实际耗费,包括直接材料费用、直接人工费用和制造费用等。对于加工费用能够直接计入有关产品成本的,应直接计入。否则,应按照合理方法分配计入有关产品成本。

3. 委托外单位加工的存货成本

企业委托外单位加工存货的实际成本,包括加工过程中所耗用的存货成本、加工费、运杂费和计入成本的税金等。

4. 投资者投入存货的成本

投资者投入存货的成本应当按照投资合同或协议约定的价值确定，但合同或协议约定价值不公允的除外。在投资合同或协议约定价值不公允的情况下，应按照该项存货的公允价值作为其入账价值。

5. 接受捐赠的存货成本

(1) 对于捐赠方提供了凭据的存货成本，应按凭据上的金额加上支付的相关税费确定。

(2) 对于捐赠方未提供凭据的存货成本，应参照同类或类似存货的市场价格估计的金额，加上应支付的相关税费来确定。

6. 盘盈存货的成本

盘盈存货应按其重置成本作为入账价值。

下列费用不应计入存货成本，而应在其发生时计入当期损益。

(1) 非正常消耗的直接材料、直接人工及制造费用。

(2) 采购入库后发生的储存费用。但是，对于在生产过程中为达到下一个生产阶段所必需的仓储费用，则应计入存货成本。

(3) 不能归属于使存货达到目前场所和状态的其他支出等。

(四)存货岗位的工作任务

存货岗位的工作任务就是进行存货业务的原始凭证和记账凭证的编制，登记存货的总账和明细账，做好存货的验收、入库、发出计价、核算和清查等工作，具体包括以下内容。

(1) 会同有关部门拟定材料物资管理与核算实施办法。

(2) 审查采购计划，控制采购成本，防止盲目采购。

(3) 配合有关部门制定存货的消耗定额，编制必要的计划成本目录。

(4) 认真审核存货业务的原始凭证，编制存货业务的记账凭证。

(5) 合理设置存货账簿，及时、正确的登记存货总账和明细账。

(6) 对已经验收入库但尚未付款的存货，月底要按暂估价入账。

(7) 参与库存的盘点，处理清查账务。

(8) 分析储备情况，防止呆滞积压。对于超过正常储备和长期呆滞积压的财产物资，要分析原因，提出处理意见和建议，督促有关部门进行处理。

二、存货岗位的业务流程

存货岗位的业务流程如图 4-1 所示。

存货岗位的业务流程具体说明如下。

(1) 企业外购或自制存货验收入库时，仓库管理人员根据合同、发票等验收存货，填制收料单等，并根据收料单等登记仓库存货相关明细账；会计人员应根据供销部门转来的发票以及收料单等原始凭证，编制记账凭证，核算材料采购(生产)成本。

(2) 月末，会计人员根据收料单编制"收料凭证汇总表"，据以进行存货总分类核算。

(3) 仓库管理员根据合同等发出存货，并填制领料单，根据领料单登记仓库存货相关明细账。

(4) 月末，会计人员根据领料单编制"发料凭证汇总表"，据以进行存货总分类核算和登记相关成本费用明细账。

(5) 月末，仓库管理人员进行存货的盘点，编制"存货盘点盈亏报告表"，由财会人员进行相关账务处理。

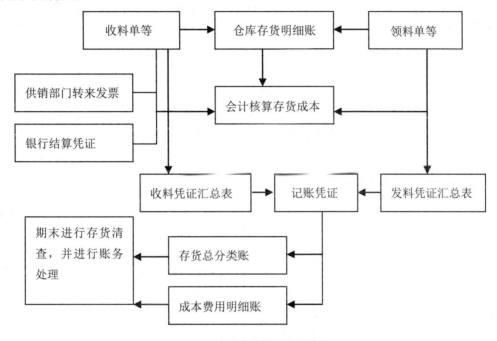

图 4-1　存货岗位的业务流程图

第二节　存货岗位业务核算

本节按照存货经济内容分别介绍不同类别存货的核算方法。

一、原材料

(一)原材料的概念

原材料是指企业在生产过程中经过加工改变其形态或性质并构成产品主要实体的各种原料、主要材料和外购半成品，以及不构成产品实体但有助于产品形成的辅助材料。原材料具体包括原料及主要材料、辅助材料、外购半成品(外购件)、修理用备件(备品备件)、包装材料和燃料等。为建造固定资产等各项工程而储备的各种材料，虽然同属于材料，但是由于它是用于建造固定资产等各项工程的，不符合存货的定义，因此不能作为原材料核算。

原材料的日常收发及结存，可以采用按实际成本计价核算，也可以采用按计划成本计价核算。

(二)原材料按实际成本计价的核算

原材料按实际成本计价,是指每种材料的采购、收发和结存,不论是总分类核算,还是明细分类核算,都按实际成本计价。

1. 账户设置

1)"原材料"账户

"原材料"账户属于资产类账户,用来核算企业库存的各种原材料的实际成本。该账户借方登记收入原材料的实际成本,贷方登记发出原材料的实际成本;期末余额在借方,表示库存原材料的实际成本。

2)"在途物资"账户

"在途物资"账户属于资产类账户,用来核算货款已经支付但尚未验收入库的各种物资(在途物资)的实际成本。该账户借方登记企业购入的在途物资的实际成本,贷方登记验收入库的在途物资的实际成本;期末余额在借方,反映企业在途物资的采购成本。本账户应该按照供应单位和物资品种进行明细分类核算。

2. 原材料收入业务的会计核算

1)外购原材料

由于支付方式不同,原材料入库的时间与付款的时间可能一致,也可能不一致,因而在会计处理上也有所不同。

(1) 货款已经支付(或已经开出商业汇票),同时材料已经验收入库。

企业在办理款项结算并同时办理材料验收入库手续后,应根据银行结算凭证、发票账单和收料单等凭证,借记"原材料""应交税费——应交增值税(进项税额)"账户,贷记"银行存款""其他货币资金""应付票据"等账户。

【例4-1】 红星公司购入一批甲材料,增值税专用发票上记载的货款为 300 000 元,增值税税额 39 000 元,对方代垫包装费 1 000 元,增值税专用发票注明增值税税额 60 元。货款已用转账支票支付,材料已验收入库。

红星公司根据银行结算凭证和增值税专用发票,编制如下会计分录。

借:原材料——甲材料　　　　　　　　　　301 000
　　应交税费——应交增值税(进项税额)　　39 060
　　贷:银行存款　　　　　　　　　　　　　340 060

(2) 货款已经支付(或已经开出商业汇票),材料尚未到达或验收入库。

一般在企业向外地采购材料的情况下,采用"托收承付"和"商业汇票"等结算方式。此情况下供货单位的发票、结算凭证等已先到,并已承付货款或已开出商业汇票,但材料后到。这类业务在付款时,应通过"在途物资"账户进行核算,待材料验收入库后,再由"在途物资"账户转入"原材料"账户。

【例4-2】 红星公司采用汇兑结算方式购入丙材料 10 000 千克,增值税专用发票上记载的货款为 20 000 元,增值税税额 2 600 元,支付保险费 1 000 元,增值税专用发票注明增值税税额 60 元。材料尚未到达。

① 红星公司根据汇兑结算凭证和增值税专用发票，编制如下会计分录。

借：在途物资　　　　　　　　　　　　　　　　　　　21 000
　　应交税费——应交增值税(进项税额)　　　　　　　 2 660
　　贷：银行存款　　　　　　　　　　　　　　　　　　　　23 660

② 若收到仓库送来的收料单，且丙材料运到并已验收入库，则根据收料单，编制如下会计分录。

借：原材料——丙材料　　　　　　　　　　　　　　 21 000
　　贷：在途物资　　　　　　　　　　　　　　　　　　　　21 000

(3) 材料已经验收入库，货款尚未支付。

企业在采购材料过程中，若发生材料已到但货款暂未支付的业务，应先行办理验收入库手续，并区分以下两种情况分别进行会计核算。

第一种情况：材料已到，发票账单也已收到，但由于企业货币资金不足或其他原因而暂未付款，这种情况应通过"应付账款"账户进行核算。

【例4-3】　红星公司采用托收承付结算方式购入甲材料10 000千克，增值税专用发票上记载的货款为50 000元，增值税税额6 500元，对方代垫运费1 000元，增值税专用发票注明增值税税额90元。银行转来的结算凭证已收到，款项尚未支付，材料已验收入库。

红星公司根据托收承付结算凭证和增值税专用发票，编制如下会计分录。

借：原材料——甲材料　　　　　　　　　　　　　　 51 000
　　应交税费——应交增值税(进项税额)　　　　　　　 6 590
　　贷：应付账款　　　　　　　　　　　　　　　　　　　　57 590

第二种情况：材料已到，但发票账单未到，因而货款暂未支付。在这种情况下，平时只进行有关明细核算，暂不进行原材料的总分类核算，等发票账单到达并付款后再进行有关会计核算。如果至月末发票账单仍未收到，此时应按同类材料的价格或合同价格暂估入账，下月初做相反的会计分录予以冲回，等收到发票账单后再按照实际金额记账。

【例4-4】　红星公司采用委托收款结算方式购入一批乙材料，材料已到并验收入库，月末发票账单尚未收到，无法确定其实际成本，暂估价值为30 000元。

① 相应会计分录编制如下。

借：原材料——乙材料　　　　　　　　　　　　　　 30 000
　　贷：应付账款——暂估应付账款　　　　　　　　　　　　30 000

② 下月初，做相反的会计分录予以冲回。

借：应付账款——暂估应付账款　　　　　　　　　　 30 000
　　贷：原材料——乙材料　　　　　　　　　　　　　　　　30 000

③ 次月，收到所购乙材料的发票账单，增值税专用发票上记载的货款为31 000元，增值税税额4 030元，对方代垫保险费2 000元，增值税专用发票注明增值税税额120元，用银行存款付讫。

红星公司根据增值税专用发票、材料入库单等凭证，编制如下会计分录。

借：原材料——乙材料　　　　　　　　　　　　　　 33 000
　　应交税费——应交增值税(进项税额)　　　　　　　 4 150
　　贷：银行存款　　　　　　　　　　　　　　　　　　　　37 150

(4) 外购材料短缺和毁损的处理。

若企业外购材料在验收时发现短缺和毁损，应填制"材料购进短缺报告单"，并及时查明原因，分清责任，按不同情况进行账务处理。

属于运输途中合理损耗的，应计入材料实际采购成本，即按实际收到的材料数量入账，这样支出总额不变，相应地提高了入库材料的实际单位成本，不必单独进行账务处理。

对于购进材料发生的短缺，在尚未查明原因或尚未作出处理之前，应先按短缺材料的成本转入"待处理财产损溢"账户，待查明原因后再分别处理。

属于供应单位负责的，如果货款尚未支付，应按实收数量付款或全部拒付；如果货款已经支付，则应填制赔偿请求单，要求供应单位退款或补货，将短缺部分的成本和增值税转入"应付账款"账户的借方。

属于运输机构或过失人负责的，也应填制相应赔偿请求单请求赔偿，将短缺部分的成本和增值税转入"其他应收款"账户。

对于因遭受意外灾害发生的损失，应将这部分成本和增值税扣除残料价值和过失人、保险公司赔款后的净损失，计入"营业外支出"账户。

属于无法收回的其他损失，报经批准后，记入"管理费用"账户。

假设例 4-2 中，对于仓库送来的收料单，丙材料实收 9 980 千克，短缺的 20 千克属于途中合理损耗，则会计处理不变，仍然是，

借：原材料——丙材料　　　　　　　　　　　21 000
　　贷：在途物资　　　　　　　　　　　　　　　21 000

但材料的单位采购成本由原来的 2.1(21 000÷10 000)元提高到 2.104(21 000÷9 980)元。

【例 4-5】红星公司向新华钢铁厂购进钢条 2 000 千克，每千克 8 元，增值税专用发票上注明的价款为 16 000 元，增值税税额为 2 080 元，另支付运输费 400 元、装卸费 300 元，取得的增值税专用发票上分别注明的增值税税额为 36 元、18 元。货款已经承付，材料尚未运达。

(1) 红星公司根据付款凭证、增值税专用发票等凭证，编制如下会计分录。

借：在途物资——新华钢铁厂　　　　　　　16 700
　　应交税费——应交增值税(进项税额)　　　2 134
　　贷：银行存款　　　　　　　　　　　　　　18 834

(2) 若钢条运达验收入库 1 800 千克，短缺 200 千克，其中 10 千克属于定额内合理损耗，其余 190 千克短缺原因不明，待查，则

单位材料实际成本=16 700÷2 000=8.35(元/千克)

验收入库材料的实际成本=(2 000−190)×8.35=15 113.5(元)

短缺材料的实际成本=190×8.35=1 586.5(元)

编制相应会计分录如下。

借：原材料——钢条　　　　　　　　　　　15 113.5
　　待处理财产损溢——待处理流动资产损溢　1 586.5
　　贷：在途物资——新华钢铁厂　　　　　　　16 700

(3) 如果已查明短缺 190 千克钢条是由于运输部门过失造成的，而运输部门同意对此按

短缺材料的成本和增值税赔款，款项尚未收到，则

单位材料的进项税额=2 134÷2 000=1.067(元/千克)

短缺的进项税额=190×1.067=202.73(元)

编制相应会计分录如下。

借：其他应收款——运输部门　　　　　　　　　　1 789.23
　　贷：待处理财产损溢——待处理流动资产损溢　　　1 586.5
　　　　应交税费——应交增值税(进项税额转出)　　　202.73

(4) 如果已查明短缺 190 千克钢条是由于新华钢铁厂少发了货物而造成的，且新华钢铁厂对此已补货，则编制相应会计分录如下。

借：原材料——钢条　　　　　　　　　　　　　　1 586.5
　　贷：待处理财产损溢——待处理流动资产损溢　　　1 586.5

2) 自制原材料

对于企业基本生产车间或辅助生产车间自制完工并验收入库的材料，应按实际成本计价，根据材料交库单，借记"原材料"账户，贷记"生产成本"账户。

3) 接受其他单位投入的原材料

对于其他单位投入的原材料，应按投资合同或协议约定的价值，借记"原材料"账户，按增值税专用发票上注明的增值税税额，借记"应交税费——应交增值税(进项税额)"账户，按其在注册资本中应该享有的份额，贷记"实收资本"账户，按其差额，贷记"资本公积"账户。

3. 原材料发出业务的会计核算

1) 原材料发出业务的计价方法

企业存货由于来源不同，同种存货的价格有所不同。即使是同种来源的存货，由于进货批次、时间和付款条件等不同，其价格也有所不同。所以存货发出后需要按以下方法再计算或重新认定其单价，以便确定发出存货和期末存货的实际成本。

(1) 先进先出法。

先进先出法是指以先购入的存货应先发出(销售或耗用)这样一种存货实物流动假设为前提，对发出存货进行计价的一种方法。其具体操作方法是：收入存货时，逐笔登记收入存货的数量、单价和金额；发出存货时，按照先进先出的原则逐笔登记存货的发出成本和结存金额。

采用先进先出法时，期末存货成本是按最近购货成本确定的，比较接近现行的市场价值。采用该方法计价的优点是，使企业不能随意挑选存货单价，以调整当期利润，同时可以随时确定发出存货的成本，从而保证了产品成本和销售成本计算的及时性。采用该方法计价的缺点是，有时对同一批发出存货要采用两个或两个以上的单位成本计价，计算烦琐，对存货进出频繁的企业更是如此；而且在物价上涨期间，会高估当期利润和存货价值；反之，则会低估当期利润和存货价值。

【例 4-6】 某公司 2021 年 4 月甲材料的入库、发出、结存的有关资料如表 4-2 所示。

表 4-2　甲材料收发资料表

数量单位：吨；金额单位：元

2021年		摘要	入库		发出数量	结存数量
月	日		数量	单价		
4	1	期初结存				2 000(单价16元)
	8	购入	4 000	17		6 000
	10	发出			3 000	3 000
	13	购入	3 000	17.5		6 000
	18	发出			2 600	3 400
	25	购入	1 500	18		4 900
	30	发出			3 500	1 400

根据表 4-2 采用先进先出法计算发出存货成本和期末结存存货成本，如表 4-3 所示。

表 4-3　原材料明细账(先进先出法)

账户名称：甲材料　　　　　　　　　　　　　　　　　　　数量单位：吨；金额单位：元

2021年		摘要	收入			发出			结存		
月	日		数量	单价	金额	数量	单价	金额	数量	单价	金额
4	1	期初结存							2 000	16	32 000
	8	购入	4 000	17	68 000				2 000	16	32 000
									4 000	17	68 000
	10	发出				2 000	16	32 000			
						1 000	17	17 000	3 000	17	51 000
	13	购入	3 000	17.5	52 500				3 000	17	51 000
									3 000	17.5	52 500
	18	发出				2 600	17	44 200	400	17	6 800
									3 000	17.5	52 500
	25	购入	1 500	18	27 000				400	17	6 800
									3 000	17.5	52 500
									1 500	18	27 000
	30	发出				400	17	6 800			
						3 000	17.5	52 500			
						100	18	1 800	1 400	18	25 200
	30	本月合计	8 500		147 500	9 100		154 300	1 400	18	25 200

(2) 月末一次加权平均法。

月末一次加权平均法是指以当月全部进货数量加上月初存货数量作为权数，去除当月全部进货成本加上月初存货成本，计算出存货的加权平均单位成本，以此为基础计算当月发出存货的成本和期末结存存货的成本。

其具体操作方法是：收入存货时，逐笔登记收入存货的数量、单价和金额；发出存货时，只登记发出存货的数量，不登记金额；月末一次计算加权平均单价后，再确定发出存货成本和期末结存存货成本。这种方法适用于存货收发比较频繁的企业。其计算公式如下。

$$加权平均单价=\frac{期初存货总成本+本月收入存货总成本}{期初存货数量+本月收入存货数量}$$

发出存货成本=加权平均单价×发出存货数量

期末存货成本=加权平均单价×期末结存存货数量

或采用倒挤成本法计算发出存货的成本,具体如下。

期末存货成本=期初结存成本+本期收入存货成本-发出存货成本

采用该方法计价的优点是,只在月末一次计算加权平均单位成本并结转发出存货成本即可,平时不对发出存货计价,因而日常核算工作量较小,简便易行。采用该方法计价的缺点是平时无法提供发出存货和结存存货的单价及金额,不利于存货的管理。

【例 4-7】 承接例 4-6,根据表 4-2 采用月末一次加权平均法计算发出存货成本和期末结存存货成本,则原材料明细账(月末一次加权平均法)如表 4-4 所示。

有关计算步骤如下。

加权平均单价=(32 000+147 500)÷(2 000+8 500)≈17.10(元)

期末结存存货成本=17.10×1 400=23 940(元)

发出存货成本=32 000+147 500-23 940=155 560(元)

表 4-4 原材料明细账(月末一次加权平均法)

账户名称:甲材料　　　　　　　　　　　　　　　　数量单位:吨;金额单位:元

2021年		摘要	收入			发出			结存		
月	日		数量	单价	金额	数量	单价	金额	数量	单价	金额
4	1	期初结存							2 000	16	32 000
	8	购入	4 000	17	68 000				6 000		
	10	发出				3 000			3 000		
	13	购入	3 000	17.5	52 500				6 000		
	18	发出				2 600			3 400		
	25	购入	1 500	18	27 000				4 900		
	30	发出				3 500			1 400		
	30	本月合计	8 500		147 500	9 100	17.10	155 560	1 400	17.10	23 940

(3) 移动加权平均法。

移动加权平均法是指平时每入库一批存货,就以原有存货数量和本批入库存货数量为权数,计算一个加权平均单位成本,据以对其后发出存货进行计价的一种方法。此方法不适合收发货比较频繁的企业使用。其计算公式如下。

$$移动平均单价=\frac{本次收入前结存存货成本+本次收入存货成本}{本次收入前结存存货数量+本次收入存货数量}$$

本批发出存货成本=本批发出存货数量×存货当前移动平均单价

采用该方法计价的优点是,将存货的计价和明细账的登记分散在平时进行,从而可以随时掌握发出存货的成本和结存存货的成本,有利于存货的日常管理。采用该方法计价的缺点是,每次收货都要计算一次平均单位成本,计算工作量较大。

【例 4-8】 承接例 4-6,根据表 4-2 采用移动加权平均法计算发出存货成本和期末结存存货成本，原材料明细账(移动加权平均法)如表4-5所示。

有关计算步骤如下。

4月8日，购进存货后的移动平均单价=(32 000+68 000)÷(2 000+4 000)≈16.67(元)

4月10日，结存存货成本=3 000×16.67=50 010(元)

4月10日，发出存货成本=32 000+68 000-50 010=49 990(元)

(4) 个别计价法。

个别计价法也称个别认定法、具体辨认法和分批实际法。该方法是假设存货具体项目的实物流转与成本流转相一致，按照各种存货逐一辨认各批发出存货和期末存货所属的购进批别或生产批别，分别按其购入或生产时所确定的单位成本计算各批发出存货和期末存货成本的方法。这种方法是把每一种存货的实际成本作为计算发出存货成本和期末存货成本的基础。其计算公式如下。

每批发出存货成本=该批存货发出数量×该批存货入库时的实际单位成本

期末存货成本=期初结存成本+本期收入存货成本-本期发出存货成本

或

期末存货成本=期末存货数量×该存货实际单位成本

表4-5 原材料明细账(移动加权平均法)

账户名称：甲材料　　　　　　　　　　　　　　　　　数量单位：吨；金额单位：元

2021年		摘要	收入			发出			结存		
月	日		数量	单价	金额	数量	单价	金额	数量	单价	金额
4	1	期初结存							2 000	16.00	32 000
	8	购入	4 000	17	68 000				6 000	16.67	100 000
	10	发出				3 000	16.67	49 990	3 000	16.67	50 010
	13	购入	3 000	17.5	52 500				6 000	17.085	102 510
	18	发出				2 600	17.085	44 421	3 400	17.085	58 089
	25	购入	1 500	18	27 000				4 900	17.37	85 089
	30	发出				3 500	17.37	60 771	1 400	17.37	24 318
	30	本月合计	8 500		147 500	9 100		155 182	1 400	17.37	24 318

个别计价法的成本计算准确，符合实际情况，但在存货收发频繁的情况下，其发出成本分辨的工作量较大。因此，这种方法适用于一般不能替代使用的存货、为特定项目专门购入或制造的存货以及提供的劳务，如珠宝、名画等贵重物品。

在实际工作中，越来越多的企业采用计算机信息系统进行会计处理，个别计价法可以广泛应用于发出存货的计价，并且个别计价法确定的存货成本最为准确。

2) 原材料发出的账务处理

企业各生产单位及有关部门领用的材料，具有种类多、数量大和业务频繁的特点。为了简化核算工作，平时一般只根据发料凭证登记原材料明细分类账，月末根据"领料单"或"限额领料单"中有关领料的单位、部门等加以归类，编制发料凭证汇总表，据以编制记账凭证，登记入账。发出材料实际成本，可以通过先进先出法、月末一次加权平均法、移动加权平均法或个别计价法等方法确定。计价方法一经确定，不得随意变更。如需变更，应在附注中予以说明。发料凭证汇总表的格式如表 4-6 所示。

表 4-6 发料凭证汇总表

单位：元

应借账户		应贷账户			合 计
		原 材 料			
		原料及主要材料	辅助材料	外购半成品	
生产成本	基本生产成本	500 000	1 000	500	501 500
	辅助生产成本	40 000	400	600	41 000
制造费用		5 000		1 200	6 200
管理费用		4 000	100		4 100
销售费用		2 000			2 000
在建工程		1 000		800	1 800
合 计		552 000	1 500	3 100	556 600

【例 4-9】 根据表 4-6，编制的会计分录如下。

借：生产成本——基本生产成本　　　　　501 500
　　　　　　——辅助生产成本　　　　　 41 000
　　制造费用　　　　　　　　　　　　　 6 200
　　管理费用　　　　　　　　　　　　　 4 100
　　销售费用　　　　　　　　　　　　　 2 000
　　在建工程　　　　　　　　　　　　　 1 800
　　贷：原材料　　　　　　　　　　　　　　　556 600

4. 原材料的明细分类核算

1) 原材料明细账

原材料明细分类核算应包括数量核算和价值核算两个部分。仓库按材料品种、规格开设材料卡片，对材料的收入、发出和结存进行数量核算；财会部门按材料品种、规格开设明细账，同时进行材料的数量和价值核算。材料卡片和材料明细分类账的一般格式如表 4-7 和表 4-8 所示。

表 4-7 材料卡片

材料类别：　　　　　　　　　　　　　　　　　　　　　　　　卡片编号：
材料编号：　　　　　　　　　　　　　　　　　　　　　　　　存放地点：
材料名称：　　　　　　　　　　　　　　　　　　　　　　　　最高储存量：
材料规格：　　　　　　　　　　　　　　　　　　　　　　　　计量单位：

年		凭 证		收入 数量	发出 数量	结存 数量	稽 核	
月	日	名 称	编 号				日 期	签 章

表 4-8　材料明细分类账

材料类别：　　　　　　　　　　　　　　　　　　　　　　　　　　　　　　　最高储备量：
材料名称：　　　　　　　　　　　　　　　　　　　　　　　　　　　　　　　最低储备量：
材料编号：　　　　　　　　　　　　　　　　　　　　　　　　　　　　　　　计量单位：

年		凭证		摘要	收入			发出			结存		
月	日	字	号		数量	单价	金额	数量	单价	金额	数量	单价	金额

材料卡片应根据收发料凭证按日逐笔登记，以序时反映各种材料收、发、结存的实际数量。材料明细分类账的收入栏根据收料凭证序时逐笔登记；发出栏中的数量可根据发料凭证序时逐笔登记，但单价和金额应根据发出材料计价方法来加以确定，进行登记。

仓库和财会部门各设一套明细账的方法，即所谓两账方式，优点是可以起到相互核对、相互制约的作用。缺点是重复记账、工作量大。因此，在实际工作中，很多企业本着不重设和一账多用的原则，改设两套账为"账卡合一"的办法。即把仓库按品种、规格设置的材料卡片和财会部门设置的明细分类账合并，设立一套数量、金额式的明细分类账，由仓库保管人员负责登记数量，并由财会人员定期到仓库稽核收单，并在材料收发凭证上标价及在材料明细账上登记收、发、存金额。账册平时放在仓库。

2) 在途物资明细账

在途物资明细账用来核算企业采用实际成本进行材料等物资的日常核算时，对于货款已经支付但尚未验收入库的各种物资的实际成本。本账户应该按照供应单位和物资品种进行明细分类核算。实际使用中有两种格式，即三栏式和平行登记式(横线登记式)。平行登记式结构与材料采购账户相似，将在材料采购账户内容部分介绍。

(三)原材料按计划成本计价核算

原材料按计划成本计价，是指每种材料的采购、收发和结存，不论是总分类核算，还是明细分类核算，都是按照计划成本计价入账。

1. 账户设置

1) "原材料"账户

"原材料"账户属于资产类账户，用于核算库存各种材料的收发与结存情况。本账户在材料采用计划成本核算时，借方登记入库材料的计划成本，贷方登记发出材料的计划成本。期末余额在借方，反映企业库存材料的计划成本。

2) "材料采购"账户

"材料采购"账户属于资产类账户，用来核算企业购入各种材料物资的采购成本。本账户借方登记采购材料的实际成本，贷方登记入库材料的计划成本。借方大于贷方表示超支，从本账户贷方转入"材料成本差异"账户的借方；贷方大于借方表示节约，从本账户借方转入"材料成本差异"账户的贷方；期末余额在借方，表示企业在途材料的采购成本。

该账户可按照供应单位和材料品种设置明细账进行明细分类核算。

3)"材料成本差异"账户

"材料成本差异"账户属于资产类账户,用来反映企业已入库的各种材料的实际成本与计划成本的差异。借方登记入库材料实际成本大于计划成本的超支差异及发出材料应负担的节约差异,贷方登记入库材料实际成本小于计划成本的节约差异及发出材料应负担的超支差异。期末余额如果在借方,表示企业库存材料的超支差异;余额如果在贷方,表示企业库存材料的节约差异。该账户可以分别设置"原材料""周转材料"等明细科目,以便于按照类别或品种进行明细核算。

2. 原材料收入业务的会计核算

1)外购原材料

(1)货款已经支付(或已经开出商业汇票),同时材料已经验收入库。

企业应根据银行结算凭证、发票账单等,按照实际结算的款项借记"材料采购""应交税费——应交增值税(进项税额)"账户,贷记"银行存款""应付票据"等账户;同时,根据收料单,按照计划成本借记"原材料"账户,贷记"材料采购"账户,并结转材料成本差异。

【例4-10】红星公司购入一批甲材料,增值税专用发票上记载的货款为3 000 000元,增值税税额为390 000元,发票账单已经收到,计划成本为3 200 000元,材料已经验收入库,全部款项以银行汇票支付。

红星公司的账务处理如下。

借:材料采购——甲材料　　　　　　　　　　3 000 000
　　应交税费——应交增值税(进项税额)　　　390 000
　　　贷:其他货币资金——银行汇票　　　　　　　3 390 000
借:原材料　　甲材料　　　　　　　　　　　3 200 000
　　　贷:材料采购——甲材料　　　　　　　　　　3 200 000
借:材料采购　　　　　　　　　　　　　　　200 000
　　　贷:材料成本差异　　　　　　　　　　　　　200 000

(2)货款已经支付(或已经开出商业汇票),材料尚未到达或验收入库。

当企业根据发票账单付款或开出商业汇票时,应该按照实际结算的款项记入"材料采购""应交税费——应交增值税(进项税额)"账户的借方。待材料到达并验收入库时,根据收料单所列计划成本,由"材料采购"账户的贷方,转入"原材料"账户的借方,并结转入库材料成本差异。

【例4-11】红星公司采用汇兑结算方式购入一批乙材料,增值税专用发票上记载的货款为200 000元,增值税税额为26 000元,发票账单已经收到,计划成本为180 000元,材料尚未入库。

① 红星公司支付款项时,根据银行结算凭证,编制如下会计分录。

借:材料采购——乙材料　　　　　　　　　　200 000
　　应交税费——应交增值税(进项税额)　　　26 000
　　　贷:银行存款　　　　　　　　　　　　　　　226 000

② 材料验收入库时,根据收料单,编制如下会计分录。

借：原材料——乙材料　　　　　　　　　　　180 000
　　贷：材料采购——乙材料　　　　　　　　　　180 000

③ 结转入库材料成本差异的相关会计分录如下。

借：材料成本差异　　　　　　　　　　　　　 20 000
　　贷：材料采购——乙材料　　　　　　　　　　 20 000

(3) 材料已经验收入库，货款尚未支付。

对于这种业务，应区分以下两种情况分别进行会计核算。

第一种情况：对于发票账单已到但尚未付款或开出商业汇票的，按实际应付的款项借记"材料采购""应交税费——应交增值税(进项税额)"账户，贷记"应付账款"等账户，按计划成本借记"原材料"账户，贷记"材料采购"账户，同时结转入库材料成本差异。

第二种情况：对于发票账单未收到的，月末根据收料凭证，按计划成本暂估入账，借记"原材料"账户，贷记"应付账款——暂估应付账款"账户，下月初做相反的会计分录予以冲回，等收到发票账单后再按照正常程序进行账务处理。

【例4-12】 红星公司购入一批丁材料，材料已经验收入库，发票账单未到，月末按照计划成本600 000元暂估入账。

① 月末暂估入账时的会计分录如下。

借：原材料——丁材料　　　　　　　　　　　600 000
　　贷：应付账款——暂估应付账款　　　　　　　600 000

② 下月初做相反的会计分录予以冲回。

借：应付账款——暂估应付账款　　　　　　　600 000
　　贷：原材料——丁材料　　　　　　　　　　　600 000

③ 下月，收到发票账单，发票账单上记载所购丁材料的买价为580 000元，增值税税额为75 400元，经审核无误，款项以银行存款支付。

红星公司的账务处理如下。

借：材料采购——丁材料　　　　　　　　　　580 000
　　应交税费——应交增值税(进项税额)　　　 75 400
　　贷：银行存款　　　　　　　　　　　　　　　655 400
借：原材料——丁材料　　　　　　　　　　　600 000
　　贷：材料采购——丁材料　　　　　　　　　　600 000
借：材料采购——丁材料　　　　　　　　　　 20 000
　　贷：材料成本差异　　　　　　　　　　　　　 20 000

(4) 外购材料短缺和毁损的处理。

采用计划成本计价的材料核算，对于外购材料短缺和毁损的处理，与采用实际成本计价核算相同，只是对于已付款材料的短缺和毁损，不是从"在途物资"账户中转出，而是从"材料采购"账户中转出。

2) 自制原材料

对于企业基本生产和辅助生产自制材料验收入库，应根据材料交库单所列的计划成本，借记"原材料"账户，根据有关成本计算资料所确定的实际成本，贷记"生产成本"账户，根据计划成本与实际成本的差额，借记或贷记"材料成本差异"账户。

3) 接受其他单位投入的原材料

对于接受其他单位投入的原材料，应按计划成本借记"原材料"账户，按专用发票注明的增值税税额借记"应交税费——应交增值税(进项税额)"账户，按双方评估确认价值和增值税贷记"实收资本"账户，根据计划成本与双方确认价值的差额借记或贷记"材料成本差异"账户。

3. 原材料发出业务的会计核算

企业按计划成本进行原材料发出业务的会计核算与按实际成本计价基本一致。通常在月末时，根据领料单等单据，按照发出材料的类别或用途汇总，编制"发料凭证汇总表"，结转发出材料的计划成本，按计划成本分别记入"生产成本""制造费用"等账户的借方，贷记"原材料"账户。

同时，为了正确计算产品成本，必须将发料凭证汇总表中的计划成本调整为实际成本，通过"材料成本差异"账户进行结转，即根据材料成本差异率，计算填列发出材料应负担的材料成本差异额，结转发出材料成本差异，如果是超支额，则记入"材料成本差异"账户的贷方；如果是节约额，则记入"材料成本差异"账户的借方。

材料成本差异率的计算公式如下。

$$本期材料成本差异率 = \frac{期初结存材料的成本差异 + 本期验收入库材料的成本差异}{期初结存材料的计划成本 + 本期验收入库材料的计划成本} \times 100\%$$

发出材料应负担的成本差异 = 发出材料的计划成本 × 材料成本差异率

发出材料的实际成本 = 发出的计划成本 ± 发出材料应负担的成本差异

结存材料的实际成本 = 结存的计划成本 ± 结存材料应负担的成本差异

【例 4-13】 光明公司 5 月初原材料计划成本为 200 000 元，原材料成本差异为超支 6 000 元，本月收入原材料的计划成本为 400 000 元，实际成本为 382 000 元，本月发出原材料计划成本 500 000 元。计算光明公司 5 月份的原材料成本差异率、发出原材料应负担的成本差异、发出材料的实际成本、结存原材料的实际成本。

(1) 5 月材料成本差异率 = (6 000-18 000) ÷ (200 000+400 000) × 100% = -2%

(2) 发出材料应负担的成本差异 = 500 000 × (-2%) = -10 000(元)

(3) 发出材料的实际成本 = 500 000-10 000 = 490 000(元)

(4) 结存材料应负担的差异 = (200 000+400 000-500 000) × (-2%) = -2 000(元)

结存材料实际成本 = 100 000-2000 = 98 000(元)

> **注意**：发出材料应负担的成本差异应当按期(月)分摊，不得在季末或年末一次计算。发出材料应负担的成本差异，除委托外部加工发出材料可按期初成本差异率计算外，其余材料应使用当期实际差异率；期初成本差异率与本期成本差异率相差不大的，也可按期初成本差异率计算。期初材料成本差异率计算公式如下。
>
> $$期初材料成本差异率 = \frac{期初结存材料的成本差异}{期初结存材料的计划成本} \times 100\%$$

【例 4-14】 红星公司 5 月末根据领料凭证编制的发料凭证汇总表如表 4-9 所示。

表 4-9　发料凭证汇总表

2021 年 5 月 31 日　　　　　　　　　　　　　　　　　　　　　　　　　　单位：元

应贷账户		应借账户					
		生产成本		制造费用	管理费用	销售费用	在建工程	合　计
		基本生产	辅助生产					
原材料	原料及主要材料	50 000	10 000				10 000	70 000
	辅助材料	3 000	1 000	4 000	3 000			11 000
	外购半成品	30 000						30 000
	包装材料					4 000		4 000
	修理用备件			2 000				2 000
	燃料	5 000	2 000	3 000	2 000			12 000
计划成本合计		88 000	13 000	9 000	5 000	4 000	10 000	129 000
材料成本差异(-1%)		-880	-130	-90	-50	-40	-100	-1 290
合　计		87 120	12 870	8 910	4 950	3 960	9 900	127 710

红星公司账务处理如下。

(1) 结转发出材料计划成本，编制如下会计分录。

借：生产成本——基本生产成本　　　　　88 000
　　　　　　——辅助生产成本　　　　　13 000
　　制造费用　　　　　　　　　　　　　9 000
　　管理费用　　　　　　　　　　　　　5 000
　　销售费用　　　　　　　　　　　　　4 000
　　在建工程　　　　　　　　　　　　　10 000
　　贷：原材料　　　　　　　　　　　　129 000

(2) 结转发出材料应负担的成本差异，编制如下会计分录。

借：材料成本差异　　　　　　　　　　　1 290
　　贷：生产成本——基本生产成本　　　880
　　　　　　　　——辅助生产成本　　　130
　　　　制造费用　　　　　　　　　　　90
　　　　管理费用　　　　　　　　　　　50
　　　　销售费用　　　　　　　　　　　40
　　　　在建工程　　　　　　　　　　　100

4. 原材料明细分类核算

1) 原材料明细账

按计划成本计价的原材料明细账的设置与按实际成本计价的明细账设置基本相同。所不同的是，由于原材料的收发都按固定的计划成本计价，因而，这种材料明细账或材料卡片的收入和发出只记数量，不记金额；月终时，按计划单位成本和结存数量计算出结存金额。原材料明细分类账的格式如表 4-10 所示。

2) 材料采购明细账

材料采购明细账可按供货单位设置，也可按物资类别或品种设置，由企业根据具体情况确定。材料采购明细账一般采用横线登记法序时逐笔登记。借方根据付款凭证或转账凭证的时间、编号顺序以及发票账单等有关凭证逐笔登记；贷方根据已付款的收料单等有关凭证，按借方登记的同批物资登记在同一行次的"计划成本"栏内，并将入库材料物资的计划成本与实际成本的差额，登记在同一行次的"成本差异"栏内。月终，对已付款或开出承兑汇票但尚未收到的在途物资，应逐笔转入下月的材料采购明细账内，待材料物资入库时再横线登记。材料采购明细账格式如表4-11所示。

表4-10　原材料明细分类账

材料类别：原料及主要材料　　　　　　　　　　　存放地点：1号仓库
材料名称：甲材料　　　　　　　　　　　　　　　最高储备量：800
材料编号：001　　　　　　　　　　　　　　　　最低储备量：400
计划单价：10元　　　　　　　　　　　　　　　　计量单位：千克

2021年		凭证		摘要	收入数量	发出数量	结存		稽核	
月	日	字	号				数量	金额	日期	签章
4	1			期初结存			700	7 000		
	5			领用		300	400			
	18			购入	500		900			
	20			领用		250	650			
	28			购入	400		1 050			
	30			领用		200	850			
	30			本月合计	900	750	850	8 500		

表4-11　材料采购明细账

明细账户：原材料　　　　　　　　　　　　　　　　　　　　　单位：元

2021年		凭证		发票号	供应单位	摘要	借方				年	凭证		收料单号	摘要	贷方			
月	日	字	号				买价	运费	其他	合计	月	日	字 号			计划成本	成本差异	其他	合计
7	2			略	甲	购A材料	20 000			20 000	7	2		略	入库	20 100	-100		20 000
	6				乙	购A材料	15 000	200		15 200		10			入库	15 352	-152		15 200
	6				乙	购B材料	13 800	200		14 000		10			入库	13 800	200		14 000
	20				丙	购C材料	8 000	100		8 100		25			入库	8 000	100		8 100
	26				丁	购D材料	19 600	400		20 000		29			入库	20 500	-500		20 000
	30				甲	购C材料	7 950	50		8 000									
						本月发生额合计	84 350	950		85 300						77 752	-452		77 300
						月末在途物资	7 950	50		8 000									

3) 材料成本差异明细账

材料成本差异明细账用来反映各类或各种材料的实际成本与计划成本之间的差异额和差异率,从而为调整发出材料成本提供依据。材料成本差异明细账的格式可以采用三栏式,也可以采用多栏式的专用账页。多栏式专用账页格式如表 4-12 所示。

表 4-12 材料成本差异明细账

材料类别:原材料　　　　　　　　　　　　　　　　　　　　　　　　　　单位:元

2021年		凭证字号	摘要	收入			差异率	发出			结存		
月	日			计划成本	借方差异	贷方差异		计划成本	借方差异	贷方差异	计划成本	借方差异	贷方差异
6	1		期初余额								200 000		1 830
	30		购　　入	57 000		900					257 000		2 730
	30		自制材料	6 000	100						263 000		2 630
	30		本月发料				−1%	182 000		1 820	81 000		810
	30		本月合计	63 000		800	−1%	182 000		1 820	81 000		810

材料成本差异明细账登记的依据是:对于本月收入和发出材料的计划成本,应分别根据收料凭证汇总表和发料凭证汇总表填列;对于本月收入和本月发出的成本差异,应分别根据有关转账凭证或收发料凭证汇总表填列;差异率则根据账内有关资料计算填列。

根据表 4-12 计算如下。

原材料成本差异率=(−1 830−800)÷(200 000+63 000)×100%=−1%

发出材料应负担的成本差异=182 000×(−1%)=−1 820(元)

二、周转材料

周转材料是指企业能够多次使用但不符合固定资产定义的材料,包括低值易耗品和包装物。

(一)低值易耗品

低值易耗品是指不符合固定资产确认条件的各种用具物品,一般划分为一般工具、专用工具、替换设备、管理用具、劳动保护用品和其他用具等。

1. 账户设置

为了反映和监督低值易耗品的增减变化及其结存情况,企业应当设置"周转材料——低值易耗品"账户。该账户借方登记低值易耗品的增加,贷方登记低值易耗品的减少;期末余额在借方,反映企业期末结存低值易耗品的金额。

2. 低值易耗品收入业务的会计核算

企业收入低值易耗品的核算与原材料收入业务的核算基本一致,此处不再重复介绍。

3. 低值易耗品领用摊销的会计核算

对于企业的低值易耗品，应当采用一次转销法或者分次摊销法进行摊销，并计入相关资产的成本或者当期损益。如果对相关包装物或低值易耗品计提了存货跌价准备，还应结转已计提的存货跌价准备，以冲减相关资产的成本或当期损益。

1) 一次转销法

一次转销法是指低值易耗品在领用时就将其全部账面价值计入相关资产成本或当期损益的方法。一次转销法通常适用于价值较低或极易损坏的管理用具和小型工具，以及生产领用的包装物和随同商品出售的包装物等。而对于数量不多、金额较小，且业务不频繁的出租或出借包装物，也可以采用一次转销法。但在以后收回使用过的出租和出借包装物时，应加强实物管理，并在备查簿上进行登记。

领用时，按低值易耗品的用途，将其账面价值全部转入当期成本、费用中，借记"管理费用""生产成本""销售费用"等账户，贷记"周转材料——低值易耗品"账户。

报废时，将低值易耗品残料价值作为当月低值易耗品摊销额的减少，以冲减有关的成本、费用，借记"原材料""周转材料——低值易耗品"账户，贷记"管理费用""生产成本""销售费用"等账户。

【例4-15】 红星公司某基本生产车间领用一批一般工具，实际成本为3 000元，全部计入当期制造费用。其会计处理如下。

借：制造费用　　　　　　　　　　　　　　　3 000
　　贷：周转材料——低值易耗品　　　　　　　　　　　　3 000

2) 分次摊销法

在会计实务工作中，我们还可以采用分次摊销法摊销低值易耗品。低值易耗品在领用时应摊销其账面价值的单次平均金额。分次摊销法适用于可供多次反复使用的低值易耗品。在采用分次摊销法的情况下，需要单独设置"周转材料——低值易耗品——在用""周转材料——低值易耗品——在库"和"周转材料——低值易耗品——摊销"明细账户。

【例4-16】 红星公司的基本生产车间领用一批专用工具，实际成本为80 000元。由于其不符合固定资产定义，因此采用分次摊销法进行摊销。该专用工具的估计使用次数为2次。对此应做如下会计处理。

(1) 领用专用工具：
借：周转材料——低值易耗品——在用　　　　80 000
　　贷：周转材料——低值易耗品——在库　　　　　　　80 000

(2) 第一次领用时摊销其价值的一半：
借：制造费用　　　　　　　　　　　　　　　40 000
　　贷：周转材料——低值易耗品——摊销　　　　　　　40 000

(3) 第二次领用时摊销其价值的一半：
借：制造费用　　　　　　　　　　　　　　　40 000
　　贷：周转材料——低值易耗品——摊销　　　　　　　40 000

同时，
借：周转材料——低值易耗品——摊销　　　　80 000
　　贷：周转材料——低值易耗品——在用　　　　　　　80 000

(二)包装物

包装物是指为了包装本企业商品而储备的各种包装容器,如桶、箱、瓶、坛、袋等。包装物的主要作用是为了盛装、装潢产品或商品,用于包装本企业产品并且随产品周转。

1. 包装物的核算内容

(1) 生产过程中用于包装产品作为产品组成部分的包装物。
(2) 随同商品出售而不单独计价的包装物。
(3) 随同商品出售且单独计价的包装物。
(4) 出租或出借给购买单位使用的包装物。

按照小企业会计准则规定,小企业的各种包装材料,如纸、绳、铁丝、铁皮等,应在"原材料"科目内核算;用于储存和保管产品、材料而不对外出售的包装物,应按照价值大小和使用年限长短,分别在"固定资产"科目或"原材料"科目核算。

2. 账户设置

为了反映和监督包装物的增减变化及其价值损耗、结存等情况,企业应当设置"周转材料——包装物"账户进行核算。该账户借方登记包装物的增加,贷方登记包装物的减少;期末余额在借方,反映企业期末结存包装物的金额。

3. 包装物收入业务的会计核算

企业收入包装物的核算与原材料收入业务的核算基本一致,此处不再介绍。

4. 包装物领用业务的会计核算

领用包装物时,应按包装物的用途分别处理。生产领用的,按照包装物的成本,借记"生产成本"账户;随同商品出售而不单独计价的,借记"销售费用"账户;随同商品出售且单独计价的,借记"其他业务成本"账户。按照领用包装物的成本,贷记"周转材料——包装物"账户。若包装物按计划成本核算,结转包装物成本差异。

随同商品出售且单独计价的包装物,在结转成本的同时,要反映其销售收入,记入"其他业务收入"账户。

【例4-17】红星公司对包装物采用计划成本核算,5月生产产品领用包装物的计划成本为100 000元,材料成本差异率为-3%。相关会计分录编制如下。

借:生产成本　　　　　　　　　　　　　　　97 000
　　材料成本差异　　　　　　　　　　　　　 3 000
　　贷:周转材料——包装物　　　　　　　　　　100 000

【例4-18】红星公司6月销售商品,领用不单独计价包装物的计划成本为50 000元,材料成本差异率为-3%。相关会计分录编制如下。

借:销售费用　　　　　　　　　　　　　　　48 500
　　材料成本差异　　　　　　　　　　　　　 1 500
　　贷:周转材料——包装物　　　　　　　　　　 50 000

【例4-19】红星公司6月销售商品领用单独计价包装物的计划成本为80 000元,销售收入为100 000元,增值税税额为13 000元,款项已存入银行。该包装物的材料成本差异率为3%。红星公司账务处理如下。

(1) 出售单独计价包装物：

借：银行存款　　　　　　　　　　　　　　113 000
　　贷：其他业务收入　　　　　　　　　　　　100 000
　　　　应交税费——应交增值税(销项税额)　　13 000

(2) 结转所售单独计价包装物的成本：

借：其他业务成本　　　　　　　　　　　　82 400
　　贷：周转材料——包装物　　　　　　　　　80 000
　　　　材料成本差异　　　　　　　　　　　　2 400

5. 出租或出借包装物的会计核算

出租包装物是指企业因销售产品，以出租方式有偿提供给客户暂时使用的包装物。出借包装物是指企业以出借方式无偿提供给客户暂时使用的包装物。为了保证及时返还和承担妥善保管包装物的经管责任，企业出租或出借包装物时，一般要向客户收取一定数额的押金(存入保证金)，归还包装物时将押金退还给客户。出租包装物除收取押金外，还要向客户收取租金。与包装物出租相比，出借包装物不收取租金。

1) 出租或出借包装物的发出

企业出租、出借包装物时，应根据包装物出库等凭证列明的金额，借记"周转材料——包装物——出租包装物(或出借包装物)"科目，贷记"周转材料——包装物——库存包装物"科目。包装物如按计划成本计价，还应同时结转材料成本差异。

2) 出租或出借包装物的押金和租金

企业收取包装物押金时，借记"库存现金""银行存款"等科目，贷记"其他应付款——存入保证金"科目；退还押金时，编制相反的会计分录。

出租包装物是企业(专门经营包装物租赁除外)的一项其他业务活动。出租期间，企业按约定收取的包装物租金，应计入其他业务收入，借记"库存现金""银行存款""其他应收款"等科目，贷记"其他业务收入"科目。

按《税法》规定，出租包装物收取的租金和没收逾期未退包装物的押金应缴纳增值税。对逾期未退包装物没收的押金，扣除应缴的增值税等，应转作"其他业务收入"处理。

3) 出租或出借包装物发生的相关费用

出租或出借包装物发生的相关费用包括两个方面：一是包装物的摊销费用，二是包装物的维修费用。

企业按照规定的摊销方法(可采用一次转销法或分次摊销法)，对包装物进行摊销时，借记"其他业务成本"(出租包装物)、"销售费用"(出借包装物)科目，贷记"周转材料——包装物——包装物摊销"科目。

企业确认应由其负担的包装物修理费用等支出时，借记"其他业务成本"(出租包装物)、"销售费用"(出借包装物)科目，贷记"库存现金""银行存款""原材料""应付职工薪酬"等科目。

【例4-20】红星公司将200条麻袋出租给大华公司，每条计划成本5元，收取押金10元，每月租金0.5元，租期10个月，材料成本差异率为-1%。出租的包装物，采用一次转销法摊销其价值。红星公司账务处理如下。

(1) 包装物发出时：

借：周转材料——包装物——出租包装物 1 000
　　贷：周转材料——包装物——库存包装物 1 000

(2) 包装物价值摊销时：

借：其他业务成本——出租包装物 990
　　材料成本差异 10
　　贷：周转材料——包装物——摊销包装物 1 000

(3) 收取押金 2 000 元，存入银行。根据有关原始凭证，编制如下会计分录。

借：银行存款 2 000
　　贷：其他应付款——存入保证金 2 000

(4) 到期如数收回 200 条麻袋，收取租金 1 000 元，增值税 130 元，以押金抵补，余款 830 元退回现金。根据有关原始凭证，编制如下会计分录。

借：其他应付款——存入保证金 2 000
　　贷：其他业务收入 1 000
　　　　应交税费——应交增值税(销项税额) 130
　　　　库存现金 870

(5) 出租麻袋若报废 50 条，残料出售收入 25 元，收到现金，则根据有关原始凭证，编制如下会计分录。

借：库存现金 25
　　贷：其他业务成本——出租包装物 25

三、委托加工物资

委托加工物资是指企业委托外单位加工的各种材料、商品等物资。

企业委托外单位加工物资的成本包括加工中实际耗用物资的成本、支付的加工费用、应负担的运杂费，以及支付的税金(包括委托加工物资所应负担的消费税等)。

为了反映和监督委托加工物资，企业应当设置"委托加工物资"账户。该账户借方登记委托加工物资的实际成本，贷方登记加工完成验收入库物资的实际成本和剩余物资的实际成本；期末余额在借方，反映企业尚未完工的委托加工物资的实际成本和发出加工物资的运杂费等。

【例 4-21】 甲公司委托乙公司加工一批材料(属于应税消费品)100 000 件，有关经济业务如下。

(1) 2021 年 1 月 10 日，发出一批材料，计划成本为 6 000 000 元，材料成本差异率为-3%，编制如下会计分录。

① 发出委托加工材料时：

借：委托加工物资 6 000 000
　　贷：原材料 6 000 000

② 结转发出材料应分摊的材料成本差异时：
　　借：材料成本差异　　　　　　　　　　　　　　　180 000
　　　　贷：委托加工物资　　　　　　　　　　　　　　　　180 000

(2) 2月10日，支付材料加工费120 000元，支付应缴纳的消费税660 000元，该商品收回后用于连续生产，甲公司和乙公司均为一般纳税人，适用增值税税率为13%。应编制如下会计分录。
　　借：委托加工物资　　　　　　　　　　　　　　　120 000
　　　　应交税费——应交消费税　　　　　　　　　　 660 000
　　　　　　　　——应交增值税(进项税额)　　　　　　15 600
　　　　贷：银行存款　　　　　　　　　　　　　　　　　795 600

如果需要缴纳消费税的委托加工物资为商品，收回后用于直接销售，由受托方代收代缴的消费税660 000元，应借记"委托加工物资"科目。

(3) 3月5日，用银行存款支付往返运费，取得的增值税专用发票上注明运费10 000元，增值税税额为9 000元，应编制如下会计分录。
　　借：委托加工物资　　　　　　　　　　　　　　　 10 000
　　　　应交税费——应交增值税(进项税额)　　　　　　 9 000
　　　　贷：银行存款　　　　　　　　　　　　　　　　　 19 000

(4) 3月6日，上述材料100 000件(每件计划成本为65元)加工完毕，公司已办理验收入库手续，应编制如下会计分录。
　　借：原材料　　　　　　　　　　　　　　　　　 6 500 000
　　　　贷：委托加工物资　　　　　　　　　　　　　　 5 950 000
　　　　　　材料成本差异　　　　　　　　　　　　　　　550 000

四、库存商品

库存商品是指企业已完成全部生产过程并已验收入库、合乎标准规格和技术条件，可以按照合同规定的条件送交订货单位，或可以作为商品对外销售的产品以及外购或委托加工完成验收入库用于销售的各种商品。库存商品具体包括库存产成品、外购商品、存放在门市部准备出售的商品、发出展览的商品、寄存在外的商品、接受来料加工制造的代制品和为外单位加工修理的代修品等。已完成销售购买单位未提取的产品，应作为代管商品处理，单独设置代管商品备查簿进行登记。

为了反映和监督库存商品，企业应当设置资产类"库存商品"账户。该账户可以选择采用实际成本、进价、计划成本、售价计价作为其账面价值；商品入库时记在借方，商品出库时记在贷方；期末余额在借方，反映企业库存商品的实际成本(或进价)或计划成本(或售价)。本账户可按库存商品的种类、品种和规格等进行明细核算。

(一)工业企业库存商品的核算

1. 库存商品按实际成本进行核算

工业企业的产成品一般应按实际成本进行核算，平时产成品的收入和发出只按数量登记"库存商品"明细账。月度终了,可以选择采用品种法、分步法和分批法等成本计算方法,按计算确定的入库产成品的实际成本,借记"库存商品"账户,贷记"生产成本"账户。对销售(包括采用分期收款方式销售)发出的产成品,按先进先出法、月末一次加权平均法、移动平均法或个别计价法等方法确定的实际成本,借记"主营业务成本"等账户,贷记"库存商品"账户。

2. 库存商品按计划成本进行核算

产成品种类比较多的工业企业,也可以按计划成本核算。采用这种方法时,"库存商品"账户按计划成本核算,产成品的实际成本与计划成本的差异在单独设置的"产品成本差异"账户核算。

(二)商品流通企业库存商品的核算

1. 商品流通企业库存商品按进价核算

库存商品按进价核算的,对于所购入的商品,在商品到货并验收入库后,按商品进价借记"库存商品"账户,贷记"在途物资""银行存款"等账户。销售发出的商品,结转销售成本,可按先进先出法、月末一次加权平均法、移动平均法和个别计价法等方法,确定发出商品的成本,借记"主营业务成本"账户,贷记"库存商品"账户。其具体核算可参照原材料收入进行核算处理。

商品流通企业的库存商品可以采用毛利率法计算销售商品成本。毛利率法是指根据本期销售净额乘以上期实际(或本期计划)毛利率匡算本期销售毛利,并据以计算发出存货和期末存货成本的一种方法。

其计算公式如下。

$$毛利率 = \frac{销售毛利}{销售净额} \times 100\%$$

销售净额 = 商品销售收入 - 销售退回与折让

销售毛利 = 销售净额 × 毛利率

销售成本 = 销售净额 - 销售毛利

期末存货成本 = 期初存货成本 + 本期购货成本 - 本期销售成本

这一方法主要是商业批发企业常用的计算商品销售成本和期末库存商品成本的方法。

【例4-22】 宏利商场2021年4月1日针织品存货1 800万元,本月购进3 000万元;本月销售收入3 400万元,上季度该类商品毛利率为25%。本月已销商品和月末库存商品的成本计算如下。

本月销售收入 = 3 400(万元)

销售毛利 = 3 400 × 25% = 850(万元)

本月销售成本 = 3 400 - 850 = 2 550(万元)

库存商品成本 = 1 800 + 3 000 - 2 550 = 2 250(万元)

2. 商品流通企业库存商品按售价核算

库存商品按售价进行日常核算的企业,对于售价和进价之间的差额,可以设置资产类账户"商品进销差价"。该账户可按商品类别或实物管理负责人进行明细核算。购入商品的售价与进价的差额记在贷方，销售商品的售价进价的差额记在借方；期末余额在贷方，反映企业库存商品的商品进销差价。

企业购入商品并验收入库后，按商品售价，借记"库存商品"账户；按商品进价，贷记"在途物资""银行存款"等账户；按商品售价与进价的差额，贷记"商品进销差价"账户。

企业销售发出的商品，按售价结转销售成本，借记"主营业务成本"账户，贷记"库存商品"账户。月度终了，按商品进销差价率计算分摊本月已销售商品应分摊的进销差价，借记"商品进销差价"账户，贷记"主营业务成本"账户。商品进销差价率的计算公式如下。

$$商品进销差价率=\frac{期初库存商品进销差价+本期购入商品进销差价}{期初库存商品售价+本期购入商品售价}\times 100\%$$

本期销售商品应分摊的商品进销差价=本期商品销售收入×商品进销差价率

本期销售商品的成本=本期商品销售收入-本期销售商品应分摊的商品进销差价

期末结存商品的成本=期初库存商品的进价成本+本期购入商品的进价成本-本期销售商品的成本

企业的商品进销差价率各期之间是比较均衡的，因此也可以采用上期商品进销差价率计算分摊本期的商品进销差价。年度终了，应对商品进销差价进行核实调整。

对于从事商业零售业务的企业(如百货公司、超市等)，广泛采用这一方法。

【例4-23】新华商场2021年6月初库存商品的进价成本为100万元，售价总额为110万元；本月购进该商品的进价成本为75万元，均以银行存款支付，售价总额为90万元；本月销售收入为120万元，均已存入银行。

(1) 新华商场6月购进商品，编制如下会计分录。

  借：库存商品   900 000
    贷：银行存款   750 000
      商品进销差价   150 000

(2) 6月销售商品，编制如下会计分录。

  借：银行存款   1 200 000
    贷：主营业务收入   1 200 000

同时，

  借：主营业务成本   1 200 000
    贷：库存商品   1 200 000

商品进销差价率=(100 000+150 000)÷(1 100 000+900 000)×100%=12.5%

已销售商品应分摊的商品进销差价=1 200 000×12.5%=150 000(元)

本期销售商品的实际成本=1 200 000-150 000=1 050 000(元)

期末结存商品的成本=1 000 000+750 000-1 050 000=700 000(元)

(3) 月末分摊本月已销售商品应分摊的进销差价，编制如下会计分录。

  借：商品进销差价   150 000
    贷：主营业务成本   150 000

五、存货清查

存货清查是指通过对存货的实地盘点,确定存货的实有数量,并将其与存货的账面结存数量进行核对,从而确定存货实存数与账面结存数是否相符的一种专门方法。

由于存货种类繁多、收发频繁,加之在日常收发过程中,常会出现计量错误、计算错误、自然损耗以及贪污、盗窃等情况,因此很可能会造成存货账实不符,形成存货的盘盈、盘亏或毁损。此时,应填写存货盘点盈亏报告表(见表4-13),并及时查明原因,按照规定程序报批处理。

表4-13 存货盘点盈亏报告表

金额单位:元

存货类别	名称与规格	计量单位	结存数量		单价	盘盈		盘亏		原因
			账存	实存		数量	金额	数量	金额	
原材料	A	千克	2 500	2 600	7.5	100	750			计量不准
	B	吨	20	18	800			2	1 600	霉烂变质
	C	箱	10	8	300			2	600	管理员过失(被盗)
产成品	甲	件	2 000	1 950	10			50	500	管理不善
合 计							750		2 700	

1. 账户设置

为了反映企业在财产清查中查明各种存货的盘盈、盘亏和毁损情况,企业应当设置资产类"待处理财产损溢"账户。该账户借方登记存货的盘亏、毁损金额及盘盈的转销金额,贷方登记存货的盘盈金额及盘亏和毁损的转销金额。企业清查的各种存货损益,应在期末结账前处理完毕,期末处理后,本账户无余额。

2. 存货盘盈的会计核算

企业发生存货盘盈时,应根据存货的具体种类借记"原材料""库存商品"等账户,贷记"待处理财产损溢"账户,若企业存货按计划成本(或售价)核算,需记录成本差异(或商品进销差价);在按管理权限报经批准后,将"待处理财产损溢"记录金额转出,借记"待处理财产损溢"账户,贷记"管理费用"账户。

【例4-24】资料如表4-13所示,A材料盘盈,系收发计量不准造成。

(1) 批准前,编制如下会计分录。

借:原材料——A材料　　　　　　　　　　　　　　　750
　　贷:待处理财产损溢——待处理流动资产损溢　　　　750

(2) 批准转销后,编制如下会计分录。

借:待处理财产损溢——待处理流动资产损溢　　　　750
　　贷:管理费用　　　　　　　　　　　　　　　　　750

【例4-25】盘盈B材料,计划成本2 000元,材料成本差异率为-2%,原因待查。

材料成本差异额=2 000×(-2%)=-40(元)

盘盈材料实际成本=1 960(元)
相应会计分录如下。

借：原材料——B 材料 2 000
　　贷：待处理财产损溢——待处理流动资产损溢 1 960
　　　　材料成本差异 40

3. 存货盘亏及毁损的会计核算

企业发生存货盘亏及毁损时，应借记"待处理财产损溢"账户，贷方根据存货的具体种类记入"原材料""库存商品"等账户，若企业存货按计划成本(或售价)核算，记录成本差异(或商品进销差价)；在按管理权限报经上级主管部门批准后，将"待处理财产损溢"记录金额转出，应按不同情况分别进行结转。对于入库的残料价值，记入"原材料"账户；对于应该由保险公司和过失人赔偿的部分，记入"其他应收款"账户；扣除材料价值和保险公司、过失人赔款后的净损失，属于一般经营损失的部分记入"管理费用"账户，属于非常损失的部分记入"营业外支出"账户。值得注意的是，一般纳税人企业发生的非正常原因引起的存货损失应转出增值税进项税额。

【例4-26】根据表4-13中B材料、C材料和甲产品的清查情况，编制如下会计分录。

(1) 批准前：
借：待处理财产损溢——待处理流动资产损溢 2 700
　　贷：原材料——B 材料 1 600
　　　　　　——C 材料 600
　　　　库存商品——甲产品 500

(2) 结转 B 材料、C 材料非正常损失的进项税额 286[(1 600+600)×13%]元，编制如下会计分录。

借：待处理财产损溢——待处理流动资产损溢 286
　　贷：应交税费——应交增值税(进项税额转出) 286

(3) 批准转销后，根据不同情况分别进行账务处理。

① 由于管理不善造成的甲产品盘亏计入管理费用，编制如下会计分录。

借：管理费用 500
　　贷：待处理财产损溢——待处理流动资产损溢 500

② B 材料毁损，经确认保险公司赔偿 60%，计 1 084.8[(1 600+208)×60%]元。其余经批准转入营业外支出，编制如下会计分录。

借：其他应收款——保险公司 1 084.8
　　营业外支出 723.2
　　　　贷：待处理财产损溢——待处理流动资产损溢 1 808

③ C 材料被盗，由过失人赔偿 50%，计 339[(600+78)×50%]元。其余列入管理费用，编制如下会计分录。

借：其他应收款——某责任人 339
　　管理费用 339
　　　　贷：待处理财产损溢——待处理流动资产损溢 678

【例4-27】 盘亏C材料,计划成本7 500元,材料成本差异率为-2%,C材料损失是由于管理员过失(被盗)造成的。

材料成本差异额=7 500×(-2%)=-150(元)
盘亏C材料实际成本=7 350(元)
应转出的进项税=7 350×13%=955.5(元)
批准处理之前相应会计分录如下。

借:待处理财产损溢——待处理流动资产损溢　　　　　8 305.5
　　材料成本差异　　　　　　　　　　　　　　　　　150
　　贷:原材料——C材料　　　　　　　　　　　　　　7 500
　　　　应交税费——应交增值税(进项税额转出)　　　955.5

六、存货期末计价

(一)存货期末计量的原则

在资产负债表日,存货应当按照成本与可变现净值孰低计量。即在资产负债表日,当存货成本低于可变现净值时,存货按成本计量;当存货成本高于其可变现净值时,应当计提存货跌价准备,计入当期损益。其中,可变现净值是指在日常活动中,存货的估计售价减去至完工时估计将要发生的成本、估计的销售费用以及相关税费后的金额;存货成本是指期末存货的实际成本。如果企业在存货成本的日常核算中采用计划成本法、售价金额核算法等简化核算方法,则成本应为经调整后的实际成本。

(二)存货期末计量的方法

1. 存货减值迹象的判断

(1) 存货存在下列情况之一的,表明存货的可变现净值低于成本。
① 该存货的市场价格持续下跌,并且在可预见的未来无回升的希望。
② 企业使用该项原材料生产的产品成本大于产品的销售价格。
③ 企业因产品更新换代,原有库存原材料已不适应新产品的需要,而该原材料的市场价格又低于其账面成本。
④ 因企业所提供的商品或劳务过时或消费者偏好改变而使市场的需求发生变化,导致市场价格逐渐下跌。
⑤ 其他足以证明该项存货实质上已经发生减值的情形。
(2) 存货存在下列情形之一的,表明存货的可变现净值为零。
① 已霉烂变质的存货。
② 已过期且无转让价值的存货。
③ 生产中已不再需要,并且已无使用价值和转让价值的存货。
④ 其他足以证明已无使用价值和转让价值的存货。

2. 可变现净值的确定

以下为不同情况下存货可变现净值的确定方法。
(1) 产成品、商品等(不包括用于出售的材料)直接用于出售的商品存货,没有销售合同约定的，其可变现净值应当为产成品或商品的一般销售价格(市场销售价格)减去估计的销售费用和相关税费等之后剩余的金额。

【例4-28】 2021年12月31日，甲公司生产的A型机器的账面价值(成本)为216 000元，数量为12台，单位成本为18 000元/台。2021年12月31日，A型机器的市场销售价格(不含增值税)为20 000元/台。甲公司没有签订有关A型机器的销售合同。

本例中，A型机器的可变现净值以销售总价240 000(20 000×12)元作为计量基础。

(2) 用于出售的材料等，应当以市场价格减去估计的销售费用和相关税费等之后剩余的金额作为其可变现净值。这里的市场价格是指材料等的市场销售价格。

【例4-29】 2021年，由于产品更新换代，甲公司决定停止生产B型机器。为减少不必要的损失，甲公司决定将原材料中专门用于生产B型机器的外购原材料——钢材全部出售。2021年12月31日其账面价值(成本)为90 000元，数量为10吨。根据市场调查，此种钢材的市场销售价格(不含增值税)为6 000元/吨，同时销售这10吨钢材可能发生销售费用及税金5 000元。

本例中，应按钢材本身的市场销售价格作为计量基础。因此，该批钢材的可变现净值应为55 000(6 000×10-5 000)元。

(3) 需要经过加工的材料存货，如原材料、在产品、委托加工材料等，由于持有该材料的目的是用于生产产成品，而不是出售，该材料存货的价值将体现在用其生产的产成品上，因此在确定需要经过加工的材料存货的可变现净值时，需要以其生产的产成品的可变现净值与该产成品的成本进行比较。其可变现净值为在正常生产经营过程中，以该材料所生产的产成品的估计售价减去至完工时估计将要发生的成本、估计的销售费用以及相关税费后的金额来确定。

【例4-30】 2021年12月31日，甲公司库存原材料——钢材的账面价值为600 000元，可用于生产1台C型机器，相对应的市场销售价格为550 000元，假设不发生其他购买费用。由于钢材的市场销售价格下降，用钢材作为原材料生产的C型机器的市场销售价格由1 500 000元下降到1 350 000元，但其生产成本仍为1 400 000元，即将该批钢材加工成C型机器尚需投入800 000元，估计销售费用及税金为50 000元。

根据上述资料，可按以下步骤确定该批钢材的账面价值。

第一步，计算用该原材料所生产的产成品的可变现净值。

C型机器的可变现净值=C型机器估计售价-估计销售费用及税金
=1 350 000-50 000=1 300 000(元)

第二步，将用该原材料所生产的产成品的可变现净值与其成本进行比较。

C型机器的可变现净值1 300 000元小于其成本1 400 000元，即钢材价格的下降和C型机器销售价格的下降表明C型机器的可变现净值低于其成本，因此该批钢材应当按可变现净值计量。

第三步，计算该批钢材的可变现净值，并确定其期末价值。

该批钢材的可变现净值=C型机器的估计售价-将该批钢材加工成C型机器尚需投入的成本-估计销售费用及税金
=1 350 000-800 000-50 000
=500 000(元)

该批钢材的可变现净值 500 000 元小于其成本 600 000 元,因此该批钢材的期末价值应为其可变现净值 500 000 元,即该批钢材应按 500 000 元列示在 2021 年 12 月 31 日资产负债表的存货项目之中。

(4) 为执行销售合同或者劳务合同而持有的存货,其可变现净值应当以合同价格(而不是估计售价)减去估计的销售费用和相关税费等后的金额来确定。

企业与购买方签订了销售合同,并且合同订购的数量大于或等于企业持有的存货数量时,与该项销售合同直接相关的存货的可变现净值,应当以合同价格为计量基础。

库存数量大于销售合同约定的数量。对于销售合同约定数量内的存货可变现净值应以销售合同价格作为计量基础;对于超出部分的可变现净值应以一般售价作为计量基础。

(三)存货跌价准备的核算

为核算存货的跌价准备,企业应当设置资产类"存货跌价准备"账户。资产负债表日,存货发生减值的,按存货可变现净值低于成本的差额计提的存货跌价准备在贷方登记;发出存货结转存货跌价准备的,或者已计提跌价准备的存货价值以后又得以恢复的,应在原已计提的存货跌价准备金额内,按恢复增加的金额,在借方登记。期末余额在贷方,反映企业已计提但尚未转销的存货跌价准备。本账户可按存货项目或类别进行明细核算。

1. 存货跌价准备的计提

在资产负债表日,若存货的可变现净值低于成本,企业应当计提存货跌价准备。

企业通常应当按照单个存货项目计提存货跌价准备。即资产负债表日,企业将每个存货项目的成本与其可变现净值逐一进行比较,按较低者计量存货。其中可变现净值低于成本的,两者的差额即为应计提的存货跌价准备。企业计提的存货跌价准备应计入当期损益。

对于数量繁多、单价较低的存货,可以按照存货类别计提存货跌价准备。与在同一地区生产和销售的产品系列相关、具有相同或类似最终用途或目的,且难以与其他项目分开计量的存货,可以合并计提存货跌价准备。

【例 4-31】 2021 年年末,丙公司 A 存货的账面成本为 100 000 元,由于本年以来 A 存货的市场价格持续下跌,根据资产负债表日状况确定的 A 存货的可变现净值为 95 000 元,"存货跌价准备"期初余额为零,应计提的存货跌价准备为 5 000(100 000-95 000) 元。相关账务处理如下。

借:资产减值损失——A 存货　　　　　　　　　5 000
　　贷:存货跌价准备——A 存货　　　　　　　　　　5 000

2. 存货跌价准备的转回

当以前减记存货价值的影响因素已经消失时,减记的金额应当予以恢复,并在原已计提的存货跌价准备金额内转回,转回的金额计入当期损益。

当核算存货跌价准备转回时,转回的存货跌价准备与计提该准备的存货项目或类别应当存在直接对应关系。在原已计提的存货跌价准备金额内转回,意味着转回的金额以将存货跌价准备的余额冲减至零为限。

【例 4-32】 承接例 4-31,假设 2022 年年末,丙公司存货的种类和数量、账面成本和已计提的存货跌价准备均未发生变化，但是 2022 年以来 A 存货市场价格持续上升，市场前景明显好转，至 2022 年年末根据当时状态确定的 A 存货的可变现净值为 110 000 元。相关账务处理如下。

借：存货跌价准备——A 存货　　　　　　　　　　　　　5 000
　　贷：资产减值损失——A 存货　　　　　　　　　　　　　　5 000

需要注意的是，导致存货跌价准备转回的原因是以前减记存货价值的影响因素的消失，而不是在当期造成存货可变现净值高于其成本的其他影响因素。

3. 存货跌价准备的结转

企业计提存货跌价准备后，如果其中有部分存货已经销售，则企业在结转销售成本时，应同时结转对其已计提的存货跌价准备。

【例 4-33】 2021 年，甲公司库存 A 机器 5 台，每台成本为 4 000 元，已经计提的存货跌价准备合计为 6 000 元。2021 年，甲公司将库存的 5 台机器全部以每台 5 000 元的价格售出，适用的增值税税率为 13%，货款未收到。

甲公司的相关账务处理如下。

借：应收账款　　　　　　　　　　　　　　　　　　　　28 250
　　贷：主营业务收入——A 机器　　　　　　　　　　　　　25 000
　　　　应交税费——应交增值税(销项税额)　　　　　　　　 3 250
借：主营业务成本——A 机器　　　　　　　　　　　　　14 000
　　存货跌价准备——A 机器　　　　　　　　　　　　　　6 000
　　贷：库存商品——A 机器　　　　　　　　　　　　　　　20 000

本章小结

存货是指企业在日常活动中持有以备出售的产成品或商品、处在生产过程中的在产品、在生产过程或提供劳务过程中耗用的材料或物料等。存货区别于固定资产等非流动资产的最基本的特征是，企业持有存货的最终目的是将其出售。企业的存货通常包括原材料、在产品、半成品、产成品、商品、周转材料和委托代销商品等。

本章介绍了存货核算岗位的工作任务、业务流程及业务核算。

原材料是指企业在生产过程中经过加工改变其形态或性质并构成产品主要实体的各种原料、主要材料和外购半成品，以及不构成产品实体但有助于产品形成的辅助材料。原材料的日常收发及结存，可以采用实际成本核算，也可以采用计划成本核算。

周转材料是指企业能够多次使用但不符合固定资产定义的材料，包括包装物和低值易耗品。低值易耗品的核算主要是进行摊销。包装物核算包括领用包装物、出租或出借的包装物。

委托加工物资是指企业委托外单位加工的各种材料、商品等物资。

工业企业库存商品可以按实际成本进行核算，也可以按计划成本进行核算。商品流通企业库存商品可以按进价进行核算，也可以按售价进行核算。

存货清查是指通过对存货的实地盘点，确定存货的实有数量，并将其与存货的账面结存数量进行核对，从而确定存货实存数与账面结存数是否相符的一种专门方法。

在资产负债表日，存货应当按照成本与可变现净值孰低计量。存货跌价准备的核算包括存货跌价准备的计提、转回和存货跌价准备的结转。

课后习题

一、单项选择题

1. 下列各项资产中，不属于存货范围的有( )。
   A. 低值易耗品   B. 已售出但顾客尚未提走的货物
   C. 在途物资   D. 委托加工物资

2. 下列各项中，不属于外购存货成本的是( )。
   A. 购货价格   B. 购货运费和在途保险费
   C. 一般纳税人购货支付的增值税   D. 入库前的挑选整理费

3. 某企业为增值税一般纳税人，增值税税率为 13%。购入一批材料，价款为 200 000 元，增值税税额为 26 000 元，不含税运费 4 000 元(增值税税率 9%)，材料入库前的挑选整理费为 2 000 元，材料已验收入库，则取得的材料的入账价值应为( )元。
   A. 206 000   B. 234 000   C. 202 440   D. 240 000

4. 企业对随同商品出售而不单独计价的包装物进行会计处理时，该包装物的实际成本应结转到的会计账户是( )。
   A. 制造费用   B. 管理费用   C. 销售费用   D. 其他业务成本

5. 企业在材料收入的核算中，需在月末暂估入账并于下月初冲回的是( )。
   A. 月下旬购货发票账单未到，但已入库的材料
   B. 月末购货发票账单未到，但已入库的材料
   C. 月末购货发票账单已到，货款已付但未入库的材料
   D. 月末购货发票账单已到，货款未付但已入库的材料

6. 甲企业原材料按实际成本进行日常核算。6 月初结存甲材料 500 千克，每千克实际成本为 30 元；15 日购入甲材料 320 千克，每千克实际成本为 25 元；30 日发出甲材料 300 千克。按先进先出法计算 6 月发出甲材料的实际成本为( )元。
   A. 8 350   B. 1 500   C. 9 000   D. 7 500

7. 乙企业存货采用月末一次加权平均法核算，月初库存材料 50 件，每件为 1 000 元，月中又购进两批，一次 800 件，每件 950 元，另一次 150 件，每件 1 020 元，则月末该材料的加权平均单价为( )元。
   A. 980   B. 963   C. 990   D. 1 182

8. 甲企业销售商品 100 件，该商品单价为 150 元，增值税税率为 13%，甲企业给购货方 10%的商业折扣，购货方尚未支付货款，则该企业应收账款的入账价值为( )元。
   A. 17 550   B. 17 400   C. 15 255   D. 17 250

9. 在物价不断上涨时期，一家公司可以选用的存货计价方法中，若要使会计报表中的

净收益最高,可以采用( )的计价方法。
   A. 全月一次加权平均法　　　　B. 先进先出法
   C. 移动加权平均法　　　　　　D. 个别计价法
10. "成本与可变现净值孰低法"是指按成本与可变现净值两者之中较低者对( )计价的方法。
   A. 购时存货　　B. 发出存货　　C. 销售成本　　D. 期末存货

二、多项选择题

1. 下列项目中,应作为存货核算的有( )。
   A. 库存商品　　　　　　　　B. 委托加工物资
   C. 在途商品　　　　　　　　D. 工程物资
2. 下列项目中,应计入材料采购成本的有( )。
   A. 制造费用　　　　　　　　B. 进口关税
   C. 运输途中合理损耗　　　　D. 小规模纳税人购入材料支付的增值税
3. 一般纳税企业委托其他单位加工材料收回后用于连续生产的,其发生的下列支出中,应计入委托加工物资成本的有( )。
   A. 加工费　　　　　　　　　B. 增值税
   C. 发出材料的实际成本　　　D. 受托方代收代缴的消费税
4. 下列项目中,不属于包装物核算范围的是( )。
   A. 用于包装产品并对外出售的包装用品
   B. 用于储存和保管产品、材料而不对外出售的包装物
   C. 各种包装材料
   D. 用于包装产品并对外出借或出租的包装用品
5. 下列项目中,属于低值易耗品的有( )。
   A. 工具　　B. 外购半成品　　C. 替换用设备　　D. 劳动保护用品
6. 原材料按经济内容不同可分为( )。
   A. 原料及主要材料　　　　　B. 辅助材料
   C. 在途材料　　　　　　　　D. 包装材料
7. 原材料按计划成本核算的特点是( )。
   A. "材料采购"账户按计划成本核算
   B. 设置"材料成本差异"账户
   C. "原材料"账户按计划成本核算
   D. 购入未入库的材料通过"在途物资"账户核算
8. 计算可变现净值时,应从预计售价中扣除的项目有( )。
   A. 出售前发生的行政管理人员的工资
   B. 存货的加工成本
   C. 销售过程中发生的销售费用
   D. 出售前进一步加工的加工费
9. 期末存货价值多计将导致( )。

A. 发出存货成本偏高　　　　　　B. 发出存货成本偏低
C. 利润偏高　　　　　　　　　　D. 利润偏低

10. 对盘亏的存货查明原因后，应从"待处理财产损溢"账户转入(　　)账户。
A. 营业外支出　　B. 营业外收入　　C. 财务费用
D. 其他应收款　　E. 管理费用

三、判断题

1. 凡是存放到本企业的货物，均可确认为本企业存货。（　　）
2. 存货计价方法的选择不仅影响资产总额的多少，而且也影响净利润。（　　）
3. 房地产开发企业建造的用于出售的房地产属于企业的存货。（　　）
4. 购入材料途中发生的合理损耗应记入"管理费用"账户。（　　）
5. 无论企业对存货采用实际成本核算，还是采用计划成本核算，资产负债表上的存货项目反映的都是存货的实际成本。（　　）
6. 存货的采购成本包括购买价款、增值税进项税额、运输费、装卸费、保险费以及其他可归属于存货采购成本的费用。（　　）
7. 采用计划成本核算的，当结转入库材料的材料成本差异时，应记入"材料成本差异"账户的借方，当结转发出材料的成本差异时，应从贷方结转。（　　）
8. 出租包装物要向客户收取租金和押金，出借包装物则既不收租金，也不收押金。（　　）
9. 随同商品出售且单独计价的包装物的实际成本应记入"销售费用"账户。（　　）
10. 无论存货按实际成本还是按计划成本核算，发生盘盈或盘亏时，批准处理前，均按实际成本记入"待处理财产损溢"账户。（　　）

四、业务操作题

【业务题一】

目的：练习材料按实际成本计价取得材料的核算。

要求：根据以下资料编制会计分录。

资料：甲公司发生如下经济业务。

1. 6月6日，购进A材料一批，价款200 000元，增值税税额26 000元，运费3 000元，增值税税额270元，保险费2 000元，增值税税额120元，材料验收入库，开出转账支票付款。

2. 6月17日，购进B材料一批，价款600 000元，增值税税额78 000元，运费4 000元，增值税税额360元，以银行汇票付款，材料尚未运到。

3. 6月20日，购进的B材料运到并验收入库。

4. 6月30日，购进C材料一批，合同价400 000元，材料验收入库，结算凭证尚未到达，按合同价400 000元暂估入账。

5. 7月初，冲回入库未付款C材料款。

6. 7月5日，购进C材料的结算凭证到达，价款400 000元，增值税税额52 000元，运费2 500元，增值税税额225元，装卸费500元，增值税税额30元，以银行本票付款。

7. 7月5日，购进A材料50 000千克，单价10元，增值税税额65 000元，以银行汇票付款，材料未到。

8. 7月8日，A材料到达，但短缺50千克，原因待查。

9. 假设短缺的A材料50千克，经查是运输部门造成的，将由其赔偿。

10. 假设短缺的A材料50千克属于途中合理损耗。

11. 假设短缺的A材料50千克是由于供货方少发而造成的，经协商供货方将退回价税款。

12. 假设对于短缺的A材料50千克无法查明原因，经批准后转作管理费用。

13. 生产车间自制一批材料入库，实际成本75 000元。

14. 收到投资者投入材料，增值税专用发票上注明的价款为500 000元，增值税税额为65 000元，材料已入库。

【业务题二】

目的：练习材料按实际成本计价发出材料的计价方法及核算。

要求：根据资料分别用先进先出法、月末一次加权平均法和移动加权平均法登记材料明细账，计算发出材料、结存材料的成本。

资料：甲公司本月A材料收发资料如表4-14所示。

表4-14 A材料收发资料表

数量单位：千克

2021年		摘 要	入 库		发出数量	结存数量
月	日		数 量	单 价		
9	1	期初余额				4 000(单价10元)
	10	购入	10 000	11		
	15	领用			8 000	
	20	购入	6 000	12		
	22	发出			4 000	
	28	发出			6 000	2 000

假设本月发出A材料共计350 000元，其中，生产产品耗用200 000元，车间一般耗用80 000元，管理部门耗用20 000元，销售部门耗用50 000元。

【业务题三】

目的：练习材料按计划成本计价取得材料的核算。

要求：根据以下资料编制会计分录。

资料：乙公司发生如下经济业务。

1. 6月5日，购进A材料一批，价款300 000元，增值税税额39 000元，运费2 000元，增值税税额180元，装卸费1 000元，增值税税额60元，材料验收入库，计划成本301 000元，开出转账支票付款。

2. 6月13日，购进B材料一批，价款600 000元，增值税税额78 000元，运费7 000元，增值税税额630元，装卸费1 500元，增值税税额90元，货款已付，材料未入库。

3. 6月16日，购进的B材料到达入库，计划成本610 000元。

4. 6月30日，购进一批C材料，已验收入库，结算凭证尚未到达，按计划成本410 000元暂估入账。

5. 7月3日，购进C材料的结算凭证到达，价款400 000元，增值税税额52 000元，以银行本票付款，C材料的计划成本为410 000元。

【业务题四】

目的：练习按计划成本计价发出材料的计价及核算。

要求：根据以下资料编写会计分录，计算成本差异。

资料：乙公司发生如下经济业务。

1. 本月为生产产品领用A材料100吨，车间一般领用2吨，行政部门领用1吨，A材料的计划成本为每吨6 500元。

2. 本月耗用A材料的成本差异为节约差异，其中生产产品耗用材料分摊的成本差异为7 150元，车间一般耗用材料分摊的成本差异为143元，行政部门耗用材料分摊的成本差异为71.5元。

3. 假设第2题中，本月耗用A材料的成本差异为超支差异，其他条件不变。

4. 月初结存材料的计划成本200 000元，本月收入材料的计划成本400 000元，发出材料的计划成本320 000元，成本差异月初余额为节约差异4 000元，本月收入材料的成本差异为节约差异8 000元。计算本月成本差异率、发出材料负担的成本差异额。

5. 月初结存材料的计划成本200 000元，本月收入材料的计划成本400 000元，发出材料的计划成本320 000元，成本差异月初余额为节约差异4 000元，本月收入材料的成本差异为超支差异10 000元。计算本月成本差异率，发出材料负担的成本差异额。

6. 本月材料成本差异率为2%，发出材料用于产品生产，计划成本200 000元，计算成本差异额，编制发出材料及结转差异的会计分录。

7. 本月材料成本差异率为-1%，行政部门领用材料，计划成本50 000元。计算成本差异额，编制发出材料及结转差异的会计分录。

【业务题五】

目的：练习材料按实际成本以及计划成本计价的核算。

要求：根据以下资料编制会计分录，登记材料相关明细账。

资料：假设发生如下经济业务。

1. 甲公司为增值税一般纳税人，增值税税率为13%，原材料按实际成本计价，发出材料成本采用加权平均法计算。A材料期初余额20 000元(共2 000千克，包含暂估入账的材料3 000元，数量300千克)，8月发生如下经济业务。

(1) 1日，冲回7月末以暂估价3 000元入账的A材料款。

(2) 3日，收到7月末按暂估价入账A材料的发票账单，货款3 000元，增值税税额390元，对方代垫运输费150元，增值税税额13.5元，全部款项以汇兑结算方式付讫。

(3) 7日，购入A材料5 000千克，发票账单已到，货款53 000元，增值税税额6 890元，运输费2 000元，增值税税额180元，材料尚未到达，款项以转账支票支付。

(4) 10日，收到7日采购的A材料，验收时发现只有4 980千克。经检查，短缺的20千克确定为运输途中的合理损耗，A材料验收入库。

(5) 16日，持票面金额80 000元的银行汇票购入A材料6 250千克，增值税专用发票上注明的价款为60 000元，增值税税额为7 800元，另支付运输费1 250元，增值税税额

112.5元，材料已验收入库，剩余票款已退回并存入银行。

(6) 20日，基本生产车间自制A材料55千克验收入库，总成本为605元。

(7) 30日，根据发料凭证汇总表，8月生产车间为生产产品领用A材料7 000千克，车间管理部门领用A材料1 500千克，企业管理部门领用A材料1 000千克。

2. 乙公司为增值税一般纳税人，增值税税率为13%，原材料按计划成本计价。9月初，有关借方账户余额为：材料采购120 000元；原材料500 000元；B材料明细账25 000千克，计划单价20元；材料成本差异为6 600元。本月B材料计划单价20元。9月发生如下经济业务。

(1) 2日，购入B材料，买价80 000元，增值税税额10 400元，运费2 000元，增值税税额180元，用银行汇票付款，材料未到。

(2) 5日，B材料入库4 200千克，计划成本84 000元。

(3) 6日，上月购入在途B材料，实际成本120 000元，今到达入库6 900千克，计划成本138 000元。

(4) 15日，购入B材料1 900千克，已入库，计划成本38 000元，实际成本40 000元，增值税税额5 200元，用转账支票付款。

(5) 29日，购入B材料，买价60 000元，增值税税额7 800元，开出面值67 800元的商业汇票，材料未到。

(6) 30日，购入B材料1 000千克，已入库，未收到结算凭证，按计划成本20 000元暂估入账。

(7) 30日，汇总本月发出B材料共27 000千克，计划成本540 000元，其中，生产产品领用500 000元，车间一般耗用35 000元，行政部门耗用5 000元。

(8) 30日，计算本月材料成本差异率，并结转发出材料应分摊的成本差异额。

【业务题六】

目的：练习周转材料的核算。

要求：根据以下资料编制会计分录。

资料：假设发生如下经济业务。

1. 生产车间领用工作服一批，实际成本5 300元，管理部门领用文件柜，实际成本4 000元(采用一次摊销法)。

2. 生产车间批准报废一批正在使用的低值易耗品，残料100元，收回现金。

3. 生产车间领用工具一批，实际成本5 000元，采用分次摊销法，该工具的估计使用次数为2次。

4. 某月上述工具报废，残料计划成本100元，作材料入库，当月材料成本差异率为-1%。

5. 本月包装物领用情况汇总如下：生产车间领用的实际成本8 000元，销售部门领用不单独计价的实际成本5 000元，领用单独计价的实际成本2 000元。

6. 本月出租包装箱，实际成本3 000元(采用一次摊销法)，收到押金3 500元。

7. 本月出租包装箱，租金共678元，其中，包含增值税78元。收回部分出租包装箱，押金1 000元，扣除租金，退还余款。

8. 为销售产品发出全新包装箱50个，每个计划成本为10元，材料成本差异率为4%(一次转销)。出借包装物收取押金1 000元。出借包装物进行修理，领用材料实际成本50元。

【业务题七】

目的：练习委托加工物资的核算。

要求：根据以下资料编制会计分录。

资料：甲企业委托乙企业将 A 材料加工成 C 材料，发出 A 计划材料成本 25 500 元，材料成本差异率为 2%。支付加工费 11 300 元(含增值税)，支付运费 200 元，增值税税额 18 元，支付消费税 4 000 元。加工后的 C 材料用于继续生产应税消费品，C 材料收回入库，计划成本 36 000 元。双方适用的增值税税率为 13%。

【业务题八】

目的：练习库存商品的核算。

要求：根据以下资料按要求完成计算或编制会计分录。

资料：假设发生以下经济业务。

1. 某批发企业 8 月小家电类销售收入 200 000 元，增值税税额 26 000 元，该类商品上季毛利率为 15%。要求计算 8 月销售成本，并编制销售及结转成本的会计分录。

2. 某商场采用售价金额法对库存商品进行核算。9 月初库存商品的进价成本为 8 万元，售价总额为 11 万元；本月购进商品的进价成本为 10 万元，售价总额为 13 万元；本月销售商品的售价总额为 12 万元。要求计算该商场当月售出商品应分摊的进销差价。

3. 某企业 10 月初库存商品的进价成本为 15 万元，销售总额为 25 万元；本月购进商品的进价为 35 万元，售价总额为 55 万元；本月销售商品的售价总额为 64 万元。要求假定不考虑增值税及其他因素，计算 2021 年 10 月末结存商品的实际成本。

4. 某零售商场购入家用电器一批，进价 118 000 元，增值税税额 15 340 元，运费 1 200 元，增值税税额 108 元，装卸费及保险费共 800 元，增值税税额 48 元，以转账支票付款，由家电二组验收入库，该批商品售价 160 000 元，该商场库存商品按售价核算。

5. 本月销售家用电器售价共计 800 000 元，增值税税额 104 000 元，款已交存银行。

6. 假设该商场月初家用电器进销差价 100 000 元，本月购入家用电器进销差价共计 150 000 元，家用电器期初售价 350 000 元，本月购进家用电器售价共计 650 000 元，已销家用电器售价 800 000 元。要求编制结转已销家用电器成本和结转进销差价的会计分录。

【业务题九】

目的：练习存货清查及期末计价的核算。

要求：根据以下资料编制会计分录。

资料：假设发生以下经济业务。

1. 存货清查中盘亏 A 材料计划成本 800 元，成本差异率为 2%。以后经查属于一般经营损耗，批准作为管理费用。

2. 盘亏 C 材料，计划成本 1 000 元，成本差异率-2%，增值税税率 13%。以后经查属于非常损失，批准作为营业外支出。

3. 盘盈 B 材料，计划成本 500 元，成本差异率为 2%。以后经查是由于计量错误而造成的，批准冲减管理费用。

4. 2018 年 12 月 31 日，甲企业 A 种存货的账面成本为 100 000 元，预计可变现净值为 95 000 元，存货跌价准备余额为零。2019 年 12 月 31 日，A 种存货的账面成本仍为

100 000 元，预计可变现净值为 92 000 元。2020 年 12 月 31 日，A 种存货的账面成本仍为 100 000 元，预计可变现净值为 97 000 元。2021 年 12 月 31 日，A 种存货的账面成本仍为 100 000 元，预计可变现净值为 110 000 元。

微课视频

扫一扫，获取本章相关微课视频。

| 4-1 原材料按实际成本计价外购核算 | 4-2 月末一次加权平均法 | 4-3 原材料按计划成本计价外购材料核算 | 4-4 原材料按计划成本计价发出的账务处理 | 4-5 材料成本差异率计算 |

第五章　固定资产岗位业务

【学习目标】

- 了解固定资产工作业务流程。
- 会取得固定资产、固定资产后续支出、固定资产处置、固定资产期末计价等业务的账务处理。
- 能进行自营工程、出包工程业务的账务处理,掌握在建工程业务的会计核算方法。
- 掌握固定资产计提折旧的原则、计算方法和会计核算方法。

【导读案例】

某化工总厂,是一家生产民用爆破器材的国家定点企业,下设4个分厂、3个公司,产品行销国内,并远销中东地区。长期以来,固定资产管理一直都是该厂的管理难题。由于固定资产有1 000多种,编号混乱,以前常存在固定资产使用期满后仍计提折旧等问题。为了改变这种状况,该厂使用了固定资产管理子系统,弥补了以前管理方面的不足。按照该厂的要求,固定资产子系统中设置了固定资产卡片,以对固定资产按经济用途、使用情况和部门、实务形态等进行分类,以便追加原值、处理盘盈、盘亏、毁损等业务,并能提供每项资产的原值、净值、折旧等数据,使企业加强对固定资产的管理,对固定资产的使用状况、所属部门、折旧情况等信息一目了然,并使固定资产的核算更准确、合理。联系以上案例,就下述问题进行讨论。

某大学拥有的固定资产情况如表5-1所示。

表5-1　某大学拥有的固定资产情况

固定资产名称	数　量	所属部门	固定资产名称	数　量	所属部门
教学楼/栋	4	后勤	面包车/辆	3	车队
办公楼/栋	2	后勤	轿车/辆	3	车队
学生宿舍楼/栋	5	后勤	计算机/台	500	校计算机中心
食堂/个	2	后勤	计算机/台	80	会计系
教师宿舍/间	3	后勤	计算机/台	80	信息系
客车/辆	3	车队	计算机/台	80	经济实验中心

(资料来源:根据百度文库案例删改,
https://wenku.baidu.com/view/7f58ba24b6daa58da0116c175f0e7cd1842518d6.html。)

问题:

从固定资产的所属部门、用途、种类、折旧的归属等因素考虑,如何对固定资产进行编码?固定资产卡片应当如何设置?折旧应如何计算?

第一节 固定资产岗位概述

一、固定资产岗位的工作内容

(一)固定资产的概念和特征

1. 固定资产的概念

固定资产是指同时具有下列特征的有形资产：①为生产商品、提供劳务、出租或经营管理而持有的；②使用寿命超过一个会计年度。

2. 固定资产的特征

固定资产具有以下 3 个方面的特征。

(1) 为生产商品、提供劳务、出租或经营管理而持有。

企业持有固定资产的目的是为了生产商品、提供劳务、出租或经营管理，即企业持有的固定资产是企业的劳动工具或手段，而不是用于出售。其中，"出租"是指企业以经营租赁方式出租的机器设备类固定资产，不包括以经营租赁方式出租的建筑物。

(2) 使用寿命超过一个会计年度。

固定资产的使用寿命，是指企业使用固定资产的预计期间，或者该固定资产所能生产产品或提供劳务的数量。

固定资产使用寿命超过一个会计年度，意味着固定资产属于非流动资产，随着使用过程中的磨损，通过计提折旧方式逐渐减少账面价值。

(3) 固定资产是有形资产。

固定资产具有实物特征，这一特征将固定资产与无形资产区别开来。

(二)固定资产的分类

1. 按经济用途不同进行分类

(1) 生产经营用固定资产，是指直接参与或直接服务于生产经营过程的各种固定资产，如生产经营用的房屋、建筑物、机器设备、运输工具等。

(2) 非生产经营用固定资产，是指不直接服务于生产经营过程中的各种固定资产，如用于公共福利设施、文化娱乐、职工住宅等方面的房屋、设备和其他固定资产等。

2. 按使用情况不同进行分类

(1) 使用中固定资产，是指正在使用中，包括企业内部使用和出租的固定资产，以及由于季节性停用或大修理停用的固定资产和内部轮换使用的固定资产。

(2) 未使用固定资产，是指已购建完成但尚未交付使用的新增固定资产以及进行改建、扩建等暂时脱离生产经营过程的固定资产。

(3) 不需用固定资产，是指本企业多余或不适用，准备处置的固定资产。

3. 按经济用途和使用情况不同进行综合分类

(1) 生产经营用固定资产。

(2) 非生产经营用固定资产。

(3) 租出固定资产(是指在经营租赁方式下出租给外单位使用的固定资产)。

(4) 不需用固定资产。

(5) 未使用固定资产。

(6) 土地(是指过去已经估价单独入账的土地。因征地而支付的补偿费,应计入与土地有关的房屋、建筑物的价值内,不单独作为土地价值入账)。

(7) 租入固定资产(是指企业除短期租赁和低价值资产租赁租入固定资产,该资产在租赁期内,应作为使用权资产进行核算和管理)。

(三)固定资产岗位的工作任务

1. 会同有关部门拟定固定资产的核算办法

按制度规定,结合企业固定资产的配置情况,会同有关职能部门,建立健全固定资产、在建工程的管理与核算办法,并依照企业经营管理的要求,制定固定资产目录。

2. 会同有关职能部门完善固定资产管理的基础工作

企业应当建立严格的固定资产明细核算凭证传递手续,加强固定资产增减的日常核算与监督。

3. 负责固定资产的明细核算

依照制度规定,设置固定资产登记簿,组织填补固定资产卡片,按固定资产类别、使用部门和每项固定资产进行明细核算。应为融资租入的固定资产单独设置明细科目进行核算;应为属于临时租入的固定资产专设备查簿,用以登记租入、使用和交还等情况。对已入账的固定资产,除发生有明确规定的情况外,不得任意变动。

4. 计算提取固定资产折旧

按国家的有关规定选择固定资产折旧方法,及时提取折旧;掌握固定资产折旧范围,做到不错、不漏。

5. 负责对在建工程的预决算进行管理

对自营工程、在建工程要严格审查工程预算;施工过程中要正确处理试运转所发生的支出和收入;完工交付使用时要按规定编制竣工决算,并参与办理竣工验收和交接手续。对出包工程,要参与审查工程承包合同,按规定审批预付工程款;完工交付使用时要认真审查工程决算,办理工程款清算。

6. 参与固定资产的清查盘点

会同有关部门定期组织固定资产清查盘点工作,汇总清查盘点结果,及时发现问题,查明原因,并妥善处理;要按规定的报批程序,办理固定资产盘盈、盘亏的审批手续,经批准后办理转销的账务处理。

二、固定资产岗位的业务流程

固定资产核算工作流程如图 5-1 所示。

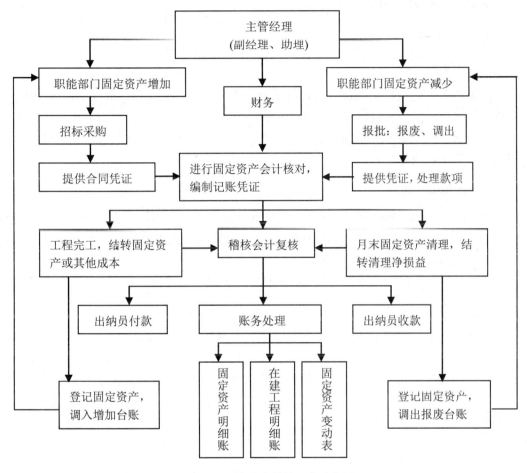

图 5-1　固定资产核算工作流程图

固定资产核算工作流程的具体说明如下。
(1) 主管经理批复职能部门的固定资产增减变化申请。
(2) 职能部门办理固定资产增减业务。
(3) 财务部门审核发票和固定资产调拨单等原始凭证,编制记账凭证。
(4) 经稽核会计复核。
(5) 出纳员收、付款后登记银行存款日记账。
(6) 会计登记固定资产明细账、在建工程明细账和固定资产变动表。

第二节 固定资产岗位业务核算

一、取得固定资产的核算

(一)账户介绍

1."固定资产"账户

"固定资产"账户用来核算企业持有的固定资产原价。该账户借方登记增加的固定资产原价,贷方登记减少的固定资产原价;期末余额在借方,反映企业持有固定资产的原价。企业应当设置"固定资产登记簿"和"固定资产卡片",以按固定资产类别、使用部门和每项固定资产进行明细核算。

2."累计折旧"账户

"累计折旧"账户用来核算企业持有的固定资产的累计折旧。该账户的贷方登记企业按期(月)计提的折旧额,借方登记处置固定资产时结转的已提折旧数额;期末余额在贷方,反映企业持有固定资产的累计折旧额。

"累计折旧"账户可以按照固定资产类别或者项目进行明细核算。

3."在建工程"账户

"在建工程"账户用来核算企业基建、更新改造等在建工程发生额支出。该账户的借方登记企业各项在建工程发生的支出,贷方登记企业在建工程达到预定可使用状态时转出的工程成本;期末余额在借方,反映企业尚未达到预定可使用状态的在建工程的成本。

"在建工程"账户应当按照"建筑工程""安装工程""在安装设备""待摊支出"以及单项工程等进行明细核算。

4."工程物资"账户

"工程物资"账户用来核算企业为在建工程准备的各种物资成本,包括工程用材料、尚未安装的设备以及为生产准备的工器具等。该账户的借方登记企业购入的各种物资的实际成本,贷方登记工程项目领用工程物资的实际成本;期末余额在借方,反映企业为在建工程准备的各种物资成本。

"工程物资"账户应当按照"专用材料""专业设备"等进行明细核算。

此外,企业固定资产、在建工程、工程物资发生减值的,还应当设置"固定资产减值准备""在建工程减值准备""工程物资减值准备"等账户进行核算。

(二)固定资产核算

1.外购固定资产

企业外购的固定资产,应按实际支付的购买价款、相关税费、使固定资产达到预定可使用状态前所发生的可归属于该项资产的运输费、装卸费、安装费和专业人员服务费等,作为固定资产的取得成本。其中，相关税费不包括按照现行增值税制度规定，可以从销项税额中抵扣的增值税进项税额。

外购固定资产分为购入不需要安装的固定资产和购入需要安装的固定资产两类。

1) 购入不需要安装的固定资产

企业购入不需要经过建造、安装的固定资产是由固定资产管理部门和使用部门验收后直接投入使用的固定资产，企业可按确认的入账价值直接增加固定资产。

【例 5-1】 甲公司购入一台不需要安装即可投入使用的设备，取得的增值税专用发票上注明的设备价款为 30 000 元，增值税税额为 3 900 元，另支付包装费并取得增值税专用发票，注明包装费 700 元，增值税税额 42 元，款项以银行存款支付。甲公司为增值税一般纳税人。

甲公司应做如下会计处理。

借：固定资产　　　　　　　　　　　　　　　　　30 700
　　应交税费——应交增值税(进项税额)　　　　　　3 942
　　贷：银行存款　　　　　　　　　　　　　　　　　　34 642

2) 购入需要安装的固定资产

企业购入需要安装的固定资产时，由于从固定资产运抵企业到交付使用，还需要安装和调试过程，从而发生安装调试成本，因此企业购入固定资产支付的全部价款及发生的安装费等，均应通过"在建工程"账户进行核算，待安装完毕达到预定可使用状态时，再由"在建工程"账户转入"固定资产"账户。

【例 5-2】 2021 年 2 月 20 日，广发公司购入需要安装的设备一台，取得的专用发票上注明的买价 80 000 元，增值税税额 10 400 元，支付安装费并取得增值税专用发票，注明的安装费 1 000 元，增值税税额 90 元，以转账支票支付；领用原材料一批，价值 10 000 元。广发公司为增值税一般纳税人。

(1) 企业购入固定资产时的会计分录如下。

支付设备价款和运杂费等，

借：在建工程——在安装设备　　　　　　　　　　80 000
　　应交税费——应交增值税(进项税额)　　　　　10 400
　　贷：银行存款　　　　　　　　　　　　　　　　　　90 400

发生安装费用及材料费用，

借：在建工程——在安装设备　　　　　　　　　　11 000
　　应交税费——应交增值税(进项税额)　　　　　　　90
　　贷：银行存款　　　　　　　　　　　　　　　　　　 1 090
　　　　原材料　　　　　　　　　　　　　　　　　　10 000

(2) 设备安装完毕，交付使用的会计分录如下。

借：固定资产　　　　　　　　　　　　　　　　　91 000
　　贷：在建工程——在安装设备　　　　　　　　　　91 000

3) 以一笔款项购入多项没有单独标价的固定资产

以一笔款项购入多项没有单独标价的固定资产，应当按照各项固定资产公允价值比例对总成本进行分配，再分别确定各项固定资产的成本。

【例5-3】 甲公司向乙公司一次性购进了三台不同型号且具有不同生产能力的设备A、B、C，共支付款项100 000 000元，增值税税额13 000 000元，包装费750 000元，增值税税额45 000元，全部以银行存款支付。假定设备A、B、C均满足固定资产的定义及确认条件，公允价值分别为450 000 000元、38 500 000元、16 500 000元，不考虑其他相关费用。甲公司为增值税一般纳税人，应编制如下会计分录。

(1) 所确定的固定资产成本为100 750 000(100 000 000+750 000)元。

(2) 设备A、B、C的公允价值之和为100 000 000(45 000 000+38 500 000+16 500 000)元。

(3) 所确定的设备A、B、C的价值分配比例如下。

A设备的价值分配比例=45 000 000÷100 000 000×100%=45%

B设备的价值分配比例=38 500 000÷100 000 000×100%=38.5%

C设备的价值分配比例=16 500 000÷100 000 000×100%=16.5%

(4) 所确定的设备A、B、C各自的成本如下。

A设备成本=100 750 000×45%=45 337 500(元)

B设备成本=100 750 000×38.5%=38 788 750(元)

C设备成本=100 750 000×16.5%=16 623 750(元)

(5) 相关账务处理如下。

借：固定资产——A设备　　　　　　　　45 337 500
　　　　　　——B设备　　　　　　　　38 788 750
　　　　　　——C设备　　　　　　　　16 623 750
　　应交税费——应交增值税(进项税额)　　13 045 000
　　贷：银行存款　　　　　　　　　　　　113 795 000

2. 自行建造固定资产

企业自行建造的固定资产按建造该项固定资产达到预定可使用状态前所发生的全部支出，作为入账价值。

企业自行建造固定资产包括自营建造和出包建造两种方式。自行建造的固定资产应先通过"在建工程"账户进行核算，工程达到预定可使用状态时，再从"在建工程"账户转入"固定资产"账户。企业为建造固定资产而购买的各种材料物资，按发生的实际成本计入"工程物资"账户。企业自行建造的固定资产，主要有自营和出包两种方式。由于建造方式不同，其会计处理也不同。

1) 自营工程

自营工程是指企业自行组织工程材料采购、自行组织施工人员施工的建筑工程和安装工程。购入工程物资时，按已认证的增值税专用发票上注明的价款，借记"工程物资"账户，按增值税专用发票上注明的增值税进项税额，借记"应交税费——应交增值税(进项税额)"账户，按实际支付或应付的金额，贷记"银行存款""应付账款"等账户。领用工程物资时，借记"在建工程"账户，贷记"工程物资"账户。在建工程领用本企业原材料时，借记"在建工程"账户，贷记"原材料"账户。在建工程领用本企业生产的商品时，借记"在建工程"账户，贷记"库存商品"账户。对于自营工程发生的其他费用(如分配工程人员薪酬等)，借记"在建工程"账户，贷记"银行存款""应付职工薪酬"等账户。自营工程达到预定可使用状态时，按其成本，借记"固定资产"账户，贷记"在建工程"账户。

【例 5-4】 2021 年 6 月，某企业自建厂房一幢，为工程准备的各种物资购入费为 500 000 元，支付的增值税税额为 65 000 元，当期全部用于工程建设。工程领用本企业生产的水泥一批，实际成本为 80 000 元，应计工程人员工资 100 000 元，支付的其他费用并取得增值税专用发票，注明安装费 30 000 元，增值税税额 2 700 元。工程完工并达到预定可使用状态。该企业应做如下会计处理。

(1) 购入工程物资时：

借：工程物资　　　　　　　　　　　　　　　　500 000
　　应交税费——应交增值税(进项税额)　　　　 65 000
　　　贷：银行存款　　　　　　　　　　　　　　565 000

(2) 工程领用工程物资时：

借：在建工程　　　　　　　　　　　　　　　　500 000
　　　贷：工程物资　　　　　　　　　　　　　　500 000

(3) 工程领用本企业生产的水泥时：

借：在建工程　　　　　　　　　　　　　　　　 80 000
　　　贷：库存商品　　　　　　　　　　　　　　 80 000

(4) 分配工程人员薪酬时：

借：在建工程　　　　　　　　　　　　　　　　100 000
　　　贷：应付职工薪酬　　　　　　　　　　　　100 000

(5) 支付工程发生的其他费用时：

借：在建工程　　　　　　　　　　　　　　　　 30 000
　　应交税费——应交增值税(进项税额)　　　　 2 700
　　　贷：银行存款　　　　　　　　　　　　　　 32 700

(6) 工程完工转入固定资产成本=500 000+80 000+100 000+30 000=710 000(元)，相应分计分录如下。

借：固定资产　　　　　　　　　　　　　　　　710 000
　　　贷：在建工程　　　　　　　　　　　　　　710 000

2) 出包工程

出包工程是指企业通过招标等方式将工程项目发包给建造承包商，由建造承包商组织施工的建筑工程和安装工程。企业采用出包方式进行的固定资产工程，其工程的具体支出主要由建造承包商核算。在这种方式下，"在建工程"账户主要是反映企业与建造承包商办理工程价款结算的情况，企业支付给建造承包商的工程价款作为工程成本，通过"在建工程"账户进行核算。企业按合理估计的发包工程进度和合同规定向建造承包商结算的进度款，并由对方开具增值税专用发票，按增值税专用发票上注明的价款，借记"在建工程"账户，按增值税专用发票上注明的增值税进项税额，借记"应交税费——应交增值税(进项税额)"账户，按实际支付的金额，贷记"银行存款"账户。工程达到预定可使用状态时，按其成本，借记"固定资产"账户，贷记"在建工程"账户。

【例 5-5】 某企业将一幢厂房的建造工程出包给丙公司，2020 年 7 月 1 日，按合理估计的发包工程进度和合同规定向丙公司结算进度款并取得丙公司开具的增值税专用发票，注明工程款 600 000 元，增值税税额 54 000 元。2021 年 7 月 1 日，工程完工后，收到丙公司有关工程结算单据和增值税专用发票，注明工程款 400 000 元，增值税税额 36 000 元。工程完工并达到预定可使用状态。该企业应做如下会计处理。

(1) 按合理估计的发包工程进度和合同规定向丙公司结算进度款时：

借：在建工程　　　　　　　　　　　　　　　　　600 000
　　应交税费——应交增值税(进项税额)　　　　　 54 000
　　　贷：银行存款　　　　　　　　　　　　　　654 000

(2) 补付工程款时：

借：在建工程　　　　　　　　　　　　　　　　　400 000
　　应交税费——应交增值税(进项税额)　　　　　 36 000
　　　贷：银行存款　　　　　　　　　　　　　　436 000

(3) 工程完工并达到预定可使用状态时：

借：固定资产　　　　　　　　　　　　　　　　1 000 000
　　　贷：在建工程　　　　　　　　　　　　　 1 000 000

3. 投资者投入固定资产

对于增值税一般纳税人接受固定资产投资，由于投资方的行为可被视同销售行为，因此其要开具增值税专用发票。这样接受投资的企业应该按专用发票上的增值税税额，借记"应交税费——应交增值税(进项税额)"账户，按照双方确认的固定资产价值，借记"固定资产"账户，按照投资方在注册资本中所占有的份额，贷记"实收资本"账户，差额部分借记或贷记"资本公积"账户。

【例 5-6】 2021 年 3 月 9 日，兴发公司收到天元公司投入的新机器 B 设备一台，天元公司开具的增值税专用发票上注明价款 50 000 元，增值税税额 6 500 元。根据业务编制如下会计分录。

借：固定资产——B 设备　　　　　　　　　　　　50 000
　　应交税费——应交增值税(进项税额)　　　　　 6 500
　　　贷：实收资本　　　　　　　　　　　　　　 56 500

二、固定资产折旧的核算

(一)折旧的概念、影响因素和范围

1. 折旧的概念

折旧是指在固定资产使用寿命范围内，按照确定的方法对应计折旧额进行系统分摊。应计折旧额是指应当计提折旧的固定资产的原价扣除其预计净残值后的金额。对于已计提减值准备的固定资产，还应当扣除已计提的固定资产减值准备累计金额。

2. 影响固定资产折旧的因素

影响固定资产折旧的因素主要包括以下 4 个方面。

1) 固定资产原始价值

固定资产原始价值，即取得固定资产的原始成本。

2) 固定资产预计净残值

固定资产预计净残值,是指在固定资产预计使用寿命终了时的预期状态下,企业目前从该项资产处置中所获得的扣除预计处置费用后的金额。固定资产预计净残值占其原价的比例,称为预计净残值率。用公式表示如下。

固定资产预计净残值=固定资产预计处置收入-固定资产预计处置费用

固定资产预计净残值率=固定资产预计净残值÷固定资产原价×100%

企业应当根据固定资产的性质和使用情况,合理确定固定资产预计净残值。为了便于计算固定资产折旧,企业可以在财务制度中规定各类固定资产的预计净残值率。

3) 预计使用寿命

预计使用寿命是指固定资产从投入使用开始到终止报废为止所经历的年限,也称为固定资产折旧年限。

企业在确定固定资产使用寿命时,应当考虑下列因素。

第一,该资产的预计生产能力或实物产量。

第二,该资产预计有形损耗。有形损耗是指固定资产由于使用而产生的机械磨损和由于自然力作用(风吹、日晒、雨淋)而发生的使用价值的损失。

第三,该资产预计无形损耗。无形损耗是指因为劳动生产率的提高和科学技术进步所引起的固定资产的价值损失。

第四,有关法律或者规定对资产使用的限制。

4) 固定资产减值准备

固定资产减值准备是指固定资产已计提的减值准备累计金额。对于已计提减值准备的固定资产,在计算折旧时还应当扣除已计提的固定资产减值准备金额。也就是说,固定资产计提减值准备后,应当在剩余使用寿命内根据调整后的固定资产账面价值(固定资产账面余额扣减累计折旧和减值准备后的金额)和预计净残值重新计算确定折旧率和折旧额。

3. 计提折旧的范围

除以下情况外,企业应当对所有固定资产计提折旧。

第一,已提足折旧仍继续使用的固定资产。

第二,单独计价入账的土地。

在确定计提折旧的范围时,还应注意以下几点。

(1) 固定资产应当按月计提折旧,并根据用途计入相关资产的成本或者当期损益。对于当月增加的固定资产,在当月不计提折旧,而是从下月起计提折旧;对于当月减少的固定资产,在当月仍计提折旧,从下月起不计提折旧。固定资产提足折旧后,不论能否继续使用,均不再计提折旧;提前报废的固定资产,也不再补提折旧。所谓提足折旧,是指已经提足该项固定资产的应计折旧额。

(2) 对于已达到预定可使用状态但尚未办理竣工决算的固定资产应当计提折旧。对于企业已达到预定可使用状态但尚未办理竣工决算的固定资产,应当按照估计价值确定其成本,并计提折旧,待办理竣工决算后,再按实际成本调整原来的暂估价值,但不需要调整原已计提的折旧额。

(3) 停止使用的固定资产折旧的计提。处于修理、更新改造过程而停止使用的固定资产,对于符合准则规定的固定资产确认条件的,应当转入"在建工程"账户,停止计提折旧;对于不符合准则规定的固定资产确认条件的,不转入"在建工程"账户,仍计提折旧。

(二)固定资产折旧的计算方法

企业应当根据与固定资产有关的经济利益的预期实现方式,合理选择固定资产折旧方法。除了在每年年终对固定资产折旧方法进行复核时,发现与固定资产有关的经济利益预期实现方式有重大改变的,应当改变固定资产折旧方法外,固定资产折旧方法一经确定,不得随意变更。固定资产折旧方法的改变应当作为会计估计变更,按照规定予以披露。

可选用的折旧方法,包括年限平均法、工作量法、双倍余额递减法和年数总和法。

1. 年限平均法

年限平均法又称直线法,是根据固定资产应提折旧的总额除以固定资产折旧年限,以求得每年的折旧额的方法。在采用年限平均法计算折旧时,必须考虑原始价值、使用年限、预计净残值等因素。

$$固定资产年折旧额 = \frac{固定资产原值 - 预计净残值}{固定资产预计使用年限}$$

$$= \frac{固定资产原值 - (预计残值收入 - 预计清理费用)}{固定资产预计使用年限}$$

$$固定资产月折旧额 = \frac{固定资产年折旧额}{12}$$

在实际工作中,为了反映固定资产在一定时间内的损耗程度,还需要计算固定资产折旧率。固定资产折旧率是指固定资产折旧额与其原价的比率,其计算公式如下。

$$年折旧率 = \frac{固定资产年折旧额}{固定资产原价} \times 100\%$$

$$年折旧率 = \frac{1 - 预计净残值率}{预计使用年限} \times 100\%$$

$$月折旧率 = \frac{年折旧率}{12}$$

年折旧额 = 固定资产原值 × 年折旧率

月折旧额 = 固定资产原价 × 月折旧率

【例 5-7】 企业固定资产原价为 300 000 元,预计净残值率为 4%,预计使用年限为 20 年。企业采用年限平均法计算固定资产折旧的结果如下。

$$年折旧率 = \frac{1 - 4\%}{20} \times 100\% = 4.8\%$$

月折旧率 = 4.8% ÷ 12 = 0.4%

月折旧额 = 300 000 × 0.4% = 1 200(元)

2. 工作量法

工作量法是指根据固定资产实际完成的工作量来计算每期折旧额的方法。采用工作量法时,应当先计算单位工作量应计折旧额,再根据固定资产各期实际完成的工作量,计算该项固定资产当期的折旧数额。工作量法的计算公式如下。

$$单位工作量折旧额=\frac{原值-预计净残值}{预计总工作量}=\frac{原值\times(1-预计净残值率)}{预计总工作量}$$

某项固定资产月折旧额=该项固定资产当月工作量×单位工作量折旧额

工作量法一般适用于价值较高的大型机器设备及运输设备等固定资产折旧的计算。这些固定资产的各月工作量一般不均衡，采用此种方法计提折旧会使各月成本费用负担比较合理，但是，工作量法只重视固定资产的使用，未考虑无形损耗对资产的影响问题等。

【例 5-8】 企业有运输汽车一辆，原值为 400 000 元，预计净残值为 16 000 元，预计行驶总里程为 960 000 千米。某月该汽车行驶 8 000 千米。则对该汽车采用工作量法计提折旧的结果如下。

$$单位工作量折旧额=\frac{400\,000-16\,000}{960\,000}=0.4(元/千米)$$

该固定资产月折旧额=8 000×0.4=3 200(元)

3．双倍余额递减法

双倍余额递减法是根据每期期初固定资产账面价值和双倍的直线法折旧率计算固定资产折旧的一种方法。这种方法是在不考虑固定资产预计净残值的情况下计算的。采用双倍余额递减法计算固定资产折旧率和折旧额的公式如下。

$$年折旧率=\frac{2}{预计使用年限}\times100\%$$

年折旧额=该年年初固定资产账面净值×年折旧率

月折旧额=年折旧额÷12

由于采用双倍余额递减法在确定固定资产折旧率时，不考虑固定资产的净残值因素，因此在采用这种方法时，必须注意不能使固定资产在使用寿命终止时的余额低于其预计净残值。在连续计算各年折旧额时，如果发现使用双倍余额递减法计算的折旧额小于采用直线法计算的折旧额，就应该改用直线法计提折旧。为了操作方便，采用双倍余额递减法计提折旧的固定资产，应当在固定资产折旧年限到期以前两年内，将固定资产账面净值扣除预计净残值后的余额平均摊销。

【例 5-9】 企业一项固定资产的原值为 200 000 元，预计使用年限为 5 年，预计净残值为 3 200 元。采用双倍余额递减法计算各年的折旧额，相应折旧计算如表 5-2 所示。

表 5-2 折旧计算表(双倍余额递减法)

年 数	年折旧率/%	年折旧额/元	累计折旧额/元	账面净值/元
购置时				200 000
1	40	80 000	80 000	120 000
2	40	48 000	128 000	72 000
3	40	28 800	156 800	43 200
4	—	20 000	176 800	23 200
5	—	20 000	196 800	3 200
合 计	—	196 800	—	—

4．年数总和法

年数总和法也称合计年限法，是指按固定资产应计提折旧总额乘以一个逐年递减的分数计算各年折旧额的一种方法。这种方法递减的年折旧率是将固定资产尚可使用的年限作为分子，将使用年数的逐年数字总和作为分母的一个分数，其计算公式如下。

$$年折旧率=\frac{尚可使用年限}{预计使用年限的年数总和}\times 100\%$$

或者

$$年折旧率=\frac{预计使用年限-已使用年限}{预计使用年限\times(1+预计使用年限)\div 2}\times 100\%$$

年折旧额=(固定资产原值-预计净残值)×年折旧率

月折旧额=年折旧额÷12

【例 5-10】 以例 5-9 中双倍余额递减法资料为例，假定预计净残值为 2 000 元，其他条件不变。采用年数总和法计算各年折旧额，相应折旧计算如表 5-3 所示。

表 5-3　折旧计算表(年数总和法)

年　数	尚可使用年限	应计提折旧总额/元	年折旧率/%	年折旧额/元	累计折旧额/元
1	5	200 000-2 000	5/15	66 000	66 000
2	4	198 000	4/15	52 800	118 800
3	3	198 000	3/15	39 600	158 400
4	2	198 000	2/15	26 400	184 800
5	1	198 000	1/15	13 200	198 000
合　计	—	—	—	198 000	—

在上述 4 种折旧方法中，年限平均法和工作量法都属于匀速折旧法。也就是说，折旧费用的计算和固定资产使用寿命或者完成的工作量是成正比例的。

年数总和法和双倍余额递减法都属于加速折旧法，即在固定资产的有效使用寿命内，前期计提较多的折旧费用，后期则少计提折旧费用。采用加速折旧方法，可以使固定资产的原始成本在预计折旧年限内加快得到补偿。

(三)固定资产折旧账务处理

固定资产应当按月计提折旧，计提的折旧应当记入"累计折旧"账户，并根据用途计入相关资产的成本或者当期损益。对于工程建造中所使用的固定资产，其计提的折旧应计入在建工程成本；对于基本生产车间所使用的固定资产，其计提的折旧应计入制造费用；对于管理部门所使用的固定资产，其计提的折旧应计入管理费用；对于销售部门所使用的固定资产，其计提的折旧应计入销售费用；对于经营租出所使用的固定资产，其计提的折旧应计入其他业务成本。企业计提固定资产折旧时，借记"制造费用""销售费用""管理费用"等账户，贷记"累计折旧"账户。

【例 5-11】 某企业采用年限平均法对固定资产计提折旧。2021 年 1 月根据"固定资产折旧计算表"所确定的各车间及厂部管理部门应分配的折旧额为：一车间 1 500 000 元，二车间 2 400 000 元,三车间 3 000 000 元,厂部管理部门 600 000 元。该企业应做如下会计处理。

借:制造费用——一车间　　　　　　　　　　　1 500 000
　　　　　　——二车间　　　　　　　　　　　2 400 000
　　　　　　——三车间　　　　　　　　　　　3 000 000
　　管理费用　　　　　　　　　　　　　　　　　600 000
　　贷:累计折旧　　　　　　　　　　　　　　　　　　7 500 000

三、固定资产的后续支出

固定资产的后续支出是指固定资产在使用过程中发生的更新改造支出、修理费用等。

固定资产的更新改造、修理等后续支出,满足固定资产确认条件的,应当计入固定资产成本,如有被替换的部分,应同时将被替换部分的账面价值从该固定资产原账面价值中扣除;不满足固定资产确认条件的后续支出,应当在发生时计入当期损益。

(一)资本化的后续支出

固定资产发生可资本化的后续支出时,企业应将该固定资产的原价、已计提的累计折旧和减值准备转销,将固定资产的账面价值转入"在建工程"账户,借记"在建工程""累计折旧""固定资产减值准备"等账户,贷记"固定资产"账户。发生可资本化后续支出时,借记"在建工程"账户,发生后续支出取得增值税专用发票的,按增值税专用发票上注明的增值税进项税额,借记"应交税费——应交增值税(进项税额)"账户,按实际支付的金额,贷记"银行存款"等账户。在固定资产发生的后续支出完工并达到预定可使用状态时,借记"固定资产"账户,贷记"在建工程"账户。

【例 5-12】 甲公司有关固定资产更新改造的资料如下。

(1) 2018 年 12 月 30 日,该公司自行建成了一条生产线,建造成本为 1 136 000 元;采用年限平均法计提折旧;预计净残值率为 3%,使用寿命为 6 年。

(2) 2021 年 1 月 1 日,由于生产的产品适销对路,现有生产线的生产能力已难以满足公司生产发展的需要,但若新建生产线则建设周期过长。甲公司决定对现有生产线进行改扩建,以提高其生产能力。假定该生产线未发生减值。

(3) 2021 年 1 月 1 日至 3 月 31 日,经过三个月的改扩建,完成了对这条生产线的改扩建工程,达到预定可使用状态。改扩建过程中发生以下支出:用银行存款购买工程物资一批,增值税专用发票上注明的价款为 530 000 元,增值税税额为 68 900 元,已全部用于改扩建工程;发生有关人员薪酬 7 800 元。

(4) 该生产线改扩建工程达到预定可使用状态后,大大提高了生产能力,预计将其使用寿命延长 4 年,即为 10 年。假定改扩建后的生产线的预计净残值率为改扩建后固定资产账面价值的 3%;折旧方法仍为年限平均法。

(5) 为简化计算过程,整个过程不考虑其他相关税费;公司按年度计提固定资产折旧。

在例 5-12 中,生产线改扩建后,生产能力将大大提高,能够为企业带来更多的经济利益,改扩建的支出金额也能被可靠地计量,因此该后续支出符合固定资产的确认条件,应计入固定资产的成本。有关的账务处理如下。

① 固定资产后续支出发生前，该条生产线的应计折旧额=1 136 000×(1-3%)=1 101 920(元)

年折旧额= 1 101 920÷6 ≈ 183 653.33(元)

2019 年 1 月 1 日至 2020 年 12 月 31 日两年间，各年计提固定资产折旧如下。

  借：制造费用   183 653.33
    贷：累计折旧   183 653.33

② 2020 年 12 月 31 日，将固定资产账面价值 768 693.34[1 136 000-(183 653.33×2)]元转入在建工程，相应会计分录如下。

  借：在建工程   768 693.34
    累计折旧   367 306.66
    贷：固定资产   1 136 000

③ 2021 年 1 月 1 日至 3 月 31 日，发生改扩建工程支出，相应会计分录如下。

  借：工程物资   530 000
    应交税费——应交增值税(进项税额) 68 900
    贷：银行存款   598 900
  借：在建工程   537 800
    贷：工程物资   530 000
      应付职工薪酬   7 800

④ 2021 年 3 月 31 日，生产线改扩建工程达到预定可使用状态，固定资产的入账价值=768 693.34+537 800=1 306 493.34(元)。相应会计分录如下。

  借：固定资产   1 306 493.34
    贷：在建工程   1 306 493.34

⑤ 2021 年 3 月 31 日，转为固定资产后，按重新确定的使用寿命、预计净残值和折旧方法计提折旧。

应计提折旧额=1 306 493.34×(1-3%)=1 267 298.54(元)

月折旧额=1 267 298.54÷(7×12+9)=13 626.87(元)

年折旧额=13 626.87×12=163 522.39(元)

2021 年应计提的折旧额=13 626.87×9=122 641.79(元)

相应会计分录如下。

  借：制造费用   122 641.79
    贷：累计折旧   122 641.79

【例 5-13】甲航空公司为增值税一般纳税人，2012 年 12 月份购入一架飞机总计花费 80 000 000 元(含发动机)，发动机当时的购价为 5 000 000 元。甲航空公司未将发动机单独作为一项固定资产进行核算。2021 年 6 月末，甲航空公司开辟新航线，航程增加。为延长飞机的空中飞行时间，公司决定更换一部性能更为先进的发动机。公司以银行存款购入新发动机一台，增值税专用发票上注明的购买价为 7 000 000 元，增值税税额为 910 000 元；另支付安装费用并取得增值税专用发票，注明安装费 100 000 元，税率 9%，增值税税额 9 000

元。假定飞机的年折旧率为3%,不考虑预计净残值的影响,替换下的老发动机报废且无残值收入。甲航空公司应编制如下会计分录。

(1) 2021年6月末飞机的累计折旧金额=80 000 000×3%×8.5 =20 400 000(元),将固定资产转入在建工程:

  借:在建工程   59 600 000
    累计折旧   20 400 000
    贷:固定资产   80 000 000

(2) 购入并安装新发动机:

  借:工程物资   7 000 000
    应交税费——应交增值税(进项税额) 910 000
    贷:银行存款   7 910 000
  借:在建工程   7 000 000
    贷:工程物资   7 000 000

(3) 支付安装费用:

  借:在建工程   100 000
    应交税费——应交增值税(进项税额) 9 000
    贷:银行存款   109 000

(4) 2021年6月末老发动机的账面价值=5 000 000-5 000 000×3%×8.5=3 725 000(元),终止确认老发动机的账面价值:

  借:营业外支出——非流动资产处置损失 3 725 000
    贷:在建工程   3 725 000

(5) 新发动机安装完毕,投入使用,固定资产的入账价值=59 600 000 + 7 000 000 + 100 000 − 3 725 000 = 62 975 000(元)。

  借:固定资产   62 975 000
    贷:在建工程   62 975 000

(二)费用化的后续支出

与固定资产有关的修理费用等后续支出不符合固定资产确认条件的,应当根据不同情况分别在发生时计入当期管理费用或销售费用。

一般情况下,固定资产投入使用之后,由于固定资产磨损、各组成部分耐用程度不同,可能导致固定资产的局部损坏。为了维护固定资产的正常运转和使用,充分发挥其使用效能,企业需对固定资产进行必要的维护。固定资产的日常修理费用在发生时应直接计入当期损益。企业行政管理部门发生的固定资产修理费用及其可抵扣的增值税进项税额,应借记"管理费用""应交税费——应交增值税(进项税额)"账户,贷记"银行存款"等账户;企业设置专设销售机构发生的固定资产日常修理费用及其可抵扣的增值税进项税额,应借记"销售费用""应交税费——应交增值税(进项税额)"账户,贷记"银行存款"等账户。

【例5-14】甲公司为增值税一般纳税人,2019年6月1日,管理部门使用的固定资产进行日常修理,发生维修费并取得增值税专用发票,注明的修理费为20 000元,税率13%,增值税税额2 600元。甲公司应编制如下会计分录。

```
借：管理费用                                    20 000
    应交税费——应交增值税(进项税额)              2 600
    贷：银行存款                                         22 600
```

在例 5-14 中，甲公司对管理部门使用的固定资产进行日常修理发生的修理费不符合固定资产后续支出资本化的条件，应将其在发生时计入当期损益，记入"管理费用"账户的借方。

四、固定资产处置

固定资产处置是指由于各种原因导致企业固定资产退出生产经营过程所做的处理活动。固定资产处置的具体内容包括出售、报废及毁损、无偿调出、捐赠转出、投资转出、抵债转出和非货币性交易换出的固定资产等。

企业出售、转让、报废固定资产或发生固定资产毁损时，固定资产处置一般通过"固定资产清理"账户进行核算。该账户借方记录处置固定资产的净值、支付的清理税费、结转清理净收益，贷方记录出售固定资产的收入、残料变价收入、应收保险公司或过失人的赔偿收入、结转清理净损失。

企业因出售、转让、报废或毁损、对外投资、非货币性资产交换等处置固定资产时，其会计处理一般经过以下几个步骤。

第一，固定资产转入清理。固定资产转入清理时，按固定资产账面价值，借记"固定资产清理"账户；按已计提的累计折旧，借记"累计折旧"账户；按已计提的减值准备，借记"固定资产减值准备"账户；按固定资产账面余额，贷记"固定资产"账户。

第二，发生的清理费用。固定资产清理过程中，应支付的清理费用及其可抵扣的增值税进项税额，借记"固定资产清理""应交税费——应交增值税(进项税额)"账户，贷记"银行存款"等账户。

第三，出售收入和残料等的处理。企业收回出售固定资产的价款、残料价值和变价收入等时，应冲减清理支出。即按实际收到的出售价款以及税款，借记"银行存款"账户，按增值税专用发票上注明的增值税销项税额，贷记"应交税费——应交增值税(销项税额)"账户。材料入库，按残料价值，借记"原材料"等账户，贷记"固定资产清理"账户。

第四，保险赔偿的处理。企业对于计算或收到的应由保险公司或过失人赔偿的损失，应冲减清理支出，借记"其他应收款""银行存款"等账户，贷记"固定资产清理"账户。

第五，清理净损益的处理。固定资产清理完成后，对于清理净损益，应区分不同情况进行账务处理：①因固定资产已丧失使用功能或因自然灾害发生毁损等原因而报废清理产生的利得或损失应计入营业外收支。属于生产经营期间报废清理产生的处理净损失，借记"营业外支出——非流动资产处置损失"(正常原因)或"营业外支出——非常损失"(非正常原因)账户，贷记"固定资产清理"账户；如为净收益，借记"固定资产清理"账户，贷记"营业外收入——非流动资产处置利得"账户。②因出售、转让等原因产生的固定资产处置利得或损失应计入资产处置损益。确认处置净损失，借记"资产处置损益"账户，贷记"固定资产清理"账户；如为净收益，借记"固定资产清理"账户，贷记"资产处置损益"账户。

【例 5-15】甲公司出售不需要的生产设备一台，原价为 2 000 000 元，已计提折旧 1 000 000

元,未计提减值准备,实际出售价格为 1 200 000 元,增值税税额 156 000 元,已通过银行收回价款。甲公司应做如下会计处理。

(1) 将出售固定资产转入清理时:

借:固定资产清理　　　　　　　　　　　　1 000 000
　　累计折旧　　　　　　　　　　　　　　1 000 000
　　贷:固定资产　　　　　　　　　　　　　　　　2 000 000

(2) 收回出售固定资产的价款时:

借:银行存款　　　　　　　　　　　　　　1 356 000
　　贷:固定资产清理　　　　　　　　　　　　　　1 200 000
　　　　应交税费——应交增值税(销项税额)　　　156 000

(3) 结转出售固定资产实现的利得时:

借:固定资产清理　　　　　　　　　　　　　200 000
　　贷:资产处置损益　　　　　　　　　　　　　　200 000

【例 5-16】 企业一仓库发生火灾被烧毁,该仓库原值 480 000 元,已计提折旧 260 000 元,保险公司经过调查,同意赔偿 150 000 元,尚未收到赔款。发生清理费用并取得增值税专用发票,注明的装卸费为 3 500 元,增值税税额为 210 元,全部款项以银行存款支付。残料变卖收到现金 700 元。编制会计分录如下。

(1) 注销被烧毁的固定资产的原值和累计折旧:

借:固定资产清理　　　　　　　　　　　　　220 000
　　累计折旧　　　　　　　　　　　　　　　260 000
　　贷:固定资产　　　　　　　　　　　　　　　　480 000

(2) 登记应收保险公司赔款:

借:其他应收款　　　　　　　　　　　　　　150 000
　　贷:固定资产清理　　　　　　　　　　　　　　150 000

(3) 支付发生清理费用:

借:固定资产清理　　　　　　　　　　　　　　3 500
　　应交税费——应交增值税(进项税额)　　　　　210
　　贷:银行存款　　　　　　　　　　　　　　　　3 710

(4) 残料变价收入:

借:库存现金　　　　　　　　　　　　　　　　　700
　　贷:固定资产清理　　　　　　　　　　　　　　　700

(5) 结转毁损固定资产净损失:

借:营业外支出——非常损失　　　　　　　　72 800
　　贷:固定资产清理　　　　　　　　　　　　　　72 800

五、固定资产清查

企业应定期或者至少于每年年末对固定资产进行清查盘点,以保证固定资产核算的真实性,充分挖掘企业现有固定资产的潜力。在固定资产清查过程中,如果发现盘盈、盘亏的固定资产，应填制固定资产盘盈、盘亏报告表。企业应清查固定资产的损益，并及时查明原因，按照规定程序报批处理。

(一)固定资产盘盈

对于企业在财产清查中盘盈的固定资产，应作为前期差错处理。批准处理前应先通过"以前年度损益调整"账户进行核算。对于盘盈的固定资产，企业应按重置成本确定的入账价值，借记"固定资产"账户，贷记"以前年度损益调整"账户；由于以前年度损益调整而增加的所得税费用，借记"以前年度损益调整"账户，贷记"应交税费——应交所得税"账户；将以前年度损益调整账户余额转入留存收益时，借记"以前年度损益调整"账户，贷记"盈余公积""利润分配——未分配利润"账户。

【例5-17】 丁公司在财产清查过程中，发现一台未入账的设备，重置成本为30 000元(假定与其计税基础不存在差异)。该盘盈固定资产作为前期差错进行处理。假定丁公司适用的所得税税率为25%，按净利润的10%计提法定盈余公积。丁公司应做如下会计处理。

(1) 盘盈固定资产时：
借：固定资产   30 000
    贷：以前年度损益调整   30 000

(2) 确定应缴纳的所得税时：
借：以前年度损益调整   7 500
    贷：应交税费——应交所得税   7 500

(3) 结转为留存收益时：
借：以前年度损益调整   22 500
    贷：盈余公积——法定盈余公积   2 250
        利润分配——未分配利润   20 250

(二)固定资产盘亏

对于企业在财产清查中盘亏的固定资产，应按盘亏固定资产的账面价值，借记"待处理财产损溢"账户，按已计提的折旧，借记"累计折旧"账户，按已计提的减值准备，借记"固定资产减值准备"账户；按固定资产的原价，贷记"固定资产"账户。按管理权限报经批准后处理时，按可收回的保险赔偿或过失人赔偿，借记"其他应收款"账户；按应计入营业外支出的金额，借记"营业外支出——盘亏损失"账户，贷记"待处理财产损溢"账户。

【例5-18】 乙公司进行财产清查时发现短缺一台笔记本电脑，原价为10 000元，已计提折旧7 000元。购入时增值税税额为1 300元。乙公司应做如下会计处理。

(1) 盘亏固定资产时：
借：待处理财产损溢   3 000
    累计折旧   7 000
    贷：固定资产   10 000

(2) 转出不可抵扣的进项税额时：
借：待处理财产损溢   390

贷：应交税费——应交增值税(进项税额转出)　　　　　　390
(3) 报经批准转销时：
借：营业外支出——盘亏损失　　　　　　　　　　　　　3 390
　　贷：待处理财产损溢　　　　　　　　　　　　　　　　3 390

根据现行增值税制度规定，购进货物及不动产发生非正常损失，其负担的进项税额不得抵扣，其中购进货物包括被确认为固定资产的货物。但是，如果盘亏的是固定资产，应按其账面净值(固定资产原价-已计提折旧)乘以适用税率计算不可以抵扣的进项税额。

六、固定资产的期末计价

企业在会计期末应对固定资产的价值进行检查，以合理地确定固定资产的期末价值。如果由于固定资产技术陈旧、损坏、长期闲置等原因，导致其可收回金额低于账面价值，称为固定资产减值。对于已发生减值的固定资产，应将其可收回金额低于账面价值的差额计提固定资产减值准备。

如存在以下情况，应当计算固定资产的可收回金额，以确定固定资产是否已经发生减值。

(1) 固定资产市价大幅度下跌，并且预计在近期内不可能恢复。
(2) 企业所处经营环境近期发生重大变化，并对企业产生负面影响。
(3) 同期市场利率等大幅度提高，导致固定资产可收回金额大幅度降低。
(4) 固定资产陈旧过时或发生实体损坏等。

固定资产减值损失一经确认，在以后的会计期间不能转回。

如果固定资产存在减值迹象，应当估计可收回金额。通过比较固定资产的账面价值与可收回金额，当可收回金额低于账面价值时，其差额即为应计提的固定资产减值的金额。

企业发生固定资产减值时，应按可收回金额低于其账面价值的差额，借记"资产减值损失——固定资产减值损失"账户，贷记"固定资产减值准备"账户。

【例5-19】企业2020年1月1日购入一台设备，原值为110 000元，预计净残值为5 000元，预计使用10年。采用年限平均法计提折旧，2021年12月31日，该设备发生减值，可收回金额为70 000元。根据资料，编制如下会计分录。

(1) 计算该设备2020年2月至2021年12月的累计折旧：
年折旧额=(110 000-5 000)÷10=10 500(元)
月折旧额=10 500÷12=875(元)
累计折旧额=11×875+10 500=20 125(元)
(2) 该设备2021年12月31日的净值为：
110 000-20 125=89 875(元)
(3) 应计提减值准备为：
89 875-70 000=19 875(元)
编制相应会计分录如下。
借：资产减值损失——固定资产减值损失　　　　　　　19 875
　　贷：固定资产减值准备　　　　　　　　　　　　　　19 875

七、固定资产明细核算

为了反映和监督各类固定资产和每项不同性能、用途的固定资产增减变化情况,企业应当设置"固定资产卡片"和"固定资产登记簿",以进行固定资产的明细分类核算。

(一)固定资产卡片

固定资产卡片按照每一独立的固定资产项目分别设置,并对每一个固定资产项目设一张卡片。

固定资产项目是指具有一定用途的独立物体,包括为完成该项资产必不可少的附属设备或附件。例如,生产设备应以每一机器设备连同基座和附属设备、工具、仪器等作为一个固定资产项目;房屋应以每幢房屋连同与其不可分割的照明设备、暖气设备和卫生设备等作为一个固定资产项目;企业购置计算机硬件所附带的、未单独计价的软件,与所购置的计算机硬件一并作为一个固定资产项目。

按照固定资产项目设置的"固定资产卡片",既是管理固定资产的"档案",又是固定资产明细核算的基础账簿。凡是增加的固定资产,都应该根据有关交接凭证,开立固定资产卡片;当固定资产发生内部转移、大修理、技术改造以及处置等情况时,都应根据有关凭证在卡片内进行登记。

固定资产卡片应当详细登记该项固定资产的类别、编号、名称、规格型号、主要技术特征、使用或保管单位、开始使用日期、原价、预计使用寿命、预计残值、预计处置费用、折旧率、停用、大修理和处置等资料。固定资产卡片的一般格式如表5-4和表5-5所示。

(二)固定资产登记簿

固定资产登记簿是按照固定资产类别设置的明细账,通常采用多栏式账页,按照固定资产保管、使用单位设置专栏。固定资产登记簿根据有关固定资产确认、计量和处置的会计凭证,序时、逐笔登记,其一般格式如表5-6所示。

表5-4 甲公司固定资产卡片(正面)

固定资产卡片编号:110906A					固定资产编号:6002C					
固定资产名称:C设备			原价:62 500元				预计处置费用:1 250元			
固定资产类别:机器设备			预计使用寿命:5年				预计残值:3 750元			
建造单位:北方工厂			年折旧额:12 000元				年折旧率:19.2%			
建造月份:2022年9月			技术特征规格:KFD130				收入时已使用年限:			
交接凭证编号:1009			验收日期:2022年9月6日				开始使用日期:2022年9月6日			
大修理记录				内部转移记录			停用记录			
日期	凭证	摘要		日期	凭证	使用单位	存放地点	停用原因	停用日期	启用日期

表 5-5　甲公司固定资产卡片(反面)

原价变动记录						附属设备			
日　期	凭　证	增　加	减　少	变动后记录	名　称	规　格	数　量	金　额	

出售记录		报废清理记录		备　注
出售日期：		报废清理日期：		
凭证字号：		凭证字号：		
出售方式：		报废清理原因：		
购买单位：		原价：		
原价：		累计已提折旧额：		
累计已提折旧额：		已计提减值准备：		设卡日期：
已计提减值准备：		变价收入：		注销日期：
出售价格：		清理费用：		卡片登记人：

表 5-6　甲公司固定资产登记簿

固定资产类别：房屋建筑物　　　　　　　　　　　　　　　　　　　　　　　　单位：元

20××年		凭证字号	摘要	生产车间			管理部门			合　计		
月	日			增加	减少	余额	增加	减少	余额	增加	减少	余额
1	1		上年结转			7 475 000			4 700 000			12 175 000
1	29	转 21	新建库房				747 125		5 447 125	747 125		12 922 125
6	8	转 88	新建厂房	3 000 000		10 475 000				3 000 000		15 922 125

企业财会部门应当定期核对固定资产登记簿和"固定资产"总分类账户的记录,并与固定资产管理部门和各使用部门定期核对固定资产卡片,以确保卡片数量和内容准确无误,做到账实相符、账账(账卡)相符,并确保会计记录的正确性和完整性。

本章小结

本章重点介绍了固定资产取得和后续支出的有关问题。企业取得固定资产应按其成本入账。由于固定资产的来源渠道不同,其价值构成也有所不同。本章详细介绍了不同来源渠道的固定资产的账务处理。折旧是指在固定资产使用寿命范围内,按照确定的方法对应计折旧额进行系统分摊。固定资产计提折旧的过程,实质上就是固定资产价值转移的过程。即随着固定资产价值的转移,以折旧的形式在产品销售收入中得到补偿,并转化为货币资金的过程。从本质上来讲,折旧也是一种费用。本章详细介绍了计算固定资产折旧的不同方法,企业应根据固定资产的特点选用,并且一经选用不得随意变更。对于固定资产的后续支出，满足固定资产确认条件的，应当计入固定资产成本；对于不满足固定资产确认条件的固定资产修理费用等，应当在发生时计入当期损益。

课后习题

一、单项选择题

1. 现行会计制度规定，使用年限在( )的房屋、建筑物、机器及其他与生产经营有关的设备、器具、工具等，应列为固定资产。
   A. 一年以内　　B. 一年以上　　C. 两年以上　　D. 三年以上

2. 企业购入需要安装的固定资产，不论采用何种安装方式，固定资产的全部安装工程成本均应通过( )账户进行核算。
   A. 固定资产　　　　　　　B. 使用权资产
   C. 工程物资　　　　　　　D. 在建工程

3. 计提固定资产折旧时，可以先不考虑固定资产净残值的方法是( )。
   A. 年限平均法　　B. 工作量法　C. 双倍余额递减法　　D. 年数总和法

4. 企业购入的待安装的生产设备交付安装后应记入( )账户。
   A. 固定资产　　B. 制造费用　　C. 在建工程　　D. 工程物资

5. 企业固定资产发生毁损时，应将固定资产的账面净值转入( )账户核算。
   A. 待处理财产损溢　　　　B. 固定资产清理
   C. 营业外支出　　　　　　D. 在建工程

6. 下列固定资产中，应计提折旧的是( )。
   A. 未提足折旧提前报废的房屋　　B. 闲置的房屋
   C. 已提足折旧继续使用的房屋　　D. 以短期租赁方式租入的设备

7. 清理固定资产的变价收入应记入( )账户。
   A. 固定资产清理　　　　　B. 营业外收入
   C. 营业外支出　　　　　　D. 固定资产

8. 固定资产发生减值时应记入( )账户。
   A. 在建工程成本　　　　　B. 制造费用
   C. 资产减值损失　　　　　D. 长期待摊费用

9. 对于固定资产盘亏，经批准核销时，应借记( )账户。
   A. 待处理财产损溢　　　　B. 营业外支出
   C. 固定资产　　　　　　　D. 管理费用

10. 下列各项所发生的固定资产后续支出中，不能资本化的支出是( )。
    A. 资产生产的产品质量提高
    B. 资产的生产能力增大
    C. 恢复或保持资产的原有性能标准，以确保未来经济效益的实现
    D. 资产的估计使用年限延长

二、多项选择题

1. 对于购入的固定资产，其入账价值包括( )。
   A. 买价　　　　B. 运杂费　　　　C. 途中保险费　　　　D. 进口关税
2. 对下列机器设备应计提折旧的有( )。
   A. 作为使用权资产管理租入的机器设备(短期租赁和低价值租赁除外)
   B. 以短期租赁方式租入的设备
   C. 已季节性停用的设备
   D. 已提足折旧继续使用的机器设备
3. 下列业务中，通过"固定资产清理"账户进行核算的有( )。
   A. 出售固定资产　　　　　　　B. 固定资产报废
   C. 固定资产对外投资　　　　　D. 固定资产毁损
4. 下列折旧方法中，属于加速折旧法的有( )。
   A. 双倍余额递减法　　　　　　B. 工作量法
   C. 年数总和法　　　　　　　　D. 使用年限法
5. 计算固定资产折旧的主要依据有( )。
   A. 固定资产的预计使用年限　　B. 固定资产取得时的原始价值
   C. 固定资产的净残值　　　　　D. 固定资产的使用部门
6. 在固定资产计提折旧时，始终考虑固定资产残值的折旧方法的有( )。
   A. 年限平均法　　　　　　　　B. 工作量法
   C. 双倍余额递减法　　　　　　D. 年数总和法
7. 固定资产清理发生净损益时，应由"固定资产清理"账户转入( )账户。
   A. 长期待摊费用　　　　　　　B. 资产处置损益
   C. 营业外收入　　　　　　　　D. 营业外支出
8. 可在"固定资产清理"账户的借方登记的项目有( )。
   A. 转入清理的固定资产的净值　B. 变价收入
   C. 结转的清理净收益　　　　　D. 结转的清理净损失
9. 固定资产修理支出可通过( )科目核算。
   A. 在建工程　　B. 管理费用　　C. 销售费用　　D. 制造费用
10. 不满足固定资产确认条件的固定资产日常支出，可能计入的会计账户有( )。
    A. 制造费用　　B. 管理费用　　C. 在建工程　　D. 销售费用

三、判断题

1. 按企业会计制度的规定，对企业不需要的机器设备不必计提折旧。　　　　　　　( )
2. 外购的工程用物资，其增值税进项税额可以抵扣，而不计入工程物资的成本。　　( )
3. 企业固定资产一经入账，其入账价值均不得做任何变动。　　　　　　　　　　　( )
4. 固定资产出售、报废、由于各种不可抗拒的自然灾害而产生的损毁，均应通过"固定资产清理"账户进行核算。　　　　　　　　　　　　　　　　　　　　　　　　　( )
5. 采用出包方式自行建造固定资产工程时，预付承包单位的工程价款应通过"预付账款"账户核算。　　　　　　　　　　　　　　　　　　　　　　　　　　　　　　　( )

6. 企业出租固定资产的，由于是其他企业在用，因此不应对其计提折旧。（ ）
7. 对于投资者投入的固定资产，应按该资产账面原值入账。（ ）
8. 企业的固定资产应当在期末按照账面价值与可收回金额孰低计价。对可收回金额低于账面价值的金额，应当计提固定资产减值准备。（ ）
9. 在企业中作为固定资产核算的物品必须是拥有所有权的物品。（ ）
10. 企业季节性停用或大修理停用的固定资产属于使用中的固定资产。（ ）

四、业务操作题

【业务题一】

目的：练习固定资产取得的核算。

要求：根据以下资料编制会计分录。

资料：假设发生如下经济业务。

1. 1月20日，企业管理部门购入一台不需要安装的A设备，取得的增值税专用发票上注明的设备价款为550万元，增值税税额为71.5万元，另发生运输费并取得增值税专用发票，注明的运输费为4.5万元，增值税税额为0.405万元，款项均以银行存款支付。

2. 2021年2月1日，甲公司购入一台需要安装的机器设备，取得的增值税专用发票上注明的设备价款为500 000元，增值税税额为65 000元，支付运输费并取得增值税专用发票，注明的运输费为2 500元，增值税税额为225元，款项均已通过银行存款支付；安装设备时，领用本公司原材料一批，价值30 000元，支付给安装工人的工资为4 900元。假定不考虑其他相关税费。

3. 2021年4月1日，甲公司为降低采购成本，向乙公司一次性购进了3套不同型号且具有不同生产能力的设备A、B和C，取得的增值税专用发票上注明的价款为7 800 000元，增值税税额1 014 000元，另支付包装费并取得增值税专用发票，注明的包装物为42 000元，增值税税额2 520元，全部以银行存款支付。假定设备A、B和C均满足固定资产的定义及其确认条件，公允价值分别为2 926 000元、3 594 800元、1 839 200元。不考虑其他相关税费。

4. 长江公司为增值税一般纳税人。2021年1月，长江公司因生产需要，决定以自营方式建造一厂房，相关资料如下。

(1) 2021年1月5日，购入工程用专项物资200万元，增值税税额为26万元，该批专项物资已验收入库，款项用银行存款付讫。

(2) 领用上述专项物资，用于建造厂房。

(3) 领用一批本单位生产的水泥用于工程建设。该批水泥成本为40万元。

(4) 领用一批本单位外购的原材料用于工程建设。原材料实际成本为10万元。

(5) 2021年1月至3月，付给工程建设人员工资20万元，以银行存款支付其他费用并取得增值税专用发票，注明的安装费为5.8万元，税率9%，增值税税额0.522万元。

(6) 2021年3月31日，该厂房达到预定可使用状态，估计可使用20年、净残值为20万元，采用直线法计提折旧，计算2021年计提的折旧额。

5. 某企业采用出包方式扩建厂房，其发生的相关经济业务如下。

(1) 由于资金不足向银行借入三年期借款8 000 000元。

(2) 按工程进度和合同规定结算进度款并取得增值税专用发票，注明的工程款为 10 000 000 元，增值税税额 900 000 元。

(3) 第二年上半年工程即将完工，补付工程款并取得增值税专用发票，注明的工程款为 6 000 000 元，增值税税额 540 000 元。

(4) 计算得出工程建设期间银行借款利息 800 000 元。

(5) 工程达到预定可使用状态后，结转固定资产成本。

【业务题二】

目的：练习固定资产折旧的核算。

要求：根据以下资料计算固定资产应提折旧额，并编写必要的会计分录。

资料：假设发生如下经济业务。

1. 2021 年 1 月 3 日，甲公司(一般纳税人)购入一台需要安装的设备，购买价款 400 000 元，增值税税额 52 000 元。安装过程中，支付工人费用 9 000 元，领用原材料 1 000 元，设备预计使用 5 年，预计净残值 4 000 元。(采用年限平均法计算设备月折旧额)。

2. 某企业的一辆运货卡车原值为 100 000 元，预计总行驶里程为 50 万千米，其报废时的净残值率为 5%，本月行驶 4 000 千米。(采用工作量法计算该辆汽车的月折旧额)。

3. 某企业某项固定资产原价为 100 000 元，预计净残值 5 000 元、使用年限 4 年。(用双倍余额递减法和年数总和法分别计算该项固定资产每年的折旧额)

4. 某公司 5 月应计提折旧固定资产原值：机器设备类 2 000 000 元，运输设备类 600 000 元，房屋建筑类 1 000 000 元。5 月固定资产增加：购进机器设备一台，安装完毕交付生产使用，购入原价 100 000 元，发生安装费用 2 000 元；购进新运输设备一台，价值 120 000 元，设备无需安装，已交付使用。5 月份固定资产减少：出售一台不适用的运输设备，账面原值 60 000 元，已计提折旧 20 000 元，售价 50 000 元。该公司机器设备类固定资产的年折旧率为 12%，运输设备类固定资产的年折旧率为 8%，房屋建筑类固定资产的年折旧率为 6%。根据上述资料计算该公司 6 月应计提的折旧额。

【业务题三】

目的：练习固定资产后续支出的核算。

要求：根据以下资料编制会计分录，并计算改扩建后的固定资产 2022 年应计提的折旧额。

资料：某企业于 2021 年 9 月 15 日对一厂房进行改扩建。改扩建前该厂房的原价为 1 400 万元，已计提折旧 400 万元，已计提减值准备 50 万元。改扩建过程中实际领用工程物资 300 万元；领用企业生产用的原材料一批，实际成本为 40 万元；分配工程人员工资 45.6 万元；企业辅助生产车间为工程提供有关劳务支出 6.6 万元，该厂房于 2021 年 10 月 30 日达到预定可使用状态。该企业对改扩建后的固定资产采用年数总和法计提折旧，预计尚可使用年限为 5 年，预计净残值为 42 万元。

【业务题四】

目的：练习固定资产处置的核算。

要求：根据以下资料编制会计分录。

资料：假设发生如下经济业务。

1. 甲公司有一台设备，因使用期满经批准报废。该设备原价为 186 700 元，累计已计提折旧 177 080 元，已计提减值准备 2 500 元。在清理过程中，发生清理费用并取得增值税专用发票，注明的装卸费为 5 000 元，增值税税额为 300 元，全部款项以银行存款支付。残料变价收入为 6 500 元，增值税税额为 845 元，款项收存银行。

2. 某企业因火灾烧毁一幢厂房，该厂房原值 1 500 000 元，已计提折旧额 600 000 元，经保险公司核定应赔偿损失 700 000 元，以现金支付清理费用 1 000 元，残料估价 5 000 元，已入库。

3. 某企业出售一座建筑物，原值 2 000 000 元，已使用 6 年，计提折旧 300 000 元，未计提减值准备。发生清理费用并取得增值税专用发票，注明装卸费为 10 000 元，增值税税额为 600 元，全部款项以银行存款支付。出售的价格为 1 900 000 元，增值税税率为 9%，增值税税额为 171 000 元，款项已存入银行。

【业务题五】

目的：练习固定资产清查的核算。

要求：根据以下资料编制会计分录。

资料：合安公司在固定资产清查中，发现有账外电机一台，同类电机的市场价格为 8 000 元，估计还有四成新。盘盈的电机经批准后转作企业收益。合安公司按净利润的 10% 提取法定盈余公积，所得税税率为 25%。

【业务题六】

目的：练习固定资产业务的核算。

要求：根据以下资料编制会计分录。

资料：乙公司为华东地区的一家上市公司，属于增值税一般纳税企业，适用的增值税税率为 13%。其有关业务资料如下。

1. 2019 年 12 月 1 日，乙公司购入一条需要安装的生产线，取得的增值税专用发票上注明的生产线价款为 10 000 000 元，增值税税额为 1 300 000 元；发生保险费并取得增值税专用发票，注明的保险费为 25 000 元，增值税税额为 1 500 元，款项均以银行存款支付；没有发生其他相关税费。

2. 2019 年 12 月 1 日，乙公司开始以自营方式安装该生产线。安装期间领用生产用原材料的实际成本为 100 000 元，发生安装工人薪酬 50 000 元。

3. 2019 年 12 月 31 日，该生产线达到预定可使用状态，当日投入使用。该生产线预计使用年限为 6 年，预计净残值为 132 000 元，采用直线法计提折旧(保留整数)。

4. 2020 年 12 月 31 日，乙公司在对该生产线进行检查时发现其已经发生减值，可收回金额为 8 075 600 元。

5. 2021 年 1 月 1 日，该生产线预计尚可使用年限为 5 年，预计净残值为 125 600 元，采用直线法计提折旧(保留整数)。

6. 2021 年 6 月 30 日，乙公司采用出包方式对该生产线进行改良。当日，该生产线停止使用，开始进行改良。在改良过程中，乙公司以银行存款支付生产线改良价款并取得增值税专用发票，注明的价款为 1 221 400 元，增值税税额为 158 782 元。

7. 2021 年 8 月 20 日，改良工程完工，验收合格并于当日投入使用，预计尚可使用年限为 8 年，预计净残值为 102 000 元，采用直线法计提折旧。2021 年 12 月 31 日，该生产线未发生减值。计提 2021 年折旧。

微课视频

扫一扫，获取本章相关微课视频。

5-1　购入需要安装的固定资产　　5-2　自营建造固定资产　　5-3　平均年限法计算折旧　　5-4　双倍余额递减法计算折旧　　5-5　固定资产处置

第六章　无形资产和长期待摊费用岗位业务

【学习目标】

- 了解无形资产的岗位工作业务流程。
- 清楚无形资产包括的内容。
- 学会无形资产取得、摊销、出租、处置，期末计价业务以及长期待摊费用的账务处理。

【导读案例】

会计师王杰审计新华公司 2021 年度会计报表时，了解到新华公司从当年年初开始研究开发一项新技术，至 2021 年 9 月 10 日研发成功，共发生开发费用 150 万元及律师费 50 万元。为使该项新技术运用到生产中，新华公司发生相关费用 30 万元。

2021 年 11 月，新华公司与宝源公司签订协议，将开发的该项新技术出售给宝源公司，双方协议价格 400 万元，宝源公司于 12 月 5 日预付了 300 万元价款。协议中规定，该项新技术出售给宝源公司后，新华公司需继续提供售后服务，以保证宝源公司使用该项技术所生产的产品达到新华公司规定的质量标准，如果一年内产品未能达到规定的质量标准，宝源公司有权将其按原价返回新华公司。

(资料来源：根据百度文库案例删改，
https://wenku.baidu.com/view/cbc8860c4835eefdc8d376eeaeaad1f346931113.html.)

问题：

如果你是会计师王杰，应该如何审计新华公司的会计处理？

第一节　无形资产岗位概述

一、无形资产岗位的工作内容

(一)无形资产的概念和特征

无形资产是指企业拥有或者控制的没有实物形态的可辨认非货币性资产。无形资产具有以下 3 个方面的特征。

1. 无形资产不具有实物形态

无形资产通常表现为某种权利、某项技术或是某种获取超额利润的综合能力。它们不具有实物形态，看不见、摸不着，如土地使用权、非专利技术等。无形资产为企业带来经济利益的方式与固定资产不同，固定资产是通过实物价值的磨损和转移来为企业带来未来经济利益，而无形资产在很大程度上是通过自身所具有的技术等优势为企业带来未来经济利益，不具有实物形态是无形资产区别于其他资产的特征之一。

2. 无形资产具有可辨认性

资产满足下列条件之一的，符合无形资产定义中的可辨认性标准。

(1) 能够从企业中分离或者划分出来，并能单独或者与相关合同、资产或负债一起，用于出售、转让、授予许可、租赁或者交换。

(2) 源自合同性权利或其他法定权利，无论这些权利是否可以从企业或其他权利或义务中转移或者分离。

3. 无形资产属于非货币性资产

无形资产由于没有发达的交易市场，一般不容易转化成现金，在持有过程中为企业带来未来经济利益的情况不确定，属于非货币性资产。

(二)无形资产的内容

无形资产通常包括专利权、非专利技术、商标权、著作权、特许权和土地使用权等。

1. 专利权

专利权是指国家专利主管机关依法授予发明创造专利申请人，对其发明创造在法定期限内所享有的专有权利，包括发明专利权、实用新型专利权和外观设计专利权。

2. 非专利技术

非专利技术也称专有技术，是指不为外界所知、在生产经营活动中已采用了的、不享有法律保护的、可以带来经济效益的各种技术和诀窍。非专利技术并不是专利法的保护对象，非专利技术用自我保密的方式来维持其独占性，具有经济性、机密性和动态性等特点。

3. 商标权

商标是用来辨认特定的商品或劳务的标记。商标权是指专门在某类指定的商品或产品上使用特定的名称或图案的权利。经商标局核准注册的商标为注册商标。

4. 著作权

著作权又称版权，是指作者对其创作的文学、科学和艺术作品依法享有的某些特殊权利。著作权包括作品署名权、发表权、修改权、发行权等。

5. 特许权

特许权又称经营特许权、专营权，是指企业在某一地区经营或销售某种特定商品的权利或是一家企业接受另一家企业使用其商标、商号、技术秘密等的权利。特许权通常有两种形式，一种是由政府机构授权，准许企业使用或在一定地区享有经营某种业务的特权；另一种是企业间依照签订的合同，有限期或无限期使用另一家企业的某些权利。

6. 土地使用权

土地使用权是指国家准许某企业在一定期间内对国有土地享有开发、利用、经营的权利。在通常情况下，以缴纳土地出让金等方式外购的土地使用权以及投资者投入等方式取得的土地使用权作为无形资产核算。

(三)无形资产的分类

1. 按其有无有效期划分

无形资产按其有无有效限期划分为有限期无形资产和无限期无形资产。有限期无形资产在有效期限内受到法律保护，如专利权、商标权、经营特许权、版权和土地使用权等；无限期无形资产不受法律保护，如非专利技术等。

2. 按其存在形态不同划分

无形资产按其存在形态划分为技术型无形资产和非技术型无形资产。技术型无形资产主要是指专利、工业版权和专有技术；非技术型无形资产包括商标权、著作权、租赁权和特许权等。

3. 按其获得的方式不同划分

无形资产按其获得的方式可分为外购无形资产、自创无形资产和投入的无形资产。

(四)无形资产岗位的工作任务

无形资产是特殊资产，不以实物形态存在。随着经济的发展，无形资产对企业发展的促进作用日益突出。企业应当建立无形资产业务的岗位责任制，明确相关部门和岗位的职责、权限，确保办理无形资产业务的不相容岗位相互分离、制约和监督。

1. 建立无形资产核算管理制度

按照企业准则的规定再结合企业的具体情况，会同有关部门建立无形资产核算管理制度，加强无形资产的管理。企业应当对无形资产业务建立严格的授权批准制度，明确授权批准的方式、权限、程序、责任和相关控制措施，规定经办人的职责范围和工作要求。严禁未经授权的机构或人员办理无形资产业务。

2. 制定无形资产业务流程

明确无形资产投资预算编制、自行开发无形资产预算编制、取得与验收、使用与保全、处置和转移等环节的控制要求，并设置相应的记录或凭证，如实记载各环节业务开展情况，及时传递相关信息，确保无形资产业务全过程得到有效的控制。

3. 组织无形资产技术鉴定，确定无形资产范围

根据使用部门提出的鉴定申请，组织无形资产技术鉴定；严格按照会计准则的规定，确认企业无形资产种类、范围，以便于核算。办理无形资产的增加、调剂、处置等审批手续。

4. 对无形资产进行账务处理

设置相关无形资产账户，根据经济业务审核相关原始凭证，登记无形资产明细账。

5. 组织无形资产的清查、统计等工作

会同有关部门定期组织无形资产清查、统计等工作，汇总清查、统计结果，及时发现问题，查明原因并妥善处理。

二、无形资产岗位的业务流程

外购无形资产岗位的业务流程如图 6-1 所示。

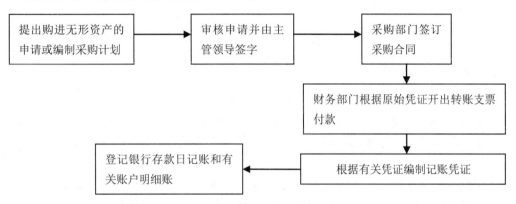

图 6-1　外购无形资产的业务流程

外购无形资产的业务流程的具体说明如下。
(1) 有关部门提出购进无形资产的申请，编制采购计划。
(2) 上报主管部门审批。
(3) 采购部门签订采购合同，购进无形资产。
(4) 出纳根据发票等原始凭证，开出结算凭证付款。
(5) 会计人员根据有关原始凭证编制记账凭证。
(6) 出纳登记银行存款日记账，会计登记有关无形资产明细账。

第二节　无形资产业务核算

一、取得无形资产的核算

(一)无形资产相关账户介绍

1. "无形资产"账户

"无形资产"账户用来核算企业持有的无形资产成本，包括专利权、非专利技术、商标权、著作权、特许经营权和土地使用权等。该账户借方登记企业取得无形资产的成本，贷方登记处置无形资产的成本；期末余额在借方，反映企业现有无形资产的成本。

"无形资产"账户可以按照无形资产项目进行明细核算。

2. "累计摊销"账户

"累计摊销"账户用来核算企业对使用寿命有限的无形资产计提的累计摊销。该账户贷方登记企业计提的无形资产摊销额,借方登记处置无形资产时转销的累计摊销额;期末余额在贷方,反映企业现有无形资产累计摊销额。

"累计摊销"账户可以按照无形资产项目进行明细核算。

3. "无形资产减值准备"账户

"无形资产减值准备"账户用来核算企业对无形资产进行减值测试后计提的减值准备。该账户贷方登记企业计提的无形资产减值准备,借方登记处置无形资产转出的已计提的减值准备;期末余额在贷方,反映企业已计提但尚未转销的无形资产减值准备。

"无形资产减值准备"账户可以按照无形资产项目进行明细核算,也就是说,"无形资产""累计摊销"和"无形资产减值准备"三个总分类账户的明细账的设置应当一致。

4. "研发支出"账户

"研发支出"账户用来核算企业自行研究开发无形资产过程中发生的各项支出,包括费用化支出和资本化支出。该账户借方登记企业发生的研究与开发支出,贷方登记研究开发项目完成后达到预定用途形成无形资产或转作管理费用的金额;期末余额在借方,反映企业正在进行无形资产研究开发项目并且满足资本化条件的支出。

"研发支出"账户应当按照研究开发项目,区别"费用化支出"和"资本化支出"进行明细核算。其中,"费用化支出"明细账户发生额期末转作管理费用以后,该明细账户应无余额。

(二)取得无形资产的具体核算

1. 外购无形资产

外购的无形资产,其成本包括购买价款、相关税费以及直接归属于使该项资产达到预定用途所发生的其他支出。其中,其他支出包括使无形资产达到预定用途所发生的专业服务费用、测试无形资产是否能够正常发挥作用的费用等。外购无形资产发生的增值税,取得符合法律规定的可抵扣发票,可依法进行抵扣。为引进无形资产发生的宣传费等计入当期损益。

【例 6-1】 甲公司购入一项非专利技术,增值税专用发票上注明的价款 900 000 元,增值税税额 54 000 元,以银行存款支付。甲公司应做如下会计处理。

借:无形资产——非专利技术　　　　　　　900 000
　　应交税费——应交增值税(进项税额)　　 54 000
　　贷:银行存款　　　　　　　　　　　　　　　954 000

2. 自行研究开发无形资产

自行研究开发无形资产的成本,包括直接归属于使该项资产达到预定用途所发生的各项研发支出,以前期间已经费用化的支出不再调整计入无形资产的成本。

企业内部研究开发项目所发生的支出应区分研究阶段支出和开发阶段支出分别进行

核算：①在研究阶段主要为获取新的技术和知识等进行的有计划的调查。研究阶段是探索性的，为进一步开发进行相关准备。②在开发阶段主要在进行商业性生产或使用前，将研究成果或其他知识应用于某项计划或设计，以生产出新的或具有实质性改进的材料、装置、产品等。开发阶段是以研究阶段为基础，一般可以形成成果。

1) 内部研究开发费用的会计处理基本原则

企业内部研究和开发无形资产，其在研究阶段的支出全部费用化，计入当期损益(管理费用)；开发阶段的支出应符合条件的资本化，不符合资本化条件的计入当期损益(管理费用)。如果确实无法区分研究阶段的支出和开发阶段的支出，应将其所发生的研发支出全部费用化，计入当期损益。

对于开发阶段的有关支出同时满足下列条件的应予以资本化。

(1) 完成该无形资产以使其能够使用或出售，并在技术上具有可行性。

(2) 具有完成该无形资产并使用或出售的意图。

(3) 无形资产产生经济利益的方式，包括能够证明运用该无形资产生产的产品存在市场或无形资产自身存在市场。无形资产将在内部使用的，应当证明其有用性。

(4) 有足够的技术、财务资源和其他资源支持，以完成该无形资产的开发，并有能力使用或出售该无形资产。

(5) 归属于该无形资产开发阶段的支出能够被可靠地计量。

2) 内部研究开发费用的账务处理方法

企业自行开发无形资产发生的研发支出，不满足资本化条件的，借记"研发支出——费用化支出"账户；满足资本化条件的，借记"研发支出——资本化支出"账户，贷记"原材料""银行存款""应付职工薪酬"等账户；自行研究开发无形资产发生的可以抵扣的进项税额，借记"应交税费——应交增值税(进项税额)"。研究开发项目达到预定用途形成无形资产的，应按"研发支出——资本化支出"账户的余额，借记"无形资产"账户，贷记"研发支出——资本化支出"账户。期(月)末，应将"研发支出——费用化支出"账户归集的金额转入"管理费用"账户，借记"管理费用"账户，贷记"研发支出——费用化支出"账户。

【例6-2】 甲公司自行研究开发一项技术，截至2020年12月31日，发生研发支出合计2 000 000元，经测试该项研发活动完成了研究阶段的任务，从2021年1月1日开始进入开发阶段。2021年发生开发支出300 000元，假定符合《企业会计准则第6号——无形资产》规定的开发支出资本化的条件，取得增值税专用发票注明的增值税税额39 000元。2021年6月30日，该项研发活动结束，最终开发出一项非专利技术。甲公司应做如下会计处理。

(1) 2020年发生的研发支出时：

借：研发支出——费用化支出　　　　　　　2 000 000
　　贷：银行存款　　　　　　　　　　　　　　　　2 000 000

(2) 2020年12月31日，发生的研发支出全部属于研究阶段的支出：

借：管理费用　　　　　　　　　　　　　　2 000 000
　　贷：研发支出——费用化支出　　　　　　　　　2 000 000

(3) 2021年，发生开发支出并满足资本化确认条件：

借：研发支出——资本化支出　　　　　　　　300 000
　　应交税费——应交增值税(进项税额)　　　　39 000
　　贷：银行存款　　　　　　　　　　　　　　339 000

(4) 2021年6月30日，该技术研发完成并形成无形资产：

借：无形资产　　　　　　　　　　　　　　　300 000
　　贷：研发支出——资本化支出　　　　　　　300 000

3. 投资者投入的无形资产

投资者投入无形资产的成本，应当按照投资合同或协议约定的价值确定无形资产的取得成本。如果投资合同或协议约定价值不公允的，应按无形资产的公允价值作为无形资产初始成本入账。能取得增值税专用发票的，按增值税专用发票上的金额记录进项税额。

【例6-3】 因乙公司创立的商标已有较好的声誉，甲公司预计使用乙公司商标后可使其未来利润增长30%，故甲公司与乙公司协议商定，乙公司以其商标权投资于甲公司，双方协议价格(等于公允价值)为500万元，增值税发票记录的增值税税额为30万元，款项已通过银行转账支付。

甲公司的账务处理如下。

借：无形资产——商标权　　　　　　　　　5 000 000
　　应交税费——应交增值税(进项税额)　　　300 000
　　贷：实收资本(或股本)　　　　　　　　　5 300 000

二、无形资产摊销

企业应当在取得无形资产时分析判断其使用寿命。对使用寿命有限的无形资产应进行摊销。使用寿命不确定的无形资产不应摊销。

使用寿命有限的无形资产，其残值应当视为零。对于使用寿命有限的无形资产应当自可供使用(其达到预定用途)当月起开始摊销，处置当月不再摊销。

无形资产摊销方法包括直线法、生产总量法等。企业选择的无形资产的摊销方法，应当反映与该项无形资产有关的经济利益的预期实现方式。无法可靠确定预期实现方式的，应当采用直线法摊销。

企业应当按月对无形资产进行摊销。无形资产的摊销额一般应当计入当期损益，并记入"累计摊销"账户。企业自用的无形资产，其摊销金额计入管理费用，借记"管理费用"账户，贷记"累计摊销"账户；出租的无形资产，其摊销金额计入其他业务成本，借记"其他业务成本"账户，贷记"累计摊销"账户。某项无形资产包含的经济利益通过所生产的产品或其他资产实现的，其摊销金额应当计入相关资产成本，借记"制造费用"等账户，贷记"累计摊销"账户。

【例6-4】 甲公司购买了一项特许权，成本为4 800 000元，合同规定受益年限为10年，甲公司每月应摊销40 000(4 800 000÷10÷12)元。每月摊销时，甲公司应做如下会计处理。

借：管理费用　　　　　　　　　　　　　　　　　　　　　40 000
　　贷：累计摊销　　　　　　　　　　　　　　　　　　　　　40 000

【例6-5】 2011年1月1日，甲公司将其自行开发完成的非专利技术出租给丁公司，该非专利技术成本为3 600 000元，双方约定的租赁期限为10年，甲公司每月应摊销30 000(3 600 000÷10÷12)元。每月摊销时，甲公司应做如下会计处理。

借：其他业务成本　　　　　　　　　　　　　　　　　　　30 000
　　贷：累计摊销　　　　　　　　　　　　　　　　　　　　　30 000

三、无形资产减值

1. 无形资产减值金额的确定

每个会计期间企业对无形资产进行减值测试，如果在资产负债表日经减值测试表明其已经发生减值，即无形资产的可收回金额低于其账面价值时，则需要计提相应的减值准备，也就是将资产的账面价值减记至可收回金额，减记的金额确认为资产减值损失，计入当期损益，同时计提相应的资产减值准备。无形资产减值损失一经确认，在以后会计期间不得转回。

2. 无形资产减值的会计处理

企业计提无形资产减值准备，应当设置"无形资产减值准备"账户进行核算。企业按应减记的金额，借记"资产减值损失——无形资产减值损失"账户，贷记"无形资产减值准备"账户。

【例6-6】 2021年12月31日，市场上某项技术生产的产品销售势头较好，已对甲公司产品的销售产生重大不利影响。甲公司外购的类似专利技术的账面价值为800 000元，剩余摊销年限为4年，经减值测试，该专利技术的可收回金额为750 000元。

由于该专利权在资产负债表日的账面价值为800 000元，可收回金额为750 000元，可收回金额低于其账面价值，应按其差额50 000(800 000-750 000)元计提减值准备。甲公司应做如下会计处理。

借：资产减值损失——无形资产减值损失　　　　　　　　　50 000
　　贷：无形资产减值准备　　　　　　　　　　　　　　　　　50 000

四、无形资产处置

无形资产处置主要是指无形资产的出售、无形资产的出租以及无形资产的报废转销。

1. 无形资产的出售

企业将无形资产出售，意味着企业放弃了无形资产的所有权。企业出售无形资产时，应当将所取得的价款与该无形资产账面价值之间的差额计入当期损益。

出售无形资产，应按实际收到的金额等，借记"银行存款"等账户；按已计提的累计摊销，借记"累计摊销"账户；按应支付的增值税，贷记"应交税费——应交增值税(销项税额)"账户；按其账面余额，贷记"无形资产"账户；按其差额，贷记或借记"资产处置损益"账户。

【例 6-7】 红星公司将拥有的一些非专利技术出售给亚华工厂,按合同规定通过银行收到出售价款 100 000 元,该项收入适用增值税税率为 6%,应缴的增值税为 6 000 元(不考虑其他税费),该非专利技术的初始成本为 800 000 元,累计已计提摊销额为 560 000 元,已计提的无形资产减值准备为 90 000 元。红星公司会计处理如下。

借:银行存款　　　　　　　　　　　　　　　　100 000
　　累计摊销——非专利技术　　　　　　　　　560 000
　　无形资产减值准备　　　　　　　　　　　　 90 000
　　资产处置损益　　　　　　　　　　　　　　 56 000
　　贷:无形资产——非专利技术　　　　　　　　　　800 000
　　　　应交税费——应交增值税(销项税额)　　　　 6 000

在例 6-7 中企业出售的无形资产账面价值 150 000(800 000−560 000−90 000)元,取得出售净价款 94 000 元,因此出售的净损失 56 000 元。

2. 无形资产的出租

企业将所拥有的无形资产的使用权让渡给他人所收取的租金,属于与企业日常活动相关的其他经营活动取得的收入。在满足收入确认条件的情况下,应确认相关的收入及成本,并通过其他业务收支账户进行核算。让渡无形资产使用权而取得的租金收入,借记"银行存款"等账户,贷记"其他业务收入"等账户;摊销出租无形资产的成本并发生与转让有关的各种费用支出时,借记"其他业务成本"账户,贷记"累计摊销"等账户。

【例 6-8】 2021 年 1 月 1 日,A 企业将一项专利技术出租给 B 企业使用,该专利技术账面余额为 500 万元,摊销期限为 10 年。出租合同规定,承租方每销售一件用该专利生产的产品,必须付给出租方 10 元专利技术使用费。假定承租方当年销售该产品 10 万件,应交增值税为 6 万元。则 A 企业的账务处理如下。

(1) 取得该项专利技术使用费时,
借:银行存款　　　　　　　　　　　　　　　1 060 000
　　贷:其他业务收入　　　　　　　　　　　　　1 000 000
　　　　应交税费——应交增值税(销项税额)　　　 60 000

(2) 按年对该项专利技术进行摊销,
借:其他业务成本　　　　　　　　　　　　　　500 000
　　贷:累计摊销　　　　　　　　　　　　　　　　500 000

3. 无形资产的报废转销

如果无形资产预期不能为企业带来未来经济利益(例如该无形资产已被其他新技术所替代或超过法律保护期,不能再为企业带来经济利益的),则不再符合无形资产的定义,应将其报废并予以转销,其账面价值转作当期损益。转销时,应按已计提的累计摊销,借记"累计摊销"账户;按其账面余额,贷记"无形资产"账户;按其差额,借记"营业外支出"账户。已计提减值准备的,还应同时结转减值准备。

【例 6-9】 D 企业拥有某项专利技术,根据市场调查,用其专利技术生产的产品已没有市场，应予转销。转销时，该项专利技术的账面余额为 600 万元，摊销期限为 10 年，采用直线法进行摊销，已累计摊销了 300 万元。假定该项专利权的残值为 0，已累计计提的减值准备为 160 万元，并且不考虑其他相关因素。则 D 公司的账务处理如下。

  借：累计摊销   3 000 000
    无形资产减值准备   1 600 000
    营业外支出——非流动资产处置损失 1 400 000
    贷：无形资产——专利权   6 000 000

第三节　长期待摊费用核算

  长期待摊费用核算企业已经发生但应由本期和以后各期负担的分摊期限在一年以上的各项费用，如以租赁方式租入的使用权资产发生的改良支出等。

  经营租入固定资产的改建支出，按照合同约定的剩余租赁期限分期摊销；符合税法规定的固定资产大修理支出，按照固定资产尚可使用年限分期摊销；已提足折旧的固定资产的改建支出，按照固定资产预计尚可使用年限分期摊销。

  为了反映长期待摊费用的发生、摊销情况，企业应设置"长期待摊费用"账户，并按费用的种类设置明细账，进行明细核算。该账户借方登记发生的长期待摊费用，贷方登记摊销的长期待摊费用，期末借方余额，反映企业尚未摊销完毕的长期待摊费用。

  企业发生长期待摊费用时，借记"长期待摊费用"账户，确认当期可以抵扣的增值税进项税额，借记"应交税费——应交增值税(进项税额)"账户，贷记"银行存款""原材料""应付职工薪酬"等账户。摊销长期待摊费用，借记"管理费用""销售费用"等账户，贷记"长期待摊费用"账户。

  【例 6-10】2021 年 6 月 1 日，甲公司对以租赁方式新租入的办公楼进行装修，发生以下有关支出：领用生产用材料 900 000 元；发生有关人员工资等职工薪酬 600 000 元。

  2021 年 11 月 30 日，该办公楼装修完工，达到预定可使用状态并交付使用，按租赁期 10 年进行摊销。假定不考虑其他因素。甲公司应编制如下会计分录。

(1) 装修办公楼领用原材料时：
  借：长期待摊费用   900 000
    贷：原材料   900 000
(2) 确认工程人员职工薪酬时：
  借：长期待摊费用   600 000
    贷：应付职工薪酬   600 000
(3) 2021 年 12 月摊销装修支出时：
  借：管理费用   12 500
    贷：长期待摊费用   12 500

  本例中，甲公司发生的办公楼装修支出合计为 1 500 000(900 000 +600 000)元，2021 年 12 月份应分摊的装修支出为 12 500(1 500 000÷10÷12)元。

本章小结

本章对无形资产的取得、摊销、减值、处置进行了介绍。无形资产形式是多种多样的,主要包括专利权、非专利技术、商标权、著作权、土地使用权和特许权等。确认无形资产首先要符合无形资产的定义,其次还要符合两项确认条件。企业取得的无形资产,应当按照成本对其进行初始计量。企业取得无形资产的主要方法有外购、自行研究开发等。外购的无形资产按实际支付的全部价款扣除增值税后余额作为其实际成本入账。自行研究开发的无形资产,其成本包括从满足无形资产确认条件后达到预定用途前所发生的支出总额,但对于以前期间费用化的支出不再调整。投资者投入的无形资产,其成本应当按照投资合同或协议约定的价值确定,但合同或协议约定的价值不公允的除外。

长期待摊费用核算企业已经发生但应由本期和以后各期负担的分摊期限在一年以上的各项费用。

课后习题

一、单项选择题

1. 下列各项中,不属于企业无形资产的是( )。
   A. 专利权　　　B. 商标权　　　C. 土地使用权　　　D. 商誉

2. 按照现行规定,股份有限公司应作为无形资产入账的是( )。
   A. 开办费　　　　　　　　　　　B. 企业自创的商誉
   C. 为获得土地使用权而支付的土地出让金
   D. 开发新技术过程中发生的研究开发费

3. 无形资产的摊销不会涉及( )账户。
   A. 其他业务成本　B. 长期待摊费用　C. 管理费用　　　D. 销售费用

4. 企业出售无形资产取得的净收益,应当计入( )。
   A. 主营业务收入　　　　　　　　B. 其他业务收入
   C. 营业外收入　　　　　　　　　D. 资产处置损益

5. 企业自行开发无形资产的研发支出,在实际发生时记入( )账户。
   A. "无形资产"　　　　　　　　　B. "管理费用"
   C. "研发支出"　　　　　　　　　D. "累计摊销"

6. 企业摊销管理用的无形资产时,借记"管理费用"账户,贷记( )账户。
   A. "无形资产"　　　　　　　　　B. "累计摊销"
   C. "累计折旧"　　　　　　　　　D. "无形资产减值准备"

7. 下列各项中,不会引起无形资产账面价值发生增减变动的是( )。
   A. 对无形资产计提减值准备　　　B. 发生无形资产后续支出
   C. 摊销无形资产　　　　　　　　D. 转让无形资产所有权

8. 下列不属于可辨认无形资产的是( )。
   A. 专利权　　　B. 专有技术　　　C. 商标权　　　D. 商誉
9. 在会计期末，股份有限公司所持有的无形资产的账面价值高于其可收回金额的差额，应当记入( )账户。
   A. "管理费用"　　　　　　　　B. "资产减值损失"
   C. "其他业务成本"　　　　　　D. "营业外支出"
10. 企业外购的无形资产应按( )入账。
    A. 原值　　　B. 账面价值　　　C. 评估价值　　　D. 购入实际支出

二、多项选择题

1. 外购无形资产的成本包括( )。
   A. 购买价款　　　B. 进口关税　　　C. 其他相关税费
   D. 直接归属于使该项无形资产达到预定可使用状态而发生的其他支出
2. 企业无形资产取得的途径主要有( )。
   A. 购入　　　B. 自创　　　C. 接受捐赠　　　D. 接受投资转入
3. 无形资产具有的特征包括( )。
   A. 无实体性　　　B. 可辨认性　　　C. 非货币性
   D. 长期性　　　　E. 经营性
4. 企业自行开发并取得的专利权发生的下列费用中，可计入专利权价值的有( )。
   A. 开发阶段耗用的材料费　　　B. 开发阶段人员的薪酬
   C. 研究过程中发生的材料费　　D. 研究阶段人员的人工费
5. 下列各项中，可以确认为无形资产的有( )。
   A. 计算机公司购入的为客户开发的软件
   B. 高级专业技术人才
   C. 购买的商标权
   D. 有偿取得的一项为期15年的高速公路收费权
6. 下列各项中，会引起无形资产账面价值发生增减变动的有( )。
   A. 对无形资产计提减值准备　　B. 发生无形资产后续支出
   C. 摊销无形资产成本　　　　　D. 转让无形资产所有权
7. 企业对使用寿命有限的无形资产摊销时，其摊销额应根据不同情况分别计入( )。
   A. 管理费用　　　B. 制造费用　　　C. 财务费用　　　D. 其他业务成本
8. 企业出售无形资产的净损失，不应计入( )。
   A. 营业外支出　　　　　　B. 其他业务成本
   C. 销售费用　　　　　　　D. 管理费用
9. 企业将无形资产使用权转让后，出让方对该项无形资产仍然拥有的权利有( )。
   A. 占有权　　　B. 处置权　　　C. 使用权
   D. 收益权　　　E. 所有权
10. 在会计实务中，自创专利权的成本包括( )。
    A. 研究开发成本　　B. 登记注册费　　C. 聘请律师费　　D. 其他相关支出

三、判断题

1. 无形资产是指没有实物形态的资产。（ ）
2. 企业一旦拥有某项无形资产，就可将其资本化，作为无形资产入账。（ ）
3. 无形资产的价值必须和有形资产结合起来才能存在。（ ）
4. 无形资产一般按法定使用年限摊销，无法定年限，按不小于10年的期限摊销。（ ）
5. 企业接受无形资产投资时，应按评估价值或合同协议入账。（ ）
6. 开办费是指企业在筹建期间发生的所有支出。（ ）
7. 企业出租的无形资产，相关的无形资产摊销价值计入其他业务成本。（ ）
8. 企业自行研发无形资产，研究阶段的支出应费用化，直接计入当期损益。（ ）
9. 无法区分研究阶段支出和开发阶段支出时，应当将其所发生的研发支出全部资本化，并计入无形资产成本。（ ）
10. 已计入各期费用的研究费用，在该项无形资产获得成功并依法申请专利时，再将原已计入费用的研究费用予以资本化。（ ）

四、业务操作题

【业务题一】

目的：练习无形资产取得的核算。

要求：根据以下资料编制会计分录。

资料：甲公司发生如下经济业务。

1. 甲公司购入一项商标权，支付的买价和相关费用合计200 000元，增值税税率为6%，增值税进项税额为12 000元，款项以银行存款支付。

2. 甲公司于2021年5月1日购入一项无形资产，成本300万元，增值税18万元，甲公司无法预计该无形资产为企业带来经济利益的期限。2021年12月31日，该无形资产的可收回金额为200万元。

3. 甲公司从2021年3月1日开始自行研究开发一项新产品专利技术，在研究开发过程中发生材料费3 000万元，人工工资500万元，以银行存款支付的其他费用200万元，共计3 700万元。其中，符合资本化条件的支出为3 000万元。2021年12月31日，该项专利技术已达到预定用途。该无形资产采用直线法按月摊销，摊销期10年。

4. 2021年1月1日，甲公司接受乙公司以其所拥有的专利权作为出资，双方协议约定的价值为3 000万元，增值税180万元，已办妥相关手续。该专利采用直线法按月摊销，摊销年限为10年。

5. 甲公司自行研究开发一项技术，截至2020年12月31日，发生研发支出合计3 000 000元。经测试该项研发活动完成了研究阶段任务，从2021年1月1日开始进入开发阶段。2021年发生开发支出500 000元，假定符合《企业会计准则第6号——无形资产》规定的开发支出资本化的条件。2021年6月30日，该项研发活动结束，最终开发出一项非专利技术。

【业务题二】

目的：练习无形资产摊销的核算。

要求：根据以下资料编制每月摊销的会计分录。

资料：甲公司发生如下经济业务。

1. 甲公司购买了一项特许权，成本为 4 800 000 元，合同规定受益年限为 10 年，甲公司采用直线法按月摊销。

2. 2021 年 1 月 1 日，甲公司将其自行开发完成的非专利技术出租给丁公司，该非专利技术成本为 3 600 000 元，双方约定的租赁期限为 10 年，甲公司采用直线法按月摊销。

【业务题三】

目的：练习无形资产处置的核算。

要求：根据以下资料编制会计分录。

资料：甲公司发生如下经济业务。

1. 甲公司将其购买的一项专利权转让给乙公司，该专利权的成本为 600 000 元，已摊销 220 000 元，应交增值税 30 000 元，实际取得的转让价款为 500 000 元，款项已存入银行。

2. 甲公司将拥有的一项非专利技术出租给 C 公司使用，合同约定租期为 2 年，每月租金为 28 000 元，该非专利技术的账面初始成本为 1 920 000 元，采用直线法按月摊销，摊销期为 8 年，通过银行收到当月租金 28 000 元，该公司应交增值税为 1 680 元。

3. 甲公司拥有的一项非专利技术已被其他新技术代替，预期不能为企业带来经济利益。该项非专利技术的初始成本为 960 000 元，累计已摊销 840 000 元，已计提减值准备 80 000 元，按规定程序已办理报废手续。

【业务题四】

目的：练习无形资产业务的核算。

要求：根据以下资料编制会计分录。

资料：甲公司发生如下经济业务。

甲公司自行研发一项专利技术，与该项专利技术有关的资料如下：

1. 2021 年 1 月，该项研发活动进入开发阶段，以银行存款支付开发费用 280 万元，其中满足资本化条件的为 150 万元。2021 年 7 月 1 日，开发活动结束，并按法律程序申请取得专利权，供企业行政管理部门使用。

2. 按法律规定，该项专利权有效期限为 5 年，采用直线法摊销。

3. 2021 年 12 月 1 日，该公司将该项专利权转让，实际取得价款 160 万元，应交增值税 9.6 万元，款项已存入银行。

微课视频

扫一扫，获取本章相关微课视频。

6-1 自行研发无形资产

6-2 无形资产出售

第七章　投资岗位业务

【学习目标】

- 了解投资的概念及分类。
- 清楚投资岗位的工作任务和业务流程。
- 学会投资性房地产、交易性金融资产、债权投资和长期股权投资的核算。

【导读案例】

> 华夏公司是一家综合性商贸集团公司，注册资金为人民币 5 000 万元，资产总值 8 500 万元，下属有一个控股的汽车销售公司和一个大型超市，投资比例均在 50%以上。2006 年年初在投资顾问的建议下，公司又以一部分闲置资金购入二级市场的股票，该股票可随时在证券市场交易；购入万利公司发行的可转让的五年期债券；购入国家发行的三年期国债。对于以上投入，公司每年都可以获得相应回报。
>
> （资料来源：黄晓榕. 财务会计[M]. 北京：高等教育出版社，2008.）
>
> 问题：
> 华夏公司进行的以上活动是什么？该活动有什么特点？其对企业的经营活动有什么影响？

第一节　投资岗位概述

一、投资岗位的工作内容

(一)投资的概念

投资是指企业为了获取收益或资本增值或为谋求其他利益而进行的资金投放活动。投资有广义投资和狭义投资之分。广义的投资包括对外投资和对内投资；狭义的投资是指对外投资。本章所讲内容主要属于对外投资。所谓对外投资，是指企业在其本身经营业务以外，向其他单位的投资，也就是企业将自有资产让渡给其他单位经营的业务活动。例如，购买股票、债券，或以货币、实物资产向其他单位投资以及租赁投资等。对内投资是指把资金投放在企业内部，购置各种生产经营用资产的投资。

企业通过对外投资，可以更有效地利用闲置资金，获得高于银行存款利息的收益；通过对外投资还可以影响或控制其他单位的经营决策，以配合本企业的经营活动。

(二)投资的分类

1. 按投资方式不同分类

按投资方式不同可分为直接投资和间接投资。直接投资是指企业以货币资金、实物资产、无形资产等投入其他单位的业务活动。间接投资是指以购买有价证券(如股票、债券等)的方式对其他单位进行的投资。

2．按投资期限长短不同分类

按投资时间长短不同可分为长期投资与短期投资。短期投资是指能够随时变现、持有时间不超过一年的有价证券投资及不超过一年的其他投资。短期投资主要通过购买债券和股票等有价证券进行投资。短期投资具有投资风险小、变现能力强、收益率低等特点。长期投资是指不可以随时变现、持有时间超过一年的有价证券投资及超过一年的其他投资。长期投资可以利用现金、实物资产、无形资产、有价证券等形式进行，长期投资具有投资风险大、变现能力差和收益率高等特点。

3．按投资性质不同分类

按投资性质不同可分为权益性投资(股权投资)、债权性投资和混合性投资。权益性投资是指通过投资获得被投资单位的所有权，投出的资金形成被投资企业的资本金。债权性投资是通过投资形成被投资单位的债权人，投出的资金形成被投资企业的负债。混合性投资是指兼有债权和股权性质的投资，如购买优先股票等进行的投资。

4．按投资目的不同分类

按投资目的不同可分为投资性房地产、交易性金融资产、债权投资、其他债权投资、其他权益工具投资和长期股权投资。其中，交易性金融资产、债权投资、其他债权投资、其他权益工具投资属于金融资产。

(三)投资岗位的工作任务

1．会同有关部门拟定投资管理和核算办法

企业为了规范投资行为，保障投资资金的安全和有效增值，应制定投资管理和核算办法，明确投资的审批权限、审批程序和投资监控管理。相应地，投资岗位工作任务为：将投资进行分类，正确地划分各类投资；确定投资的计价原则；健全投资核算程序和手续制度，明确责任。

2．参与编制投资计划

由于投资活动存在较大的风险性，在投资前要进行充分的调查研究，并以财务分析的结果为依据编制投资计划，说明准备投资的对象、投资理由、投资金额和期限等。

3．负责企业各项投资的明细分类核算

会计部门应按投资业务设置相应明细账，对每项投资业务的发生、期末计价、利息及股利的收取、投资的收回等进行详细、完整、系统的核算。

4．参与对外投资的盘点工作

会计人员要和与投资业务无关的人员定期对有价证券进行核对或盘点，且盘点工作必须由两名以上的人员共同进行，以使对外投资账实相符，确保证券登记簿与会计部门的投

资明细账一致。

5．编制资金状况表

由负责投资的部门和财务部门定期或不定期地对被投资企业的财务状况、证券市场行情等进行分析，并据此编制投资财务分析报告，反映投资情况。

二、投资岗位的业务流程

为了确保投资业务的有序进行，明确责任，需要制定合理有效的投资工作流程，以保证资金的安全。下面以购入有价证券为例说明投资业务的流程。

购入有价证券投资业务的流程如图 7-1 所示。

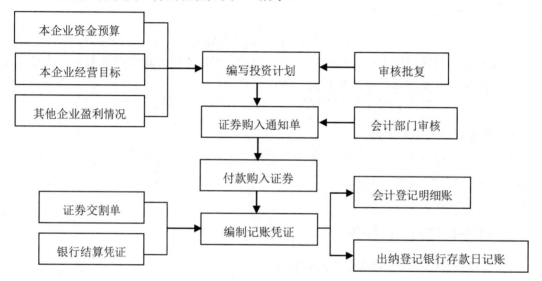

图 7-1 购入有价证券投资业务的流程图

购入有价证券业务处理程序的具体说明如下。

（1）由投资业务部门编制"股票或债券投资计划书"，详细说明准备投资的对象、理由、品种、数量、期限以及投资组合方案。

（2）经审核批准后填制"证券购入通知单"。

（3）"证券购入通知单"交会计部门审核后交出纳部门。

（4）出纳根据"证券购入通知单"开出支票，并登记支票登记簿。

（5）支票交证券公司以购买有价证券。

（6）出纳收到证券公司的有价证券后，根据"证券交割单""支票存根"等编制记账凭证，并据以登记银行存款日记账。

（7）会计部门收到记账凭证及有关单据后，登记投资明细账及证券投资登记簿。

第二节 投资岗位业务核算

一、投资性房地产

(一)投资性房地产的概念及范围

1. 投资性房地产的概念

房地产是土地使用权和房屋建筑物的总称,企业的房地产可以自用、出售或出租。投资性房地产是指为赚取租金或资本增值,或者两者兼有而持有的房地产。

2. 投资性房地产的范围

投资性房地产主要包括:已出租的建筑物、已出租的土地使用权及持有并准备增值后转让的土地使用权。

1) 已出租的建筑物

已出租的建筑物是指企业拥有产权并出租的房屋等建筑物,包括自行建造或开发活动完成后用于出租的建筑物及正在建造或开发过程中将来用于出租的建筑物。出租建筑物的企业必须拥有产权,企业租入再转租的建筑物不属于投资性房地产。已出租的建筑物是企业已经与其他方签订了租赁协议,约定出租的建筑物,企业计划用于出租但尚未出租的建筑物,不能确认为投资性房地产。

2) 已出租的土地使用权

已出租的土地使用权是指企业通过出让或转让方式取得并以经营租赁方式出租的土地使用权。企业计划用于出租但尚未出租的土地使用权,不属于此类。

3) 持有并准备增值后转让的土地使用权

持有并准备增值后转让的土地使用权是指企业通过出让或转让方式取得并准备增值后转让的土地使用权。例如,企业发生转产或厂址搬迁,部分土地停止使用,但继续持有这部分土地使用权,待其增值后转让以赚取增值收益。这种情况属于投资性房地产。但是,按照国家有关规定认定的闲置土地,不属于持有并准备增值的土地使用权。

3. 不属于投资性房地产的项目

1) 自用房地产

自用房地产是指企业为生产产品、提供劳务或者经营管理而持有的房地产,按其性质可分别归为固定资产和无形资产。企业出租给本企业职工居住的宿舍,这部分房产属于间接为企业自身的生产经营服务,也不属于投资性房地产。

2) 作为存货的房地产

作为存货的房地产是指房地产开发企业在正常经营过程中销售的或为销售而正在开发的商品房等。房地产开发企业开发的商品房是企业的存货,不能作为投资性房地产。

(二)投资性房地产的计量

1. 投资性房地产的初始计量

投资性房地产的初始计量,即取得投资性房地产时按照成本进行的计量。不同来源的投资性房地产其成本构成各不相同,应分别确定。

1) 外购投资性房地产

企业外购的房地产,只有在购入的同时开始对外出租或用于资本增值的情况下,才能作为投资性房地产加以确认。企业外购的投资性房地产,应当按照取得时的实际成本进行初始计量。

2) 自行建造的投资性房地产

企业自行建造(或开发)的房地产,只有在自行建造或开发活动完成(达到预定可使用状态)的同时开始对外出租或用于资本增值的情况下,才能将自行建造的房地产确认为投资性房地产。自行建造的投资性房地产,其成本由建造该项资产达到预定可使用状态前发生的必要支出构成。

2. 投资性房地产的后续计量

1) 投资性房地产的后续计量模式

投资性房地产的后续计量有成本模式和公允价值模式两种。成本模式就是按历史成本的计量属性,进行账面记录。采用公允价值模式,应当以资产负债表日公允价值为基础调整投资性房地产的账面金额。

确定投资性房地产的公允价值时,应当参照活跃市场上同类或类似房地产的现行市场价格;无法取得现行市场价格的,应当参照活跃市场上同类或类似房地产的最近交易价格,从而对投资性房地产的公允价值作出合理的估计。

2) 投资性房地产的后续计量原则

同一企业只能采用一种模式对所有投资性房地产进行后续计量,不得同时采用两种计量模式。企业通常应当采用成本模式对投资性房地产进行后续计量,符合条件时也可以采用公允价值模式对投资性房地产进行后续计量。

采用公允价值模式进行后续计量的投资性房地产,应当同时满足以下两个条件:①投资性房地产所在地有活跃的房地产交易市场。所在地通常是指投资性房地产所在的城市。对于大中型城市,应当为投资性房地产所在的城区。②企业能够从活跃的房地产交易市场上取得同类或类似房地产的市场价格及其他相关信息,从而对投资性房地产的公允价值作出合理的估计。

为保证会计信息的可比性,企业对投资性房地产的计量模式一经确定,不得随意变更。只有在房地产市场比较成熟、能够满足采用公允价值模式条件的情况下,才允许企业对投资性房地产从成本模式计量变更为公允价值模式计量。已采用公允价值模式计量的投资性房地产,不得从公允价值模式转为成本模式。

(三)投资性房地产的核算

1. 采用成本模式计量的投资性房地产的核算

采用成本模式计量时,企业应设置"投资性房地产""投资性房地产累计折旧(摊销)"

和"投资性房地产减值准备"等账户。

"投资性房地产"账户借方表示增加的投资性房地产的成本,贷方表示减少的投资性房地产的成本;借方余额,反映期末投资性房地产的成本。本账户可按投资性房地产类别和项目设置明细账。

"投资性房地产累计折旧(摊销)""投资性房地产减值准备"账户可分别比照"累计折旧""固定资产减值准备"等账户进行处理。

投资性房地产的租金收入及处置收入应通过"其他业务收入"账户进行核算,持有期间的折旧(摊销)及支出应通过"其他业务成本"等账户进行核算。投资性房地产作为企业主营业务的,应通过"主营业务收入"和"主营业务成本"账户核算相关的损益。

1) 取得投资性房地产

企业在取得投资性房地产时,如果为外购的,则根据实际成本,借记"投资性房地产"账户,贷记"银行存款"账户。对于自行建造的投资性房地产,发生建造支出时,借记"在建工程"账户,贷记"银行存款"账户;完工后,借记"投资性房地产"账户,贷记"在建工程"账户。

【例 7-1】 2021 年 1 月 10 日甲公司购买一厂房,并与乙公司签订了租赁合同,将厂房租赁给乙公司使用。该厂房购买价款为 11 800 000 元,支付相关手续费 200 000 元,开出转账支票支付全部款项。相应会计分录如下。

借:投资性房地产——厂房　　　　　　　　　　12 000 000
　　贷:银行存款　　　　　　　　　　　　　　　　　　　　12 000 000

2) 投资性房地产的后续计量

在成本模式下,投资性房地产的后续计量应当按照固定资产或无形资产的有关规定,对投资性房地产按期(月)计提折旧或摊销,借记"其他业务成本"账户,贷记"投资性房地产累计折旧(摊销)"账户;投资性房地产经减值测试发生减值时,要按照资产减值的有关规定计提减值准备,借记"资产减值损失"账户,贷记"投资性房地产减值准备"账户,已经计提减值准备的投资性房地产,其减值损失在以后的会计期间不得转回;取得的租金收入,借记"银行存款"等账户,贷记"其他业务收入"等账户。

【例 7-2】 承接例 7-1,2021 年 2 月,甲公司将厂房出租给乙公司使用,采用成本模式进行后续计量,该厂房的成本为 12 000 000 元,按照年限平均法计提折旧,使用寿命为 20 年,预计净残值为 0。租赁合同约定,乙公司每月等额支付甲公司租金 60 000 元。甲公司的账务处理如下。

(1) 每月计提折旧:

每月计提的折旧=(12 000 000÷20)÷12 = 50 000(元)

借:其他业务成本——出租写字楼折旧　　　　50 000
　　贷:投资性房地产累计折旧　　　　　　　　　　　　50 000

(2) 每月确认租金收入:

借:银行存款(或其他应收款)　　　　　　　　60 000
　　贷:其他业务收入——出租写字楼租金收入　　　　60 000

【例 7-3】 承接例 7-2,假设 2021 年年底出租的厂房可收回金额为 11 490 000 元,账面净值 11 500 000(12 000 000-50 000×10)元。相应会计分录如下。

借：资产减值损失——计提的投资性房地产减值准备　　　　10 000
　　　贷：投资性房地产减值准备　　　　　　　　　　　　　　　　10 000

3) 房地产的转换

房地产的转换是指房地产用途的变更，包括将投资性房地产转换为其他资产或者将其他资产转换为投资性房地产。

(1) 自用房地产转换为投资性房地产。

企业将自用房地产转换为投资性房地产时，应当按照该项自用房地产在转换日(租赁期开始日)的账面金额分别转入投资性房地产相应账户。按其账面原值，借记"投资性房地产"账户，贷记"固定资产"或"无形资产"账户；按已计提的折旧或摊销，借记"累计折旧"或"累计摊销"账户，贷记"投资性房地产累计折旧(摊销)"账户；原已计提减值准备的，借记"固定资产减值准备"或"无形资产减值准备"账户，贷记"投资性房地产减值准备"账户。

【例7-4】 2021年5月，甲公司将自用的办公楼出租，并与丙公司签订了租赁协议，租期为5年。办公楼原值5 000 000元，已计提折旧300 000元。

借：投资性房地产——办公楼　　　　　　　　　　　5 000 000
　　累计折旧　　　　　　　　　　　　　　　　　　　　300 000
　　　贷：固定资产——办公楼　　　　　　　　　　　　　　　5 000 000
　　　　　投资性房地产累计折旧　　　　　　　　　　　　　　　300 000

(2) 投资性房地产转换为自用房地产。

企业将投资性房地产转换为自用房地产时，应当按照该项投资性房地产转换日(开始自用日)的账面金额分别转入固定资产或无形资产相应账户。按其账面原值，借记"固定资产——××"或"无形资产"账户，贷记"投资性房地产——××"账户；按已计提的折旧或摊销，借记"投资性房地产累计折旧(摊销)"账户，贷记"累计折旧"或"累计摊销"账户；原已计提减值准备的，借记"投资性房地产减值准备"账户，贷记"固定资产减值准备"或"无形资产减值准备"账户。

【例7-5】 2021年5月，甲公司出租厂房赁期满，公司董事会形成了书面决议，将该厂房收回并用于本企业生产产品。该厂房出租时采用成本模式计量，厂房账面原价65 000 000元，已计提折旧20 000 000元，计提减值准备10 000元。

甲公司的账务处理如下。

借：固定资产——厂房　　　　　　　　　　　　　　65 000 000
　　投资性房地产累计折旧　　　　　　　　　　　　　20 000 000
　　投资性房地产减值准备　　　　　　　　　　　　　　　10 000
　　　贷：投资性房地产——厂房　　　　　　　　　　　　　65 000 000
　　　　　累计折旧　　　　　　　　　　　　　　　　　　20 000 000
　　　　　固定资产减值准备　　　　　　　　　　　　　　　　10 000

4) 处置投资性房地产

处置投资性房地产包括将投资性房地产出售、转让或投资性房地产报废、毁损等。处置投资性房地产，核算处置收入时按实际收到的金额，借记"银行存款"等账户，贷记"其他业务收入"账户。反映投资性房地产减少时，按该项投资性房地产的账面价值，借记"其他业务成本"账户,并将原账面记录冲销,贷记"投资性房地产——××"账户,借记"投资性房地产累计折旧(摊销)"账户;原已计提减值准备的,借记"投资性房地产减值准备"账户。

【例 7-6】 甲公司出租的写字楼租赁期满,出售给乙公司,合同价款为 9 000 000 元,乙公司以转账支票付款。写字楼采用成本模式计量,出售时,账面余额为 7 500 000 元,已计提折旧 500 000 元,不考虑相关税费。

甲公司的账务处理如下。

借:银行存款	9 000 000
贷:其他业务收入——出租写字楼租金	9 000 000
借:其他业务成本	7 000 000
投资性房地产累计折旧	500 000
贷:投资性房地产——写字楼	7 500 000

【例 7-7】 2019 年 1 月,甲公司购买一办公楼并与乙公司签订合同,约定购入后将办公楼出租给乙公司,租赁期三年。办公楼买价 72 000 000 元,相关费用 150 000 元,全部款项以转账支票支付。甲公司对该房地产采用成本模式进行后续计量,办公楼预计使用寿命为 20 年,预计净残值为 150 000 元,采用年限平均法按月计提折旧。2019 年取得租金收入 1 000 000 元,已存入银行。2021 年 12 月,甲公司将出租的办公楼收回自用。

根据上述业务甲公司编制会计分录如下。

(1) 2019 年 1 月购入办公楼:

借:投资性房地产——办公楼	72 150 000
贷:银行存款	72 150 000

(2) 每月对办公楼计提折旧:

月折旧额=(72 150 000−150 000)÷20÷12=300 000(元)

借:其他业务成本	300 000
贷:投资性房地产累计折旧	300 000

(3) 2019 年取得租金收入:

借:银行存款	1 000 000
贷:其他业务收入——出租办公楼租金	1 000 000

(4) 2021 年收回该项建筑物:

共计提折旧=300 000×11+300 000×12×2−10 500 000(元)

借:固定资产	72 150 000
投资性房地产累计折旧	10 500 000
贷:投资性房地产	72 150 000
累计折旧	10 500 000

2. 采用公允价值模式计量的投资性房地产的核算

对于采用公允价值模式计量的投资性房地产,企业应设置"投资性房地产""公允价值变动损益"和"其他综合收益"等账户。

"投资性房地产"账户借方表示增加的投资性房地产的成本,以及资产负债表日公允价值高于账面余额的差额；贷方表示减少的投资性房地产的成本，以及资产负债表日公允价值低于账面余额的差额。期末余额在借方，表示期末投资性房地产的公允价值。该账户下设两个明细账户，即"成本"和"公允价值变动"。"成本"明细账反映初始成本，余额在借方；"公允价值变动"明细账反映资产负债表日公允价值变动的情况，余额在借方或贷方。

"公允价值变动损益"账户核算因公允价值变动形成的应计入当期损益的利得或损失。其贷方登记资产负债表日公允价值高于账面余额的差额；借方登记资产负债表日公允价值低于账面余额的差额。处置投资性房地产时，应将本账户记录的公允价值变动损益转出；期末将该账户的发生额转入"本年利润"账户，结转后该账户无余额。

"其他综合收益"属于所有者权益账户。

投资性房地产出租期间以及处置形成的损益，通过"其他业务收入"和"其他业务成本"等账户进行核算。

1）取得投资性房地产

企业取得投资性房地产时，应当按照取得时的实际成本进行初始计量。与成本模式取得时的核算方法相同。

2）投资性房地产的后续计量

采用公允价值模式进行后续计量的投资性房地产，不对投资性房地产计提折旧或摊销。企业应当以资产负债表日投资性房地产的公允价值为基础调整其账面价值，公允价值与原账面价值之间的差额计入当期损益。

在资产负债表日，对于投资性房地产的公允价值高于原账面价值的差额，应借记"投资性房地产——××——公允价值变动"账户，贷记"公允价值变动损益"账户；公允价值低于原账面价值的差额，作相反的账务处理。

取得的租金收入，借记"银行存款"等账户，贷记"其他业务收入"等账户。

【例 7-8】 甲公司 1 月 10 日出租的厂房采用公允价值模式计量，账面成本 12 000 000 元，1 月 31 日厂房的公允价值为 12 300 000 元。2 月 28 日厂房的公允价值为 12 100 000 元。

(1) 1 月 31 日编制会计分录如下。

借：投资性房地产——写字楼——公允价值变动　　　　300 000
　　贷：公允价值变动损益　　　　　　　　　　　　　　　　300 000

(2) 2 月 28 日编制会计分录如下。

借：公允价值变动损益　　　　　　　　　　　　　　200 000
　　贷：投资性房地产——写字楼——公允价值变动　　　　　200 000

3）房地产的转换

(1) 自用房地产转换为投资性房地产。企业将自用房地产转换为投资性房地产时，应当按该项自用房地产在转换日的公允价值，借记"投资性房地产——成本"账户，并将原自用房地产账面金额冲销，借记"累计折旧"或"累计摊销"及"无形资产减值准备"或"固定资产减值准备"账户，贷记"无形资产"或"固定资产"账户。同时，转换日的公允价值小于账面价值的，按其差额，借记"公允价值变动损益"账户；转换日的公允价值大于账面价值的，按其差额，贷记"其他综合收益"账户。待该项投资性房地产处置时，对于因转换计入其他综合收益的部分应转入当期损益。

【例 7-9】 2021 年 1 月 1 日，甲公司与乙公司签订租赁协议，约定将办公楼出租给乙公司。由于该办公楼符合公允价值计量标准，甲公司对出租的办公楼采用公允价值模式计量。出租日办公楼的公允价值为 7 200 000 元，其原值为 9 000 000 元，已计提折旧 2 000 000 元，计提减值准备 100 000 元。

甲公司的账务处理如下。

借：投资性房地产——办公楼——成本	7 200 000	
累计折旧	2 000 000	
固定资产减值准备	100 000	
贷：固定资产——办公楼		9 000 000
其他综合收益		300 000

(2) 投资性房地产转换为自用房地产。企业将投资性房地产转换为自用房地产时，应当以其转换当日的公允价值作为自用房地产的账面价值，借记"固定资产"或"无形资产"账户，并冲销原投资性房地产账面金额，贷记"投资性房地产——××——成本"账户，贷记或借记"投资性房地产——××——公允价值变动"账户。对于转换日的公允价值大于原账面值的差额，贷记"公允价值变动损益"账户；对于转换日的公允价值小于原账面值的差额，借记"公允价值变动损益"账户。

【例 7-10】 2021 年 5 月 1 日甲公司出租的写字楼租赁期满，公司董事会形成了书面决议，将该写字楼收回自用。当日写字楼的公允价值为 2 300 000 元，原账面成本为 2 000 000 元，公允价值变动借方 100 000 元。

甲公司的账务处理如下。

借：固定资产——写字楼	2 300 000	
贷：投资性房地产——写字楼——成本		2 000 000
——写字楼——公允价值变动		100 000
公允价值变动损益——投资性房地产		200 000

4) 处置投资性房地产

企业处置投资性房地产，核算处置收入时按实际收到的金额，借记"银行存款"等账户，贷记"其他业务收入"账户；反映投资性房地产减少时，按该项投资性房地产的账面余额，借记"其他业务成本"账户，并将原账面记录冲销，贷记"投资性房地产——成本"账户，贷记或借记"投资性房地产——公允价值变动"账户。同时将累计公允价值变动损益和原转换日计入其他综合收益的金额，结转至"其他业务成本"账户。

【例 7-11】 甲公司出租的写字楼采用公允价值模式进行后续计量，2021 年 5 月 1 日，租赁期满将其出售，售价 8 000 000 元，款项已收回。该写字楼账面成本 6 700 000 元，公允价值变动借方 300 000 元，写字楼转出租时计入其他综合收益 100 000 元。

甲公司的账务处理如下。

借：银行存款	8 000 000	
贷：其他业务收入		8 000 000
借：其他业务成本	7 000 000	
贷：投资性房地产——写字楼——成本		6 700 000
——写字楼——公允价值变动		300 000

借:公允价值变动损益——投资性房地产　　　　　　　　　　300 000
　　贷:其他业务成本　　　　　　　　　　　　　　　　　　　　　300 000
借:其他综合收益　　　　　　　　　　　　　　　　　　　　　100 000
　　贷:其他业务成本　　　　　　　　　　　　　　　　　　　　　100 000

【例7-12】 2019年1月1日,甲公司与乙公司签订协议,将自用的办公楼出租给乙公司,租期为3年,每年年初收取租金500 000元,甲公司采用公允价值模式计量投资性房地产。2019年1月1日转换日的公允价值为26 000 000元,该固定资产账面原值为30 000 000元,已计提折旧5 000 000元,未计提减值准备。2019年12月31日该投资性房地产的公允价值为29 000 000元。2020年12月31日该投资性房地产的公允价值为30 000 000元。2021年12月31日租赁协议到期,甲公司收回办公楼自用,该办公楼的公允价值为28 000 000元。不考虑相关税费。

甲公司的账务处理如下。

(1) 出租时:
借:投资性房地产——办公楼——成本　　　　　　　　　26 000 000
　　累计折旧　　　　　　　　　　　　　　　　　　　　　　　5 000 000
　　贷:固定资产——办公楼　　　　　　　　　　　　　　　　30 000 000
　　　　其他综合收益　　　　　　　　　　　　　　　　　　　1 000 000

(2) 收到租金时:
借:银行存款　　　　　　　　　　　　　　　　　　　　　　　500 000
　　贷:其他业务收入——出租写字楼租金　　　　　　　　　　　500 000

(3) 2019年12月31日调整投资性房地产:
借:投资性房地产——办公楼——公允价值变动　　　　　　3 000 000
　　贷:公允价值变动损益——投资性房地产　　　　　　　　3 000 000

(4) 2020年12月31日调整投资性房地产:
借:投资性房地产——办公楼(公允价值变动)　　　　　　1 000 000
　　贷:公允价值变动损益——投资性房地产　　　　　　　　1 000 000

(5) 2021年12月31日到期收回办公楼:
借:固定资产——办公楼　　　　　　　　　　　　　　　　28 000 000
　　公允价值变动损益——投资性房地产　　　　　　　　　2 000 000
　　贷:投资性房地产——办公楼——成本　　　　　　　　　26 000 000
　　　　投资性房地产——办公楼——公允价值变动　　　　　4 000 000

3. 计量模式的变更

当能够满足公允价值模式计量条件时,企业可以将投资性房地产从成本模式计量变更为公允价值模式计量。成本模式转为公允价值模式时,按变更日投资性房地产的公允价值,借记"投资性房地产——××——成本"账户;并冲销原账面记录的金额,借记"投资性房地产累计折旧(摊销)""投资性房地产减值准备"账户,贷记"投资性房地产——××"账户;将公允价值与原账面价值之间的差额,贷记或借记"盈余公积""利润分配——未分配利润"等账户。

【例7-13】 甲企业2021年6月1日,因所在地房地产市场比较成熟,将出租的写字楼由成本计量模式改为公允价值计量模式。写字楼原值6 000 000元,已计提折旧300 000元,账面价值5 700 000元。6月1日该写字楼公允价值为6 500 000元。

甲公司的账务处理如下。

记入"盈余公积"账户的金额:(6 500 000-5 700 000)×10%=80 000(元)

记入"利润分配——未分配利润"账户的金额:800 000-80 000=720 000(元)

借:投资性房地产——写字楼——成本　　　　　　6 500 000
　　投资性房地产累计折旧　　　　　　　　　　　　300 000
　贷:投资性房地产——写字楼　　　　　　　　　　6 000 000
　　　利润分配——未分配利润　　　　　　　　　　　720 000
　　　盈余公积　　　　　　　　　　　　　　　　　　80 000

二、交易性金融资产

(一)交易性金融资产的概念

交易性金融资产主要是指企业为了近期内出售而持有的金融资产,包括企业以赚取差价为目的从二级市场购入的股票、债券和基金等。

(二)交易性金融资产相关账户

为了对交易性金融资产进行核算,企业应当设置"交易性金融资产""公允价值变动损益"以及"投资收益"等账户。

"交易性金融资产"账户用于核算企业为交易目的所持有的债券投资、股票投资、基金投资等交易性金融资产的公允价值。该账户的借方登记交易性金融资产的取得成本、资产负债表日其公允价值高于账面余额的差额等;贷方登记资产负债表日其公允价值低于账面余额的差额,以及企业出售交易性金融资产时结转的成本和公允价值变动损益。期末余额在借方,表示期末交易性金融资产的公允价值。该账户按照交易性金融资产的类别和品种,可分别设置"成本"和"公允价值变动"等明细科目进行核算。

"投资收益"账户用于核算企业对外投资、持有期间或处置时形成的收益或损失。该账户贷方登记企业实现的投资收益,借方登记企业发生的投资损失;期末将该账户的发生额转入"本年利润"账户,结转后该账户无余额。

(三)交易性金融资产的核算

1. 取得交易性金融资产

企业取得交易性金融资产时,应当按照该金融资产取得时的公允价值作为其初始确认金额,借记"交易性金融资产——成本"账户;如果取得交易性金融资产所支付价款中包含已宣告但尚未发放的现金股利或已到付息期但尚未领取的债券利息,应当单独确认为应收项目,借记"应收利息"或"应收股利"账户;取得时所发生的相关交易费用,如支付给代理机构、咨询公司、券商等的手续费和佣金等,借记"投资收益"账户,发生的交易费用取得增值税专用发票的,认证后的进项税可从销项税中扣除;将实际支付的金额,贷记"银行存款""其他货币资金"等账户。

【例 7-14】 2021 年 1 月 10 日，甲公司从证券交易所购入丙公司股票 150 000 股，将其划分为交易性金融资产。购买日的公允价值为每股 6 元，买价 900 000 元，其中包含已宣告但尚未发放的现金股利 7 000 元。另发生相关交易费用 3 000 元，取得增值税专用发票注明的增值税 180 元。全部款项通过存出投资款专户支付。

甲公司根据"买入交割单"等编制如下会计分录。

借：交易性金融资产——丙公司股票——成本　　　　　893 000
　　应收股利——丙公司　　　　　　　　　　　　　　　　7 000
　　投资收益　　　　　　　　　　　　　　　　　　　　　3 000
　　应交税费——应交增值税(进项税额)　　　　　　　　　　180
　　贷：其他货币资金——存出投资款　　　　　　　　　903 180

2. 交易性金融资产的现金股利和利息

企业持有交易性金融资产期间获得的现金股利或利息，如果属于取得交易性金融资产时支付，应作垫付资金的收回处理，借记"银行存款"账户，贷记"应收股利"或"应收利息"账户。

企业持有交易性金融资产期间对于被投资单位宣告发放的现金股利，或企业在资产负债表日按债券投资的票面利率计算的利息收入，属于企业投资所得的，应确认为投资收益，借记"应收股利"或"交易性金融资产——应计利息"账户，贷记"投资收益"账户。

【例 7-15】 2021 年 2 月 10 日，收到 1 月 10 日购买丙公司股票时支付的现金股利 7 000 元，存入投资存出款专户。相应会计分录如下。

借：其他货币资金——存出投资款　　　　　　　　　　7 000
　　贷：应收股利——丙公司　　　　　　　　　　　　　7 000

【例 7-16】 2021 年 6 月 30 日，丙公司宣布发放现金股利，甲公司分得 9 000 元。相应会计分录如下。

借：应收股利　　　　　　　　　　　　　　　　　　　9 000
　　贷：投资收益　　　　　　　　　　　　　　　　　　9 000

3. 交易性金融资产的期末计量

在资产负债表日，交易性金融资产应当按照公允价值计量，将公允价值与账面余额之间的差额计入当期损益。若资产负债表日交易性金融资产的公允价值高于其账面余额，将其差额借记"交易性金融资产——公允价值变动"账户，贷记"公允价值变动损益"账户；若资产负债表日交易性金融资产的公允价值低于其账面余额，作相反分录。

【例 7-17】 2020 年 7 月 1 日，甲公司购入乙公司债券，购入成本 220 000 元。假定 2020 年 12 月 31 日，甲公司购买的债券市价为 223 000 元；2021 年 6 月 30 日，甲公司购买的债券市价为 221 000 元。

甲公司所作会计处理如下。

(1) 2020 年 12 月 31 日，确认公允价值变动损益时：

借：交易性金融资产——公允价值变动　　　　　　　　3 000
　　贷：公允价值变动损益　　　　　　　　　　　　　　3 000

(2) 2021年6月30日，确认公允价值变动损益时：
借：公允价值变动损益　　　　　　　　　　　　　2 000
　　贷：交易性金融资产——公允价值变动　　　　　　　2 000

4. 交易性金融资产的处置

出售交易性金融资产时，将该金融资产出售时的公允价值与其账面余额之间的差额确认为投资收益，同时将原计入公允价值变动损益的金额转作投资收益。

出售时，企业应按实际收到的金额，借记"银行存款"等账户，并冲销该金融资产的账面金额，贷记"交易性金融资产——成本"账户，贷记或借记"交易性金融资产——公允价值变动"账户，按其差额贷记或借记"投资收益"账户。

【例7-18】 2021年1月5日，甲公司将其持有的乙公司的债券出售。该债券在取得时的成本为180 000元，公允价值变动为借方20 000元，出售价为210 000元，款项已收回。

甲公司应作如下会计处理。

借：银行存款　　　　　　　　　　　　　　　　210 000
　　贷：交易性金融资产——乙公司债券——成本　　　　180 000
　　　　交易性金融资产——乙公司债券——公允价值变动　20 000
　　　　投资收益　　　　　　　　　　　　　　　　10 000

【例7-19】 2020年1月15日，甲公司以每股12.1元购入乙公司股票50 000股。其中，含已宣告但尚未发放的现金股利每股0.1元，另发生相关费用7 000元。全部款项通过银行转账支付。甲公司将其划分为交易性金融资产。2020年1月25日，甲公司收到现金股利5 000元。2020年6月30日，该股票每股市价为13元。2020年12月31日，该交易性金融资产期末每股市价为10元。2021年1月10日，乙公司宣告分派现金股利，每股0.2元。2021年2月5日，甲公司收到分派的现金股利。2021年3月20日，甲公司以660 000元出售该股票。

甲公司的账务处理如下。

(1) 购入时：
借：交易性金融资产——乙公司股票——成本　　　　600 000
　　应收股利——乙公司　　　　　　　　　　　　　　5 000
　　投资收益　　　　　　　　　　　　　　　　　　　7 000
　　贷：银行存款　　　　　　　　　　　　　　　　　　612 000

(2) 2020年1月25日，甲公司收到现金股利：
借：银行存款　　　　　　　　　　　　　　　　　　5 000
　　贷：应收股利——乙公司　　　　　　　　　　　　　5 000

(3) 2020年6月30日，公允价值变动金额=50 000×(13-12)=50 000(元)。
借：交易性金融资产——乙公司股票——公允价值变动　50 000
　　贷：公允价值变动损益——乙公司股票　　　　　　　50 000

(4) 2020年12月31日，公允价值变动金额=50 000×(10-13)=-150 000。
借：公允价值变动损益——乙公司股票　　　　　　　150 000
　　贷：交易性金融资产——乙公司股票——公允价值变动　150 000

(5) 2021年1月10日宣告分派股利时：

甲公司应得：0.2×50 000=10 000(元)

借：应收股利——乙公司 10 000
  贷：投资收益 10 000

(6) 2021年2月5日收到股利时：

借：银行存款 10 000
  贷：应收股利——乙公司 10 000

(7) 2021年3月20日处置时：

甲公司持有股票期间公允价值变动为贷方100 000(50 000-150 000=-100 000)元。

借：银行存款 660 000
  交易性金融资产——乙公司股票——公允价值变动 100 000
  贷：交易性金融资产——乙公司股票——成本 600 000
    投资收益 160 000

5. 转让金融商品应交增值税

金融商品转让主要是指转让外汇、有价证券等金融商品所有权的业务活动。

金融商品转让按照卖出价扣除买入价后的余额为销售额计算增值税。即转让金融商品按盈亏相抵后的余额为销售额。若相抵后出现负差，可结转下一纳税期与下期转让金融商品销售额相抵，但年末时仍出现负差的，不得转入下一个会计年度。

金融商品的买入价是购入金融商品支付的价格，不包括买入金融商品支付的交易费用和税费，但是，不需要扣除已宣布未发放的现金股利和已到付息期未领取的利息；金融商品的卖出价是卖出原价，不得扣除卖出过程中支付的税费和交易费用。

金融商品转让应交增值税=(卖出价-买入价)÷(1+税率)×税率

企业应设置"应交税费——转让金融商品应交增值税"账户核算其增值税处理。

金融商品实际转让月末，如产生转让收益，则按计算的应纳税额借记"投资收益"账户，贷记"应交税费——转让金融商品应交增值税"账户；如产生转让损失，计算可结转下月抵扣税额，借记"应交税费——转让金融商品应交增值税"账户，贷记"投资收益"账户。

年末，如果"应交税费——转让金融商品应交增值税"账户有借方余额，说明本年度的金融资产转让损失未能弥补，本年度金融商品转让损失不可转入下年度继续抵减金融商品转让收益。应将"应交税费——转让金融商品应交增值税"账户借方余额冲销，借记"投资收益"账户，贷记"应交税费——转让金融商品应交增值税"账户。

【例7-20】 承接例7-19。

转让金融商品应交增值税=(660 000-605 000)÷(1+6%)×6%=3 113(元)。甲公司应编制如下会计分录。

借：投资收益 3 113
  贷：应交税费——转让金融商品应交增值税 3 113

三、债权投资

(一)债权投资概述

1. 债权投资的概念

债权投资是指通过投资取得被投资单位债权,且不准备随时出售的投资。如从证券市场上购入的企业债券、金融债券和国库券等。债权投资可分为短期投资和长期投资,本部分所述内容为长期债权投资,是指企业购买的各种一年期以上,不准备随时变现的债券,其目的是持有至到期,按约定的利率收取固定的利息以及到期收回本金,属于以摊余成本计量的金融资产。

2. 债券的购买价格

债权投资主要是企业以购买债券方式进行的长期债权投资。债券的发行价格受票面利率和市场利率的影响,因此债券的购买价格包括以下三种情况。

(1) 面值购入,其购买价等于债券的票面值。一般情况下,当债券的票面利率等于市场利率时,企业按面值发行债券,投资者按面值购入。此时投资者获得的实际利息收益等于按票面值和票面利率计算的利息。

(2) 溢价购入,其购买价高于债券的票面值。当债券的票面利率高于市场利率时,企业溢价发行债券,投资者溢价购入债券。此时投资者获得的实际利息收益等于票面利息减去溢价。溢价是投资者为以后多得利息付出的代价。

(3) 折价购入,其购买价低于债券的票面值。当债券的票面利率低于市场利率时,企业折价发行债券,投资者折价购入债券。此时投资者获得的实际利息收益等于票面利息加上折价。折价是投资者为以后少得利息事先得到的补偿。溢价或者折价是债券存续期间内对债券利息的调整。

(二)债权投资相关账户

为了对债权投资进行核算,企业需设置"债权投资"和"债权投资减值准备"等账户。

"债权投资"账户借方登记取得债权投资的面值(成本)、买价高于票面值的差额(利息调整)、在资产负债表日确认利息时实际利息高于票面利息之差(摊销利息调整)、一次还本付息债券按票面利率确认的应收利息(应计利息);贷方登记处置债权投资时减少的成本、买价低于票面值的差额(利息调整)、在资产负债表日确认利息时实际利息低于票面利息之差(摊销利息调整)、收回应收利息时等内容。该账户期末余额在借方,反映债权投资的摊余成本。

本账户可根据债权投资的类别和品种,分别设置"成本""应计利息"和"利息调整"等明细账户。其中"成本"是指债券面值;"应计利息"反映持有债券应收利息;"利息调整"用于核算取得投资时发生的溢价或折价和相关费用及其摊销。

"债权投资减值准备"账户用于核算企业计提的债权投资的减值准备。在资产负债表日,确认债权投资发生减值时,贷记该账户;已计提减值准备的债权投资价值以后又得以恢复时,借记该账户。本账户期末余额在贷方,反映企业已计提的债权投资减值准备。本账户可按债权投资类别和品种进行明细核算。

(三)债权投资核算

1. 取得债权投资

企业取得债权投资的初始入账金额,包括取得时的公允价值和相关交易费。对于支付的价款中所包含的已到付息期但尚未领取的利息,不应将其作为持有至到期的入账金额,而只单独作为应收项目进行核算。

取得债权投资时,按照该投资债券的面值,借记"债权投资——成本"账户;对于取得时支付的价款中所包含的已到付息期但尚未领取的利息,应借记"应收利息"账户;按实际支付的金额,贷记"银行存款"等账户;按其差额,借记或贷记"债权投资——利息调整"账户。

【例7-21】 2021年1月,甲公司按面值购入乙公司发行的债券,票面值100 000元,购买价103 000元,其中包含已到付息期但尚未领取的利息3 000元。甲公司将其划分为债权投资。

甲公司取得投资时应编制如下会计分录。

借:债权投资——乙公司债券——成本　　　　100 000
　　应收利息　　　　　　　　　　　　　　　　3 000
　　贷:银行存款　　　　　　　　　　　　　　　　103 000

【例7-22】 假设例7-21中,甲公司购入的债券买价为105 000元,其他条件不变。

甲公司取得投资时应编制如下会计分录。

借:债权投资——乙公司债券——成本　　　　100 000
　　应收利息　　　　　　　　　　　　　　　　3 000
　　债权投资——乙公司债券——利息调整　　　2 000
　　贷:银行存款　　　　　　　　　　　　　　　　105 000

2. 在资产负债表日确认债权投资的利息

在资产负债表日,企业应当计算债权投资本期的应收利息和利息收益,并作出相应账务处理。由于债券付息方式不同,有到期付息的债券和分期付息的债券等,因此,利息的计算及账务处理也不完全一致。

1)利息的账务处理

如果债权投资为分期付息、一次还本的债券投资,则按票面利率计算确定的应收未收利息,借记"债权投资——应计利息"账户,按债权投资摊余成本和实际利率计算确定的利息收入,贷记"投资收益"账户,按其差额,借记或贷记"债权投资——利息调整"账户。

如果债权投资为一次还本付息的债券投资,按票面利率计算确定的应收未收的利息,记入"债权投资——应计利息"账户,而不通过"应收利息"账户进行核算。

【例7-23】 甲公司于2021年1月1日购入丙公司三年期债券,该债券每年年末支付利息。2021年12月31日,甲公司确认本期应收的利息为30 000元,本期利息收益为31 000元。

甲公司 2021 年 12 月 31 日编制如下会计分录。

借：债权投资——丙公司债券——应计利息	30 000
债权投资——丙公司债券——利息调整	1 000
贷：投资收益	31 000

2) 利息的计算

在资产负债表日，企业应当按照票面利率计算债权投资本期的应收利息，按照实际利率计算债权投资的利息收益。实际利率，是指将金融资产在预期持有期内的未来现金流量，折现为该金融资产当前账面价值所使用的利率。实际利率与票面利率差别较小的，也可按票面利率计算利息收益。

债权投资利息的计算公式如下。

票面利息(应收利息)＝票面值×票面利率×期限

实际利息(利息收益)＝"债权投资"的期初摊余成本×实际利率×期限

期末摊余成本＝期初摊余成本＋本期实际利息－本期收回的利息和本金(现金流入)

债权投资为一次还本付息的，由于全部利息到期时收回，平时没有产生现金流入，因此，到期付息债券期末摊余成本与分期付息债券期末摊余成本的计算有所不同。

如果债权投资发生减值的，计算摊余成本时还应当减去计提的减值准备。

【例 7-24】 2020 年 1 月 1 日，甲公司支付价款 101 802 元，购入乙公司 5 年期债券，面值 120 000 元，票面利率 6%，准备持有至到期。该债券每年年末支付利息，到期还本，经计算实际利率为 10%。确认 2020 年年末和 2021 年年末的利息。

(1) 购入时：

借：债权投资——成本	120 000
贷：银行存款	101 802
债权投资——利息调整	18 198

(2) 2020 年 12 月 31 日确认利息：

应收利息＝120 000×6%＝7 200(元)

实际利息＝101 802×10%＝10 180(元)

借：债权投资——乙公司债券——应计利息	7 200
债权投资——乙公司债券——利息调整	2 980
贷：投资收益——乙公司债券	10 180

期末摊余成本＝101 802 + 10 180 – 7 200 ＝104 782(元)

(3) 2021 年 12 月 31 日确认利息：

应收利息＝120 000×6%＝7 200(元)

实际利息＝104 782×10%＝10 478(元)

借：债权投资——乙公司债券——应计利息	7 200
债权投资——乙公司债券——利息调整	3 278
贷：投资收益	10 478

期末摊余成本＝ 104 782+10478-7 200＝108 060(元)

3. 债权投资到期收回投资

当债权投资到期而收回本金和利息时,按实际收到的金额,借记"银行存款"等账户,贷记"债权投资——成本、应计利息""应收利息"等账户。

【例 7-25】 甲公司于 2019 年 1 月 1 日按面值购入乙公司发行的债券,票面价值 100 000 元,票面利率 6%,到期支付本金及利息。甲公司将其划分为债权投资。2021 年 12 月 31 日到期,收回本金和利息。相关会计分录如下。

借:银行存款　　　　　　　　　　　　　　　　　　　　118 000
　　贷:债权投资——乙公司债券——成本　　　　　　　100 000
　　　　债权投资——乙公司债券——应计利息　　　　　 18 000

4. 债权投资减值

在资产负债表日,企业应对债权投资进行减值测试。如果债权投资预计未来现金流量的现值小于账面价值,则表明该债权投资发生了减值。应将账面价值与预计未来现金流量现值之间的差额,借记"信用减值损失"账户,贷记"债权投资减值准备"账户。对于已计提减值准备的债权投资,如有客观证据表明其价值已经恢复,且在原计提减值金额内恢复,应作与提取时相反的分录。

5. 处置债权投资

如果将债权投资出售,应按实际收到的金额,借记"银行存款"等账户,并冲销其账面金额,贷记"债权投资——成本、应计利息"账户,贷记或借记"债权投资——利息调整"账户,按其差额,贷记或借记"投资收益"科目。已计提信用减值准备的,还应同时结转信用减值准备。

【例 7-26】 2017 年 1 月 1 日,甲公司支付价款 880 235 元(含交易费用)从证券交易所购入乙公司同日发行的 5 年期公司债券,票面价值总额为 1 000 000 元,票面年利率为 5%,于每年年末支付本年度债券利息,本金在债券到期时一次性偿还。甲公司将该债券划分为债权投资。经计算该债券的市场利率为 8%。

甲公司业务处理如下。

(1) 购入债券时:

借:债权投资——乙公司债券——成本　　　　　　　　1 000 000
　　贷:银行存款　　　　　　　　　　　　　　　　　　880 235
　　　　债权投资——乙公司债券——利息调整　　　　　119 765

(2) 编写利息计算表(参见表 7-1)。

(3) 根据表 7-1 中的数据,甲公司的有关账务处理如下。

① 2017 年 12 月 31 日确认债券实际利息收入、收到债券利息。

借:债权投资——乙公司债券——应计利息　　　　　　50 000
　　债权投资——乙公司债券——利息调整　　　　　　20 418.8
　　贷:投资收益——乙公司债券　　　　　　　　　　　70 418.8
借:银行存款　　　　　　　　　　　　　　　　　　　　50 000
　　贷:债权投资——乙公司债券——应计利息　　　　　50 000

表 7-1 利息计算表

单位：元

日　期	票面利息 (1)=面值×5%	现金流入 (2)	实际利息收入 (3)=期初(5)×8%	利息调整的摊销 (4)=(3)-(1)	期末摊余成本 (5)=期初(5)+(3)-(2)
2017.1.1					880 235.00
2017.12.31	50 000	50 000	70 418.80	20 418.80	900 653.80
2018.12.31	50 000	50 000	72 052.30	22 052.30	922 706.10
2019.12.31	50 000	50 000	73 816.50	23 816.50	946 522.60
2020.12.31	50 000	50 000	75 721.80	25 721.80	972 244.40
2021.12.31	50 000	1 050 000	77 755.60*	27 755.60	0.00

* 尾数调整：1 050 000.00-972 244.40= 77 755.60(元)。

② 2018 年 12 月 31 日，确认乙公司债券实际利息收入、收到债券利息。

借：债权投资——乙公司债券——应计利息　　　　50 000
　　债权投资——乙公司债券——利息调整　　　　22 052.3
　　　贷：投资收益——乙公司债券　　　　　　　　　　72 052.3
借：银行存款　　　　　　　　　　　　　　　　　50 000
　　　贷：债权投资——乙公司债券——应计利息　　　　50 000

③ 2019 年 12 月 31 日，确认乙公司债券实际利息收入、收到债券利息。

借：债权投资——乙公司债券——应计利息　　　　50 000
　　债权投资——乙公司债券——利息调整　　　　23 816.5
　　　贷：投资收益——乙公司债券　　　　　　　　　　73 816.5
借：银行存款　　　　　　　　　　　　　　　　　50 000
　　　贷：债权投资——乙公司债券——应计利息　　　　50 000

④ 2020 年 12 月 31 日，确认乙公司债券实际利息收入、收到债券利息。

借：债权投资——乙公司债券——应计利息　　　　50 000
　　债权投资——乙公司债券——利息调整　　　　25 721.8
　　　贷：投资收益——乙公司债券　　　　　　　　　　75 721.8
借：银行存款　　　　　　　　　　　　　　　　　50 000
　　　贷：债权投资——乙公司债券——应计利息　　　　50 000

⑤ 2021 年 12 月 31 日，确认乙公司债券实际利息收入、收到债券利息和本金。

借：债权投资——乙公司债券——应计利息　　　　50 000
　　债权投资——乙公司债券——利息调整　　　　27 755.6
　　　贷：投资收益——乙公司债券　　　　　　　　　　77 755.6
借：银行存款　　　　　　　　　　　　　　　　　50 000
　　　贷：债权投资——乙公司债券——应计利息　　　　50 000
借：银行存款　　　　　　　　　　　　　　　　　1 000 000
　　　贷：债权投资——乙公司债券——成本　　　　　　1 000 000

【例 7-27】 2017 年 1 月 1 日，甲公司支付价款 850 750 元(含交易费用)从证券交易所购入乙公司同日发行的 5 年期公司债券，票面价值总额为 1 000 000 元，票面年利率为 5%，到期一次性还本付息。甲公司将该债券划分为债权投资。经计算该债券的市场利率为8%。

甲公司业务处理如下。

(1) 购入债券时：

借：债权投资——乙公司债券——成本　　　　　　　1 000 000
　　贷：银行存款　　　　　　　　　　　　　　　　　　850 750
　　　　债权投资——乙公司债券——利息调整　　　　　149 250

(2) 编写利息计算表(参见表7-2)。

表7-2　利息计算表

单位：元

日　　期	票面利息 (1)=面值×5%	现金流入(2)	实际利息收入 (3)=期初(5)×8%	利息调整的摊销 (4)=(3)-(1)	期末摊余成本 (5)=期初(5)+(3)-(2)
2017.1.1	—	—			850 750
2017.12.31	50 000	0	68 060	18 060	918 810
2018.12.31	50 000	0	73 505	23 505	992 315
2019.12.31	50 000	0	79 385	29 385	1 071 700
2020.12.31	50 000	0	85 736	35 736	1 157 436
2021.12.31	50 000	1 250 000	92 564*	42 564	0

* 尾数调整：1 250 000-1 157 436 = 92 564(元)。

(3) 根据表7-2中的数据，甲公司的有关账务处理如下。

① 2017年12月31日，确认债券实际利息收入。

借：债权投资——乙公司债券——应计利息　　　　　　50 000
　　　　　　　　——乙公司债券——利息调整　　　　　18 060
　　贷：投资收益——乙公司债券　　　　　　　　　　　68 060

② 2018年12月31日，确认乙公司债券实际利息收入。

借：债权投资——乙公司债券——应计利息　　　　　　50 000
　　　　　　　　——乙公司债券——利息调整　　　　　23 505
　　贷：投资收益——乙公司债券　　　　　　　　　　　73 505

③ 2019年12月31日，确认乙公司债券实际利息收入。

借：债权投资——乙公司债券——应计利息　　　　　　50 000
　　　　　　　　——乙公司债券——利息调整　　　　　29 385
　　贷：投资收益——乙公司债券　　　　　　　　　　　79 385

④ 2020年12月31日，确认乙公司债券实际利息收入。

借：债权投资——乙公司债券——应计利息　　　　　　50 000
　　　　　　　　——乙公司债券——利息调整　　　　　35 736
　　贷：投资收益——乙公司债券　　　　　　　　　　　85 736

⑤ 2021年12月31日，确认乙公司债券实际利息收入、收到债券利息和本金。

借：债权投资——乙公司债券——应计利息　　　　　　50 000
　　　　　　　　——乙公司债券——利息调整　　　　　42 564

    贷：投资收益——乙公司债券   92 564
  借：银行存款   1 250 000
    贷：债权投资——乙公司债券——成本   1 000 000
      ——乙公司债券——应计利息   250 000

四、长期股权投资

(一)长期股权投资的概念

  长期股权投资是指通过投资取得被投资单位的股份，且不准备随时出售，从而使投资企业成为被投资单位股东的投资。

(二)长期股权投资的类型

1. 按形成方式划分

1) 合并形成的长期股权投资

  企业合并是指将两个或者两个以上单独的企业合并形成一个报告主体的交易或事项。只有控股合并才能形成长期股权投资。

  控股合并是指合并方(或购买方)通过企业合并达到对被合并方(或被购买方)进行控制的一种合并形式。也就是说，通过控股合并，合并方与被合并方形成"母公司"和"子公司"的关系。在控股合并后，合并方和被合并方仍存在并继续经营，且相互组成一个集团公司。

  企业合并又可分为同一控制下的企业合并和非同一控制下的企业合并。

  (1) 同一控制下的企业合并。

  参与合并的企业在合并前后均受同一方或相同的多方最终控制，且该控制并非暂时性的，为同一控制下的企业合并。同一控制下的企业合并常常表现为母子公司之间、同一母公司下的各子公司之间的合并。

  (2) 非同一控制下的企业合并。

  参与合并的各方在合并前后不受同一方或相同的多方最终控制的，为非同一控制下的企业合并。

2) 非企业合并形成的长期股权投资

  除合并以外，企业还可以通过其他方式取得长期股权投资，如以支付现金、发行权益性证券等方式取得长期股权投资。

2. 按对被投资企业的影响程度划分

  长期股权投资按对被投资企业的影响程度或者核算范围可以分为以下三类。

  1) 能够对被投资企业实施控制的长期股权投资，即对子公司的投资控制，是指有权决定一个企业的财务和经营政策，并能以从该企业的经营活动中获取利益。

  控制一般根据以下情况判断：一是投资企业直接拥有被投资单位 50%以上的表决权资本，二是投资企业虽然直接拥有被投资单位 50%或以下的表决权资本，但具有实质控制权的。

2) 对被投资企业具有共同控制的长期股权投资，即对合营企业的投资

共同控制是指按合同约定对某项经济活动所共有的控制。其特点是，合营各方均受到合营合同的限制和约束，任何一个合营方均不能单独控制合营企业的生产经营活动，涉及合营企业基本经营活动的决策需要各合营方一致同意。投资企业与其他合营方一同对被投资单位实施共同控制的，被投资单位为投资企业的合营企业。

3) 对被投资企业具有重大影响的长期股权投资，即对联营企业的投资

重大影响是指对一个企业的财务和经营政策有参与决策的权力，但并不能够控制或与其他方一起共同控制这些政策的制定。重大影响通常体现为在被投资单位的董事会或类似权力机构中派有代表、参与被投资单位的政策制定过程、与被投资单位之间发生重要交易、向被投资单位派出管理人员或是向被投资单位提供关键技术资料等。投资企业能够对被投资单位施加重大影响的情况下，被投资单位为其联营企业。

当投资企业直接拥有被投资单位 20%或以上至 50%表决权资本时，一般对被投资企业具有重大影响。

(三)长期股权投资的核算范围

长期股权投资的核算方法有成本法和权益法两种，其相关核算范围如下。

1．长期股权投资成本法的核算范围

下列情况下，企业的长期股权投资采用成本法核算。

企业能够对被投资单位实施控制的长期股权投资，即企业对子公司的长期股权投资。

2．长期股权投资权益法的核算范围

下列两种情况下，企业的长期股权投资采用权益法核算。

(1) 企业对被投资单位具有共同控制的长期股权投资，即企业对其合营企业的长期股权投资。

(2) 企业对被投资单位具有重大影响的长期股权投资，即企业对其联营企业的长期股权投资。

(四)长期股权投资成本法的核算

1．账户的设置

采用成本法核算长期股权投资的成本，应设置"长期股权投资"账户。该账户借方登记增加的长期股权投资的成本，贷方登记处置时转销的投资成本；期末余额在借方，反映持有的长期股权投资的成本。该账户可以按被投资单位设置明细账，以进行明细分类核算。

2．成本法核算的账务处理

1) 取得长期股权投资

长期股权投资在取得时，应按初始投资成本入账。成本法核算时，长期股权投资的初始投资成本，应按企业合并和非企业合并两种情况分别确定。而同一控制下的企业合并和非同一控制下的企业合并，其初始投资成本确认也不尽相同。下面分别进行介绍。

(1) 同一控制下的企业合并形成的长期股权投资的初始成本。

同一控制下的企业合并，合并方以支付现金、转让非现金资产或承担债务方式作为合并对价的，应当在合并日按照取得被合并方所有者权益账面价值的份额作为长期股权投资的初始投资成本。实际支付的价款或对价中包含的已宣告但尚未发放的现金股利或利润，应作为应收项目处理。长期股权投资初始投资成本与支付的现金、转让的非现金资产以及所承担债务账面价值之间的差额，应当调整资本公积(资本溢价或股本溢价)；资本公积(资本溢价或股本溢价)不足冲减的，调整留存收益。

合并方发生的审计、法律服务、评估咨询等中介费用以及其他相关管理费用，应当于发生时计入当期管理费用。

具体进行会计处理时，合并方在合并日按取得被合并方所有者权益账面价值的份额，借记"长期股权投资"账户，按被投资单位已宣告但尚未发放的现金股利或利润，借记"应收股利"账户，按支付的合并对价的账面价值，贷记有关资产或负债账户，按其差额，贷记"资本公积——资本溢价或股本溢价"账户；或借记"资本公积——资本溢价或股本溢价"账户，资本公积(资本溢价或股本溢价)不足冲减的，借记"盈余公积""利润分配——未分配利润"账户。

【例 7-28】 2021 年 3 月 15 日，甲公司以银行存款 3 000 000 元及账面价值为 800 000 元的原材料，取得同一集团内的乙公司 80%的股权，并于当日起能够对乙公司实施控制。合并日，乙公司所有者权益的账面价值为 5 000 000 元，公允价值为 5 500 000 元。甲公司因合并支付法律服务费 30 000 元，不考虑其他因素。

2021 年 3 月 15 日，甲公司业务处理如下。

长期股权投资的初始投资成本=5 000 000×80%=4 000 000(元)

借：长期股权投资　　　　　　　　　　　　4 000 000
　　贷：银行存款　　　　　　　　　　　　　　3 000 000
　　　　原材料　　　　　　　　　　　　　　　　800 000
　　　　资本公积——资本溢价　　　　　　　　200 000
借：管理费用　　　　　　　　　　　　　　　　30 000
　　贷：银行存款　　　　　　　　　　　　　　　30 000

(2) 非同一控制下的企业合并形成的长期股权投资的初始成本。

非同一控制下的企业合并，购买方(合并方)应当以合并成本作为长期股权投资的初始投资成本。合并成本主要指购买方(合并方)在购买日(合并日)为取得对被购买方(被合并方)的控制权而支付的现金、非现金资产等的公允价值。投出资产公允价值与其账面价值的差额应合并计入当期损益。实际支付的价款或对价中包含的已宣告但尚未发放的现金股利或利润，应作为应收项目处理。

购买方(合并方)为进行企业合并发生的审计、法律服务、评估咨询等各项直接相关费用，应当计入当期损益。

具体进行会计处理时，合并方应在购买日按企业付出资产的公允价值，借记"长期股权投资"账户，按投出资产的账面价值，贷记有关资产账户，对于支付的价款或对价中包含的现金股利或利润，应借记"应收股利"账户。投出资产为非货币资产时，投出资产公允价值与其账面价值的差额计入合并方当期损益，如果投出资产为固定资产或无形资产，其差额记入"资产处置损益"账户。

【例7-29】 2021年3月20日,甲公司取得乙公司80%的股权。合并中,甲公司投出银行存款3 000 000元。一项专利技术账面原值600 000元,累计摊销200 000元,公允价值为500 000元。甲公司因合并支付评估费30 000元。甲公司和乙公司合并前不存在任何关联方关系,不考虑其他因素。

2021年3月20日,甲公司业务处理如下。

长期股权投资的初始投资成本=3 000 000+500 000=3 500 000(元)

借:长期股权投资　　　　　　　　　　　　3 500 000
　　累计摊销　　　　　　　　　　　　　　　200 000
　　贷:无形资产　　　　　　　　　　　　　　600 000
　　　　银行存款　　　　　　　　　　　　3 000 000
　　　　营业外收入　　　　　　　　　　　　100 000

借:管理费用　　　　　　　　　　　　　　　30 000
　　贷:银行存款　　　　　　　　　　　　　　30 000

(3) 非企业合并形成的长期股权投资的初始成本。

除企业合并形成的长期股权投资以外,以支付现金取得的长期股权投资,应当按照实际支付的购买价款作为初始投资成本。初始成本包括与取得该长期股权投资直接相关的费用、税金及其他必要支出。对于实际支付的价款中所包含的已宣告但尚未发放的现金股利或利润,应作为应收项目处理,不构成长期股权投资的成本。

取得长期股权投资时,应按照上述规定确定长期股权投资的初始投资成本,借记"长期股权投资"账户,对于实际支付的价款中包含的已宣告但尚未发放的现金股利或利润,应借记"应收股利"账户,按实际支付的款项,贷记"银行存款"等账户。

【例7-30】 2021年5月1日,甲公司购入乙公司52%的股份,实际支付价款500 000元,其中包含已到期尚未支付的现金股利20 000元。另外,在购买过程中支付手续费等相关费用10 000元。

2021年5月1日,甲公司作如下会计处理。

初始投资成本=500 000-20 000+10 000=490 000(元)

借:长期股权投资　　　　　　　　　　　　　490 000
　　应收股利　　　　　　　　　　　　　　　　20 000
　　贷:银行存款　　　　　　　　　　　　　　510 000

2) 持有期间被投资单位宣告发放现金股利或利润

在采用成本法核算的情况下,长期股权投资持有期间被投资单位宣告发放现金股利时,投资企业按投资持股比例计算的份额,确认为投资收益。此情况下借记"应收股利"账户,贷记"投资收益"账户;实际收到时,借记"银行存款"账户,贷记"应收股利"账户。

3) 长期股权投资减值

在资产负债表日对长期股权投资进行减值测试,其可收回金额低于账面价值的,应确认减值损失,计提减值准备,借记"资产减值损失"账户,贷记"长期股权投资减值准备"账户。

长期股权投资的减值一经确认,在持有期间不得转回。

4) 长期股权投资的处置

处置长期股权投资时，按实际收到的价款与长期股权投资账面价值的差额确认为投资损益，并同时结转已计提的长期股权投资减值准备。其会计处理为：处置时，按实际收到的金额，借记"银行存款"等账户，并冲销账面金额，按原已计提的减值准备，借记"长期股权投资减值准备"账户，按该项长期股权投资的账面余额，贷记"长期股权投资"账户，尚未领取的现金股利或利润，贷记"应收股利"账户，按其差额，贷记或借记"投资收益"账户。

【例 7-31】 甲公司持有丙公司股票 10 000 股，作为长期投资核算。2021 年 5 月 10 日，甲公司将该股票以每股 12 元的价格卖出，支付相关税费 2 000 元，实收款 118 000 元。该长期股权投资账面余额为 120 000 元，已计提减值准备 5 000 元。

2021 年 5 月 10 日，甲公司应作如下会计处理。

投资损益：118 000−(120 000−5 000)=3 000(元)

借：银行存款　　　　　　　　　　　　　118 000
　　长期股权投资减值准备　　　　　　　　5 000
　　贷：长期股权投资　　　　　　　　　　120 000
　　　　投资收益　　　　　　　　　　　　3 000

【例 7-32】 2019 年 1 月 2 日，甲公司支付现金 6 000 000 元取得丙公司 60%的股权，另支付相关税费 10 000 元。2019 年 2 月 15 日，丙公司宣告分派现金股利 800 000 元。甲公司于 2019 年 3 月 10 日收到现金股利。2019 年丙公司发生亏损 3 000 000 元。2019 年年末甲公司对丙公司的投资进行减值测试，可收回金额为 5 800 000 元。2020 年丙公司实现净利润 4 000 000 元。2021 年 1 月 10 日，甲公司将持有的丙公司的全部股权转让，收到转让款 6 300 000 元。

甲公司有关账务处理如下。

(1) 2019 年 1 月 2 日投资时：
借：长期股权投资——丙公司　　　　　　6 010 000
　　贷：银行存款　　　　　　　　　　　6 010 000

(2) 2019 年 2 月 15 日：
借：应收股利　　　　　　　　　　　　　480 000(800 000×60%)
　　贷：投资收益　　　　　　　　　　　480 000

(3) 2019 年 3 月 10 日：
借：银行存款　　　　　　　　　　　　　480 000
　　贷：应收股利　　　　　　　　　　　480 000

(4) 2019 年丙公司发生亏损，甲公司采用成本法核算，不作账务处理。

(5) 2019 年年末计提减值准备。
借：资产减值损失　　　　　　　　　　　210 000(6 010 000−5 800 000)
　　贷：长期股权投资减值准备　　　　　210 000

(6) 2020 年丙公司实现净利润，甲公司采用成本法核算，不作账务处理。

(7) 2021 年 1 月 10 日转让时：

借：银行存款	6 300 000
长期股权投资减值准备	210 000
贷：长期股权投资——丙公司	6 010 000
投资收益	500 000

(五) 长期股权投资权益法的核算

1. 账户的设置

采用权益法核算时，"长期股权投资"账户反映投资企业在被投资单位所有者权益中享有的份额。该账户借方登记长期股权投资取得时的成本，以及持有期间被投资单位所有者权益增加时应享有的份额；贷方登记处置长期股权投资转销的价值，或被投资单位所有者权益减少时应分担的份额，以及被投资单位宣告分派现金股利或利润时投资企业按持股比例计算应享有的份额。期末余额在借方，反映企业持有的长期股权投资的价值。

"长期股权投资"账户除按被投资单位设置明细账外，还需设置"投资成本""损益调整""其他综合收益""其他权益变动"进行明细核算。"长期股权投资——投资成本"核算投资成本；"长期股权投资——损益调整"核算被投资单位实现的净利润、分配利润或发生亏损时，投资企业按比例计算应享有或分担的份额；"长期股权投资——其他综合收益"核算企业根据其他会计准则规定未在当期损益中确认的各项利得和损失；"长期股权投资——其他权益变动"核算被投资单位除净损益以外的所有者权益变动，投资企业计算应享有或分担的份额。

2. 权益法核算的账务处理

1) 取得长期股权投资

取得投资时，首先应确定初始投资成本。对于以支付现金取得的长期股权投资，应当按照实际支付的购买价款作为初始投资成本。初始投资成本包括与取得长期股权投资直接相关的费用、税金及其他必要支出。对于实际支付的价款中包含的已宣告但尚未发放的现金股利或利润，应作为应收项目处理，不计入成本。

然后，比较初始投资成本与投资时应享有被投资单位可辨认净资产公允价值的份额。对于长期股权投资初始投资成本大于应享有被投资单位可辨认净资产公允价值份额的，不调整初始投资成本，长期股权投资按初始投资成本入账；对于长期股权投资初始投资成本小于应享有被投资单位可辨认净资产公允价值份额的，将初始投资成本调整为应享有被投资单位可辨认净资产公允价值的份额，即长期股权投资按应享有被投资单位可辨认净资产公允价值份额入账，其差额计入当期损益。

具体账务处理：取得投资时，初始投资成本大于投资时应享有被投资单位可辨认净资产公允价值份额的，按初始投资成本，借记"长期股权投资——投资成本"账户，贷记"银行存款"等账户。

初始投资成本小于投资时应享有被投资单位可辨认净资产公允价值份额的，按应享有被投资单位可辨认净资产公允价值份额，借记"长期股权投资——投资成本"账户，按实际支付的买价款，贷记"银行存款"等账户，按其差额，贷记"营业外收入"账户。

【例 7-33】 甲公司于 2021 年 1 月 2 日以银行存款购入乙公司 25%的股份,并对乙公司有重大影响,采用权益法核算。该股票购买价为 300 000 元,另外,支付相关税费 20 000元。取得投资时乙公司所有者权益公允价值为 1 000 000 元。

2021 年 1 月 2 日,甲公司账务处理如下。

初始投资成本=300 000+20 000=320 000(元)

应享有被投资单位可辨认净资产公允价值的份额=1 000 000×25%=250 000(元)

借:长期股权投资——乙公司——成本　　　　　　320 000
　　贷:银行存款　　　　　　　　　　　　　　　　　320 000

【例 7-34】 假设例 7-32 中,取得投资时乙公司所有者权益公允价值为 1 600 000 元,甲公司持有乙公司股份的 25%,其他条件不变。

2021 年 1 月 2 日,甲公司进行的账务处理如下。

初始投资成本=300 000+20 000=320 000(元)

应享有被投资单位可辨认净资产公允价值的份额=1 600 000×25%=400 000(元)

借:长期股权投资——乙公司——成本　　　　　　400 000
　　贷:银行存款　　　　　　　　　　　　　　　　　320 000
　　　　营业外收入　　　　　　　　　　　　　　　　 80 000

2) 长期股权投资持有期间被投资单位实现净利润

被投资单位实现净利润时,投资企业应按持股比例计算应享有被投资单位净利润的份额,确认投资收益,并调高长期股权投资的账面价值。此时借记"长期股权投资——损益调整"账户,贷记"投资收益"账户。

【例 7-35】 接例 7-32,2017 年乙公司实现净利润 800 000 元。投资时乙公司各项可辨认净资产的账面价值与其公允价值相同。

甲公司账务处理如下。

确认投资收益=800 000×25%=200 000(元)

借:长期股权投资——乙公司——损益调整　　　　200 000
　　贷:投资收益　　　　　　　　　　　　　　　　　200 000

3) 被投资单位宣告发放现金股利或利润

对于投资企业所计算的应分配的部分,应冲减长期股权投资账面价值。此时借记"应收股利"账户,贷记"长期股权投资——损益调整"账户。实际收到时,借记"银行存款"账户,贷记"应收股利"账户。

【例 7-36】 甲公司持有乙公司股份的 30%,乙公司 2020 年实现净利润 3 800 000 元,2021 年 3 月 20 日宣告分派现金股利 2 000 000 元。

甲公司应作如下会计处理。

乙公司宣告分派现金股利时,甲公司应分得 2 000 000×30%=600 000(元)。

借:应收股利　　　　　　　　　　　　　　　　　　600 000
　　贷:长期股权投资——乙公司——损益调整　　　　600 000

4) 长期股权投资持有期间被投资单位发生亏损

被投资单位发生净亏损时,投资企业应当确认投资损失,并冲减长期股权投资的账面价值,借记"投资收益"账户,贷记"长期股权投资——损益调整"账户。冲减长期股权投资账户时,将账面价值冲减至零为限,若仍有未确认的应分担的投资损失,则在备查账簿登记。被投资单位于以后期间实现盈利的,应按以上相反顺序恢复长期股权投资的账面价值,同时确认投资收益。

【例 7-37】 甲公司持有乙公司 30%的股权,2018 年 12 月 31 日的账面价值为 3 000 000 元。乙公司 2019 年度发生亏损 6 000 000 元。假定甲公司在取得投资时,乙公司各项可辨认资产、负债的公允价值与其账面价值相同。

甲公司 2019 年确认应分担的亏损=6 000 000×30%=1 800 000(元)。

借:投资收益　　　　　　　　　　　　　　　　　1 800 000
　　贷:长期股权投资——乙公司——损益调整　　　　　　1 800 000

确认上述投资损失后,长期股权投资的账面价值变为 1 200 000 元。

【例 7-38】 承接例 7-37,假设 2020 年乙公司发生亏损 5 000 000 元。

甲公司 2020 年确认应分担的亏损=5 000 000×30%=1 500 000 元。但长期股权投资账面价值只有 1 200 000 元,故编制会计分录如下。

借:投资收益　　　　　　　　　　　　　　　　　1 200 000
　　贷:长期股权投资——乙公司——损益调整　　　　　　1 200 000

经上述处理,甲公司未确认的超额损失为 300 000 元,并在备查账簿中记录。

【例 7-39】 承接例 7-38,假设 2021 年乙公司实现净利润 7 000 000 元。

甲公司 2021 年应享有净利润的份额:7 000 000×30%=2 100 000(元)

恢复"长期股权投资"账面值:2 100 000-300 000=1 800 000(元)

借:长期股权投资——乙公司——损益调整　　　　1 800 000
　　贷:投资收益　　　　　　　　　　　　　　　　　　　1 800 000

5) 被投资单位其他综合收益变动

其他综合收益是指企业根据其他会计准则规定未在当期损益中确认的各项利得和损失。投资企业在持有长期股权投资期间,应当按照应享有或应分担被投资单位实现其他综合收益的份额,借记"长期股权投资——其他综合收益"科目,贷记"其他综合收益"科目。

【例 7-40】 承接例 7-38,2021 年乙公司其他债权投资的公允价值增加了 4 000 000 元。甲公司按照持股比例确认相应的其他综合收益为 1 200 000 元。

甲公司应编制如下会计分录。

借:长期股权投资——其他综合收益　　　　　　1 200 000
　　贷:其他综合收益　　　　　　　　　　　　　　　　　1 200 000

6) 被投资单位所有者权益的其他变动

长期股权投资持有期间,对于被投资单位除净损益以外所有者权益的其他变动,投资企业应按持股比例计算应享有或分担的份额,并相应调整长期股权投资的账面价值,同时增加或减少资本公积(其他资本公积)。此时借记或贷记"长期股权投资——其他权益变动"账户,贷记或借记"资本公积——其他资本公积"账户。

7) 长期股权投资的处置

处置长期股权投资时,按实际收到的价款与长期股权投资账面价值的差额确认为投资损益,并同时结转已计提的长期股权投资减值准备。其会计处理为:处置时,按实际收到的金额,借记"银行存款"等账户,按原已计提的减值准备,借记"长期股权投资减值准备"账户,按该项长期股权投资的账面余额,贷记"长期股权投资"账户,按尚未领取的现金股利或利润,贷记"应收股利"账户,按其差额,贷记或借记"投资收益"账户。同时结转原记入"资本公积""其他综合收益"账户的相关金额,借记或贷记"资本公积——其他资本公积""其他综合收益"账户,贷记或借记"投资收益"账户。

【例 7-41】 甲公司持有丙公司 30%的股权。2021 年 12 月 1 日,甲公司出售所持有的丙公司的股权。出售时甲公司对丙公司长期股权投资的账面构成为:投资成本 600 000 元,损益调整借方为 500 000 元,其他权益变动借方 100 000 元。出售取得价款 1 500 000 元。

甲公司确认处置损益的账务处理如下。

借:银行存款　　　　　　　　　　　　　　　　1 500 000
　　贷:长期股权投资——丙公司——成本　　　　　　600 000
　　　　　　　　　　　　　　——损益调整　　　　　500 000
　　　　　　　　　　　　　　——其他权益变动　　　100 000
　　　　投资收益　　　　　　　　　　　　　　　　300 000

将原计入资本公积的金额转入当期损益:

借:资本公积——其他资本公积　　　　　　　　　　100 000
　　贷:投资收益　　　　　　　　　　　　　　　　　100 000

【例 7-42】 甲公司对乙公司投资情况如下。

2019 年 1 月 1 日,甲公司购入乙公司股票 500 000 股,占乙公司有表决权股份的 30%,对乙公司的财务和经营决策具有重大影响。甲公司采用权益法核算。该股票每股买价 6 元,每股价格中包含已宣告但尚未发放的现金股利 0.20 元,另外,支付相关税费 30 000 元。款项均以银行存款支付。当日乙公司可辨认净资产公允价值为 9 000 000 元(假定公允价值与账面价值相同)。

乙公司 2019 年实现的净利润为 1 000 000 元,本年度因某经济事项使资本公积增加 300 000 元。

2020 年 2 月 25 日,乙公司宣告分配现金股利 350 000 元,甲公司于 3 月 15 日收到。

2020 年乙公司发生亏损 600 000 元,假设 2019 年年末甲公司对乙公司的投资可收回金额经测算为 3 000 000 元。

2021 年 1 月 20 日,甲公司经协商,将持有的乙公司的全部股权转让给丁企业,收到股权转让款 3 060 000 元。

甲公司业务处理如下。

(1) 2019 年 1 月 1 日,取得投资。

初始投资成本:500 000×5.8+30 000=2 930 000(元)

享有被投资单位可辨认净资产公允价值份额:9 000 000×30%=2 700 000(元)

可见,初始投资成本>应享有被投资单位可辨认净资产公允价值份额。

借:长期股权投资——乙公司——成本　　　　　2 930 000
　　应收股利——乙公司　　　　　　　　　　　　100 000
　　贷:银行存款　　　　　　　　　　　　　　3 030 000

(2) 2019年乙公司实现的净利润和所有者权益的其他变动。

借：长期股权投资——乙公司——损益调整　　300 000 (1 000 000×30%)
　　贷：投资收益　　　　　　　　　　　　　　300 000
借：长期股权投资——乙公司——其他权益变动　90 000 (300 000×30%)
　　贷：资本公积——其他资本公积　　　　　　 90 000

(3) 2020年2月25日，乙公司宣告分配现金股利。

借：应收股利　　　　　　　　　　　　　　　　105 000 (350 000×30%)
　　贷：长期股权投资——乙公司——损益调整　 105 000
借：银行存款　　　　　　　　　　　　　　　　105 000
　　贷：应收股利——乙公司　　　　　　　　　 105 000

(4) 2020年乙公司发生亏损及年末计提减值准备。

借：投资收益　　　　　　　　　　　　　　　　180 000(600 000×30%)
　　贷：长期股权投资——乙公司——损益调整　 180 000

计提减值准备前长期股权投资的账面余额=投资成本2 930 000+损益调整15 000 (300 000-105 000-180 000)+其他权益变动90 000=3 035 000元，而可收回金额为3 000 000元，需计提35 000元减值准备。

借：资产减值损失　　　　　　　　　　　　　　35 000
　　贷：长期股权投资减值准备　　　　　　　　 35 000

(5) 2021年1月20日股权转让。

借：银行存款　　　　　　　　　　　　　　　　3 060 000
　　长期股权投资减值准备　　　　　　　　　　 35 000
　　贷：长期股权投资——乙公司——成本　　　 2 930 000
　　　　　　　　　　　　　　　——损益调整　 15 000
　　　　　　　　　　　　　　　——其他权益变动 90 000
　　　　投资收益　　　　　　　　　　　　　　 60 000
借：资本公积——其他资本公积　　　　　　　　 90 000
　　贷：投资收益　　　　　　　　　　　　　　 90 000

本章小结

对外投资是企业在其本身经营业务以外，为合理有效地使用资金，或为谋取其他利益，向其他单位的投资，是企业将自身资产让渡给其他单位经营的业务活动。本章介绍了投资的概念、种类、主要业务流程，重点阐述了投资性房地产、交易性金融资产、债权投资、长期股权投资的核算。

投资性房地产的计量分为成本模式和公允价值模式。成本模式下投资性房地产核算与固定资产及无形资产核算相似，主要业务包括取得投资性房地产、后续计量、后续支出、房地产的转换和处置投资性房地产等内容。交易性金融资产期末计量与按公允价值模式核算的投资性房地产后续计量相同，其主要特点是期末按公允价值计量，公允价值变动形成的利得或损失，计入当期损益；核算内容包括取得交易性金融资产、持有期间现金股利和利息的核算、期末计量和处置等业务。债权投资核算包括取得债券投资、资产负债表日确认实际利息收益和应收利息、收回或处置等业务，难点为利息的核算。长期股权投资的核算分为成本法和权益法。在成本法核算方法下，长期股权投资应当按照初始投资成本计价，持有期间被投资单位宣告发放现金股利或利润时，确认为投资收益；在权益法核算方法下，长期股权投资持有期间随享有被投资单位所有者权益份额的变动，对投资的账面价值进行调整。

课后习题

一、单项选择题

1. 企业对采用成本模式计量的投资性房地产进行折旧或摊销时，应借记的账户为(　　)。
   A．"投资收益"　　　　　　　　B．"营业外支出"
   C．"其他业务成本"　　　　　　D．"管理费用"

2. 自用房地产转换为采用公允价值模式计量的投资性房地产时，将转换门的公允价值大于原账面值的差额记入(　　)账户。
   A．"营业外收入"　　　　　　　B．"公允价值变动损益"
   C．"其他综合收益"　　　　　　D．"其他业务收入"

3. 对于实际支付的投资价款中所包含的已宣布但尚未支付的现金股利，或已到付息期而尚未领取的债券利息，应记入(　　)账户。
   A．"投资成本"　　　　　　　　B．"应收项目"
   C．"当期损益"　　　　　　　　D．"所有者权益"

4. 下列关于交易性金融资产的计量说法，不正确的是(　　)。
   A．应当按取得该金融资产的公允价值作为确认金额，相关交易费用计入当期损益
   B．应当按取得该金融资产的公允价值和相关交易费用之和作为初始确认金额
   C．在资产负债表日，将交易性金融资产的公允价值与账面余额之间的差额计入当期损益
   D．出售交易性金融资产时，原计入公允价值变动损益的金额不转作投资收益

5. 在资产负债表日，将交易性金融资产公允价值与其账面值之差应记入(　　)账户。
   A．"资本公积"　　　　　　　　B．"公允价值变动损益"
   C．"资产减值损失"　　　　　　D．"营业外支出"

6. 企业取得债权投资支付的下列款项中，不计入初始投资成本的是(　　)。
   A．购买价款　　　　　　　　　B．税金
   C．手续费　　　　　　　　　　D．实际价款中包含的分期付息的利息

7. 企业购入分期付息的债权投资，期末确认尚未收到的利息时，应借记(　　)账户。
   A．"债权投资——应计利息"　　B．"债权投资——面值"
   C．"应收利息"　　　　　　　　D．"投资收益"

8. 甲公司购入某上市公司3%的普通股份，准备随时变现，甲公司应将其划分为(　　)。

A. 长期股权投资 B. 债权投资
C. 交易性金融资产 D. 投资性房地产

9. 下列投资项目中,在资产负债表日不计提减值准备的是( )。
A. 长期股权投资 B. 投资性房地产
C. 交易性金融资产 D. 债权投资

10. 采用权益法核算长期股权投资时,若初始投资成本小于占被投资单位净资产份额,则对于初始投资成本与应享有被投资单位可辨认净资产公允价值份额的差额,应记入( )账户。
A. "投资收益" B. "资本公积"
C. "营业外收入" D. "公允价值变动损益"

11. 以支付现金取得的长期股权投资发生的直接相关费用,应当记入( )账户。
A. "投资收益" B. "长期股权投资"
C. "营业外收入" D. "营业外支出"

12. 采用权益法核算时,下列各项不会引起投资企业长期股权投资账面价值发生增减变动的是( )。
A. 被投资单位实现净利润 B. 被投资单位实现净亏损
C. 被投资单位宣告分配股票股利 D. 被投资单位宣告分配现金股利

二、多项选择题

1. 下列不属于投资性房地产的有( )。
A. 房地产企业开发的准备出售的房屋
B. 房地产企业开发的已出租的房屋
C. 出租给本企业职工居住的宿舍
D. 以经营租赁方式租入的建筑物再转租给其他单位的
E. 已出租的投资性房地产租赁期满,因暂时空置但继续用于出租的

2. 下列各项资产中,属于投资性房地产核算范围的有( )。
A. 企业持有并准备增值后转让的土地使用权
B. 企业持有并准备增值后转让的建筑物
C. 企业已出租的土地使用权
D. 企业已出租的建筑物

3. 下列关于投资性房地产后续计量会计处理的表述中,说法正确的有( )。
A. 同一企业不得同时采用成本模式和公允价值模式
B. 同一企业可以分别采用成本模式和公允价值模式
C. 只要投资性房地产所在地有活跃市场,则投资性房地产可以采用公允价值模式
D. 满足特定条件时投资性房地产可由成本模式转变为公允价值模式

4. 下列各项中,应确认投资收益的事项有( )。
A. 交易性金融资产在持有期间获得现金股利
B. 交易性金融资产在资产负债表日的公允价值大于账面价值的差额
C. 债权投资在持有期间按摊余成本和实际利率计算确认的利息收入
D. 长期股权投资在持有期间按摊余成本和实际利率计算确认的利息收入

5. 下列项目中，不应计入交易性金融资产取得成本的有(   )。
   A. 支付的不含应收股利的购买价款   B. 支付的交易费用
   C. 支付给代理机构的佣金   D. 支付的已到付息期但尚未领取的利息
6. "交易性金融资产"科目可按(   )等进行明细核算。
   A. 买价   B. 成本   C. 公允价值变动   D. 应计利息
7. 下列各项中，会引起债权投资账面价值发生增减变动的有(   )。
   A. 计提债权投资减值准备
   B. 确认到期一次付息债权投资的应收利息
   C. 确认分期付息债权投资的应收利息
   D. 采用实际利率法摊销的溢价或折价
8. 交易性金融资产期末根据公允价值与账面余额之间的差额应做的会计处理有(   )。
   A. 借：交易性金融资产——公允价值变动
         贷：公允价值变动损益
   B. 借：公允价值变动损益
         贷：交易性金融资产——公允价值变动
   C. 借：投资收益
         贷：交易性金融资产——公允价值变动
   D. 借：交易性金融资产——公允价值变动
         贷：投资收益
9. 下列各项中，投资方应确认投资收益的事项有(   )。
   A. 采用权益法核算的长期股权投资，被投资方实现的净利润
   B. 采用权益法核算的长期股权投资，被投资方净损益以外所有者权益的其他变动
   C. 采用权益法核算的长期股权投资，收到被投资方实际发放的现金股利
   D. 采用成本法核算的长期股权投资，被投资方宣告发放的现金股利
10. 企业处置长期股权投资时，正确的处理方法有(   )。
    A. 处置长期股权投资，其账面价值与实际取得价款的差额，应当计入投资收益
    B. 处置长期股权投资，其账面价值与实际取得价款的差额，应当计入营业外收入
    C. 采用权益法核算的长期股权投资，处置该项投资时应当将被投资单位除净损益以外所有者权益的其他变动所计金额转入投资收益
    D. 采用权益法核算的长期股权投资，处置该项投资时应当将被投资单位除净损益以外所有者权益的其他变动所计金额转入营业外收入
11. 下列各项中，能引起权益法核算的长期股权投资账面价值发生增减变动的有(   )。
    A. 被投资单位实现净利润
    B. 被投资单位宣告发放股票股利
    C. 被投资单位宣告发放现金股利
    D. 被投资单位除净损益外的其他所有者权益变动
12. 长期股权投资成本法的适用范围包括(   )。
    A. 投资企业能够对被投资企业实施控制的长期股权投资
    B. 投资企业对被投资企业具有共同控制的长期股权投资

C. 母公司对子公司的长期股权投资

D. 投资企业对被投资企业不具有共同控制或重大影响，但在活跃市场中有报价、公允价值能够可靠计量的长期股权投资

三、判断题

1. 采用成本模式对投资性房地产进行的核算，与固定资产或无形资产的核算方法相似。（　　）
2. 投资性房地产无论采用成本模式计量，还是采用公允价值模式计量取得的租金收入，均记入"其他业务收入"账户。（　　）
3. 已采用成本模式计量的投资性房地产，不得从成本模式转为公允价值模式。（　　）
4. 采用公允价值模式进行后续计量的投资性房地产，应计提折旧或摊销。（　　）
5. 债权投资在持有期间应当按照摊余成本和票面利率计算确认实际利息收益。（　　）
6. 购入的股权投资因没有固定的到期日，不符合债权投资的条件，不能划分为债权投资。（　　）
7. 处置债权投资时，应将实际收到的金额与其账面余额的差额计入资本公积。（　　）
8. 购入交易性金融资产支付的交易费用，应该计入交易性金融资产的成本中。（　　）
9. 企业对子公司的长期股权投资应采用权益法核算。（　　）
10. 长期股权投资在成本法核算方法下，当被投资企业发生盈亏时，投资企业不作账务处理；当被投资企业宣告分配现金股利时，投资方应将分得的现金股利确认为投资收益。（　　）
11. 长期股权投资期末应按历史成本计量，不计提减值准备。（　　）
12. 企业合并中，不论是同一控制下的企业合并，还是非同一控制下的企业合并，长期股权投资均按投出资产的公允价值入账。（　　）

四、业务操作题

【业务题一】

目的：练习投资性房地产成本模式计量的核算。

要求：根据以下资料编写会计分录。

资料：甲公司发生如下经济业务。

1. 6月5日购入厂房，买价900 000元，其他费用60 000元，款项全部以银行存款支付。该厂房用于出租，已办理经营租赁手续。
2. 7月对6月出租的厂房计提折旧8 000元。
3. 6月收到租金10 000元。
4. 企业将自用的办公楼出租，该办公楼原值3 500 000元，已计提折旧900 000元。将土地使用权出租。该土地使用权原值1 500 000元，已摊销300 000元。
5. 企业将出租的写字楼收回自用，该写字楼原值6 000 000元，已计提折旧2 100 000元。
6. 出租的厂房租赁期满，将其出售，售价为900 000元，款已收回。该厂房原值1 000 000元，已计提折旧300 000元。
7. ①甲公司2019年12月31日将办公楼出租，租赁期两年。该办公楼账面原值

2 700 000元,已计提折旧600 000元,计提减值准备100 000元,尚可使用年限为20年(采用直线法计提折旧,无残值)。②甲公司于每年12月31日收取租金160 000元。③ 2020年12月31日出租办公楼,可收回金额2 000 000元。④2021年12月31日其可收回金额为1 750 000元。⑤2021年年末租赁期满,收回自用。

8. ①2018年1月甲公司将土地使用权出租,租赁期三年。该土地使用权原值2 900 000元,已摊销900 000元,尚可使用年限为20年。②甲公司按直线法摊销,不考虑残值。③2021年1月甲公司将土地使用权出售,取得转让收入3 000 000元,假设不考虑相关税费。

【业务题二】

目的:练习投资性房地产公允价值模式的核算和计量模式的变更核算。

要求:根据以下资料编写会计分录。

资料:甲公司发生如下经济业务。

1. 1月1日购入土地使用权买价500 000元,交易费30 000元,准备增值后转让。

2. 6月30日,该土地使用权公允价值为560 000元。

3. 12月31日,该土地使用权公允价值为550 000元。

4. 3月1日将自用写字楼出租,写字楼原值800 000元,已计提折旧200 000元,出租日写字楼的公允价值为630 000元。

5. 假设3月1日出租的写字楼公允价值为580 000元。

6. 7月1日出租的办公楼收回自用,当日公允价值1 000 000元,原账面成本700 000元,公允价值变动借方200 000元。

7. 假设7月1日收回自用的办公楼,当日公允价值800 000元。

8. 出租的办公楼期满出售,售价1 000 000元,账面成本700 000元,公允价值变动借方200 000元,其他综合收益贷方50 000元。

9. ① 2019年1月1日甲公司将自用的办公楼出租,租期为3年。出租当日办公楼的公允价值为900万元,账面原值2 500万元,折旧为1 500万元。②每年收取租金为300万元。③2019年12月31日该投资性房地产的公允价值为1 200万元。④2020年12月31日该投资性房地产的公允价值为1 800万元。⑤假定2021年12月31日期满出售,价款为2 800万元。⑥假定2021年12月31日到期收回自用,公允价值为2 800万元。假设不考虑相关税费。

10. 2021年1月1日将出租的写字楼,从成本模式转换为公允价值模式计量。该写字楼原造价为620万元,已计提折旧20万元,账面价值为600万元。2021年1月1日,该写字楼的公允价值为800万元。假设甲企业按净利润的10%计提盈余公积。

【业务题三】

目的:练习交易性金融资产的核算。

要求:根据以下资料编写会计分录。

资料:甲公司发生如下经济业务。

1. 3月3日购入股票10 000股作交易性金融资产核算。该股票每股买价20元,另外支付手续费3 000元。

2. 3月5日购入股票3 000股,每股买价50元,其中含已宣布分配尚未支付的现金股利 20 000 元，另付手续费 1 500 元，该股票作交易性金融资产核算。

3. 3 月 10 日收到 3 月 5 日购入股票的现金股利 20 000 元。

4. 购入债券作交易性金融资产，买价 71 500 元。其中包含已到付息日尚未支付的债券利息 1 500 元，另付手续费 500 元。

5. 3 月 15 日将持有的乙公司股票，宣布分配上年度现金股利，本公司应分得 30 000 元。

6. 3 月 18 日收到乙公司分配的现金股利 30 000 元。

7. 3 月 20 日购入交易性金融资产，账面成本 50 000 元。3 月 31 日该交易性金融资产公允价值 51 000 元；4 月 30 日该交易性金融资产公允价值 53 000 元；5 月 31 日该交易性金融资产公允价值 52 000 元。

8. 6 月 10 日将 3 月 20 日购入的交易性金融资产出售，售价 53 000 元，款项已存入银行。

9. ①2020 年 3 月，甲公司以 5 000 000 元购入乙公司股票 600 000 股作为交易性金融资产，另支付手续费 100 000 元。②2020 年 6 月 30 日该股票每股市价为 8.0 元。③2020 年 7 月 10 日，乙公司宣告分配现金股利，每股 0.2 元。④2020 年 7 月 25 日，甲公司收到分配的现金股利。⑤2020 年 12 月 31 日，该股票每股市价为 8.5 元。⑥2021 年 1 月 5 日甲公司以 5 300 000 元的价格将该股票全部出售。

10. ①2020 年 1 月 5 日甲公司购入乙公司债券作为交易性金融资产，面值总额为 1 000 000 元，票面利率为 5%，每半年付息一次，取得时公允价值为 1 035 000 元，含已到付息期但尚未领取的利息 25 000 元，另支付交易费用 30 000 元，全部价款以银行存款支付。②2020 年 1 月 20 日收到利息 25 000 元。③2020 年 6 月 30 日该债券公允价值为 1 060 000 元。④2020 年 6 月 30 日按债券票面利率确认上半年利息。⑤2020 年 7 月 20 日收到利息 25 000 元。⑥2020 年 12 月 31 日该债券公允价值为 990 000 元。⑦2020 年 12 月 31 日按债券票面利率确认下半年利息。⑧2021 年 1 月 20 日收到利息 25 000 元。⑨2021 年 2 月 15 日将该债券全部出售，实际收到价款 1 150 000 元。

【业务题四】

目的：练习债权投资的核算。

要求：根据资料编写购入债券；每年年末确认利息，收到利息；到期收回本息的分录。

资料：甲公司发生如下经济业务。

1. 2021 年 1 月 1 日甲公司购入乙公司债券，买价 1 059 000 元，其中含利息 59 000 元。该债券期限五年，面值 1 250 000 元，票面利率 4.72%，于年末支付本年度债券利息，本金到期时一次性偿还。甲公司将该债券划分为债权投资，实际利率 10%。

2. 2021 年 1 月 1 日甲公司购入乙公司债券，买价 9 675 000 元，该债券期限三年，面值 10 000 000 元，票面利率 4%，到期时一次性偿还本金和利息。甲公司将该债券划分为债权投资，实际利率 5%。

【业务题五】

目的：练习长期股权投资成本法的核算。

要求：根据以下资料编写会计分录。

资料：甲公司发生如下经济业务。

1. 2021 年 1 月 1 日甲公司以银行存款 500 000 元及账面价值为 100 000 元的原材料，

取得同一集团内的乙公司70%的股权,并于当日起能够对乙公司实施控制。合并日,乙公司所有者权益的账面价值为900 000元,公允价值为1 000 000元。甲公司因合并支付法律服务费10 000元,不考虑其他因素。

2. 2021年1月1日甲公司取得丙公司80%的股权,合并时甲公司投出银行存款600 000元,一项专利技术账面原值700 000元,累计摊销300 000元,公允价值为650 000元。甲公司因合并支付评估费20 000元。甲公司和丙公司合并前不存在任何关联方关系,不考虑其他因素。

3. ①2019年2月15日甲公司取得乙公司55%的股权,支付现金770 000元,其中包含已到期尚未支付的现金股利20 000元,另支付相关税费12 000元。②2019年3月15日,甲公司收到现金股利。③2020年2月5日乙公司宣告分配现金股利600 000元。④甲公司于2020年3月10日收到现金股利。⑤2020年年末甲公司对乙公司的投资进行减值测试,可收回金额为700 000元。⑥2021年1月6日,甲公司将持有的乙公司的全部股权转让,收到转让款850 000元。

【业务题六】

目的:练习长期股权投资权益法的核算。

要求:根据以下资料编写会计分录。

资料:甲公司发生如下经济业务。

1. 甲公司2020年1月2日以银行存款购入乙公司25%的股份,并对乙公司有重大影响,采用权益法核算。该股票购买价为520 000元,另外,支付相关税费30 000元。取得投资时乙公司所有者权益公允价值为2 000 000元。

2. 假设第1题中甲公司取得投资时乙公司所有者权益公允价值为3 000 000元,其他条件不变。

3. 接第2题,①2019年乙公司实现净利润2 100 000元。②宣布分派现金股利1 000 000元。③2020年乙公司发生亏损1 500 000元。④资本公积增加200 000元。

4. ①2019年1月1日甲公司购入丙公司股票400 000股,买价1 000 000元,另外支付相关税费35 000元。款项均以银行存款支付,占丙公司有表决权股份的30%,甲公司采用权益法核算。当日丙公司可辨认净资产公允价值为3 000 000元(假定公允价值与账面价值相同)。②丙公司2019年实现净利润2 600 000元。③2020年2月10日,丙公司宣告分配现金股利2 000 000元。④甲公司于3月15日收到现金股利。⑤2020年丙公司发生亏损5 000 000元。⑥丙公司2021年实现净利润1 700 000元。

5. ①2019年1月1日甲公司购入乙公司股票200 000股,每股买价10元,另外,支付相关税费30 000元,款项均以银行存款支付。占乙公司有表决权股份的40%,对乙公司的财务和经营决策具有重大影响,甲公司采用权益法核算。当日乙公司可辨认净资产公允价值为8 000 000元(假定公允价值与账面价值相同)。②乙公司2019年实现的净利润为1 500 000元。③2020年2月25日,乙公司宣告分配现金股利每股1.8元。④甲公司于3月15日收到现金股利。⑤2020年乙公司发生亏损550 000元。⑥本年度因某经济事项使资本公积增加200 000元。⑦假设2020年年末甲公司对乙公司的投资可收回金额经测算为3 200 000元。⑧2021年2月1日将持有的乙公司股票全部出售,售价3 360 000元。

微课视频

扫一扫，获取本章相关微课视频。

7-1　取得交易性金融资产　　7-2　交易性金融资产期末计量　　7-3　交易性金融资产出售　　7-4　权益法取得长期股权投资核算　　7-5　权益法持有长期股权投资

第八章 职工薪酬岗位业务

【学习目标】

- 了解职工薪酬核算岗位的工作任务。
- 能说明职工薪酬核算岗位的工作流程。
- 学会职工薪酬核算岗位的业务核算。
- 能根据有关资料登记职工薪酬业务的相关账簿。

【导读案例】

某公司是一家服装加工企业,共有职工238人,其中直接参加生产的职工200人,总部管理人员38人。2021年9月,公司以其生产成本为60元的保暖内衣套装和外购的每盒不含税价格为80元的食品礼盒作为中秋节福利发放给全体职工。保暖内衣套装售价为100元,公司适用的增值税税率为13%;公司购买的食品礼盒开具了增值税普通发票,适用增值税税率为13%。

该公司为部门经理级别以上的12名职工免费提供自有的汽车使用,假定每辆汽车每月计提折旧800元。同时为200名车间工人提供集体宿舍居住,该住房为公司租赁而来,每月租金共计24 000元,假定租金每月支付一次。

问题:

如果你是该公司的财务人员,能对以上业务作出正确的处理吗?

第一节 职工薪酬岗位概述

一、职工薪酬岗位的工作内容

(一)职工薪酬的概念

职工薪酬是指企业为获得职工提供的服务或解除劳动关系而给予各种形式的报酬或补偿。职工薪酬包括短期薪酬、离职后福利、辞退福利和其他长期职工福利。企业提供给职工配偶、子女、受赡养人、已故员工遗属及其他受益人等的福利,也属于职工薪酬。

职工包括三类人员,一是与企业订立劳动合同的人员,含全职、兼职和临时职工;二是未与企业订立劳动合同但由企业正式任命的人员,如董事会成员、监事会成员等;三是在企业的计划和控制下,虽未与企业订立劳动合同或未由其正式任命,但为其提供与职工类似服务的人员。例如,企业与有关中介机构签订劳务用工合同,这些人员在企业相关人员的领导下,为企业提供与本企业职工类似的服务,因而,这些劳务用工人员属于职工薪酬准则所称的职工。

(二)职工薪酬的内容

1. 短期职工薪酬

短期职工薪酬是指企业在职工提供相关服务的年度报告期间结束后 12 个月内需要全部予以支付的职工薪酬。短期薪酬具体包括以下内容。

(1) 职工工资、奖金、津贴和补贴：是指按照构成工资总额的计时工资、计件工资、支付给职工的超额劳动报酬和增收节支的劳动报酬、为补偿职工特殊或额外的劳动消耗和因其他特殊原因支付给职工的津贴，以及为保证职工工资水平不受物价影响支付给职工的物价补贴等。其中，企业按照短期奖金计划向职工发放的奖金属于短期薪酬，按照长期奖金计划向职工发放的奖金属于其他长期职工福利。

(2) 职工福利费：是指企业向职工提供的生活困难补助、丧葬补助费、抚恤金、职工异地安家费和防暑降温费等职工福利支出。

(3) 医疗保险费、工伤保险费等社会保险费：是指企业按照国家规定的基准和比例计算，向社会保险经办机构缴纳的医疗保险费、工伤保险费。

(4) 住房公积金：是指企业按照国家规定的基准和比例计算，向住房公积金管理机构缴存的住房公积金。

(5) 工会经费和职工教育经费：是指企业为了改善职工文化生活、为职工学习先进技术和提高文化水平和业务素质，用于开展工会活动和职工教育及职业技能培训等的相关支出。

(6) 短期带薪缺勤：是指职工虽然缺勤但企业仍向其支付报酬的安排，包括年休假、病假、婚假、产假、丧假和探亲假等。长期带薪缺勤属于其他长期职工福利。

(7) 短期利润分享计划：是指因职工提供服务而与职工达成的基于利润或其他经营成果提供薪酬的协议。长期利润分享计划属于其他长期职工福利。

(8) 其他短期薪酬：是指除上述薪酬以外的其他为获得职工提供的服务而给予的短期薪酬。

2. 长期职工薪酬

(1) 离职后福利：是指企业为获得职工提供的服务而在职工退休或与企业解除劳动关系后，提供的各种形式的报酬和福利，短期薪酬和辞退福利除外。企业应当将离职后福利计划分类为设定提存计划和设定受益计划。离职后福利计划是指企业与职工就离职后福利达成的协议，或者企业为向职工提供离职后福利制定的规章或办法等。其中，设定提存计划是指向独立的基金缴存固定费用后，企业不再承担进一步支付义务的离职后福利计划；设定受益计划是指除设定提存计划以外的离职后福利计划。

(2) 辞退福利：是指企业在职工劳动合同到期之前解除与职工的劳动关系，或者为鼓励职工自愿接受裁减而给予职工的补偿。

(3) 其他长期职工福利：是指除短期薪酬、离职后福利和辞退福利之外所有的职工薪酬，包括长期带薪缺勤、长期残疾福利和长期利润分享计划等。

(三)职工薪酬岗位的工作任务

职工薪酬核算岗位负责企业职工薪酬的结算、分配以及其他计提与上缴的业务核算，具体包括以下内容。

(1) 审核发放工资、奖金。严格按照本单位工资、奖金核算办法支付工资和各种奖金，定期组织工资发放。

(2) 负责工资的明细核算。每月根据考勤表等资料，依据出勤天数、岗位标准、各种补贴和奖金分配方案等相关内容，正确编制工资结算表，并办理代扣各种款项。

(3) 计提工会经费、职工教育经费等费用。依据国家规定正确提取职工福利费、职工教育经费和工会经费等相关费用，并进行账务处理。

(4) 核算职工的福利报酬，为职工办理社会保险等各项福利保障。根据工资总额的一定比例计算企业为职工缴纳的医疗保险费、养老保险费、失业保险费、工伤保险费等社会保险费和住房公积金，并按照规定办理。

(5) 负责工资分配表的核算。月末，按照工资支付对象和成本核算的要求，编制工资费用分配表，向有关部门提供工资分配的明细资料，并进行工资分配账务处理。

二、职工薪酬岗位的业务流程

应付职工薪酬岗位的业务流程图如图 8-1 所示。

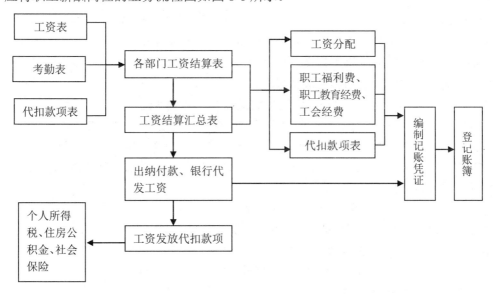

图 8-1　应付职工薪酬岗位的业务流程图

应付职工薪酬岗位的业务流程具体说明如下。

(1) 每月根据人事部门转来的工资表、考勤表和代扣款项表等资料，录入本月工资数据，编制各部门工资结算表以及工资结算汇总表。

(2) 根据本月实发工资总额，填写付款审批单，由财务科科长审批后，交由出纳人员划款，银行代发工资，并办理代扣各种款项。

(3) 月末，根据各部门工资结算汇总表，编制工资费用分配表；根据工资总额的一定比例计算企业为职工缴纳的保险费和住房公积金等；依国家规定正确提取职工福利费、职工教育经费和工会经费等相关费用，并编制记账凭证，登记相关明细账。

第二节　职工薪酬核算

企业核算职工薪酬，需设置负债类"应付职工薪酬"账户，以核算应付职工薪酬的提取、结算、使用等情况。该账户贷方登记已分配计入有关成本费用项目的职工薪酬的数额，借方登记实际发放的职工薪酬以及扣还的款项等；期末余额在贷方，反映企业应付未付的职工薪酬。"应付职工薪酬"账户应当按照"工资""职工福利费""非货币性福利""社会保险费""住房公积金""工会经费""职工教育经费""带薪缺勤""利润分享计划""设定提存计划""设定受益计划"和"辞退福利"等职工薪酬项目设置明细账进行明细核算。

职工薪酬核算包括货币性职工薪酬核算和非货币性职工薪酬核算。

一、货币性职工薪酬核算

1. 货币性职工薪酬的计算

1) 工资、奖金、津贴和补贴

按照国家规定，工资、奖金、津贴和补贴由以下五个部分组成。

(1) 计时工资：按计时工资标准及工作时间支付的劳动报酬。

(2) 计件工资：按照生产工作量及计件单价支付的劳动报酬。

(3) 奖金：支付给职工的超额劳动报酬。

(4) 津贴和补贴：是指为了补偿职工特殊或额外的劳动消耗和因其他特殊原因支付给职工的津贴，以及为了保证职工工资水平不受物价影响支付给职工的物价补贴。津贴主要包括补偿职工特殊或额外劳动消耗的津贴、保健性津贴、技术性津贴及其他津贴等。

(5) 加班加点工资：按《中华人民共和国劳动法》规定，节假日等不能弥补的按 300%计付，可弥补休息的，按 200%计付等。

需要注意的是，下列事项支付的费用不得列入工资总额：①发明奖；②技术进步奖；③稿费；④出差补助；⑤误餐补助；⑥独生子女补贴等。

应付工资与实发工资的计算方法如下。

　　　　　　应付工资=标准工资+奖金+工资性津贴、补贴+其他工资
　　　　　　实发工资=应付工资−代扣款项合计
　　　　　　实发金额=实发工资+代发款合计

标准工资可以按计时工资，也可以按计件工资计算。

企业一般按月计算并发放工资。工资的结算由财会部门根据人事、劳动部门转来的产量记录、考勤记录及相关部门转来的代扣款项通知进行计算。

2) 其他职工薪酬

其他职工薪酬是以工资为基数，按工资的一定比例计算确定。其中，职工福利费由企业自行确定提取比例或提取金额，除此之外的医疗保险费、工伤保险费等社会保险费和住房公积金、工会经费和职工教育经费等按国家规定的基数和比例计提。

2. 货币性职工薪酬的核算

1) 工资、奖金、津贴和补贴

企业应当在职工为其提供服务的会计期间,根据职工提供服务的受益对象,将应确认的职工工资、奖金、津贴和补贴等职工薪酬计入相关资产成本或当期损益,同时确认为应付职工薪酬。具体分别按以下情况进行处理:对于生产部门人员应借记"生产成本""制造费用""合同履约成本"等账户,对于管理部门人员应借记"管理费用"账户,对于销售人员应借记"销售费用"账户,对于应由在建工程、研发支出所负担的应借记"在建工程""研发支出"账户,贷记"应付职工薪酬——工资"账户。在实际工作中,工资费用分配的账务处理是根据"工资费用分配汇总表"进行的。

【例 8-1】 大华企业本月应付工资总额 462 000 元,"工资费用分配汇总表"中列示的产品生产人员工资为 320 000 元,车间管理人员工资为 70 000 元,企业行政管理人员工资为 60 400 元,专设销售机构人员工资为 11 600 元。大华企业编制如下会计分录。

```
借:生产成本——基本生产成本              320 000
    制造费用                           70 000
    管理费用                           60 400
    销售费用                           11 600
  贷:应付职工薪酬——工资                    462 000
```

企业一般在每月发放工资前,根据"工资结算分配汇总表"中的"实发金额"栏的合计数,通过开户银行支付给职工或从开户银行提取现金,然后再向职工发放。向职工支付的工资、奖金、津贴等,应借记"应付职工薪酬——工资"账户,贷记"银行存款""库存现金"等账户;企业从应付职工薪酬中扣还的各种款项(代垫的职工家属医药费、个人所得税等),借记"应付职工薪酬——工资"账户,贷记"银行存款""库存现金""其他应收款""应交税费——应交个人所得税"等账户。

【例 8-2】 大华企业根据"工资费用分配汇总表"结算本月应付职工工资总额 462 000 元,代扣职工房租 40 000 元,企业代垫职工家属医药费 2 000 元,代扣个人所得税 10 000 元,实发工资 420 000 元。大华企业的有关会计处理如下。

(1) 通过银行网银转账发放工资:
```
借:应付职工薪酬——工资                   420 000
  贷:银行存款                              420 000
```
(2) 发放工资,支付现金:
```
借:应付职工薪酬——工资                   420 000
  贷:库存现金                              420 000
```
(3) 代扣款项:
```
借:应付职工薪酬——工资                    52 000
  贷:其他应收款——职工房租                    40 000
          ——代垫医药费                      2 000
      应交税费——应交个人所得税               10 000
```

2) 职工福利费以及国家规定计提标准的职工薪酬

对于职工福利费,企业应当在实际发生时根据实际发生额计入当期损益或相关资产成本，借记"生产成本""制造费用""管理费用""销售费用"等账户，贷记"应付职工薪酬——职工福利费"账户。企业向职工食堂、职工医院、生活困难职工等支付职工福利费时，应借记"应付职工薪酬——职工福利费"，贷记"银行存款"账户。

【例 8-3】 大华企业下设一所职工食堂，每月根据在岗职工数量及岗位分布情况、相关历史经验数据等计算需要补贴食堂的金额，从而确定企业每月因职工食堂而需要承担的福利费金额。2021 年 11 月，企业在岗职工共计 100 人，其中管理部门 20 人，生产车间 80 人。企业的历史经验数据表明，对于每个职工企业每月需补贴食堂 120 元。

大华企业编制如下会计分录。

借：生产成本　　　　　　　　　　　　　　　　9 600
　　管理费用　　　　　　　　　　　　　　　　2 400
　　　贷：应付职工薪酬——职工福利费　　　　　　　12 000

【例 8-4】 2021 年 11 月，大华企业支付 12 000 元补贴给食堂。

大华企业的有关会计分录如下。

借：应付职工薪酬——职工福利　　　　　　　　12 000
　　　贷：银行存款　　　　　　　　　　　　　　　　12 000

【例 8-5】 承例 8-1，2021 年 7 月份，大华企业根据相关规定，分别按照职工工资总额的 2%和 8%的计提标准，确认应付工会经费和职工教育经费。大华企业应编制如下会计分录。

借：生产成本——基本生产成本　　　　　　　　32 000
　　制造费用　　　　　　　　　　　　　　　　7 000
　　管理费用　　　　　　　　　　　　　　　　6 040
　　销售费用　　　　　　　　　　　　　　　　1 160
　　　贷：应付职工薪酬——工会经费　　　　　　　　9 240
　　　　　　　　　　　——职工教育经费　　　　　　36 960

社会保险费包括医疗保险费、养老保险费、失业保险费、工伤保险费。企业承担的社会保险费，除养老保险费和失业保险费按规定确认为离职后福利，其他的社会保险作为企业的短期薪酬。

住房公积金分为职工所在单位为职工缴存和职工个人缴存两部分，但其全部属于职工个人所有。

期末，企业根据规定的计提基础和比例计算确定应付工会经费、职工教育经费、应缴纳的社会保险费(不含基本养老费和失业保险费)和住房公积金，在职工提供服务期间根据受益对象计入当期损益或相关资产成本，并确认相应的应付职工薪酬金额，借记"生产成本""制造费用""管理费用""销售费用""在建工程""研发支出"等账户，贷记"应付职工薪酬——工会经费(或职工教育经费、社会保险费、住房公积金)"等账户。企业实际上缴或发生实际开支时，借记"应付职工薪酬——工会经费(或职工教育经费、社会保险费、住房公积金)"等账户，贷记"银行存款"账户。

对于职工个人承担的社会保险费和住房公积金，由职工所在企业每月从其工资中代扣代缴，借记"应付职工薪酬——社会保险费、住房公积金"账户，贷记"其他应付款——社会保险费(医疗保险、工伤保险)、住房公积金"账户。

第八章 职工薪酬岗位业务

【例 8-6】承例 8-1，2021 年 7 月，该企业根据国家规定的计提标准，计算应由企业负担的向社会保险经办机构缴纳社会保险费(不含基本养老险和失业保险费)共计 55 440 元。按照规定标准计提住房公积金为 50 820 元。大华企业应编制如下会计分录。

  借：生产成本——基本生产成本   73 600
    制造费用   16 100
    管理费用   13 892
    销售费用   2 668
    贷：应付职工薪酬——社会保险费   55 440
          ——住房公积金   50 820

本例中，应确认的应付职工薪酬=55 440 +50 820 = 106 260(元)，应记入"生产成本"账户的金额=106 260×(320 000÷462 000)=73 600(元)；应记入"制造费用"科目的金额=106 260×(70 000÷462 000)=16 100(元)；应记入"管理费用"科目的金额=106 260×(60 400÷462 000) =13 892(元)；应记入"销售费用"科目的金额=106 260－73 600－16 100－13 892 =2 668(元)。

假定该企业从应付职工薪酬中代扣个人应缴纳的社会保险费(不含基本养老险和失业保险)9 240 元、住房公积金为 50 820 元，共计 60 060 元。大华企业应编制如下会计分录。

  借：应付职工薪酬——工资   60 060
    贷：其他应付款——社会保险费   20 790
         ——住房公积金   76 230

3) 设定提存计划

设定提存计划属于离职后福利，是指向独立的基金缴存固定费用后，企业不再承担进一步支付义务的离职后福利计划，该部分费用由养老保险机构发放。养老保险和失业保险属于设定提存计划。

对于设定提存计划，企业应根据在资产负债表日为换取职工在会计期间提供的服务而应向单独主体缴存的提存金，确认为应付职工薪酬负债，并计入当期损益或相关资产成本，借记"生产成本""制造费用""管理费用""销售费用"等账户，贷记"应付职工薪酬——设定提存计划"账户。

企业实际缴纳提存金额时，借记"应付职工薪酬——设定提存计划"账户，贷记"银行存款"等账户。

【例 8-7】大华企业根据所在地政府规定，按照职工工资总额的 16% 计提基本养老保险费，缴存当地社会保险经办机构。2021 年 7 月，大华企业缴存的基本养老保险费，应计入生产成本的金额为 51 200 元，应计入制造费用的金额为 11 200 元，应计入管理费用的金额为 9 664 元，应计入销售费用的金额为 1 856 元。

大华企业应编制如下会计分录。

  借：生产成本——基本生产成本   51 200
    制造费用   11 200
    管理费用   9 664
    销售费用   1 856
    贷：应付职工薪酬——设定提存计划(基本养老保险费) 73 920

【例 8-8】 2022 年 6 月,乙公司当月应发工资总额 1 000 万元。其中,生产部门直接生产人员工资 500 万元;生产部门管理人员工资 100 万元;公司管理部门人员工资 180 万元;公司专设产品销售机构人员工资 50 万元;建造厂房人员工资 110 万元;内部开发存货管理系统人员工资 60 万元。

根据所在地政府规定,公司分别按照职工工资总额的 10%、16%、2%和 12%计提医疗保险费、基本养老保险费、失业保险费和住房公积金,缴纳给当地社会保险经办机构和住房公积金管理机构。根据 2021 年实际发生的职工福利费情况,公司预计 2022 年应承担的职工福利费义务金额为职工工资总额的 2%,职工福利的受益对象为上述所有人员。公司分别按照职工工资总额的 2%和 8%计提工会经费和职工教育经费。

假定公司存货管理系统已处于开发阶段,并符合无形资产资本化的条件。不考虑所得税影响。

应计入生产成本的职工薪酬金额=500+500×(10%+16%+2%+12%+2%+2%+8%)=760(万元)

应计入制造费用的职工薪酬金额=100+100×(10%+16%+2%+12%+2%+2%+8%)=152(万元)

应计入管理费用的职工薪酬金额=180+180×(10%+16%+2%+12%+2%+2%+8%)=273.6(万元)

应计入销售费用的职工薪酬金额=50+50×(10%+16%+2%+12%+2%+2%+8%)=76(万元)

应计入在建工程成本的职工薪酬金额=110+110×(10%+16%+2%+12%+2%+2%+8%)=167.2(万元)

应计入无形资产成本的职工薪酬金额=60+60×(10%+16%+2%+12%+2%+2%+8%)=91.2(万元)

公司在分配工资、职工福利费、各种社会保险费、住房公积金、工会经费和职工教育经费等职工薪酬时,应作如下账务处理。

借:生产成本(人工) 7 600 000
　　制造费用(人工) 1 520 000
　　管理费用(人工) 2 736 000
　　销售费用(人工) 760 000
　　在建工程(人工) 1 672 000
　　研发支出——资本化支出(人工) 912 000
　贷:应付职工薪酬——工资 10 000 000
　　　　　　　　——社会保险费(医疗保险) 1 000 000
　　　　　　　　——设定提存计划(基本养老保险费) 1 600 000
　　　　　　　　——设定提存计划(失业保险费) 200 000
　　　　　　　　——住房公积金 1 200 000
　　　　　　　　——职工福利费 200 000
　　　　　　　　——工会经费 200 000
　　　　　　　　——职工教育经费 800 000

4) 短期带薪缺勤

对于职工带薪缺勤，企业应当根据其性质及职工享有的权利，分为累积带薪缺勤和非累积带薪缺勤两类。

(1) 累积带薪缺勤是指带薪权利可以结转下期的带薪缺勤，本期尚未用完的带薪缺勤权利可以在未来期间使用。企业应当在职工提供了服务从而增加了其未来享有的带薪缺勤权利时，确认与累积带薪缺勤相关的职工薪酬，并以累积未行使权利而增加的预期支付金额计量。确认累积带薪缺勤时，借记"管理费用"等账户，贷记"应付职工薪酬——带薪缺勤——短期带薪缺勤"账户。

【例8-9】甲企业共有2 000名职工，从2020年1月1日起，该企业实行累积带薪缺勤制度。该制度规定，每个职工每年可享受5个工作日带薪年休假，未使用的年休假只能向后结转一个公历年度，超过1年未使用的权利作废，在职工离开企业时也无权获得现金支付。2020年12月31日，甲企业预计2021年有1 900名职工将享受不超过5天的带薪年休假，剩余100名职工每人将平均享受6天半年休假，假定这100名职工全部为总部各部门经理，该企业平均每名职工每个工作日工资为300元。

甲企业在2020年12月31应当预计由于职工尚未使用的，预期将在下一年度使用的累积带薪缺勤，而导致需支付的金额，即相当于150[100×(6.5-5)]天的年休假工资金额为45 000(150×300)元。

2020年12月31日，甲企业应编制如下会计分录。

借：管理费用　　　　　　　　　　　　　　　　　　　　　　　　45 000
　　贷：应付职工薪酬——带薪缺勤——短期带薪缺勤——累积带薪缺勤　45 000

(2) 非累积带薪缺勤，是指带薪权利不能结转下期的带薪缺勤，本期尚未用完的带薪缺勤权利将予以取消，并且职工离开企业时也无权获得现金支付。我国企业职工休婚假、产假、丧假、探亲假和病假期间的工资通常属于非累积带薪缺勤。企业确认职工享有的与非累积带薪缺勤权利相关的薪酬，视同职工出勤确认的当期损益或相关资产成本。通常情况下，与非累积带薪缺勤相关的职工薪酬已经包括在企业每期向职工发放的工资等薪酬中，因此，不必额外作相应的账务处理。

二、非货币性职工薪酬核算

企业向职工提供的非货币性职工薪酬，应当按不同情况分别处理。

1. 以自产产品发放给职工作为福利

企业以其生产的产品作为非货币性福利提供给职工的，应当根据受益对象，按照该产品的含税公允价值，计入相关资产成本或当期损益，同时确认应付职工薪酬。借记"生产成本""制造费用""管理费用"等账户，贷记"应付职工薪酬——非货币性福利"账户。相关收入的确认、销售成本的结转和相关税费的处理，与正常商品销售相同。

【例8-10】乙公司为一家生产彩电的企业，共有职工200名，其中170名为直接参加生产的职工，30名为总部管理人员。2021年2月，公司以其生产的成本为10 000元的液晶彩电作为春节福利发放给公司每名职工。该型号液晶彩电的售价为每台14 000元，乙公司已开具了增值税专用发票，适用的增值税税率为13%。

(1) 公司决定发放非货币性福利时：
确认应付职工薪酬=200×14 000×(1+13%)=3 164 000(元)
计入生产成本的金额=170×14 000×(1+13%)=2 689 400(元)
计入管理费用的金额=30×14 000×(1+13%)=474 600(元)
应作如下账务处理。
借：生产成本(人工) 2 689 400
　　管理费用(人工) 474 600
　　贷：应付职工薪酬——非货币性福利 3 164 000

(2) 实际发放彩电时：
彩电的售价总额=14 000×200=2 800 000(元)
彩电的增值税销项税额=2 800 000×13%=364 000(元)
彩电的成本=10 000×200=2 000 000(元)
应作如下账务处理。
借：应付职工薪酬——非货币性福利 3 164 000
　　贷：主营业务收入 2 800 000
　　　　应交税费——应交增值税(销项税额) 364 000
借：主营业务成本 2 000 000
　　贷：库存商品 2 000 000

2. 将拥有的房屋等资产无偿提供给职工使用

企业将拥有的房屋等资产无偿提供给职工使用的，应当根据受益对象，将住房每期应计提的折旧计入相关资产的成本或当期损益，同时确认应付职工薪酬，借记"管理费用""生产成本""制造费用"等账户，贷记"应付职工薪酬——非货币性福利"账户，并且同时借记"应付职工薪酬——非货币性福利"账户，贷记"累计折旧"账户。

【例8-11】丙公司为总部各部门经理级别以上职工提供汽车免费使用。该公司总部共有部门经理以上职工50名，每人提供一辆桑塔纳汽车免费使用。假定每辆桑塔纳汽车每月计提折旧1 000元。该公司每月应作如下账务处理。

(1) 确认应付职工薪酬时：
借：管理费用(人工) 50 000
　　贷：应付职工薪酬——非货币性福利 50 000

(2) 计提折旧时：
借：应付职工薪酬——非货币性福利 50 000
　　贷：累计折旧 50 000

3. 将租赁住房等资产供职工无偿使用

企业将租赁住房等资产供职工无偿使用的，应当根据受益对象，将每期应付的租金计入相关资产的成本或当期损益，并确认应付职工薪酬，借记"管理费用""生产成本""制造费用"等账户，贷记"应付职工薪酬——非货币性福利"账户。

难以认定受益对象的，直接计入当期损益，并确认应付职工薪酬。

【例8-12】丙公司为副总裁以上高级管理人员每人租赁一套住房。该公司共有副总裁以上高级管理人员 10 名,公司为其每人租赁一套月租金为 8 000 元的公寓。该公司每月应作如下账务处理。

(1) 确认应付职工薪酬时:
借:管理费用(人工)　　　　　　　　　　　80 000
　　贷:应付职工薪酬——非货币性福利　　　　　80 000

(2) 支付租金时:
借:应付职工薪酬——非货币性福利　　　　80 000
　　贷:银行存款　　　　　　　　　　　　　　80 000

本章小结

职工薪酬是指企业为获得职工提供的服务而给予各种形式的报酬以及其他相关支出,包括职工在职期间和离职后提供给职工的全部货币性薪酬和非货币性福利。企业提供给职工配偶、子女或其他被赡养人的福利等,也属于职工薪酬。

本章介绍了职工薪酬岗位的工作内容、工作任务、业务流程及业务核算。

职工薪酬核算岗位负责企业职工薪酬的结算、分配以及其他计提与上缴的业务核算。

职工薪酬核算包括货币性职工薪酬核算和非货币性职工薪酬核算。货币性职工薪酬核算包括货币性职工薪酬的计算、货币性职工薪酬的确认和支付以及发放货币性职工薪酬的会计处理。非货币性职工薪酬核算包括以自产产品或外购商品发放给职工作为福利的核算、将拥有的房屋等资产无偿提供给职工使用,或租赁住房等资产供职工无偿使用的核算。

课后习题

一、单项选择题

1. 对于由生产产品负担的职工薪酬,应记入(　　)账户。
　A. 产品成本　　B. 合同成本　　C. 固定资产成本　　D. 无形资产成本

2. 下列事项中,不通过"应付职工薪酬"科目核算的是(　　)。
　A. 职工的工资　　　　　　　　　　　　　B. 职工医疗保险费
　C. 无偿提供给职工使用的住房计提的折旧费　　D. 离退休人员工资

3. 甲公司将本企业生产的空调作为福利提供给职工俱乐部使用,产品成本 20 000 元,计税价格 30 000 元,增值税税率为 13%,该公司计入应付职工薪酬的金额为(　　)元。
　A. 23 000　　B. 20 000　　C. 33 900　　D. 30 000

4. 对于企业在无形资产研究阶段发生的职工薪酬应当(　　)。
　A. 计入无形资产成本　　　　　　　B. 计入研发支出——费用化支出
　C. 计入研发支出——资本化支出　　D. 直接计入管理费用

5. 企业为职工缴纳社会保险费和住房公积金,应当在职工为其提供服务的会计期间,根据(　　)的一定比例计算。

  A. 销售收入 B. 利润 C. 工资总额 D. 基本工资

 6. 企业以其自产产品作为非货币性福利发放给职工的，应当按照该产品的(　　)，计入相关资产成本或当期损益。

  A. 市场价格 B. 重置价值 C. 历史成本 D. 公允价值

 7. 下列说法中，错误的是(　　)。

  A. 职工薪酬包括医疗保险费、养老保险费、失业保险费、工伤保险费等社会保险费

  B. 职工薪酬包括工会经费和职工教育经费

  C. 职工薪酬包括因解除与职工的劳动关系给予的补偿

  D. 职工薪酬不包括因解除与职工的劳动关系给予的补偿

 8. 下列关于职工的范围，表述正确的是(　　)。

  A. 职工不包括兼职人员 B. 职工不包括临时人员

  C. 职工不包括劳务用工合同人员 D. 职工包括董事会成员、监事会成员等

 9. 下列关于职工薪酬的表述，正确的是(　　)。

  A. 以购买商业保险形式提供给职工的各种保险待遇不属于职工薪酬

  B. 根据企业年金计划缴纳的补充养老保险费不属于职工薪酬

  C. 提供给职工配偶的福利不属于职工薪酬

  D. 以购买商业保险形式提供给职工的各种保险待遇属于职工薪酬

 10. 非货币性福利不包括(　　)。

  A. 以自产产品发放给职工作为福利 B. 将企业拥有的资产无偿提供给职工使用

  C. 为职工无偿提供的医疗保健服务 D. 工会经费和职工教育经费

二、多项选择题

1. 职工薪酬包括(　　)。

  A. 职工工资、奖金、津贴和补贴 B. 失业保险费

  C. 住房公积金 D. 因解除与职工的劳动关系给予的补偿

2. 下列各项中，属于应付职工薪酬明细科目的有(　　)。

  A. 带薪缺勤 B. 设定提存计划 C. 住房公积金 D. 职工福利费

3. 企业职工包括(　　)。

  A. 全职职工 B. 兼职职工 C. 临时职工 D. 董事会成员

4. 下列属于职工薪酬的有(　　)。

  A. 企业为职工在职期间和离职后提供的全部货币性薪酬

  B. 提供给职工配偶的福利

  C. 企业为职工在职期间和离职后提供的全部非货币性福利

  D. 提供给职工子女的福利

5. 下列属于职工薪酬的有(　　)。

  A. 基本养老保险费

  B. 补充养老保险费

  C. 以购买商业保险形式提供给职工的各种保险待遇

  D. 失业保险费

6. 下列说法中，正确的有( )。
   A. 职工薪酬包括医疗保险费、养老保险费、失业保险费和工伤保险费等社会保险费
   B. 职工薪酬包括工会经费和职工教育经费
   C. 职工薪酬包括因解除与职工的劳动关系给予的补偿
   D. 职工薪酬不包括因解除与职工的劳动关系给予的补偿

7. 下列说法中，正确的有( )。
   A. 对于由生产产品负担的职工薪酬，应计入产品成本
   B. 对于由在建工程、无形资产负担的职工薪酬，应计入建造固定资产或无形资产成本
   C. 对于由提供劳务负担的职工薪酬，应计入合同成本
   D. 对于由在建工程、无形资产负担的职工薪酬，应计入当期损益

8. 下列各项中，应计入应付职工薪酬的有( )。
   A. 向职工支付的非货币性福利
   B. 职工因公出差的差旅费
   C. 按规定支付的工会经费
   D. 因解除职工劳动合同支付的补偿款

9. 下列说法中，正确的有( )。
   A. 企业以其自产产品作为非货币性福利发放给职工的，应当根据受益对象，按照该产品的公允价值，计入相关资产成本或当期损益，同时确认应付职工薪酬
   B. 将企业拥有的房屋等资产无偿提供给职工使用的，应当根据受益对象，将该住房每期应计提的折旧计入相关资产成本或当期损益，同时确认应付职工薪酬
   C. 对于提供租赁住房等资产供职工无偿使用的，应当根据受益对象，将每期应付的租金计入相关资产成本或当期损益，并确认应付职工薪酬
   D. 对于难以认定受益对象的非货币性福利，直接计入当期损益和应付职工薪酬

10. 企业提取的职工福利费主要用于( )。
    A. 职工困难补助
    B. 职工因工伤赴外地就医路费
    C. 研发人员的工资
    D. 企业内部医院、幼儿园职工的工资

三、判断题

1. 企业报销的职工医药费、支付的福利补助费、发放的退休金等对职工个人支付的款项，均应通过"应付职工薪酬"账户进行核算。( )
2. 企业在建工程领用本企业产品，应按产品的售价转账，计入在建工程成本。( )
3. 对于直接生产产品、销售部门职工负担的职工薪酬，应计入当期损益。( )
4. 对于由在建工程、无形资产负担的职工薪酬，应计入建造固定资产或无形资产成本。( )
5. 住房公积金不属于职工薪酬。( )
6. 工会经费和职工教育经费属于职工薪酬。( )
7. 因解除与职工的劳动关系给予的补偿不在职工薪酬中反映。( )
8. 失业保险费、工伤保险费不在职工薪酬中反映。( )
9. 企业为职工缴纳社会保险费和住房公积金，应当在职工为其提供服务的会计期间，根据工资总额的一定比例计算。( )

10. 以购买商业保险形式提供给职工的各种保险待遇，不属于职工薪酬。   (   )

四、业务操作题

目的：练习货币性职工薪酬和非货币性职工薪酬的核算。

要求：根据下列业务编写会计分录。

资料：远大公司为增值税一般纳税人，适用的增值税税率为 13%，假设发生如下经济业务。

1. 2021 年 6 月应发工资 200 万元。其中：生产部门直接生产人员工资 100 万元，生产部门管理人员工资 20 万元；公司管理部门人员工资 36 万元；公司专设销售机构人员工资 10 万元；建造厂房人员工资 22 万元；内部开发存货管理系统人员工资 12 万元(假设存货管理系统已经处于开发阶段)。

按照规定，公司分别按照职工工资总额 10%、16%、2%和 12%计提医疗保险费、基本养老保险费、失业保险费和住房公积金，缴纳给当地社会保险经办机构和住房公积金管理机构；分别按照职工工资总额的 2%和 8%计提工会经费和职工教育经费；企业预计 2022 年应承担的职工福利义务金额为职工工资总额的 2%，职工福利的受益对象为上述所有人员。

2. 乙公司共有 1 000 名职工，从 2021 年 1 月 1 日起，该公司实行累积带薪缺勤制度。该制度规定，每个职工每年可享受 5 个工作日带薪年休假，未使用的年休假只能向后结转一个日历年度，超过一年未使用的权利作废。2021 年 12 月 31 日，乙公司预计 2022 年有 950 名职工将享受不超过 5 天的带薪年休假，剩余 50 名职工每人将平均享受 6 天半年休假，假定这 50 名职工全部为总部管理人员，该公司平均每名职工每个工作日工资为 500 元。

3. 远大公司将自产液晶电视发放给职工作为个人福利，每台电视的成本为 1 万元，计税价格(售价)每台为 1.5 万元。公司内部生产部门直接生产人员为 80 人，生产部门管理人员为 20 人，公司管理人员为 16 人，专设销售机构人员为 32 人，建造厂房人员 26 人，内部开发存货管理系统人员为 6 人。

4. 公司为总部部门经理级别以上职工每人提供一辆奥迪轿车免费使用，该公司总部共有部门经理以上职工 10 名，假定每辆奥迪轿车每月计提折旧 0.2 万元。

5. 该公司为 8 名副总裁以上高级管理人员每人租赁了一套公寓免费使用，每套月租金为 2 万元，按月以银行存款支付。

6. 公司下设的职工食堂享受企业提供的补贴，本月领用自产产品一批，该产品的账面价值 4 万元，市场价格 6 万元(不含增值税)，适用的消费税税率为 10%，增值税税率为 13%。

微课视频

扫一扫，获取本章相关微课视频。

8　非货币性福利

第九章 筹资核算岗位业务

【学习目标】

- 了解企业筹资岗位工作任务方案及工作流程。
- 掌握筹资业务有关账户的设置和登记方法。
- 会进行各种筹资业务的核算。

【导读案例】

> 诚信公司技术改造资金不足，讨论如何筹措资金。甲说："估计改造项目投产后三年内可收回投资，所以应发行五年期债券。"乙说："目前公司负债率较高，再利用债券筹资，风险太大，只能靠发行普通股或优先股筹集资金。"丙说："利用优先股筹资的成本将高于资金利润率，目前我国利息又较高，不宜发行期限长、利息或股利较高的债券或优先股。应先向银行筹措一年期的贷款，一年后，再以较低的股息率发行优先股来替换技术改造贷款。"
>
> 问题：
> 以上包含几种筹资方式？可分为哪些类别？

第一节 筹资岗位概述

一、筹资岗位的工作内容

(一)筹资的概念

企业筹资是指企业为了满足其经营活动、投资活动、资本结构调整需要，通过一定渠道、采取适当方式筹措资金的财务活动。筹资活动是企业资金活动的起点，也是企业整个经营活动的基础。通过筹资活动，企业可取得投资和日常生产经营活动所需的资金，从而使企业投资、生产经营活动能够顺利进行。

(二)筹资的分类

1. 按所取得资金的权益特性分类

按所取得资金的权益特性的不同，可将筹资分为股权筹资、债务筹资等。股权筹资包括吸收直接投资、发行股票和利用留存收益等；债务筹资主要有银行借款和发行债券等。

2. 按是否以金融机构为媒介分类

按是否以金融机构为媒介可分为：①直接与资金供应者协商筹集资金，主要方式有发行股票、发行债券和吸收直接投资等；②企业通过金融机构而筹集资金，主要有银行借款和融资租赁。

3. 按资金的来源范围分类

按资金来源范围的不同,可将筹资分为内部筹资和外部筹资。内部筹资是指企业通过利润留存而形成的筹资来源;外部筹资是指向企业外部筹措资金而形成的筹资来源。

4. 按所筹集资金使用期限分类

按所筹集资金使用期限的不同,可将筹资分为长期筹资和短期筹资。长期筹资是指企业筹集使用期限在 1 年以上的资金筹集活动;短期筹资是指企业筹集使用期限在 1 年以内的资金筹集活动。

(三)筹资岗位的工作任务

1. 拟定筹资岗位管理制度和核算办法

企业要根据国家有关法律法规和会计准则,结合本企业实际制定筹资岗位管理制度和核算办法。

2. 筹资计划的编制与执行

企业应根据审核批准的筹资方案,编制较为详细的筹资计划,经过财务部门批准后,严格按照相关程序筹集资金。通过银行借款方式筹资的,应当与有关金融机构进行洽谈,明确借款规模、利率、期限、担保和还款安排等内容;通过发行债券方式筹资的,应当合理选择债券种类,并对还本付息方案作出系统安排,确保按期足额偿还到期本金和利息。

3. 筹资业务的明细分类核算

企业应按照国家统一的会计准则,对筹资业务进行准确的会计核算与账务处理,应通过相应的账户准确进行筹集资金核算、本息偿付和股利支付等工作。

4. 筹资业务风险的评估与控制

对筹资方案面临的风险进行分析,能有效地应对可能出现的风险。例如,若选择债务方式筹资,其按期还本付息带给企业的现金流压力较大;若选择股权筹资方式,现金流压力较小,但股权筹资的成本也是比较高的,而且股权筹资可能会使企业面临较大的控制权风险。所以,企业应在不同的筹资风险之间进行权衡。

二、筹资岗位的业务流程

筹资岗位业务流程如图 9-1 所示。
筹资岗位业务流程的具体说明如下。
(1) 确定筹资计划。一般由财务部门根据企业经营战略、预算情况与资金现状等因素,提出筹资方案,经专家论证,形成筹资计划。
(2) 筹资方案审批。通过可行性论证,需要在企业内部按照分级授权审批的原则进行审批。

(3) 执行筹资计划。根据审核批准的筹资计划，办理筹资业务。严格按照筹资计划确定的用途使用资金，确保款项的收支、股息和利息的支付、股票和债券的保管等符合有关规定。

(4) 账务处理。会计根据筹资凭单、利息计算单等编制记账凭证。记账凭证由主管会计审核后登记账簿。

(5) 财务部门依据借款协议、融资租赁协议、会计报表、明细账和总账进行筹资分析，并形成筹资分析报告。

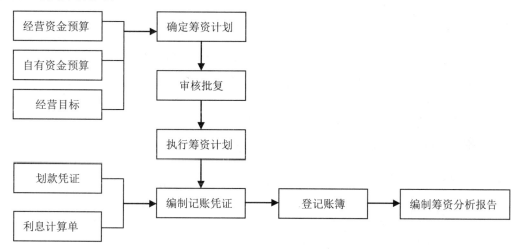

图 9-1 筹资岗位业务流程

第二节 筹资岗位核算

本节按照筹资不同类别分别介绍各项筹资业务的核算。

一、短期借款

(一)短期借款的概念

短期借款是指企业向银行或其他金融机构等借入的期限在一年以下(含一年)的各种借款，通常是为了满足正常生产经营的需要。

(二)短期借款的核算

企业应通过"短期借款"账户，核算短期借款的取得及偿还情况。该账户贷方登记取得借款的本金数额，借方登记偿还借款的本金数额；余额在贷方，表示尚未偿还的短期借款。本账户可按借款种类、贷款人和币种进行明细核算。

1. 借入时的核算

企业从银行或其他金融机构取得短期借款时，借记"银行存款"账户，贷记"短期借款"账户。

2. 利息的核算

在实际工作中,银行一般于每季度末收取短期借款利息,为此,企业的短期借款利息一般采用月末预提的方式进行核算。短期借款利息属于筹资费用,应记入"财务费用"账户。

企业应当在资产负债表日按照计算确定的短期借款利息费用,借记"财务费用"账户,贷记"应付利息"账户;实际支付利息时,借记"应付利息"账户,贷记"银行存款"账户。如果企业短期借款利息是按月支付的,或利息是在借款到期时连同本金一起偿还,但是数额不大的,可以不采用预提的办法,而是在实际支付时,直接计入当期损益。

3. 到期时的核算

到期偿还本金时,借记"短期借款"账户,贷记"银行存款"账户。

【例9-1】Y软件公司于2021年1月1日向银行借入一笔生产经营用的短期借款,共计120 000元,期限为9个月,年利率为8%。根据与银行签署的借款协议,该项借款的本金到期后一次性归还,利息分月预提,按季支付。

Y软件公司的有关会计处理如下。

(1) 1月1日借入短期借款时:

借:银行存款　　　　　　　　　　　　　　120 000
　　贷:短期借款　　　　　　　　　　　　　　120 000

(2) 1月末,计提1月应计利息时:

本月应计提的利息金额=120 000×8%÷12=800(元)

借:财务费用　　　　　　　　　　　　　　800
　　贷:应付利息　　　　　　　　　　　　　　800

2月末计提2月份利息费用的处理与1月相同。

(3) 3月末支付第一季度银行借款利息时:

借:财务费用　　　　　　　　　　　　　　800
　　应付利息　　　　　　　　　　　　　　1 600
　　贷:银行存款　　　　　　　　　　　　　　2 400

第二、三季度的会计处理同上。

(4) 10月1日偿还银行借款本金时:

借:短期借款　　　　　　　　　　　　　　120 000
　　贷:银行存款　　　　　　　　　　　　　　120 000

二、长期借款

(一) 长期借款的概念

长期借款是指企业向银行或其他金融机构借入的期限在一年以上(不含一年)的各种借款,一般用于固定资产的购建、改扩建工程、大修理工程、对外投资以及为了保持长期经营能力等方面。它是企业长期负债的重要组成部分,必须加强管理与核算。

由于长期借款的使用关系到企业的生产经营规模和效益,企业除了要遵守有关的贷款规定、编制借款计划并要有不同形式的担保外,还应监督借款的使用、按期支付长期借款的利息以及按规定的期限归还借款本金等。因此,长期借款会计处理的基本要求是反映和监督企业长期借款的借入、借款利息的结算和借款本息的归还情况,促使企业遵守信贷纪律、提高信用等级,同时,也要确保长期借款发挥效益。

(二)长期借款的核算

企业应通过"长期借款"账户,核算长期借款的借入、归还等情况。该账户可按照贷款单位和贷款种类设置明细账,分别以"本金""利息调整"等明细科目进行核算。该账户的贷方登记长期借款本息的增加额,借方登记本息的减少额;贷方余额表示尚未偿还的长期借款。

1. 取得长期借款

企业借入长期借款时,应按实际收到的金额,借记"银行存款"账户,贷记"长期借款——本金"账户;如存在差额,还应借记"长期借款——利息调整"账户。

【例9-2】 Y软件公司于2018年12月1日从银行借入资金400 000元,借款期限为3年,年利率为8.4%(到期一次还本付息,不计复利),所借款项已存入银行。Y软件公司用该借款于当日购买不需安装的设备一台,价款390 000元,另支付运杂费及保险等费用10 000元,设备已于当日投入使用。Y软件公司的有关会计处理如下。

(1) 取得借款时:

借:银行存款　　　　　　　　　　　　　　　400 000
　　贷:长期借款——本金　　　　　　　　　　　　400 000

(2) 支付设备款和运杂费、保险费时:

借:固定资产　　　　　　　　　　　　　　　400 000
　　贷:银行存款　　　　　　　　　　　　　　　　400 000

2. 长期借款的利息

在资产负债表日,企业应按长期借款的摊余成本和实际利率计算确定的长期借款的利息费用,借记"财务费用"等账户,按借款本金和合同利率计算确定的应付未付利息,贷记"长期借款——应计利息"账户),按其差额,贷记"长期借款——利息调整"账户。实际利率与合同利率差异较小的,也可以采用合同利率计算确定利息费用。

对长期借款计算确定的利息费用,应当按以下原则计入有关成本、费用:属于筹建期间的,计入管理费用;属于生产经营期间的,计入财务费用;用于研究开发的,计入"研发支出"。对于长期借款用于购建固定资产的,在固定资产尚未达到预定可使用状态前,所发生的应当资本化的利息支出数,计入"在建工程";对于固定资产达到预定可使用状态后发生的利息支出,以及按规定不予资本化的利息支出,计入"财务费用"。

【例9-3】 承接例9-2,Y软件公司于2018年12月31日计提长期借款利息。

Y软件公司的有关会计分录如下。

借:财务费用　　　　　　　　　　　　　　　2 800
　　贷:长期借款——应计利息　　　　　　　　　　2 800

2018年12月31日计提的长期借款利息=4 000 000×8.4%÷12=2 800(元)

2019 年 1 月至 2021 年 10 月每月末预提利息分录同上。

3. 归还长期借款

企业归还长期借款的本金时，应按归还的金额，借记"长期借款——本金"账户，贷记"银行存款"账户；按归还的利息，借记"应付利息"账户，贷记"银行存款"账户。

【例 9-4】 承接例 9-3，2021 年 11 月 30 日，Y 软件公司偿还该笔银行借款本息。Y 软件公司的有关会计分录如下。

借：财务费用　　　　　　　　　　　　2 800
　　长期借款——本金　　　　　　　400 000
　　长期借款——应计利息　　　　　 98 000
　　贷：银行存款　　　　　　　　　　500 800

三、应付债券

(一)应付债券的概念

应付债券是指企业为筹集(长期)资金而发行的债券。债券是企业为筹集长期使用资金而发行的一种书面凭证。企业通过发行债券取得资金是以将来履行归还购买债券者的本金和利息的义务作为保证的。企业应当设置"企业债券备查簿"，详细登记每一企业债券的票面金额、债券的票面利率、还本付息期限与方式、发行总额、发行日期和编号、委托代销单位、转换股份等资料。企业债券到期清算时，应当在备查簿内逐笔注销。

公司债券的发行方式有三种，即面值发行、溢价发行和折价发行。假设其他条件不变，债券的票面利率高于同期银行存款利率时，可按超过债券票面价值的价格发行，称为溢价发行。溢价是企业以后各期多付利息而事先得到的补偿。如果债券的票面利率低于同期银行存款利率，则可按低于债券面值的价格发行，称为折价发行。折价是企业以后各期少付利息而预先给投资者的补偿。如果债券的票面利率与同期银行存款利率相同，可按票面价格发行，称为面值发行。溢价或折价是发行债券企业在债券存续期内对利息费用的一种调整。

(二)应付债券的核算

企业应设置"应付债券"账户，并在该账户下设置"面值""利息调整"和"应计利息"等明细账户，以核算应付债券发行、计提利息、还本付息等情况。该账户贷方登记应付债券的本金，应计利息，发行债券的溢价、摊销或结转的折价，借方登记归还的债券本金和利息，发行债券的折价、摊销或结转的溢价；期末贷方余额表示企业尚未偿还的长期债券。

1. 公司债券的发行

无论是按面值发行，还是按溢价发行或折价发行，均按债券面值记入"应付债券"账户的"面值"明细账户，将实际收到的款项与面值的差额，记入"利息调整"明细账户。企业发行债券时，按实际收到的款项，借记"银行存款""库存现金"等账户，按债券票面价值，贷记"应付债券——面值"账户，按实际收到的款项与票面价值之间的差额，贷记或借记"应付债券——利息调整"账户。

2. 利息调整的摊销

利息调整应在债券存续期间内采用实际利率法进行摊销。实际利率法是指按照应付债券的实际利率计算其摊余成本及各期利息费用的方法。实际利率是指将应付债券在债券存续期间的未来现金流量，折现为该债券当前账面价值所使用的利率。

企业发行的债券通常分为到期一次还本付息或分期付息、一次还本两种。在资产负债表日，对于分期付息、一次还本的债券，企业应按应付债券的摊余成本和实际利率计算确定的债券利息费用，借记"在建工程""制造费用""财务费用"等账户，按票面利率计算确定的应付未付利息，贷记"应付债券——应计利息"账户，按其差额，借记或贷记"应付债券——利息调整"账户。

对于一次还本付息的债券，企业应于资产负债表日按摊余成本和实际利率计算确定的债券利息费用，借记"在建工程""制造费用""财务费用"等账户，按票面利率计算确定的应付未付利息，贷记"应付债券——应计利息"账户，按其差额，借记或贷记"应付债券——利息调整"账户。

3. 债券的偿还

企业发行的债券通常分为到期一次还本付息或一次还本、分期付息两种。采用一次还本付息方式的，企业应于债券到期支付债券本息时，借记"应付债券——面值、应计利息"账户，贷记"银行存款"账户。采用一次还本、分期付息方式的，应在每期支付利息时，借记"应付债券——应计利息"账户，贷记"银行存款"账户；债券到期偿还本金并支付最后一期利息时，借记"应付债券——面值""在建工程""财务费用""制造费用"等账户，贷记"银行存款"账户，按借贷双方之间的差额，借记或贷记"应付债券——利息调整"

【例9-5】 2016年12月31日，Y软件公司经批准发行5年期一次还本、分期付息的公司债券面值10 000 000元，债券利息于每年12月31日支付，票面利率为年利率6%。假定债券发行时的市场利率为5%。该批债券实际发行价格为10 432 700元。

Y软件公司根据上述资料，采用实际利率法和摊余成本计算确定的利息费用，如表9-1所示。

表9-1 债券利息计算表

单位：元

日　期	票面利息 (1)=面值×6%	现金流出 (2)	利息费用 (3)=期初(5)×5%	摊销的利息调整 (4)=(1)-(3)	期末摊余成本 (5)=期初(5)+(3)-(2)
2016.12.31					10 432 700.00
2017.12.31	600 000	600 000	521 635.00	78 365.00	10 354 335.00
2018.12.31	600 000	600 000	517 716.75	82 283.25	10 272 051.75
2019.12.31	600 000	600 000	513 602.59	86 397.41	10 185 654.34
2020.12.31	600 000	600 000	509 282.72	90 717.28	10 094 937.06
2021.12.31	600 000	10 600 000	505 062.94*	94 937.06	0.00

* 尾数调整 505 062.94=10 600 000-10 094 937.06(元)。

根据表 9-1 的资料，甲公司的账务处理如下。

(1) 2016 年 12 月 31 日发行债券时：

借：银行存款　　　　　　　　　　　　　　10 432 700
　　贷：应付债券——面值　　　　　　　　　　　　10 000 000
　　　　　　　　——利息调整　　　　　　　　　　　　432 700

(2) 2017 年 12 月 31 日计算利息费用时：

① 借：财务费用　　　　　　　　　　　　　　521 635
　　　应付债券——利息调整　　　　　　　　　78 365
　　　　贷：应付债券——应计利息　　　　　　　　　600 000
② 借：应付债券——应计利息　　　　　　　　600 000
　　　　贷：银行存款　　　　　　　　　　　　　　600 000

2018 年、2019 年、2020 年确认利息费用的会计处理同 2017 年。

(3) 2021 年 12 月 31 日归还债券本金及最后一期利息费用时：

① 借：财务费用　　　　　　　　　　　　　　505 062.94
　　　应付债券——利息调整　　　　　　　　　94 937.06
　　　　贷：应付债券——应计利息　　　　　　　　　600 000
② 借：应付债券——面值　　　　　　　　　　10 000 000
　　　应付债券——应计利息　　　　　　　　　60 000
　　　　贷：银行存款　　　　　　　　　　　　　10 600 000

【例 9-6】Y 软件公司发行债券，该债券发行日为 2017 年 1 月 1 日、期限 5 年、面值 100 000 元，年利率 10%。该债券于 2021 年年末到期一次还本付息 150 000(100 000+100 000×10%×5)元，债券的发行价格为 110 000 元，债券承销商按 2%收取发行费，Y 软件公司取得债券发行价款净额 107 800 元，实际利率为 6.83%。

其债券计息调整表如表 9-2 所示。

表 9-2　债券利息计算表　　　　　　　　　　　　　　　　　　　　　　单位：元

日期	票面利息 (1)=面值×10%	现金流出 (2)	利息费用 (3)=期初(5)×6.83%	摊销的利息调整 (4)=(1)-(3)	期末摊余成本 (5)=期初(5)+(3)-(2)
2017.1.1					107 800.00
2017.12.31	10 000	0	7 362.74	2 637.26	115 162.74
2018.12.31	10 000	0	7 865.62	2 134.38	123 028.36
2019.12.31	10 000	0	8 402.84	1 597.16	131 431.20
2020.12.31	10 000	0	8 976.75	1 023.25	140 407.95
2021.12.31	10 000	150 000	9 592.05*	407.95	0.00

＊ 尾数调整 9 592.05=150 000-140 407.95(元)。

有关会计分录如下。

(1) 2017 年 1 月 1 日发行债券：

借：银行存款　　　　　　　　　　　　　　107 800
　　贷：应付债券——面值　　　　　　　　　　　　100 000
　　　　　　　　——利息调整　　　　　　　　　　　7 800

(2) 2017年年末计息：

借：财务费用　　　　　　　　　　　　　　　7 362.74
　　　应付债券——利息调整　　　　　　　　　2 637.26
　　贷：应付债券——应计利息　　　　　　　　　　　10 000

(3) 2018年至2020年每年年末计息(略)。

(4) 2021年年末：

借：财务费用　　　　　　　　　　　　　　　9 592.05
　　　应付债券——利息调整　　　　　　　　　　407.95
　　贷：应付债券——应计利息　　　　　　　　　　　10 000

借：应付债券——面值　　　　　　　　　　　100 000
　　　　　　　——应计利息　　　　　　　　　 50 000
　　贷：银行存款　　　　　　　　　　　　　　　　150 000

四、实收资本

按照我国有关法律规定，投资者设立企业首先必须投入资本。实收资本是投资者投入资本形成法定资本的价值，所有者向企业投入的资本，在一般情况下无须偿还，可以长期周转使用。实收资本的构成比例，即投资者的出资比例或股东的股份比例，通常是确定所有者在企业所有者权益中所占的份额和参与企业财务经营决策的基础，也是企业进行利润分配或股利分配的依据，同时还是企业清算时确定所有者对净资产的要求权的依据。

企业应当设置"实收资本"账户，以核算企业接受投资者投入的实收资本，对于股份有限公司应将该账户改为"股本"。投资者可以用现金投资，也可以用现金以外的其他有形资产投资；符合国家规定比例的，还可以以无形资产投资。企业收到投资时，一般应作如下会计处理：收到投资人投入的现金，按实际收到的金额，借记"银行存款"账户；以实物资产投资的，应在办理实物产权转移手续时，借记有关资产账户；以无形资产投资的，应在按照合同、协议或公司章程规定移交有关凭证时，借记"无形资产"账户，按投入资本在注册资本或股本中所占份额，贷记"实收资本"或"股本"账户，按其差额，贷记"资本公积——资本溢价"或"资本公积——股本溢价"等账户。

(一)接受现金资产投资

1. 股份有限公司以外的企业接受现金资产投资

【例9-7】 甲、乙、丙共同投资设立W软件公司，注册资本为1 000 000元。甲、乙、丙持股比例分别为60%、25%和15%。按照章程规定，甲、乙、丙投入的资本分别为600 000元、250 000元和150 000元。W软件公司已如期收到各投资者一次缴足的款项。W软件公司在进行会计处理时，应编制如下会计分录。

借：银行存款　　　　　　　　　　　　　　　1 000 000
　　贷：实收资本——甲　　　　　　　　　　　　　600 000
　　　　　　　　——乙　　　　　　　　　　　　　250 000
　　　　　　　　——丙　　　　　　　　　　　　　150 000

2. 股份有限公司接受现金资产投资

股份有限公司发行股票时，既可以按面值发行股票，也可以溢价发行(我国目前不准许折价发行)。股份有限公司在核定的股本总额及核定的股份总额的范围内发行股票时，应在实际收到现金资产时进行会计处理。

【例 9-8】 W 软件公司发行普通股 5 000 000 股，每股面值 1 元，每股发行价格 5 元。假定股票发行成功，股款 25 000 000 元已全部收到，不考虑发行过程中的税费等因素。根据上述资料，W 软件公司应作如下账务处理。

借：银行存款　　　　　　　　　　　　　　25 000 000
　　贷：股本　　　　　　　　　　　　　　　5 000 000
　　　　资本公积——股本溢价　　　　　　20 000 000

(二) 接受非现金资产投资

我国《公司法》规定，股东可以用货币出资，也可以用实物、知识产权和土地使用权等可以用货币估价并可以依法转让的非货币财产作价出资；但是，法律、行政法规规定不得作为出资的财产除外。对作为出资的非货币财产应当评估作价，核实财产，不得高估或者低估作价。法律、行政法规对评估作价有规定的，从其规定。不论以何种方式出资，投资者如在投资过程中违反投资合约，不按规定如期缴足出资额，企业可以依法追究投资者的违约责任。

企业接受非现金资产投资时，应按投资合同或协议约定价值确定非现金资产价值(但投资合同或协议约定价值不公允的除外)和在注册资本中应享有的份额。

1. 接受投入固定资产

企业接受投资者作价投入的房屋、建筑物和机器设备等固定资产，应按投资合同或协议约定价值确定固定资产价值(但投资合同或协议约定价值不公允的除外)和在注册资本中应享有的份额。

【例 9-9】 甲有限责任公司于设立时收到乙公司作为资本投入的不需要安装的机器设备一台，合同约定该机器设备的价值为 1 000 000 元，增值税进项税额为 130 000 元，合同约定的固定资产价值与公允价值相符，不考虑其他因素。甲有限责任公司进行会计处理时，应编制如下会计分录。

借：固定资产　　　　　　　　　　　　　　1 000 000
　　应交税费——应交增值税(进项税额)　　　130 000
　　贷：实收资本——乙公司　　　　　　　　1 130 000

2. 接受投入材料物资

企业接受投资者作价投入的材料物资，应按投资合同或协议约定价值确定材料物资价值(但投资合同或协议约定价值不公允的除外)和在注册资本中应享有的份额。

【例 9-10】 W 软件公司于设立时收到 B 公司作为资本投入的原材料一批，该批原材料投资合同或协议约定价值(不含可抵扣的增值税进项税额部分)为 200 000 元，增值税进项税额为 26 000 元。B 公司已开具了增值税专用发票。假设合同约定的价值与公允价值相符，该进项税额允许抵扣，不考虑其他因素。W 软件公司在进行会计处理时，应编制如下会计分录。

借：原材料　　　　　　　　　　　　　　　　200 000
　　应交税费——应交增值税(进项税额)　　　 26 000
　　贷：实收资本——B 公司　　　　　　　　　　　　226 000

例 9-10 中，原材料的合同约定价值与公允价值相符，因此可按照 200 000 元的金额借记"原材料"账户；同时，该进项税额允许抵扣，因此，对于增值税专用发票上注明的增值税税额 26 000 元，应借记"应交税费——应交增值税(进项税额)"账户。W 软件公司接受 B 公司投入的原材料按合同约定金额作为实收资本，因此，可按 226 000 元的金额贷记"实收资本"账户。

3. 接受投入无形资产

企业收到以无形资产方式投入的资本，应按投资合同或协议约定价值确定无形资产价值(但投资合同或协议约定价值不公允的除外)和在注册资本中应享有的份额。

(三)实收资本(或股本)的增减变动

一般情况下，企业的实收资本相对固定不变，但在某些特定情况下，实收资本也可能发生增减变化。我国企业法人登记管理条例中规定，企业的注册资金除国家另有规定外，应当与实收资本相一致。当实收资本比原注册资金增加或减少的幅度超过 20%时，应持资金信用证明或者验资证明，向原登记主管机关申请变更登记。如擅自改变注册资本或抽逃资金，要受到工商行政管理部门的处罚。

1. 实收资本(或股本)的增加

一般企业增加资本主要有三个途径：接受投资者追加投资、资本公积转增资本和盈余公积转增资本。需要注意的是，由于资本公积和盈余公积均属于所有者权益，用其转增资本时，如果是独资企业则直接结转即可，如果是股份公司或有限责任公司，应该按照原投资者各出资比例相应增加各投资者的出资额。

【例 9-11】 甲、乙、丙三人共同投资设立 W 软件公司，原注册资本为 2 000 000 元，甲、乙、丙分别出资 250 000 元、1 000 000 元和 750 000 元。为扩大经营规模，经批准，W 软件公司注册资本扩大为 5 000 000 元，甲、乙、丙按照原出资比例分别追加投资 375 000 元、1 500 000 元和 1 125 000 元。W 软件公司如期收到甲、乙、丙追加的现金投资。

W 软件公司的会计分录如下。

借：银行存款　　　　　　　　　　　　　　3 000 000
　　贷：实收资本——甲　　　　　　　　　　　　 375 000
　　　　　　　　——乙　　　　　　　　　　　　1 500 000
　　　　　　　　——丙　　　　　　　　　　　　1 125 000

【例 9-12】 承接例 9-11，因扩大经营规模需要，经批准，W 公司按原出资比例将资本公积 500 000 元转增资本。W 软件公司的会计分录如下。

借：资本公积　　　　　　　　　　　　　　　500 000
　　贷：实收资本——甲　　　　　　　　　　　　　62 500

——乙	250 000
——丙	187 500

2．实收资本(或股本)的减少

企业减少实收资本应按法定程序报经批准，对于非股份企业直接返还股款的，借记"实收资本"，贷记"银行存款"等账户；股份有限公司采用收购本公司股票方式减资的，按股票面值和注销股数计算的股票面值总额冲减股本，并按注销库存股的账面余额与所冲减股本的差额冲减股本溢价，股本溢价不足冲减的，再冲减盈余公积直至未分配利润。对于购回股票支付的价款低于面值总额的，将所注销库存股的账面余额与所冲减股本的差额作为增加股本溢价处理。

【例9-13】 2021年12月31日W软件公司的股本为50 000 000股，面值为1元，资本公积(股本溢价)15 000 000元，盈余公积20 000 000元。经股东大会批准，W软件公司以现金回购本公司股票10 000 000股并注销。假定W软件公司按每股2元回购股票，不考虑其他因素，W软件公司的会计处理如下。

(1) 回购本公司股票时：

借：库存股	20 000 000
贷：银行存款	20 000 000

库存股成本=10 000 000×2=20 000 000(元)

(2) 注销本公司股票时：

借：股本	10 000 000
资本公积——股本溢价	10 000 000
贷：库存股	20 000 000

应冲减的资本公积=10 000 000×2-10 000 000×1=10 000 000(元)

【例9-14】 承接例9-13，假定W软件公司按每股3元回购股票，其他条件不变，W软件公司的会计处理如下。

(1) 回购本公司股票时：

借：库存股	30 000 000
贷：银行存款	30 000 000

库存股成本=10 000 000×3=3 000 0000(元)

(2) 注销本公司股票时：

借：股本	10 000 000
资本公积——股本溢价	15 000 000
盈余公积	5 000 000
贷：库存股	30 000 000

应冲减的资本公积=10 000 000×3-10 000 000×1=20 000 000(元)

由于应冲减的资本公积大于公司现有的资本公积，所有只能冲减资本公积15 000 000元，剩余的5 000 000元应冲减盈余公积。

五、资本公积

(一)资本公积的概念

资本公积是指企业收到投资者的出资额超出其在企业注册资本(或股本)中所占份额的投资,以及直接计入所有者权益的利得和损失等。资本公积包括资本溢价(或股本溢价)和直接计入所有者权益的利得和损失等。

资本溢价(或股本溢价)是企业收到投资者的出资额超出其在企业注册资本(或股本)中所占份额的投资。形成资本溢价(或股本溢价)的原因有溢价发行股票、投资者超额缴入资本等。

直接计入所有者权益的利得和损失是指不应计入当期损益、会导致所有者权益发生增减变动的、与所有者投入资本或者向所有者分配利润无关的利得或者损失。资本公积一般应当设置"资本(或股本)溢价""其他资本公积"明细账户核算。

(二)资本公积的确认和计量

1. 资本溢价和股本溢价的会计处理

1) 资本溢价的会计处理

投资者在其经营的企业(不含股份有限公司)中,依其出资份额对企业经营决策享有表决权,依其所认缴的出资额对企业承担有限责任。明确记录投资者认缴的出资额,真实地反映各投资者对企业享有的权利与承担的义务,是会计处理应注意的问题。为此,会计上应设置"实收资本"账户,以核算企业投资者按照公司章程所规定的出资比例实际认缴的出资额。

在企业创立时,出资者认缴的出资额全部记入"实收资本"账户。在企业重组且有新的投资者加入时,为了维护原有投资者的权益,新加入的投资者的出资额,并不一定全部作为实收资本处理。因为在企业正常经营过程中投入的资金虽然与企业创立时投入的资金在数量上一致,但其获利能力却不一致。企业创立时,要经过筹建、试生产经营、开辟市场等过程,从投入资金到取得投资回报,中间需要许多时间,并且这种投资具有风险性,在这个过程中资本利润率很低。所以,新加入的投资者要付出大于原有投资者的出资额,才能取得与投资者相同的投资比例。

另外,企业经营过程中实现的利润一部分留在企业,形成留存收益,而留存收益也属于投资者权益,但其未转入实收资本。新加入的投资者如与原投资者共享这部分留存收益,也要求其付出大于原有投资者的出资额。

投资者投入的资本中按其投资比例计算的出资额部分,应记入"实收资本"账户,多余部分应记入"资本公积"账户。例如,某公司由甲、乙、丙三位股东各自出资100万元设立。设立时的实收资本为300万元。经过三年的经营,该企业留存收益为150万元。这时又有丁投资者有意加入该企业,并表示愿意出资180万元,而仅占该企业股份的25%。在会计处理时,将丁股东投入资金中的100万元记入"实收资本"账户,其余80万元记入"资本公积"账户。

2) 股本溢价的会计处理

股份有限公司是以发行股票的方式筹集股本的。股票是企业签发的证明股东按其所持股份享有权利和承担义务的书面证明。由于股东按其所持企业股份享有权利和承担义务，为了反映和便于计算各股东所持股份占企业全部股本的比例，企业的股本总额应按股票的面值与股份总数的乘积计算。国家规定，实收股本总额应与注册资本相等。因此，为提供企业股本总额及其构成和注册资本等信息，在采用与股票面值相同的价格发行股票的情况下，企业发行股票取得的收入，应全部记入"股本"账户；在采用溢价发行股票的情况下，企业发行股票取得的收入，相当于股票面值的部分记入"股本"账户，而超出股票面值的溢价收入记入"资本公积"账户。委托证券商代理发行股票而支付的手续费、佣金等，应从溢价发行收入中扣除，企业应按扣除手续费、佣金后的数额记入"资本公积"账户。

【例 9-15】 W 软件公司委托 B 证券公司代理发行普通股 1 000 000 股，每股面值 1 元，按每股 1.2 元的价格发行。公司与受托单位约定，按发行收入的 3% 收取手续费，从发行收入中扣除。收到的股款已存入银行。

根据上述资料，W 软件公司应作以下账务处理。

公司收到受托发行单位交来的现金=1 000 000×1.2×(1-3%)=1 164 000(元)

应计入"资本公积"账户的余额=溢价收入-发行手续费=1 000 000×(1.2-1)-1 000 000
×1.2×3%=164 000(元)

借：银行存款	1 164 000
贷：股本	1 000 000
资本公积——股本溢价	164 000

2. 其他资本公积的会计处理

其他资本公积是指除资本溢价(或股本溢价)项目以外所形成的资本公积，其中主要包括直接计入所有者权益的利得和损失。

【例 9-16】 W 软件公司于 2021 年 1 月 1 日向 F 公司投资 4 000 000 元，拥有该公司 20% 的股份，并对该公司有重大影响，因而对 F 公司长期股权投资采用权益法核算。2021 年 12 月 31 日，F 公司净损益之外的所有者权益增加了 500 000 元。假定除此以外，F 公司的所有者权益没有变化，W 软件公司的持股比例没有变化，F 公司资产的账面价值与公允价值一致，不考虑其他因素。

W 软件公司的会计分录如下。

借：长期股权投资——F 公司(其他权益变动)	100 000
贷：资本公积——其他资本公积	100 000

W 软件公司增加的资本公积=500 000×20%=100 000(元)

3. 资本公积转增资本的会计处理

按照《公司法》的规定，法定公积金(资本公积和盈余公积)转为资本时，所留存的该项公积金不得少于转增前公司注册资本的 25%。经股东大会或类似机构决议，用资本公积转增资本时，应冲减资本公积，同时按照转增前的实收资本(或股本)的结构或比例，将转增的金额记入"实收资本"(或"股本")账户下各所有者的明细分类账。

六、留存收益

留存收益是指企业从历年利润中提取或留存于企业的内部积累包括盈余公积和未分配利润两部分。

(一)盈余公积

1. 盈余公积的概念

盈余公积是指企业按规定从净利润中提取的企业积累资金。公司制企业的盈余公积包括法定盈余公积和任意盈余公积。

按照《公司法》有关规定,公司制企业应当按照净利润(减弥补以前年度亏损,下同)的 10%提取法定盈余公积。非公司制企业法定盈余公积的提取比例可超过净利润的 10%。法定盈余公积累计额已达注册资本的 50%时可以不再提取。值得注意的是,在计算提取法定盈余公积的基数时,不应包括企业年初未分配利润。

公司制企业可根据股东大会的决议提取任意盈余公积。非公司制企业经类似权力机构批准,也可提取任意盈余公积。法定盈余公积和任意盈余公积的区别在于其各自计提的依据不同,前者以国家的法律法规为依据;后者由企业的权力机构自行决定。

企业提取的盈余公积经批准可用于弥补亏损、转增资本、发放现金股利或利润等。

2. 盈余公积的确认和计量

为了反映盈余公积的形成及使用情况,企业应设置"盈余公积"账户。企业应当分别设置"法定盈余公积""任意盈余公积"科目进行明细核算。外商投资企业还应分别设置"储备基金""企业发展基金"科目进行明细核算。企业提取盈余公积时,借记"利润分配——提取法定盈余公积""利润分配——提取任意盈余公积"账户,贷记"盈余公积——法定盈余公积""盈余公积——任意盈余公积"账户。企业用盈余公积弥补亏损或转增资本时,借记"盈余公积"账户,贷记"利润分配——盈余公积补亏""实收资本"或"股本"账户。经股东大会决议,用盈余公积派送新股时,按派送新股计算的金额,借记"盈余公积"账户,按股票面值和派送新股总数计算的股票面值总额,贷记"股本"账户。

1) 提取盈余公积

公司制企业的法定公积金按照税后利润的 10%的比例提取,公司从税后利润中提取法定公积金后,经股东大会决议,还可以从税后利润中提取任意公积。企业按规定提取盈余公积时,应通过"利润分配"和"盈余公积"等账户处理。

【例 9-17】 W 软件公司本年实现净利润为 2 500 000 元,年初未分配利润为 0。经股东大会批准,W 软件公司按当年净利润的 10%提取法定盈余公积。假定不考虑其他因素,W 软件公司的会计分录如下。

借:利润分配——提取法定盈余公积　　　　　250 000
　　贷:盈余公积——法定盈余公积　　　　　　　　　250 000

本年提取盈余公积金额=2 500 000×10%=250 000(元)

2) 盈余公积补亏

企业以提取的盈余公积弥补亏损时,应当由公司董事会提议,并经股东大会批准。

【例9-18】 经股东大会批准，W软件公司用以前年度提取的盈余公积弥补当年亏损，当年弥补亏损的数额为300 000元。假定不考虑其他因素，W软件公司的会计分录如下。

借：盈余公积　　　　　　　　　　　　　300 000
　　贷：利润分配——盈余公积补亏　　　　　　　300 000

3) 盈余公积转增资本

企业在将盈余公积转增资本时，要按股东原有持股比例结转。

【例9-19】 因扩大经营规模需要，经股东大会批准，W软件公司将盈余公积200 000元转增股本。假定不考虑其他因素，W软件公司的会计分录如下。

借：盈余公积　　　　　　　　　　　　　200 000
　　贷：股本　　　　　　　　　　　　　　　　　200 000

4) 用盈余公积发放现金股利或利润

企业当年没有利润，原则上不得分配股利或利润，如果为了维护企业信誉，可用盈余公积分配股利，但必须符合相关规定。

【例9-20】 2021年12月31日 W软件公司普通股股本为25 000 000股，每股面值1元，可供投资者分配的利润为2 500 000元，盈余公积10 000 000元。2022年3月20日，股东大会批准了2021年度利润分配方案，以2021年12月31日为登记日，按每股0.2元发放现金股利。W软件公司共需要分派5 000 000元现金股利，其中动用可供投资者分配的利润2 500 000元、盈余公积2 500 000元。假定不考虑其他因素，W软件公司的会计处理如下。

(1) 宣告分配股利时：

借：利润分配——应付现金股利或利润　　　2 500 000
　　盈余公积　　　　　　　　　　　　　　2 500 000
　　贷：应付股利　　　　　　　　　　　　　　　5 000 000

(2) 支付股利时：

借：应付股利　　　　　　　　　　　　　5 000 000
　　贷：银行存款　　　　　　　　　　　　　　　5 000 000

(二)未分配利润

未分配利润是企业留待以后年度分配的结存利润，也是企业所有者权益的组成部分。相对于所有者权益的其他部分来讲，企业对于未分配利润的使用分配有较大的自主权。从数量上来讲，未分配利润是期初未分配利润，加上本期实现的净利润，减去提取的各种盈余公积金和分出利润后的余额。年度终了，应将本年收入和支出相抵后结出的本年实现的净利润或净亏损，转入"利润分配——未分配利润"账户。同时，将"利润分配"账户所属的其他明细账户的余额，转入"未分配利润"明细账户。结转后，"未分配利润"明细账户的贷方余额，就是未分配利润的金额；如出现借方余额，则表示未弥补亏损的金额。"利润分配"账户所属的其他明细账户应无余额。

本章小结

企业筹资是指企业为了满足其经营活动、投资活动、资本结构调整需要，运用一定的筹资方式，筹措和获取所需资金的一种行为。其中包括短期借款、长期借款、应付债券、长期应付款、实收资本、资本公积和留存收益等。本章介绍了筹资岗位的工作任务、业务流程、会计控制及相关业务核算。

筹资按取得资金的权益特性分为债务筹资和权益筹资。债务筹资包括短期借款、长期借款、应付债券和长期应付款。短期借款是为满足生产经营需要，向银行或其他金融机构等借入的期限在一年以下(含一年)的各种借款。长期借款一般用于固定资产的购建、改扩建工程、大修理工程以及为了保持长期经营能力等方面的各种借款。应付债券是指企业为了筹集长期资金而发行的债券。长期应付款是指除长期借款和应付债券以外的其他各种长期应付款项。

权益筹资包括实收资本、资本公积和留存收益。实收资本是投资者投入资本形成法定资本的价值，所有者向企业投入的资本在一般情况下无须偿还，可以长期周转使用。资本公积是企业收到投资者的出资额超出其在企业注册资本中所占份额的投资，以及直接计入所有者权益的得利和损失。留存收益包括盈余公积和未分配利润。盈余公积是企业按规定从净利润中提取的企业积累资金，包括法定盈余公积和任意盈余公积；未分配利润是企业留在以后年度分配的结存利润。

课后习题

一、单项选择题

1. 某公司于2021年1月1日对外发行3年期、面值总额为1 000万元的公司债券，债券票面年利率为7%，分期付息，到期一次还本，实际收到发行价款1 054.47万元。该公司采用实际利率法摊销债券溢折价，不考虑其他相关税费，经计算确定其实际利率为5%。2021年12月31日，该公司应付债券的"利息调整"明细账户余额为( )万元。
　　A. 54.74　　　　B. 71.75　　　C. 37.19　　　D. 17.28
2. 长期借款利息，在固定资产达到预定可使用状态之前应计入( )。
　　A. 财务费用　　B. 长期待摊费用　C. 管理费用　　D. 在建工程
3. 如果债券发行时票面利率高于市场利率，则应按( )发行。
　　A. 面值　　　　B. 溢价　　　　C. 折价　　　　D. 平价
4. 某企业发行到期一次还本付息的债券，按其票面利率计算确定的应付未付利息，应该记入( )账户。
　　A. 应付债券——应计利息　　　　B. 应付债券——利息调整
　　C. 应付利息　　　　　　　　　　D. 应付债券——面值
5. 甲公司为增值税一般纳税人，于2021年1月设立时接受一台生产设备投资，实收资本入账金额为( )。(假定不产生资本公积)

A. 固定资产账面价值加上进项税额　　　B. 固定资产的账面价值
C. 评估确认的固定资产价值　　　　　　D. 固定资产的公允价值加上进项税额

6. 下列各项中不属于所有者权益的是(　　)。
A. 应付股利　　　B. 实收资本　　　C. 本年利润　　　D. 资本公积

7. 甲企业 2021 年年初未分配利润为借方余额 10 万元，当年净利润为 30 万元，按 10%的比例提取盈余公积，当年分配现金股利 5 万元。不考虑其他事项，该企业 2021 年年末未分配利润为(　　)万元。
A. 13　　　B. 12　　　C. 17　　　D. 18

8. 乙企业年初所有者权益为 200 万元，本年度实现净利润 300 万元，以资本公积转增资本 60 万元，提取盈余公积 50 万元。假设不考虑其他因素，该企业年末所有者权益为(　　)万元。
A. 510　　　B. 560　　　C. 500　　　D. 520

9. 2021 年 1 月 1 日某企业所有者权益情况如下：实收资本 400 万元，资本公积 52 万元，盈余公积 56 万元，未分配利润 118 万元。则该企业 2016 年 1 月 1 日留存收益为(　　)万元。
A. 64　　　B. 76　　　C. 140　　　D. 174

10. 下列各项中，能够导致企业留存收益减少的是(　　)。
A. 用盈余公积分配现金股利　　　B. 以资本公积转增资本
C. 提取盈余公积　　　　　　　　D. 以盈余公积弥补亏损

二、多项选择题

1. 短期借款利息通过(　　)科目核算。
A. 销售费用　　　B. 短期借款　　　C. 财务费用　　　D. 应付利息

2. "应付债券"账户可以设置的明细科目有(　　)。
A. 应付债券——面值　　　　　B. 应付债券——成本
C. 应付债券——利息调整　　　D. 应付债券——应计利息

3. 长期借款发生的利息支出、汇兑损失等借款费用，可能记入的科目有(　　)。
A. 在建工程　　　B. 长期待摊费用　　　C. 财务费用　　　D. 管理费用

4. 在核算应付利息时，涉及的科目有(　　)。
A. 在建工程　　　B. 研发支出　　　C. 管理费用　　　D. 财务费用

5. 下列关于企业发行一般公司债券的会计处理，正确的有(　　)。
A. 无论是按面值发行，还是溢价发行或折价发行，均应按债券面值记入"应付债券"账户的"面值"明细账户
B. 实际收到的款项与面值的差额，应记入"利息调整"明细账户
C. 对于利息调整，企业应在债券存续期间内选用实际利率法或直线法进行摊销
D. 在资产负债表日，企业应按应付债券的面值和实际利率计算确定当期的债券利息费用

6. 下列项目中，投资者可以用来出资的有(　　)。
A. 货币资金　　　B. 固定资产　　　C. 无形资产　　　D. 长期待摊费用

7. 下列项目中，能引起盈余公积发生增减变动的有（　　）。
   A. 提取任意盈余公积 B. 以盈余公积转增资本
   C. 用任意盈余公积弥补亏损 D. 用盈余公积派发新股
8. 下列各项中，应通过"资本公积"账户核算的有（　　）。
   A. 发行股票取得的股本溢价
   B. 转销确实无法偿还的应付账款
   C. 接受现金捐赠
   D. 持股比例不变的情况下，长期股权投资采用权益法核算，被投资单位资本公积增加
9. 股份有限公司委托其他单位发行股票时支付的手续费或佣金等相关费用，在作账务处理时涉及的账户有（　　）。
   A. 资本公积 B. 盈余公积
   C. 利润分配——未分配利润 D. 财务费用
10. 下列各项中，影响所有者权益总额发生变动的有（　　）。
    A. 用盈余公积发放现金股利 B. 用盈余公积弥补亏损
    C. 股东大会宣告分配现金股利 D. 实际发放股票股利

三、判断题

1. 购建固定资产借款发生的利息支出，在固定资产达到预定可使用状态后，应予以费用化，将其计入当期损益。（　　）
2. 对于应付债券，资产负债表日，应按摊余成本和实际利率计算确定的债券利息费用。（　　）
3. 短期借款利息费用发生时，应计入财务费用。（　　）
4. 所有者权益和负债都是对企业资产的要求权，因此他们的性质是一样的。（　　）
5. 企业向银行或其他金融机构借入的各种款项所发生的利息应当计入财务费用。（　　）
6. 企业增发新股时，企业的股本或实收资本金额增加，但是所有者权益总额不发生变化。（　　）
7. 股份有限公司发行股票发生的手续费和佣金等费用，先从发行股票的溢价收入中抵消，发行股票的溢价不足冲减或无溢价，计入财务费用。（　　）
8. 企业实际支付已宣告的现金股利会导致企业所有者权益减少。（　　）
9. 不管企业期初是否存在未弥补的亏损，当期计提法定盈余公积的基数都是当期实现的净利润。（　　）
10. 所有者权益是指企业资产扣除负债后由所有者享有的剩余权益，公司所有者权益又称股东权益。（　　）

四、业务操作题

【业务题一】

目的：练习短期借款的核算。

要求：根据下列业务编写会计分录。

资料：甲公司2021年发生如下经济业务。

1. 2021年4月1日向某银行借入短期借款150 000元，用于周转。
2. 2021年4月30日预提本月利息750元。

3. 2021年6月30日以银行存款支付本季短期借款的利息2 250元,已预提1 500元。

【业务题二】

目的:练习长期借款的核算。

要求:根据下列业务编写会计分录。

资料:某企业2021年1月1日借入2年期,到期还本、每年年末计提并支付利息的长期借款30 000元用于工程建设,合同约定年利率4%,假定利息全部符合资本化条件。

【业务题三】

目的:练习应付债券的核算。

要求:根据下列业务编写会计分录。

资料:

1. W企业经批准从2020年1月1日起按面值发行2年期面值为100元的债券10 000张,债券年利率为6%(实际利率与合同利率一致),该债券每半年付息一次,每年7月1日和1月1日为付息日,该债券所筹资金全部用于新生产线的建设,该生产线于2021年6月底完工并交付使用,债券到期后一次支付本金。写出下列会计分录:(1)发行债券时;(2)每半年确认利息、支付利息时;(3)到期还本付息时。

2. 甲公司2020年1月1日为建生产线,发行5年期债券,面值500万,票面利率5%,每年年末付息,到期还本,实际利率6%,发行价格为4 789 382元,生产线于第三年年末完工。写出下列会计分录:(1)发行债券时;(2)编写利息计算表并写出每年确认利息、支付利息时;(3)到期还本付息时。

【业务题四】

目的:练习实收资本的核算。

要求:根据下列业务编写会计分录。

资料:W公司发生如下经济业务。

1. W公司初建时,由甲、乙两位投资者共同出资建立,每人出资20万元,各占50%的股份。公司于2021年8月31日成立并收到投资存入银行。

2. 经过两年经营后,公司决定增加资本,此时有一新投资者丙申请加入。经批准,公司资本增加到90万元。经协商,三方各占1/3的股份,具体如下。

(1) 甲以一台设备作为增资,该设备原价18万元,已计提折旧9.5万元,经评估确认价12万元,增值税进项税额1.56万元。

(2) 乙以一批原材料作为增资,该批材料账面价值10.5万元,经评估确认价值11万元,税务部门认定应交增值税1.43万元。

(3) 丙以银行存款投入39万元。

【业务题五】

目的:练习资本公积的核算。

要求:根据下列业务编写会计分录。

资料:Y公司发生如下经济业务。

1. Y公司2021年1月1日首次公开发行普通股6 000万股,每股面值1元,发行价4元,发行时手续费、佣金按发行收入的3%从中直接扣除。股票发行成功,款项存入银行。

2. Y公司2021年7月1日向伟烁公司投资70万元并拥有该公司20%的股权,并对该公司有重大影响。2021年12月31日伟烁公司除净损益之外的所有者权益增加了200万元,除此之外,伟烁公司的所有者权益没有变化。

3. 经批准,Y公司将资本公积100万元转增资本。

 微课视频

扫一扫,获取本章相关微课视频。

9-1　发行债券核算　　9-2　债券利息　　9-3　取得实收资本　　9-4　实收资本增加核算

第十章 涉税岗位业务

【学习目标】
- 了解涉税岗位工作内容及主要业务流程。
- 会各种税金的计算方法。
- 能正确处理涉税岗位经济业务。

【导读案例】

> 美姿化妆品公司为增值税一般纳税人,适用的增值税税率为13%,消费税税率为10%,城市维护建设税税率为7%,教育费附加税税率为3%。本月销售化妆品200 000元,购进原材料150 000元。处置一栋不需用的旧厂房,售价80 000元。签立合同,将一项专利权出售,取得收入100 000元。
>
> 问题:
> (1) 以上业务应缴哪些税费,金额分别是多少?
> (2) 确认应交税费时通过哪些账户进行核算?

第一节 涉税岗位概述

一、涉税岗位的工作内容

(一)涉税岗位的概念

涉税岗位是会计工作中一个重要的岗位。它是在财务部门领导之下,遵照有关会计法规和税务法规,进行规范的会计核算,处理涉税性的一切会计业务的岗位。涉税岗位是将税法与会计融为一体的岗位,该岗位会计除了要掌握会计核算流程外,还需要熟悉工商、税务的办事程序。

企业进行生产经营活动会取得一定的收入、利润,并会占用国家的资源。因此,企业应该按照我国税法的规定向国家缴纳各种税费,包括增值税、消费税、城市维护建设税及教育费附加、资源税、土地增值税、房产税、城镇土地使用税、车船税、印花税和企业所得税等。

(二)涉税岗位的工作任务

涉税岗位的工作任务总体来说包括:办理税务登记,发票领购、使用和保管工作,计算应纳税额,抄税及纳税申报,办理税款缴纳,涉税业务的账务处理等。

1. 办理税务登记

税务登记是指税务机关根据税法规定，对纳税人的生产经营活动进行登记管理的一项基本制度。从事生产、经营的纳税人应当自领取营业执照之日起 30 日内，向生产、经营地或者纳税义务发生地的主管税务机关申报办理税务登记，如实填写税务登记表，并按照税务机关的要求提供有关证件、资料。

2. 发票领购、使用和保管工作

依法办理税务登记并领取税务登记证件后，向主管税务机关申请领购发票，经主管税务机关审核后，领取《发票领购簿》。

开具发票应当按照规定时限、顺序、逐栏全部联次一次性如实开具，并加盖单位财务印章或者发票专用章。

开具发票的企业应当按照税务机关的规定存放和保管发票，不得擅自损毁。已经开具的发票存根联和发票登记簿，应当保存五年。保存期满，报经税务机关查验后销毁。

3. 计算应纳税额

涉税岗位人员应当熟知我国税法的相关法律法规，能够计算本企业应该缴纳的各项税金。

4. 抄税及纳税申报

抄税(汇总上传)是国家通过纳税人报送税控设备中的信息来控制其申领的增值税发票使用和管理的过程。如果企业需要开具增值税发票，应当购买税控设备，并且通过税务机关发行后才能够开具核定的增值税发票票种。目前开具的增值税发票已经可以实现即开即传，征收期内，纳税人应当执行抄税，即汇总上传工作，将税控设备中的发票汇总信息报送税务机关。一般来说，抄税工作通过网络执行即可，纳税人也可以通过税务机关自助办税大厅的抄报税自助终端机完成该操作。

执行抄税工作后，再通过网上报税软件将各种报表进行纳税申报，税务局会根据抄税的数据进行比对核实，如果相符，则申报成功。

5. 办理税款缴纳

按照纳税申报表申报的税额向税务局实际缴纳税款。

6. 涉税业务的账务处理

按照我国会计准则的相关规定进行涉税业务的相关会计处理。

二、涉税岗位的业务流程

在上述几项涉税岗位工作任务中，税款申报与缴纳是整个纳税活动的中心环节。纳税申报与缴纳业务的工作流程如图 10-1 所示。

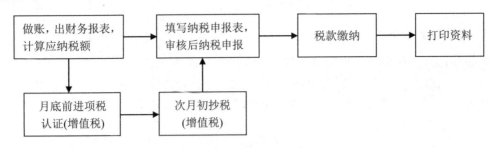

图 10-1 纳税申报与缴纳业务的工作流程图

纳税申报与缴纳业务工作流程说明如下。

(1) 登记账簿，编制报表，并计算应交各种税费的金额，以便准备报税。

(2) 抄税。增值税每月报税前先要抄税(一般次月 1~15 日)。抄税是把企业开出的增值税专用发票信息抄到税务局的系统上，以此作为该单位计算税额的依据。在每月抄税成功后方可进行纳税申报，抄过税后才能开具本月发票。

(3) 用途确认。对于增值税，纳税人在进行纳税申报时，应当通过本省(自治区、直辖市和计划单列市)增值税发票综合服务平台对取得的增值税专用发票等扣税凭证信息进行用途确认。

根据《国家税务总局关于取消增值税扣税凭证认证确认期限等增值税征管问题的公告》(国家税务总局公告 2019 年第 45 号)第一条规定，增值税一般纳税人取得 2017 年 1 月 1 日及以后开具的增值税专用发票、海关进口增值税专用缴款书、机动车销售统一发票、收费公路通行费增值税电子普通发票，取消认证确认、稽核比对、申报抵扣的期限。纳税人在进行增值税纳税申报时，应当通过本省(自治区、直辖市和计划单列市)增值税发票综合服务平台对上述扣税凭证信息进行用途确认。

(4) 报税。所谓报税是指纳税申报，包括上门申报与网上申报两种方式。上门申报是直接到税务机关办理纳税申报。网上申报是通过互联网登录税务部门电子申报网站，进入纳税申报系统，输入纳税人识别号、密码后进行申报。报税时要填写纳税申报表，并向税务部门提交财务报表及其他纳税资料。

对于不同的税种，报税时间略有不同，企业应在规定的时间内完成报税工作。

我国报税需要按照国税、地税分别申报。国税申报的税金主要有增值税和所得税两种。

(5) 税款缴纳。税款的缴纳可以采用支票等结算方式来完成。实现网上报税的企业，要签订纳税人、税务机关、纳税人开户银行三方协议。当月应申报数据，审核无误后，由银行自动从纳税人税款专用账户划转税款，完成税款缴纳。

(6) 报完税后，进行纳税申报表等资料的打印。采用网上报税的企业必须定期向主管税务机关报送纸质申报资料，并在每份资料的纳税人名称处加盖单位公章，且要按照要求定期向税务部门报送规定的资料。

第二节　涉税岗位核算

本节将按不同税种分别介绍涉税岗位各项税金的核算。

第十章 涉税岗位业务

一、应交增值税

(一)增值税概述

1．增值税的概念

增值税是以商品(含应税劳务、应税行为)在流转过程中实现的增值额作为计税依据而征收的一种流转税。

2．增值税的征税范围

增值税的征税范围具体如下。
(1) 销售货物。
(2) 应税劳务：提供加工修理或修配劳务。
(3) 销售应税服务：交通运输业、邮政服务、电信服务、金融服务、现代服务和生活服务。
(4) 应税行为：销售无形资产和不动产。
(5) 进口货物。

在我国境内从事增值税纳税业务的企业单位和个人为增值税的纳税人，增值税纳税人分为一般纳税人和小规模纳税人。

3．增值税税额的计算

1) 一般纳税人增值税税额的计算

一般纳税人应纳增值税税额的计算采用税款抵扣制，具体计算公式如下。

$$应纳增值税税额=当期增值税销项税额-当期进项税额$$

(1) 从销售方取得的增值税专用发票(含税控机动车销售统一发票，下同)上注明的增值税税额。

(2) 从海关进口增值税专用缴款书上注明的增值税税额。

(3) 购进农产品，除取得增值税专用发票或者海关进口增值税专用缴款书外，按照农产品收购发票或者销售发票上注明的农产品买价和9%的扣除率计算的进项税额；如用于生产销售或委托加工13%税率货物的农产品，按照农产品收购发票或者销售发票上注明的农产品买价和10%的扣除率计算的进项税额。

(4) 从境外单位或者个人购进服务、无形资产或者不动产，从税务机关或者扣缴义务人取得的解缴税款的完税凭证上注明的增值税税额。

(5) 一般纳税人支付的道路、桥、闸通行费，凭取得的增值税电子普通发票或通行费发票上注明的收费金额和规定的方法计算的可抵扣的增值税进项税额。

如果企业不能取得有关的扣税证明，则要将已经支付的增值税计入购入货物或接受劳务的成本。

2) 小规模纳税人增值税税额的计算

小规模纳税人应纳增值税额采用简易计征方法，按照不含增值税的销售额和规定的征收率计算确定，具体计算公式如下。

$$应纳增值税税额=不含税销售额×增值税征收率$$

在计算增值税应纳税额时应将含税的销售额还原为不含税的销售额,公式如下。

不含税销售额=含税销售额÷(1+征收率)

小规模纳税人的征收率为3%,且只能开具增值税普通发票。其购进货物、应税服务或应税行为,取得增值税专用发票上注明的增值税,一律不予抵扣,直接计入相关成本费用或资产。

(二)一般纳税人的账务处理

1. 账户设置

为了核算企业应交增值税,增值税一般纳税人应当在"应交税费"科目下设置"应交增值税""未交增值税""预交增值税""待抵扣进项税额""待认证进项税额""待转销项税额""简易计税""转让金融商品应交增值税""代扣代缴增值税"等二级科目。

(1)"应交税费——应交增值税"明细账的格式采用多栏式。该账户借方设置"进项税额""已交税金""减免税款""转出未交增值税"等专栏,贷方设置"销项税额""出口退税""进项税额转出""转出多交增值税"等专栏。

(2)"应交税费——未交增值税"明细账用来登记月末从"应交税费——应交增值税"明细账中转入的本月未交或多交的增值税。

(3)"预交增值税"明细账,核算转让不动产、提供不动产经营租赁服务、提供建筑服务、采用预收款方式销售自行开发的房地产项目等,按规定应预交增值税。

(4)"待抵扣进项税额"明细账,核算一般纳税人已取得增值税扣税凭证并经税务机关认证,按照现行增值税制度规定准予以后期间从销项税额中抵扣的进项税额。

(5)"待认证进项税额"明细账,核算一般纳税人由于未经税务机关认证而不得从当期销项税额中抵扣的进项税额。

(6)"待转销项税额"明细账,核算一般纳税人销售货物等,已确认相关收入(或利得)但尚未发生增值税纳税义务而需于以后期间确认为销项税额的增值税额。

(7)"简易计税"明细账,核算一般纳税人采用简易计税方法发生的增值税计提、扣减、预缴、缴纳等业务。

(8)"转让金融商品应交增值税"明细账,核算增值税纳税人转让金融商品发生的增值税额。

(9)"代扣代缴增值税"明细账,核算纳税人购进在境内未设经营机构的境外单位或个人在境内的应税行为代扣代缴的增值税。

2. 主要账务处理

1)取得资产、接受劳务或服务

一般纳税人购进货物、加工修理修配劳务、服务、无形资产或者不动产,按应计入相关成本费用或资产的金额,借记"在途物资""材料采购""原材料""库存商品""生产成本""无形资产""固定资产""管理费用"等账户;按当月已认证的可抵扣增值税税额,借记"应交税费——应交增值税(进项税额)"账户,按当月未认证的可抵扣增值税税额,借记"应交税费——待认证进项税额"账户;按照应付或实际支付的金额,贷记"应付账款""应付票据""银行存款"等账户。购进货物发生退货时,如原增值税专用发票已做认证,应根据税务机关开具的红字增值税专用发票作相反的会计分录;如原增值税专用发票未做认证,应将发票退回并作相反的会计分录。

企业购进农产品,除取得增值税专用发票或者海关进口增值税专用缴款书外,按照农产品收购发票或者销售发票上注明的农产品买价9%的扣除率计算的进项税额;购进用于生产销售或委托加工13%税率货物的农产品,按照农产品收购发票或者销售发票上注明的农产品买价和10%的扣除率计算的进项税额,借记"应交税费——应交增值税(进项税额)"账户,按农产品买价扣除进项税额后的差额,借记"材料采购""在途物资""原材料""库存商品"等账户,按照应付或实际支付的价款,贷记"应付账款""应付票据""银行存款"等账户。

【例10-1】 2021年6月2日,智海公司购入原材料一批,增值税专用发票上注明货款40 000元,增值税税额5 200元,已认证,货物尚未到达,款项以银行存款支付。

根据"增值税专用发票",编制如下会计分录。

借:在途物资　　　　　　　　　　　　　　　　　　　　40 000
　　应交税费——应交增值税(进项税额)　　　　　　　　 5 200
　　贷:银行存款　　　　　　　　　　　　　　　　　　　　　45 200

【例10-2】 2021年6月8日,智海公司委托外单位修理生产用机器,通过银行存款支付修理费5 000元,增值税专用发票注明的增值税税额为650元,已认证。

根据"增值税专用发票",编制如下会计分录。

借:制造费用　　　　　　　　　　　　　　　　　　　　 5 000
　　应交税费——应交增值税(进项税额)　　　　　　　　　 650
　　贷:银行存款　　　　　　　　　　　　　　　　　　　　　 5 650

企业购入的免税农产品,按照农产品收购发票或者销售发票上注明的农产品买价和规定的扣除率计算进项税额。

【例10-3】 2021年6月12日,智海公司购入免税农产品一批,价款200 000元,规定的扣除率为9%,做原材料入库,货款已用银行存款支付。

进项税额=购买价款×扣除率=200 000×9%=18 000(元)

材料成本=200 000-18 000=182 000(元)

借:原材料　　　　　　　　　　　　　　　　　　　　　182 000
　　应交税费——应交增值税(进项税额)　　　　　　　　 18 000
　　贷:银行存款　　　　　　　　　　　　　　　　　　　　　200 000

2) 进项税额转出

企业已单独确认进项税额的购进货物、加工修理修配劳务或者服务、无形资产或者不动产但其事后改变用途(如用于简易计税方法计税项目、免征增值税项目、非增值税应税项目等),或发生非正常损失,原已计入进项税额、待抵扣进项税额或待认证进项税额,按照现行增值税制度规定不得从销项税额中抵扣。根据现行增值税制度规定,"非正常损失"是指因管理不善造成货物被盗、丢失、霉烂变质,以及因违反法律法规造成货物或者不动产被依法没收、销毁、拆除的情形。

进项税额转出的账务处理为,借记"待处理财产损溢""应付职工薪酬""固定资产""无形资产"等账户,贷记"应交税费——应交增值税(进项税额转出)""应交税费——待抵扣进项税额"或"应交税费——待认证进项税额"账户。属于转作待处理财产损失的进项税额，应与非正常损失的购进货物、在产品或库存商品、固定资产或无形资产的成本一并处理。

【例 10-4】 2021 年 6 月 13 日，智海公司库存商品因意外火灾损失一批，其实际成本 70 000 元，经确认所耗用外购材料的增值税税额为 5 200 元。根据"增值税专用发票""盘存单"，编制如下会计分录。

借：待处理财产损溢——待处理流动资产损溢　　　75 200
　　贷：库存商品　　　　　　　　　　　　　　　　　70 000
　　　　应交税费——应交增值税(进项税额转出)　　 5 200

【例 10-5】 2021 年 6 月 15 日，智海公司领用一批外购原材料用于集体福利，该批原材料的实际成本为 50 000 元，相关增值税专用发票上注明的增值税税额为 6 500 元。根据"增值税专用发票"，编制如下会计分录。

借：应付职工薪酬——职工福利费　　　　　　　　55 500
　　贷：原材料　　　　　　　　　　　　　　　　　　50 000
　　　　应交税费——应交增值税(进项税额转出)　　 6 500

一般纳税人购进货物、加工修理修配劳务、服务、无形资产或不动产，用于简易计税方法计税项目、免征增值税项目、集体福利或个人消费等，即使取得的增值税专用发票上已注明增值税进项税额，该税额按照现行增值税制度规定也不得从销项税额中抵扣的，取得增值税专用发票时，应将待认证的目前不可抵扣的增值税进项税额，借记"应交税费——待认证进项税额"账户，贷记"银行存款""应付账款"等账户。经税务机关认证为不可抵扣的增值税进项税额时，借记"应交税费——应交增值税(进项税额)"账户，贷记"应交税费——待认证进项税额"账户；同时，将增值税进项税额转出，借记相关成本费用或资产账户，贷记"应交税费——应交增值税(进项税额转出)"账户。

【例 10-6】 2021 年 6 月 19 日，智海公司外购空调扇 400 台作为福利发放给直接从事生产的职工，取得的增值税专用发票上注明的价款为 160 000 元、增值税税额为 20 800 元，以银行存款支付了购买空调扇的价款和增值税进项税额，增值税专用发票尚未经税务机关认证。智海公司应编制如下会计分录。

(1) 购入时：
借：库存商品——空调扇　　　　　　　　　　　　160 000
　　应交税费——待认证进项税额　　　　　　　　　20 800
　　贷：银行存款　　　　　　　　　　　　　　　　180 800

(2) 经税务机关认证不可抵扣时：
借：应交税费——应交增值税(进项税额)　　　　　 20 800
　　贷：应交税费——待认证进项税额　　　　　　　 20 800

同时，
借：库存商品——空调扇　　　　　　　　　　　　 20 800
　　贷：应交税费——应交增值税(进项税额转出)　　20 800

(3) 实际发放时：
借：应付职工薪酬——非货币性福利　　　　　　　180 800
　　贷：库存商品——空调扇　　　　　　　　　　　180 800

3) 销售等业务的账务处理

企业销售货物、加工修理修配劳务、服务、无形资产或不动产，应当按应收或已收的金额，借记"应收账款""应收票据""银行存款"等账户；按取得的收益金额，贷记"主营业务收入""其他业务收入""固定资产清理"等账户；按现行增值税制度规定计算的销项税额(或采用简易计税方法计算的应纳增值税税额)，贷记"应交税费——应交增值税(销项税额)"账户或"应交税费——简易计税"账户。

【例 10-7】 2021 年 6 月 19 日，智海公司销售产品一批，价款 300 000 元，专用发票上注明的增值税税额为 39 000 元，提货单和增值税专用发票已交给买方，款项尚未收到。根据"增值税专用发票"，编制如下会计分录。

借：应收账款　　　　　　　　　　　　　　　339 000
　　贷：主营业务收入　　　　　　　　　　　　300 000
　　　　应交税费——应交增值税(销项税额)　　39 000

企业销售货物等发生销售退回的，应根据税务机关开具的红字增值税专用发票作相反的会计分录。根据会计准则相关规定的收入或利得确认时点早于按照现行增值税制度确认增值税纳税义务发生时点的，应将相关销项税额记入"应交税费——待转销项税额"账户，待实际发生纳税义务时再转入"应交税费——应交增值税(销项税额)"或"应交税费——简易计税"账户。按照增值税制度确认增值税纳税义务发生时点早于根据会计准则相关规定收入或利得确认时点的，应将应纳增值税税额，借记"应收账款"账户，贷记"应交税费——应交增值税(销项税额)"或"应交税费——简易计税"账户，根据会计准则相关规定确认收入或利得时，应按扣除增值税销项税额后的金额确认收入或利得。

4) 视同销售的业务

企业将自产或委托加工的货物用于集体福利或个人消费、作为投资提供给其他单位或个体工商户、分配给股东或投资者、对外捐赠等，按税法规定视同销售，征收增值税。

企业应当根据视同销售的具体内容，按照现行增值税制度规定计算的销项税额(或采用简易计税方法计算的应纳增值税税额)，借记"长期股权投资""应付职工薪酬""利润分配""营业外支出"等账户，贷记"应交税费——应交增值税(销项税额)"或"应交税费——简易计税"账户。

【例 10-8】 2021 年 6 月 22 日，智海公司将自行生产的产品赠送给山区希望小学，该批产品的成本为 9 000 元，计税价格 10 000 元，增值税税率为 13%。根据"捐赠支出专用收据"，编制如下会计分录。

借：营业外支出　　　　　　　　　　　　　　10 300
　　贷：库存商品　　　　　　　　　　　　　　9 000
　　　　应交税费——应交增值税(销项税额)　　1 300

【例 10-9】 2021 年 6 月 28 日，智海公司用一批原材料对外进行长期股权投资。该批原材料实际成本为 500 000 元，双方协商不含税价值为 650 000 元，开具的增值税专用发票上注明的增值税税额为 84 500 元。智海公司应编制如下会计分录。

借：长期股权投资　　　　　　　　　　　　　734 500
　　贷：其他业务收入　　　　　　　　　　　　650 000
　　　　应交税费——应交增值税(销项税额)　　84 500

同时，
借：其他业务成本 500 000
　　贷：原材料 500 000

5) 缴纳增值税

企业缴纳当月应交增值税，借记"应交税费——应交增值税(已交税金)"账户，贷记"银行存款"账户。"应交税费——应交增值税"账户的贷方余额，表示企业应缴纳的增值税；企业缴纳以前期间未缴的增值税，借记"应交税费——未交增值税"账户，贷记"银行存款"账户。

【例 10-10】 承例 10-1 至例 10-9，2021 年 6 月，智海公司当月发生增值税销项税额合计为 124 800 元，增值税进项税额转出合计为 32 500 元，增值税进项税额合计为 44 650 元。智海公司当月应交增值税计算结果如下。

当月应交增值税=124 800 + 32 500 – 44 650=112 650(元)

智海公司当月实际缴纳增值税税款 112 650 元，根据"电子缴款付款凭证"，编制如下会计分录。

借：应交税费——应交增值税(已交税金) 112 650
　　贷：银行存款 112 650

6) 月末结转增值税

月末结转本月应缴未缴的增值税，借记"应交税费——应交增值税(转出未交增值税)"账户，贷记"应交税费——未交增值税"账户。

月末结转本月多缴的增值税，借记"应交税费——未交增值税"账户，贷记"应交税费——应交增值税(转出多缴的增值税)"账户。

【例 10-11】 2021 年 6 月 30 日，智海公司将尚未缴纳的其余增值税税款 2 000 元进行转账。智海公司编制如下会计分录。

借：应交税费——应交增值税(转出未交增值税) 2 000
　　贷：应交税费——未交增值税 2 000

7 月份，智海公司交纳 6 月未交的增值税 2 000 元，编制如下会计分录。

借：应交税费——未交增值税 2 000
　　贷：银行存款 2 000

(三)小规模纳税人核算

1. 账户设置

小规模纳税人进行账务处理时，只需在"应交税费"账户下设置"应交增值税"明细账户，该明细账户不再设置增值税专栏。该账户贷方登记应缴纳的增值税，借方登记已缴纳的增值税；期末贷方余额为尚未缴纳的增值税，借方余额为多缴纳的增值税。

2. 主要账务处理

1) 购进货物、应税服务或应税行为

小规模纳税人购进货物、应税服务或应税行为时所支付的增值税，一律不予抵扣，直接计入相关成本费用或资产。按照应支付或实际支付的全部价款,借记"材料采购""在途物资""原材料""库存商品"等账户,贷记"应付账款""应付票据""银行存款"等账户。

2) 销售货物、应税服务或应税行为

小规模纳税人销售货物、应税服务或应税行为时,借记"银行存款"等账户,贷记"主营业务收入""应交税费——应交增值税"账户。

【例 10-12】 智海公司为小规模纳税人,从一般纳税人企业购进材料,增值税专用发票上注明的价款 30 000 元,增值税税额为 3 900 元。材料已验收入库,货款以银行存款支付(该企业按实际成本法计价核算)。

根据"转账支票"存根联、"入库单"编制如下会计分录。

借:原材料　　　　　　　　　　　　　33 900
　　贷:银行存款　　　　　　　　　　　　33 900

【例 10-13】 智海公司为小规模纳税人,销售产品一批,货款 10 300 元,货款已收到。

计算不含税销售额:10 300÷(1+3%)=10 000(元)

计算应交增值税税额:10 000×3%=300(元)

编制如下会计分录。

借:银行存款　　　　　　　　　　　　10 300
　　贷:主营业务收入　　　　　　　　　　10 000
　　　　应交税费——应交增值税　　　　　 300

二、应交消费税

(一)消费税概述

1. 消费税的概念及征税范围

消费税是指对在我国境内生产、委托加工和进口应税消费品的单位和个人征收的一种流转税。国家对某些消费品除征收增值税以外,还征收消费税(消费税是价内税)。征收消费税的消费品包括烟、酒及酒精、化妆品、护发护肤品、贵重首饰及珠宝玉石、鞭炮和烟火、汽油、柴油、汽车轮胎、摩托车、小汽车等。

2. 应纳税额的计算

消费税在计税方法上经常采用从价定率法和从量定额法两种方法。

(1) 从价定率法计算公式为

$$应纳税额=销售额×适用税率$$

其中,"销售额"是纳税人销售应税消费品向购买方收取的全部价款和价外费用,但不包括从购买方取得的增值税税款。

(2) 从量定额法计算公式为

$$应纳税额=销售数量×单位税额$$

(二)消费税的账务处理

1. 账户设置

企业应在"应交税费"账户下设置"应交消费税"明细账户,用来核算消费税的应交、已交和期末未交数。

2. 主要账务处理

1) 销售应税消费品

企业销售应税消费品时,按应交消费税税额借记"税金及附加"账户,贷记"应交税费——应交消费税"账户。

【例10-14】智海公司销售一批消费品,增值税专用发票上注明的价款为60 000元,增值税税额为7 800元,消费税税率为10%,款项已收到并存入银行。

根据"增值税专用发票"、自制的"消费税计算单",编制如下账务处理。

(1) 产品销售时:

借:银行存款　　　　　　　　　　　　　　　　67 800
　　贷:主营业务收入　　　　　　　　　　　　　　60 000
　　　　应交税费——应交增值税(销项税额)　　　 7 800

(2) 计算应交消费税:

应纳消费税税额=60 000×10%=6 000(元)

借:税金及附加　　　　　　　　　　　　　　　　6 000
　　贷:应交税费——应交消费税　　　　　　　　　 6 000

2) 自产自用应税消费品

企业将生产的消费品用于在建工程、职工福利费等非生产机构时,在税法上仍需缴纳消费税,按规定应缴纳的消费税应计入有关成本。此时,根据用途应借记"在建工程""应付职工薪酬"等账户,贷记"应交税费——应交消费税"账户。

【例10-15】智海公司建厂房领用自产产品,该产品的成本为50 000元,计税价格为60 000元,增值税税率为13%,消费税税率为10%。根据"产品出库单",编制如下账务处理。

借:在建工程　　　　　　　　　　　　　　　　　56 000
　　贷:库存商品　　　　　　　　　　　　　　　　50 000
　　　　——应交消费税　　　　　　　　　　　　　 6 000

【例10-16】智海公司下设的职工食堂享受企业提供的补贴,本月领用自产产品一批,该产品的成本为30 000元,市场不含税售价为40 000元,适用的增值税税率为13%、消费税税率为10%。智海公司应编制如下会计分录。

借:应付职工薪酬——职工福利费　　　　　　　　45 200
　　税金及附加　　　　　　　　　　　　　　　　　4 000
　　贷:主营业务收入　　　　　　　　　　　　　　40 000
　　　　应交税费——应交增值税(销项税额)　　　 5 200
　　　　　　　　——应交消费税　　　　　　　　　 4 000

3) 委托加工应税消费品

需要缴纳消费税的委托加工物资一般由受托方代收代缴税款。收回的委托加工物资用于直接销售的，应缴的消费税计入委托加工物资的成本，借记"委托加工物资"账户，贷记"应付账款""银行存款"等账户；如果收回加工物资后用于连续生产应税消费品、加工环节应缴的消费税准予抵扣，借记"应交税费——应交消费税"账户，贷记"应付账款""银行存款"等账户。

【例10-17】 智海公司委托甲企业加工应税消费品，材料成本为50 000元，加工费为10 000元(不含增值税)，增值税税额为1 300元，代收消费税为1 000元，款项已支付。

(1) 如果委托加工的应税消费品收回后继续加工，账务处理如下。

① 发出材料时，根据"委托加工物资发料单"，编制如下会计分录。

借：委托加工物资　　　　　　　　　　　50 000
　　贷：原材料　　　　　　　　　　　　　　　　50 000

② 支付加工费、增值税和消费税时，根据"转账支票"存根联编制如下会计分录。

借：委托加工物资　　　　　　　　　　　10 000
　　应交税费——应交消费税　　　　　　　1 000
　　　　　　——应交增值税(进项税额)　　1 300
　　贷：银行存款　　　　　　　　　　　　　　　12 300

③ 收回委托加工材料时，根据"原材料入库单"编制如下会计分录。

借：原材料　　　　　　　　　　　　　　60 000
　　贷：委托加工物资　　　　　　　　　　　　　60 000

(2) 如果委托加工的应税消费品收回后直接出售，支付加工费、增值税和消费税时，编制如下会计分录。

借：委托加工物资　　　　　　　　　　　11 000
　　应交税费——应交增值税(进项税额)　　1 300
　　贷：银行存款　　　　　　　　　　　　　　　12 300

委托加工物资成本：50 000 +11 000=61 000(元)

4) 进口应税消费品

企业进口应税物资缴纳的消费税由海关代征。应交消费税按照组成计税价格和规定的税率计算，消费税计入该项物资成本，借记"在途物资""材料采购""原材料""库存商品"账户，贷记"银行存款"等账户。

【例10-18】 智海公司从国外进口一批需要缴纳消费税的商品，已知该商品关税完税价格为600 000元，按规定应缴纳关税120 000元，假定进口的应税消费品的消费税税率为10%、增值税税率为13%。货物报关后，自海关取得的"海关进口消费税专用缴款书"注明的消费税为80 000元、"海关进口增值税专用缴款书"注明的增值税为104 000元。进口商品已验收入库，全部货款和税款已用银行存款支付。智海公司应编制如下会计分录。

应交消费税税额=[(600 000+120 000)÷(1-10%)]×10%=80 000(元)

进口商品的入账成本=600 000+120 000 +80 000 =800 000(元)

应交增值税税额=800 000×13%=104 000(元)

借：库存商品　　　　　　　　　　　　　　　　　800 000
　　应交税费——应交增值税(进项税额)　　　　104 000
　　贷：银行存款　　　　　　　　　　　　　　　　904 000

三、应交城市维护建设税和教育费附加

(一)应交城市维护建设税

城市维护建设税是以增值税、消费税为计税依据，为了加强维护建设，扩大和稳定城市维护建设资金的来源而征收的一种附加税。其纳税人为缴纳增值税、消费税的单位和个人，计算公式为

应交城市维护建设税=(实际缴纳的增值税+实际缴纳的消费税)×适用税率

为了核算城市维护建设税，应设置"应交税费——应交城市维护建设税"账户。

企业计算出应交城市维护建设税时，借记"税金及附加"账户，贷记"应交税费——应交城市维护建设税"账户；实际缴纳时，借记"应交税费——应交城市维护建设税"账户，贷记"银行存款"账户。

【例10-19】智海公司本期实际上缴增值税为270 000元，消费税为30 000元，该企业适用的城市维护建设税税率为7%。相关账务处理如下。

该公司的应交城市维护建设税=(270 000+30 000)×7%=21 000(元)

根据自制的"城建税计算单"编制如下会计分录。

借：税金及附加　　　　　　　　　　　　　　　　21 000
　　贷：应交税费——应交城市维护建设税　　　　　21 000

(二)应交教育费附加

教育费附加是以单位和个人缴纳的增值税、消费税为计税依据征收的一种附加费。征收目的是为了开辟多种渠道筹措教育经费。其计算公式为

应交教育费附加=(实际缴纳的增值税+实际缴纳的消费税)×征收比率

为了核算教育费附加的应缴和实缴情况，应设置"应交税费——应交教育费附加"账户。

企业计算出应交教育费附加时，借记"税金及附加"账户，贷记"应交税费——应交教育费附加"账户。

【例10-20】智海公司本期实际上缴的增值税为270 000元，消费税为30 000元，教育费附加税率为3%。相关账务处理如下。

该公司的应交教育费附加=(270 000+30 000)×3%=9 000(元)

根据自制的"教育费附加计算单"，编制如下会计分录。

借：税金及附加　　　　　　　　　　　　　　　　9 000
　　贷：应交税费——应交教育费附加　　　　　　　9 000

四、应交资源税

资源税是对在我国境内开采矿产品或者生产盐的单位和个人征收的一种税。其计算公

式为

$$应交资源税=课税数量×适用单位税额$$

为核算资源税,应在"应交税费"账户下设置"应交资源税"明细账户。对于企业对外销售产品的应交资源税,应借记"税金及附加"账户;自产自用应税产品计算出应交资源税时,借记"生产成本""制造费用"账户,贷记"应交税费——应交资源税"账户。

【例 10-21】 某公司将自产的煤炭 8 000 吨用于产品生产,每吨应交资源税 5 元。该企业根据自制的"资源税计算单"进行账务处理如下。

借:生产成本　　　　　　　　　　　　　　　40 000
　　贷:应交税费——应交资源税　　　　　　　　　40 000

五、应交房产税、土地使用税、车船使用税、矿产资源补偿费和印花税

房产税是国家在城市、县镇、建制镇和工矿区征收的由产权所有人缴纳的税。土地使用税是国家为了合理利用城镇土地、调节土地级差收入、提高土地使用效益、加强土地管理而征收的一种税,以纳税人实际占有的土地面积为计税依据。车船使用税由拥有并使用车船的单位和个人按照使用税率计算缴纳。矿产资源补偿费是对在我国领域和管辖海域开采矿产资源而征收的费用。矿产资源补偿费按照产品销售收入的一定比例计征,由采矿人缴纳。

企业按规定计算应交的房产税、土地使用税、车船使用税以及矿产资源补偿费,借记"税金及附加"账户,贷记"应交税费——应交房产税(或应交土地使用税、应交车船使用税、应交矿产资源补偿费)"账户。

印花税是对书立、领受、购销合同等凭证行为征收的税额,实行由纳税人根据规定自行计算应纳税额、购买并一次贴足印花税票的缴纳方法。企业缴纳印花税不需要通过"应交税费"账户核算,在购买印花税票时,直接借记"税金及附加"账户,贷记"银行存款"账户。

六、应交企业所得税

企业所得税是国家对企业的生产经营所得和其他所得征收的一种税。企业在确认应交所得税时,同时形成了所得税费用。所得税费用是指根据企业会计准则的要求确认的应从当期利润总额中扣除的所得税费用,包括当期所得税和递延所得税费用,用公式表示为:

$$所得税费用=递延所得税+当期所得税$$

企业所得税会计核算的一般程序如下。

(1) 确定递延所得税。递延所得税包括递延所得税负债和递延所得税资产。

(2) 确定当期所得税。当期所得税要根据企业所得税纳税申报表计算确定的当期应交所得税予以确认。

(3) 确定所得税费用。所得税费用的确认包括当期所得税的确认和递延所得税费用的确认。

(一)递延所得税

1．递延所得税的概念及其产生原因

递延所得税是指企业在某一会计期间确认的递延所得税资产及递延所得税负债的综合结果。由于资产、负债的账面价值与税法的计税基础不同，因此就会发生当期或前期应交未交的递延所得税负债及预交的递延所得税资产。

2．递延所得税确定步骤

(1) 确定资产、负债的账面价值。
(2) 确定资产、负债的计税基础。
(3) 比较账面价值与计税基础，以确定暂时性差异。
(4) 确定递延所得税资产及递延所得税负债。

3．递延所得税的确定

1) 资产、负债的账面价值

资产、负债的账面价值代表的是企业在按照相关会计准则进行核算后，在资产负债表中列示的金额。例如，应收账款借方余额 310 000 元，坏账准备贷方余额 10 000 元，应收账款的账面价值 300 000 元。

2) 确定资产、负债的计税基础

(1) 资产的计税基础。

资产的计税基础是指企业收回资产账面价值过程中，计算应纳税所得额时按照税法规定可以从应税经济利益中抵扣的金额，即该项资产在未来使用或最终处置时，税法允许作为成本或费用于所得税前列支的金额。

通常情况下，资产在取得时，其入账价值与计税基础是相同的，而在后续计量过程中，因企业会计准则的规定与税法的规定不同，可能导致资产的账面价值与其计税基础之间产生差异。

例如，存货按成本与可变现净值孰低计量。按照企业会计准则的规定，存货期末时应按成本与可变现净值孰低计量，可变现净值低于成本的差额计入当期损益；如果按照税法规定，存货在持有期间可变现净值低于成本的差额不得从应纳税所得额中扣除，则其计税基础保持不变，由此产生了存货的账面价值与其计税基础之间的差异。假定智海公司的库存 C 产品，成本为 1 000 万元，期末可变现净值为 900 万元。根据企业会计准则的规定，库存 C 产品的期末账面价值应该调整至 900 万元，同时确认资产减值损失；如果按照税法的规定，库存商品 C 的减值损失不得从当期应税经济利益中抵扣，在计算处置期间的应纳税所得额时，库存 C 产品应按入账成本 1 000 万元抵扣，则库存 C 产品的计税基础是 1 000 万元，其账面价值小于计税基础的差额 100 万元，形成可抵扣暂时性差异。

再例如，交易性金融资产的公允价值变动。按照企业会计准则的规定，交易性金融资产期末应以公允价值计量，公允价值的变动应计入当期损益；如果按照税法规定，交易性金融资产在持有期间，公允价值变动不计入应纳税所得额，则其计税基础保持不变。由此产生了交易性金融资产的账面价值与其计税基础之间的差异。假定智海公司买入 A 公司股

票作为交易性金融资产,初始投资成本为 500 万元,期末公允价值为 700 万元。根据企业会计准则的规定,该项交易性金融资产的期末账面价值应调整至 700 万元,同时确认公允价值变动收益;根据税法的规定,该项交易性金融资产的公允价值变动收益不计入当期应纳税所得额,在计算处置该项交易性金融资产期间的应纳税所得额时,应按初始成本 500 万元抵扣,则该项交易性金融资产的计税基础是 500 万元,其账面价值大于计税基础的差额 200 万元,形成应纳税暂时性差异。

(2) 负债的计税基础。

负债的计税基础是指负债的账面价值减去未来期间计算应纳税所得额时按照税法的规定可以予以抵扣的金额。

短期借款、应付票据、应付账款等负债的确认和偿还,通常不会对当期损益和应纳税所得额产生影响,其计税基础即为账面价值。但在某些情况下,负债的确认可能会影响损益,并影响不同期间的应纳税所得额,使其计税基础与账面价值之间产生差异。

例如,企业因销售商品提供售后服务等原因确认的预计负债。按照会计准则的规定,企业应将预计提供售后服务发生的支出在销售当期确认为费用,同时确认预计负债。如果税法规定,有关的支出应于发生时税前扣除,由于该类事项产生的预计负债在期末的计税基础为其账面价值与未来期间可税前扣除的金额之间的差额,有关的支出实际发生时可全部税前扣除,其计税基础为零。则账面价值和计税基础之间就产生了差异,形成了可抵扣暂时性差异。

3) 确定暂时性差异

暂时性差异是指资产或负债的账面价值与其计税基础之间的差额。根据暂时性差异对未来期间应税金额影响的不同,分为应纳税暂时性差异和可抵扣暂时性差异。

(1) 应纳税暂时性差异。

应纳税暂时性差异是指在确定未来收回资产或清偿负债期间的应纳税所得额时,将导致产生应税金额的暂时性差异。

应纳税暂时性差异通常产生于以下情况:①资产的账面价值大于其计税基础;②负债的账面价值小于其计税基础。

(2) 可抵扣暂时性差异。

可抵扣暂时性差异是指在确定未来收回资产或清偿负债期间的应纳税所得额时,将导致产生可抵扣金额的暂时性差异。

可抵扣暂时性差异一般产生于以下情况:①资产的账面价值小于其计税基础;②负债的账面价值大于其计税基础。

4) 确定递延所得税资产及递延所得税负债

递延所得税是指企业在某一会计期间确认的递延所得税资产及递延所得税负债的综合结果。即递延所得税资产及递延所得税负债的当期发生额,用公式表示即为:

递延所得税=当期递延所得税负债的增加+当期递延所得税资产的减少-当期递延所得税负债的减少-当期递延所得税资产的增加

在资产负债表日,企业应通过分析比较资产、负债的账面价值与计税基础,确定应纳税暂时性差异和可抵扣暂时性差异,进而根据适用税率,确认递延所得税资产、递延所得税负债及相应的递延所得税费用(或收益)。用公式表示为

递延所得税期末余额=暂时性差异×税率

如果企业在确认递延所得税费用时,"递延所得税资产""递延所得税负债"账户已有期初余额,则当期确认的递延所得税资产、递延所得税负债和递延所得税费用,应按照下列公式计算确定。

当期确认的递延所得税资产=递延所得税资产期末余额-递延所得税资产期初余额

其中,

递延所得税资产期末余额=当期可抵扣暂时性差异×适用税率

当期确认的递延所得税负债=递延所得税负债期末余额-递延所得税负债期初余额

其中,

递延所得税负债期末余额=当期应纳税暂时性差异×适用税率

当期确认的递延所得税费用=当期确认的递延所得税负债-当期确认的递延所得税资产

【例 10-22】 智海公司适用的所得税税率为 25%,2021 年 12 月 31 日的资产负债表中,资产、负债的账面价值与其计税基础存在差异的项目如表 10-1 所示。

表 10-1 资产、负债账面价值与计税基础比较表

单位:万元

项 目	账面价值	计税基础	暂时性差异	
			应纳税暂时性差异	可抵扣暂时性差异
交易性金融资产	700	500	200	
存货	900	1 000		100
预计负债	50	0		50
合计	—	—	200	150

假定智海公司的递延所得税资产和递延所得税负债均无期初余额,根据表 10-1 中的资料,该公司递延所得税资产、递延所得税负债以及相应的递延所得税费用的计算如下。

递延所得税资产=150×25%=37.5(万元)

递延所得税负债=200×25%=50(万元)

递延所得税费用=50-37.5=12.5(万元)

(二)当期所得税

当期所得税是指企业按照税法规定计算确定的针对当期发生的交易和事项,应缴纳给税务部门的所得税金额,即应交所得税,应以适用的税法法规为基础计算确定。

企业在确定当期所得税时,对于当期发生的交易或事项,会计处理与税法处理不同的,应在会计利润的基础上,按照适用税法法规的要求进行调整,并计算出当期应纳税所得额,再按照应纳税所得额与适用所得税税率计算确定当期应交所得税。应交所得税的计算公式如下。

应交所得税=应纳税所得额×所得税税率

其中,

应纳税所得额=税前会计利润+纳税调整增加额-纳税调整减少额

纳税调整增加额主要包括企业已计入当期费用但超过税法规定扣除标准的金额(如超过

税法规定标准的工资支出、业务招待费支出),以及企业已计入当期损失但税法规定不允许扣除项目的金额(如税收滞纳金、罚款、罚金)。

纳税调整减少额主要包括按税法规定允许弥补的亏损和准予免税的项目,如五年内的未弥补亏损和国债利息收入等。

(三)所得税费用

1. 所得税费用的计算

计算确定了当期所得税及递延所得税以后,利润表中应予确认的所得税费用为两者之和,即

$$所得税费用=当期所得税+递延所得税$$

所得税费用应当在利润表中单独列示。

2. 所得税费用的相关账户以及账务处理

(1)"所得税费用"账户用于核算企业确认的应从当期利润总额中扣除的所得税费用。该账户借方反映确认的所得税费用,贷方反映期末转入本年利润的金额,结转后一般无余额。本账户可按"当期所得税费用""递延所得税费用"科目进行明细核算。

(2)"递延所得税资产"账户用于核算企业确认的可抵扣暂时性差异产生的所得税资产。该账户借方反映当期确认的递延所得税资产,贷方反映资产负债表日递延所得税资产的应有余额小于账面余额的差额,期末借方余额反映已确认的递延所得税资产。

(3)"递延所得税负债"账户用于核算企业确认的应纳税暂时性差异产生的所得税负债。该账户贷方反映当期确认的递延所得税负债,借方反映资产负债表日递延所得税负债的应有余额小于账面余额的差额,期末贷方余额反映已确认的递延所得税负债。

(4)"应交税费——应交所得税"账户用于核算企业按照税法的规定应该缴纳的所得税。

【例10-23】 承接例10-16,假定除表10-1中的项目外,智海公司其他资产、负债的账面价值与其计税基础之间不存在差异,也不存在可抵扣亏损和税款抵减;该企业预计在未来期间能够产生足够的应纳税所得额用以抵扣可抵扣暂时性差异;递延所得税资产和递延所得税负债均无期初余额;该企业当期按照税法的规定计算确定的应交所得税为500万元。根据自制的"应交所得税和所得税费用计算表",编制如下会计分录。

所得税费用=500+12.5=512.5(万元)

借:所得税费用   5 125 000
    递延所得税资产   375 000
    贷:应交税费——应交所得税   5 000 000
        递延所得税负债   500 000

【例10-24】 智海公司2021年度利润表中利润总额为800万元,该公司适用的所得税税率为25%。递延所得税资产和递延所得税负债均无期初余额。

2021年发生的有关交易和事项中,会计处理与税收处理存在的差别如下。

(1) 应付违反环保法规规定的罚款5万元。

(2) 收到国债投资的利息收入8万元。

(3) 2021年12月交付使用的固定资产一项，成本100万元，使用年限10年，净残值为零。会计处理采用直线法计提折旧，税法规定按双倍余额递减法计提折旧。假定税法规定的使用年限及净残值与会计规定相同。该固定资产本年未发生减值。

(4) 期末对持有的存货计提了15万元的存货跌价准备(存货的账面价值为50万元)。智海公司相关会计处理如下。

① 计算2021年度当期应缴的所得税额。

应纳税所得额=800+5-8-10+15=802(万元)

应交所得税额=802×25%=200.5(万元)

② 2021年度递延所得税如表10-2所示。

表10-2 2021年度递延所得税

单位：万元

项 目	账面价值	计税基础	暂时性差异	
			应纳税暂时性差异	可抵扣暂时性差异
存货	50	65		15
固定资产原价	100	100		
减：累计折旧	10	20		
固定资产账面价值	90	80	10	
总计	—	—	10	15

递延所得税费用=10×25%-15×25%=-1.25(万元)

③ 计算利润表中应确认的所得税费用，根据自制的"应交所得税和所得税费用计算表"，编制如下会计分录。

所得税费用=200.5-1.25=199.25(万元)

借：所得税费用　　　　　　　　　　　　1 992 500

　　递延所得税资产　　　　　　　　　　　37 500

　　贷：应交税费——应交所得税　　　　　　2 005 000

　　　　递延所得税负债　　　　　　　　　　　25 000

本章小结

涉税岗位是会计工作中很重要的一个岗位。该岗位在财务部门领导之下，遵照有关会计法规和税务法规，掌握会计核算流程，运用会计制度进行规范的会计核算，还需要熟悉工商、税务的办理程序，处理涉税性的一切会计业务。

涉税岗位的职能有核算和监督职能、税务管理职能以及纳税申报职能。

涉税岗位的工作任务总体来说包括办理税务登记、发票领购使用和保管工作、计算应纳税额、抄税及纳税申报、办理税款缴纳以及涉税业务的账务处理等。

企业根据税法规定应缴纳的各种税费包括增值税、消费税、城市维护建设税、资源税、所得税、土地增值税、房产税、车船税、土地使用税、教育费附加、矿产资源补偿费、印花税和耕地占用税等。

企业应通过"应交税费"账户，总括反映各种税费的缴纳情况，并按照应交税费的种类进行明细核算。该账户贷方登记应缴纳的各种税费等，借方登记实际缴纳的税费。期末余额一般在贷方，反映企业尚未缴纳的税费；期末余额如在借方，反映企业多缴或尚未抵扣的税费。

企业缴纳的印花税、耕地占用税等不需要预计应缴数的税金，不必通过"应交税费"账户进行核算。

课后习题

一、单项选择题

1. 下列行为中，在增值税处理上需要进项税额转出的项目是(　　)。
   A. 将外购的一批货物赠送他人　　　B. 在建工程领用一批自产的产成品
   C. 将委托加工的货物用于对外投资　D. 将外购的原材料用于集体福利

2. 企业缴纳的下列税款中，不应计入税金及附加的是(　　)。
   A. 房产税　　B. 车船使用税　　C. 增值税　　D. 印花税

3. 甲公司本期应交房产税2万元，印花税1万元，土地使用税3万元，增值税6万元，教育费附加1万元，则本期影响税金及附加账户的金额是(　　)万元。
   A. 7　　　　B. 14　　　　C. 6　　　　D. 21.6

4. 下列税金中，不应计入存货成本的是(　　)。
   A. 由受托方代扣代缴的委托加工直接用于对外销售的商品负担的消费税
   B. 由受托方代扣代缴的委托加工继续用于生产非应税消费品负担的消费税
   C. 一般纳税企业进口用于生产产品的原材料所支付的消费税
   D. 商品流通企业外购商品时所支付的运输费用

5. 小规模企业购入原材料取得增值税专用发票上注明的货款为20 000元，增值税税额为2 600元，在购入材料的过程中另支付运费600元。则该企业原材料的入账价值为(　　)元。
   A. 23 200　　B. 20 600　　C. 20540　　D. 22 600

6. 某企业委托外单位加工材料一批，该批委托加工材料为应税消费品(非金银饰品)。该批材料收回后直接用于销售。该企业应于提货时将受托单位代扣代缴的消费税记入(　　)。
   A. "委托加工材料"账户的借方
   B. "应交税费——应交消费税"账户的借方
   C. "应交税费——应交消费税"账户的贷方
   D. "税金及附加"账户的借方

7. 企业销售不动产应缴的增值税金应记入(　　)。
   A. "应交税费——应交增值税"账户　　B. "营业外支出"账户
   C. "其他业务成本"账户　　　　　　　D. "固定资产清理"账户

8. 企业应缴的教育费附加应记入(　　)。

A. "其他业务成本"账户　　　　　B. "税金及附加"账户
C. "其他应交款"账户　　　　　　D. "应付账款"账户

9. 企业缴纳的下列税款中，不需要通过"应交税金"账户核算的是(　　)。
A. 消费税　　B. 印花税　　C. 土地增值税　　D. 增值税

10. 企业当月缴纳前期增值税，应通过(　　)账户核算。
A. 应交税金——应交增值税(转出未交增值税)
B. 应交税金——未交增值税
C. 应交税金——应交增值税(转出多交增值税)
D. 应交税金——应交增值税(已交税金)

二、多项选择题

1. "应交税费"账户的核算内容包括企业应缴纳的(　　)。
A. 增值税　　B. 消费税　　C. 印花税　　D. 所得税

2. 企业支付的增值税额作为进项税额予以抵扣，需具备(　　)凭证。
A. 增值税专用发票　　　　　　B. 购货合同
C. 完税凭证　　　　　　　　　D. 增值税普通发票

3. 下列各项税金中，可记入"税金及附加"账户的有(　　)。
A. 房产税　　B. 消费税　　C. 印花税　　D. 增值税

4. 下列税金中，应计入存货成本的有(　　)。
A. 受托方代收代缴的委托加工直接用于对外销售的商品负担的消费税
B. 由受托方代收代缴的委托加工继续用于生产应纳消费税的商品负担的消费税
C. 进口原材料缴纳的进口关税
D. 小规模纳税企业购买材料缴纳的增值税

5. 企业设置的"应交税费——应交增值税"多栏式明细账设置的栏目有(　　)。
A. 销项税额　　　　　　　　　B. 进项税额转出
C. 出口退税　　　　　　　　　D. 已交税金

6. "应交税费——应交增值税"下设三级明细账户，其中属于借方核算的三级账户有(　　)。
A. 应交税费——应交增值税(进项税额)
B. 应交税费——应交增值税(转出未交增值税)
C. 应交税费——应交增值税(进项税额转出)
D. 应交税费——应交增值税(出口退税)

7. 下列各项增值税中，不应计入有关资产成本的有(　　)。
A. 以产成品对外投资应交的增值税
B. 购建不动产的在建工程使用本企业生产的产品应交的增值税
C. 小规模纳税企业购入商品已交的增值税
D. 一般纳税企业用于生产产品的进口材料所支付的增值税
E. 购入生产用固定资产已交的增值税

8. 企业所发生的下列税费中，可以记入"税金及附加"账户的有(　　)。

A. 教育费附加　　B. 印花税　　C. 资源税　　D. 消费税

9. 涉税岗位的工作任务总体来说包括(　　)。

A. 办理税务登记　　　　　　B. 发票领购使用和保管工作
C. 计算应纳税额　　　　　　D. 抄税及纳税申报
E. 办理税款缴纳、涉税业务的账务处理

10. 下列各项中，构成企业委托加工物资成本的有(　　)。

A. 加工中实际耗用物资的成本
B. 收回后继续加工物资的代收代缴消费税
C. 支付的加工费用和保险费
D. 收回后直接销售物资的代收代缴消费税

三、判断题

1. 应交税费贷方登记企业实际缴纳的各种税费。　　　　　　　　　　　　(　　)
2. 一般纳税人应纳增值税额是根据当期进项税额减去当期的销项税额计算确定的。
　　　　　　　　　　　　　　　　　　　　　　　　　　　　　　　　　(　　)
3. 企业销售产品取得的增值税应记入"应交税费——应交增值税(进项税额)"账户。
　　　　　　　　　　　　　　　　　　　　　　　　　　　　　　　　　(　　)
4. 企业自产自用应税消费品不用缴纳消费税。　　　　　　　　　　　　　(　　)
5. 企业出售不动产时，计算出的增值税应记入"应交税费——应交增值税"账户的借方，"固定资产清理"账户的贷方。　　　　　　　　　　　　　　　　　　(　　)
6. 企业将库存原材料对外投资，应视同销售计算缴纳增值税，其增值税税额应记入"应交税费——应交增值税(进项税额转出)"。　　　　　　　　　　　　　(　　)
7. 企业将自产产品用于非应税项目或无偿赠送他人，应视同销售计算应交增值税。(　　)
8. 委托加工物资收回后用于连续生产应税消费品的，应将所负担的消费税计入委托加工物资的成本。　　　　　　　　　　　　　　　　　　　　　　　　　　(　　)
9. 某企业为小规模纳税企业，销售产品一批，含税价格 206 000 元，增值税征收率 3%，该批产品应交增值税为 6 000 元。　　　　　　　　　　　　　　　　　　(　　)
10. 小规模纳税人需要设置"应交税费——应交增值税"二级明细账户，不需要设置三级专栏，因其进项税额不得抵扣。　　　　　　　　　　　　　　　　　　(　　)

四、业务操作题

【业务题一】

目的：练习应交增值税的核算。

要求：根据以下资料编制会计分录。

资料：M 公司发生如下经济业务。

1. 购入材料一批，价款 100 000 元，增值税税额 13 000 元，共计 113 000 元，以银行存款支付。

2. 生产车间委托外单位修理机器设备，增值税专用发票上注明修理费用 50 000 元，增值税税额 6 500 元，款项已用银行存款支付。

3. 购入免税农产品一批，价款 300 000 元，规定的扣除率为 9%，货物尚未到达，货款已用银行存款支付。

4. 因人为事故损失甲材料一批，确认成本20 000元，增值税进项税额为2 600元。

5. 领用一批外购原材料用于集体福利消费，该批原材料的成本为60 000元，购入时支付的增值税进项税额为7 800元。

6. 销售产品价款300 000元，增值税39 000元，收到款项送存银行。

7. 提供劳务给B单位，收取劳务收入80 000元，增值税税率为9%。

8. 出售一台机器设备，原值1 000 000元，已计提折旧350 000元，取得出售收入900 000元，增值税税额81 000元，发生清理费用并取得增值税专用发票，注明的装卸费为6 000元，增值税税额360元，款项以银行存款支付。

9. 转让一项无形资产的使用权，取得转让收入600 000元，增值税税率6%。

10. 用一批产品对外进行长期股权投资。该批产品实际成本为600 000元，双方协商不含税价值为750 000元，增值税税率为13%。

11. 计算本月份应纳增值税额并写出缴纳本月增值税的分录。

【业务题二】

目的：练习应交消费税的核算。

要求：根据以下资料编制会计分录。

资料：D公司发生如下经济业务。

1. 销售应税消费品一批，价款400 000元(不含增值税销项税额)，适用增值税税率为13%，消费税税率为10%，货款尚未收到。

2. 结转上一项已售商品的成本320 000元。

3. 委托外单位将丙材料加工成应税消费品甲材料一批，发出丙材料，成本为500 000元。

4. 甲材料加工费用40 000元，增值税为5 200元，由受托方代收代缴的消费税4 000元，甲材料加工收回后用于继续生产应税消费品，以银行存款支付49 200元。

5. 委托外单位将丁材料加工成应税消费品乙种材料，发出丁材料，成本为600 000元。

6. 乙材料加工费用30 000元，增值税为3 900元，由受托方代收代缴的消费税为3 000元。乙材料加工收回后直接销售。加工费及税款以银行存款支付。

7. 收回加工完的甲材料和乙材料。

8. 城市维护建设税税率为7%，教育费附加税率为3%，确认城建税和教育费附加。

【业务题三】

目的：练习应交企业所得税的核算。

要求：根据以下资料计算应交所得税，编制相关会计分录。

资料：A公司所得税税率为25%，发生如下经济业务。

1. 2019年全年计税工资1 000 000元，实际发生工资费用1 300 000元，赞助费支出20 000元，从被投资单位分得已纳税的利润120 000元，税前会计利润15 000 000元。递延所得税负债增加100 000元，递延所得税资产减少800 000元。

2. 2020年税前会计利润1 020 000元，国债利息收入22 000元，被罚款支出2 000元。递延所得税资产增加20 000元，递延所得税负债增加10 000元。

3. 2021年税前会计利润1 900 000元,核定计税工资1 000 000元,实际发生1 100 000元,某项固定资产企业采用平均年限法计提折旧,本年计提折旧50 000元,税法规定采用双倍余额递减法计提折旧,本年折旧100 000元。本年超标的业务招待费60 000元,投资收益包含国债利息收入10 000元,转让股票收入20 000元。

 微课视频

扫一扫,获取本章相关微课视频。

10-1　增值税核算　　　　10-2　企业所得税核算

第十一章 收入、费用和利润岗位业务

【学习目标】

- 了解收入、费用、利润的概念、特点、分类及确认。
- 会进行收入费用利润的核算,能够进行利润的计算以及有关利润和利润分配的账务处理。

【导读案例】

> 金诚公司为增值税一般纳税人。2021年2月10日,金诚公司与新华公司签订协议,采用预收部分货款的方式销售一批商品给新华公司。该批商品的售价为3 000 000元(不含税),成本为2 400 000元。协议约定,新华公司于协议签订之日预付60%的货款(不含税),剩余部分于6月20日付清之后,金诚公司将商品交付给新华公司。
>
> 2021年2月10日,金诚公司如期收到新华公司预付的货款;6月20日,金诚公司如期收到新华公司支付的剩余货款及增值税,并将全部商品交付给新华公司。
>
> (资料来源:根据文档网"收入的确认"案例删改,
> https://www.wendangwang.com/doc/e0998e217281fd4af4367806.)
>
> 问题:
> 金诚公司2021年2月和6月应确认的收入分别是多少?

第一节 收入、费用和利润岗位概述

一、收入、费用和利润岗位的工作内容

我们知道,企业生产经营活动的目的,主要是取得收入、获取利润。而利润核算确定必然离不开费用,收入、费用、利润核算过程也就是企业财务成果的归集与确认环节。

虽然收入、费用和利润是三个独立的会计要素,但收入、费用的计量与确认是利润形成的前提。会计核算中往往将这三个紧密相关的会计要素的核算合并在一个会计核算岗位上进行。

收入、费用、利润核算岗位,也可以称为财务成果核算岗位。一般企业应单独设置岗位,配备专人负责核算工作。但规模较小、业务不多的企业也可以不单独设置此岗位,而将其相关业务并入其他会计核算岗位进行处理。收入、费用、利润核算岗位的主要工作任务包括以下六个方面。

1. 参与编制收入、费用、利润计划并监督执行

按照国家各项财经法规和企业各项财务规章制度,会同有关部门拟定企业收入、费用、

利润管理与核算的实施办法，参与收入、费用、利润计划的制订。

2. 办理销售款项结算业务

办理销售款项结算，确认和计量收入，做好收入制证前各项票据的核对工作，负责销售发票的审核盖章和发货通知单的审核盖章，并建立发货通知单备查簿，以便发现问题及时处理。

3. 负责收入、费用和利润的明细核算

按照《会计基础工作规范》要求，设置营业收入、营业成本、税金及附加账簿，负责进行收入、营业成本、税金及附加等明细账的会计核算。

取得或编制收入、费用相关会计凭证，负责收入及相关业务的明细核算；设置费用类账簿，负责进行费用发生或计提的会计核算；设置本年利润和利润分配类账簿，按期汇总结转收入、收益、成本、税金及附加等，计算确定利润总额和净利润，进行本年利润和利润分配的明细核算。

4. 编制收入成本费用、利润报表并进行分析

参与收入、费用、利润分析和考核工作，汇总收入、费用类数据，编制相关会计报表。

5. 会同有关部门定期对产成品进行盘点清查

每月末和成品库进行对账一次，发现问题后查明原因，并提出处理意见后报企业领导批准，及时进行账务处理，确保账实相符。

6. 进行产品销售收入、销售成本升降原因分析

按月进行产品销售收入、产品销售成本升降原因分析，及时向企业有关领导提出建议和措施。

二、收入、费用和利润岗位的业务流程

(一)销售业务流程

销售业务流程图如图 11-1 所示。

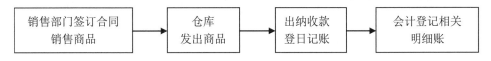

图 11-1 销售业务流程图

销售业务流程的具体说明如下。

(1) 由销售部门签订销货合同，销售货物，并开具销货单、发票等单据。

(2) 仓库根据销货单的提货联发出商品。

(3) 出纳或收银员根据销货凭证收取款项。可以是支票、现款、银行汇票和银行本票等。收款后出纳根据记账凭证登记银行存款日记账和现金日记账。

(4) 会计根据销货发票记账联、银行进账单、现金交款单和发货单等填制记账凭证，登记明细账，包括收入明细账、库存商品明细账等。

(二)利润核算业务流程

利润核算业务流程图如图 11-2 所示。

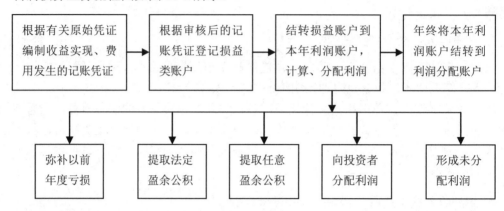

图 11-2　利润核算业务流程图

利润核算业务流程的具体说明如下。

(1) 编制收益实现、费用发生的记账凭证，根据审核后的记账凭证登记损益类账户。

(2) 编制将损益类账户期末余额转入"本年利润"账户的记账凭证，并报送财务部负责人进行稽核。

(3) 根据稽核后的记账凭证及其附件，登记相关明细账，并将有关凭证资料传送总账报表会计，由其据以进行总分类核算。

(4) 会同涉税会计初步计算确定利润总额、应纳所得税和净利润，并报送财务部负责人、企业分管领导及单位负责人审核确定。

(5) 编制分配利润的记账凭证，审核后登记有关明细账，并将会计凭证传送总账报表会计，由其据以进行相关总分类核算。

(6) 汇总本年利润和本年已分配利润数额，编制记账凭证，进行年终结转，并根据稽核后的凭证，登记有关账簿。

第二节　收入、费用和利润岗位业务核算

一、收入

(一)收入的概念和特征

收入是指企业在日常活动中形成的、会导致所有者权益增加的、与所有者投入资本无关的经济利益的总流入。

收入具有以下基本特征。

(1) 收入是企业在日常活动中形成的经济利益的总流入。

日常活动是指企业为完成其经营目标所从事的经常性活动以及与之相关的活动，工业

企业制造并销售产品、商品流通企业销售商品、咨询公司提供咨询服务、软件公司为客户开发软件、安装公司提供安装服务、建筑企业提供建造服务等,均属于企业的日常活动;日常活动所形成的经济利益的流入应当确认为收入。

(2) 收入会导致企业所有者权益的增加。

与收入相关的经济利益的流入会导致所有者权益增加,不会导致所有者权益增加的经济利益流入不应确认为收入。

(3) 收入与所有者投入资本无关。

所有者投入资本主要是为谋取享有企业资产的剩余权益,由此形成的经济利益的总流入,不构成收入,而应确认为企业所有者权益的组成部分。

(二)收入的分类

收入按企业经营业务的主次可分为主营业务收入和其他业务收入。

1. 主营业务收入

主营业务收入是指企业为完成其经营目标所从事的经常性活动实现的收入。主营业务收入一般占企业总收入的较大比重,对企业的经济效益产生较大影响。不同行业企业的主营业务收入所包括的内容不同。例如,工业企业的主营业务收入主要包括销售商品、提供工业性劳务等实现的收入;商业企业的主营业务收入主要包括销售商品实现的收入;咨询公司的主营业务收入主要包括提供咨询服务实现的收入。

2. 其他业务收入

其他业务收入是指企业为完成其经营目标所从事的与经常性活动相关的活动实现的收入。其他业务收入属于企业日常活动中次要交易实现的收入,一般占企业总收入的比重较小。不同行业企业的其他业务收入所包括的内容不同,如工业企业对外销售材料、对外出租包装物、提供非工业性劳务等实现的收入等。

(三)收入的确认和计量

1. 收入确认的原则

企业确认收入的方式应当反映其向客户转让商品或提供服务的模式,收入的金额应当反映企业因转让商品或提供服务而预期有权收取的对价金额。企业应当在履行了合同中的履约义务,即在客户取得相关商品控制权时确认收入。

取得相关商品控制权,是指客户能够主导该商品的使用并从中获得几乎全部经济利益,也包括有能力阻止其他方主导该商品的使用并从中获得经济利益。取得商品控制权包括三个要素。

一是客户必须拥有现时权利,能够主导该商品的使用并从中获得几乎全部经济利益。如果客户只能在未来的某一期间主导该商品的使用并从中获益,则表明其尚未取得该商品的控制权。二是客户有能力主导该商品的使用,即客户在其活动中有权使用该商品,或者能够允许或阻止其他方使用该商品。三是客户能够获得商品几乎全部的经济利益。商品的经济利益,是指商品的潜在现金流量,既包括现金流入的增加,也包括现金流出的减少。

客户可以通过使用、消耗、出售、处置、交换、抵押或持有等多种方式直接或间接地获得商品的经济利益。

本章所称的客户是指与企业订立合同以向该企业购买其日常活动产出的商品并支付对价的一方；所称的商品包括商品和服务。本章的收入不涉及企业对外出租资产收取的租金、进行债权投资收取的利息、进行股权投资取得的现金股利以及保费收入等。

2. 收入确认的前提条件

企业与客户之间的合同同时满足下列五项条件的，企业应当在客户取得相关商品控制权时确认收入。

(1) 合同各方已批准该合同并承诺将履行各自义务。

(2) 该合同明确了合同各方与所转让商品相关的权利和义务。

(3) 该合同有明确的与所转让商品相关的支付条款。

(4) 该合同具有商业实质，即履行该合同将改变企业未来现金流量的风险、时间分布或金额。

(5) 企业因向客户转让商品而有权取得的对价很可能收回。

3. 收入确认和计量的步骤

收入确认和计量大致分为以下五步。

第一步，识别与客户订立的合同。合同是指双方或多方之间订立有法律约束力的权利义务的协议。合同有书面形式、口头形式以及其他形式。合同的存在是企业确认客户合同收入的前提，企业与客户之间的合同一经签订，企业即享有从客户取得与转移商品和服务对价的权利，同时负有向客户转移商品和服务的履约义务。

第二步，识别合同中的单项履约义务。履约义务是指合同中企业向客户转让可明确区分商品或服务的承诺。企业应当将向客户转让可明确区分商品(或者商品的组合)的承诺以及向客户转让一系列实质相同且转让模式相同的、可明确区分商品的承诺作为单项履约义务。例如，企业与客户签订合同，向其销售商品并提供安装服务，该安装服务简单，除该企业外其他供应商也可以提供此类安装服务，该合同中销售商品和提供安装服务为两项单项履约义务。若该安装服务复杂且商品需要按客户定制要求修改，则合同中销售商品和提供安装服务合并为单项履约义务。

第三步，确定交易价格。交易价格是指企业因向客户转让商品而预期有权收取的对价金额，不包括企业代第三方收取的款项(如增值税)以及企业预期将退还给客户的款项。合同条款所承诺的对价，可能是固定金额、可变金额或两者兼有。例如，甲公司与客户签订合同为其建造一栋厂房，约定的价款为100万元，4个月完工，交易价格就是固定金额100万元；假如合同中约定若提前1个月完工，客户将额外奖励甲公司10万元，甲公司对合同估计工程提前1个月完工的概率为95%，则甲公司预计有权收取的对价为110万元，因此交易价格包括固定金额100万元和可变金额10万元，总计为110万元。

第四步，将交易价格分摊至各单项履约义务。当合同中包含两项或多项履约义务时，需要将交易价格分摊至各单项履约义务，分摊的方法是在合同开始日，按照各单项履约义务所承诺商品的单独售价(企业向客户单独销售商品的价格)的相对比例，将交易价格分摊至各单项履约义务。通过分摊交易价格，使企业分摊至各单项履约义务的交易价格能够反映其因向客户转让已承诺的相关商品而有权收取的对价金额。例如，企业与客户签订合同，向其销售A、B、C三件产品，不含增值税的合同总价款为10 000元。A、B、C产品的不含增值税单独售价分别为5 000元、3 500元和7 500元，合计16 000元。按照交易价格分摊原则，A产品应当分摊的交易价格为3 125(5 000÷16 000×10 000)元，B产品应当分摊的交易价格为2 187.5(3 500÷16 000×10 000)元，C产品应当分摊的交易价格为4 687.5(7 500÷16 000×10 000)元。

第五步，履行各单项履约义务时确认收入。当企业将商品转移给客户，客户取得了相关商品的控制权，意味着企业履行了合同履约义务，此时，企业应确认收入。企业将商品控制权转移给客户，可能是在某一时段内(即履行履约义务的过程中)发生，也可能在某一时点(即履约义务完成时)发生。企业应当根据实际情况，首先判断履约义务是否满足在某一时段内履行的条件，如不满足，则该履约义务属于在某一时点履行的履约义务。

收入确认和计量五个步骤中，第一步、第二步和第五步主要与收入的确认有关，第三步和第四步主要与收入的计量有关。

需要说明的是，一般而言，确认和计量任何一项合同收入应考虑全部的五个步骤。但履行某些合同义务确认收入不一定都经过五个步骤，如企业按照第二步确定某项合同仅为单项履约义务时，可以从第三步直接进入第五步确认收入，不需要第四步(分摊交易价格)。

(四)收入核算的账户设置

为了核算企业与客户之间的合同产生的收入及相关的成本费用，一般需要设置"主营业务收入""其他业务收入""主营业务成本""其他业务成本""合同取得成本""合同履约成本""合同资产""合同负债"等账户。

1."主营业务收入"账户

"主营业务收入"账户核算企业确认的销售商品、提供服务等主营业务的收入。该账户贷方登记企业主营业务活动实现的收入，借方登记期末转入"本年利润"科目的主营业务收入，结转后该科目应无余额。该账户可按主营业务的种类进行明细核算。

2."其他业务收入"账户

"其他业务收入"账户核算企业确认的除主营业务活动以外的其他经营活动实现的收入，包括出租固定资产、出租无形资产、出租包装物和商品、销售材料等实现的收入。该账户贷方登记企业其他业务活动实现的收入，借方登记期末转入"本年利润"账户的其他业务收入，结转后该账户应无余额。该科目可按其他业务的种类进行明细核算。

3."主营业务成本"账户

"主营业务成本"账户核算企业确认销售商品、提供服务等主营业务收入时应结转的成本。该账户借方登记企业应结转的主营业务成本，贷方登记期末转入"本年利润"账户的主营业务成本，结转后该账户应无余额。该账户可按主营业务的种类进行明细核算。

4."其他业务成本"账户

"其他业务成本"账户核算企业确认的除主营业务活动以外的其他经营活动所形成的

成本,包括出租固定资产的折旧额、出租无形资产的摊销额、出租包装物的成本或摊销额、销售材料的成本等。该账户借方登记企业应结转的其他业务成本,贷方登记期末转入"本年利润"账户的其他业务成本,结转后该账户应无余额。该账户可按其他业务的种类进行明细核算。

5. "合同取得成本"账户

"合同取得成本"账户核算企业取得合同发生的、预计能够收回的增量成本。该账户借方登记发生的合同取得成本,贷方登记摊销的合同取得成本,期末借方余额,反映企业尚未结转的合同取得成本。该账户可按合同进行明细核算。

6. "合同履约成本"账户

"合同履约成本"账户核算企业为履行当前或预期取得的合同所发生的、不属于其他企业会计准则规范范围且按照收入准则应当确认为一项资产的成本。该账户借方登记发生的合同履约成本,贷方登记摊销的合同履约成本,期末借方余额,反映企业尚未结转的合同履约成本。该账户可按合同分别设置"服务成本""工程施工"等进行明细核算。

7. "合同资产"账户

"合同资产"账户核算企业已向客户转让商品而有权收取对价的权利,且该权利取决于时间流逝之外的其他因素(如履行合同中的其他履约义务)。该账户借方登记因已转让商品而有权收取的对价金额,贷方登记取得无条件收款权的金额,期末借方余额,反映企业已向客户转让商品而有权收取的对价金额。该账户按合同进行明细核算。

8. "合同负债"账户

"合同负债"账户核算企业已收或应收客户对价而应向客户转让商品的义务。该账户贷方登记企业在向客户转让商品之前,已经收到或已经取得无条件收取合同对价权利的金额;借方登记企业向客户转让商品时冲销的金额;期末贷方余额,反映企业在向客户转让商品之前,已经收到的合同对价或已经取得的无条件收取合同对价权利的金额。该账户按合同进行明细核算。

此外,企业发生减值的,还应当设置"合同履约成本减值准备""合同取得成本减值准备""合同资产减值准备"等账户进行核算。

(五)履行履约义务确认收入的账务处理

企业应当在履行了合同中的履约义务,即客户取得相关商品控制权时确认收入。企业应当根据实际情况,首先判断履约义务是否满足在某一时段内履行的条件,如不满足,则该履约义务属于在某一时点履行的履约义务。对于在某一时段内履行的履约义务,企业应当选取恰当的方法来确定履约进度;对于在某一时点履行的履约义务,企业应当综合分析控制权转移的迹象,判断其转移时点。

1. **在某一时点履行履约义务确认收入**

对于在某一时点履行的履约义务,企业应当在客户取得相关商品控制权时点确认收入。在判断控制权是否转移时，企业应当综合考虑下列迹象。

(1) 企业就该商品享有现时收款权利，即客户就该商品负有现时付款义务。例如，甲企业与客户签订销售商品合同，约定客户有权定价且在收到商品无误后10日内付款。在客户收到甲企业开具的发票、商品验收入库后，客户能够自主确定商品的销售价格或商品的使用情况，此时甲企业享有收款权利，客户负有现时付款义务。

(2) 企业已将该商品的法定所有权转移给客户，即客户已拥有该商品的法定所有权。例如，房地产企业向客户销售商品房，在客户付款后取得房屋产权证时，表明企业已将该商品房的法定所有权转移给客户。

(3) 企业已将该商品实物转移给客户，即客户已占有该商品实物。例如，企业与客户签订交款提货合同，在企业销售商品并送货到客户指定地点，客户验收合格并付款，表明企业已将该商品实物转移给客户，即客户已占有该商品实物。

(4) 企业已将该商品所有权上的主要风险和报酬转移给客户，即客户已取得该商品所有权上的主要风险和报酬。例如，甲房地产公司向客户销售商品房办理产权转移手续后，该商品房价格上涨或下跌带来的利益或损失全部属于客户，表明客户已取得该商品房所有权上的主要风险和报酬。

(5) 客户已接受该商品。例如，企业向客户销售为其定制生产的节能设备，客户收到并验收合格后办理入库手续，表明客户已接受该商品。

(6) 其他表明客户已取得商品控制权的迹象。

1) 一般销售商品业务

【例11-1】 甲公司采用托收承付结算方式销售一批商品，开出的增值税专用发票上注明的价款为600 000元，增值税税额为78 000元；商品已经发出，并已向银行办妥托收手续；该批商品的成本为420 000元，甲公司应编制会计分录如下。

借：应收账款　　　　　　　　　　　　　　　　　678 000
　　贷：主营业务收入　　　　　　　　　　　　　　600 000
　　　　应交税费——应交增值税(销项税额)　　　　78 000
借：主营业务成本　　　　　　　　　　　　　　　420 000
　　贷：库存商品　　　　　　　　　　　　　　　　420 000

2) 发出商品但不符合收入确认条件的账务处理

如果企业售出商品不符合收入确认的条件，则不应确认收入。为了单独反映已经发出但尚未确认销售收入的商品成本，企业应增设"发出商品"账户。"发出商品"账户用于核算一般销售方式下，已经发出但尚未确认销售收入的商品成本。

这里应注意的一个问题是，尽管发出的商品不符合收入确认条件，但如果销售该商品的纳税义务已经发生，例如已经开出增值税专用发票，则应确认应交的增值税销项税额。此情况下借记"应收账款"等账户，贷记"应交税费——应交增值税(销项税额)"账户。如果纳税义务没有发生，则不需进行上述处理。

【例11-2】 甲公司在2021年3月12日向乙公司销售一批商品，开出的增值税专用发票上注明的价款为200 000元，增值税税额为26 000元，款项尚未收到；该批商品成本为120 000元。甲公司在销售时已知乙公司资金周转发生困难，但为了减少存货积压，同时也为了维持与乙公司长期建立的商业关系，甲公司仍将商品发往乙公司且办妥托收手续。假定甲公司销售该批商品的增值税纳税义务已经发生。

根据本例的资料，由于乙公司资金周转存在困难，因而甲公司在货款回收方面存在较大的不确定性，对于与该批商品所有权有关的风险和报酬没有转移给乙公司。甲公司在发出商品且办妥托收手续时不能确认收入，已经发出的商品成本应通过"发出商品"账户反映。甲公司的账务处理如下。

(1) 2021年3月12日发出商品时：

借：发出商品　　　　　　　　　　　　　　　　　120 000
　　贷：库存商品　　　　　　　　　　　　　　　　　120 000

同时，将增值税专用发票上注明的增值税税额转入应收账款。

借：应收账款　　　　　　　　　　　　　　　　　26 000
　　贷：应交税费——应交增值税(销项税额)　　　　26 000

注：如果销售该商品的增值税纳税义务尚未发生，则不作这笔分录。

(2) 2021年6月10日，甲公司得知乙公司经营情况逐渐好转，乙公司承诺近期付款时：

借：应收账款　　　　　　　　　　　　　　　　　200 000
　　贷：主营业务收入　　　　　　　　　　　　　　200 000
借：主营业务成本　　　　　　　　　　　　　　　120 000
　　贷：发出商品　　　　　　　　　　　　　　　　120 000

(3) 2021年6月20日收到款项时：

借：银行存款　　　　　　　　　　　　　　　　　226 000
　　贷：应收账款　　　　　　　　　　　　　　　　226 000

3) 销售折让

销售折让是指企业因售出商品的质量不合格等原因而在售价上给予的减让。企业将商品销售给买方后，如买方发现商品在质量、规格等方面不符合要求，可能要求卖方在价格上给予一定的减让。

销售折让如果发生在确认销售收入之前，则应在确认销售收入时直接按扣除销售折让后的金额确认；已确认销售收入的售出商品发生销售折让，且不属于资产负债表日后事项的，应在发生时冲减当期销售商品收入，如按规定允许扣减增值税额的，还应冲减已确认的应交增值税销项税额。

【例11-3】甲公司向乙公司销售一批商品，开出的增值税专用发票上注明的销售价款为800 000元，增值税税额为104 000元。乙公司在验收过程中发现商品质量不合格，要求在价格上给予5%的折让。假定甲公司已确认销售收入，款项尚未收到，发生的销售折让允许扣减当期增值税额。甲公司的账务处理如下。

(1) 销售实现时：

借：应收账款　　　　　　　　　　　　　　　　　904 000
　　贷：主营业务收入　　　　　　　　　　　　　　800 000
　　　　应交税费——应交增值税(销项税额)　　　　104 000

(2) 发生销售折让时：

借：主营业务收入　　　　　　　　　　　　　　　40 000
　　应交税费——应交增值税(销项税额)　　　　　　5 200

  贷：应收账款   45 200

(3) 实际收到款项时：

  借：银行存款   858 800

    贷：应收账款   858 800

4) 销售退回

销售退回是指企业因售出商品在质量、规格等方面不符合销售合同规定条款的要求，客户要求企业予以退货。企业销售商品发生退货，表明企业履约义务的减少和客户商品控制权及其相关经济利益的丧失。企业售出商品发生的销售退回，应当分不同情况进行会计处理：对于尚未确认销售商品收入的售出商品发生销售退回的，应当冲减"发出商品"，同时增加"库存商品"；对于已确认销售商品收入的售出商品发生销售退回的，除属于资产负债表日后事项外，一般应在发生时冲减当期销售商品收入，同时冲减当期销售商品成本，如按规定允许扣减增值税税额的，应同时冲减已确认的应交增值税销项税额。如该项销售退回已发生现金折扣的，应同时调整相关财务费用的金额。

【例 11-4】 甲公司于 2021 年 9 月 5 日收到乙公司因质量问题而退回的商品 10 件，每件商品成本为 210 元。该批商品系甲公司 2021 年 6 月 2 日出售给乙公司，每件商品售价为 300 元，适用的增值税税率为 13%，货款尚未收到，甲公司尚未确认销售商品收入。因乙公司提出的退货要求符合销售合同约定，甲公司同意退货，并按规定向乙公司开具了增值税专用发票(红字)。甲公司应在验收退货入库时，编制如下会计分录。

  借：库存商品   2 100

    贷：发出商品   2 100

甲公司按规定向乙公司开具了增值税专用发票(红字)时，

  借：应收账款   390

    贷：应交税费——应交增值税(销项税额)   390

【例 11-5】 甲公司在 2021 年 12 月 18 日向乙公司销售一批商品，开出的增值税专用发票上注明的销售价款为 50 000 元，增值税税额为 6 500 元。该批商品成本为 26 000 元。为及早收回货款，甲公司和乙公司约定的现金折扣条件为：2/10，1/20，n/30。基于对乙公司的了解，甲公司预计乙公司 10 天内付款的概率为 90%。乙公司在 2021 年 12 月 27 日支付货款。2022 年 4 月 5 日，该批商品因质量问题被乙公司退回，甲公司当日支付有关款项。假定计算现金折扣时不考虑增值税，销售退回不属于资产负债表日后事项，甲公司的账务处理如下。

(1) 2021 年 12 月 18 日销售实现时：

  借：应收账款   55 500

    贷：主营业务收入   49 000

      应交税费——应交增值税(销项税额)   6 500

  借：主营业务成本   26 000

    贷：库存商品   26 000

(2) 在 2021 年 12 月 27 日收到货款时：

  借：银行存款   55 500

    贷：应收账款   55 500

(3) 2022 年 4 月 5 日发生销售退回时：

借：主营业务收入　　　　　　　　　　　　　　　49 000
　　应交税费——应交增值税(销项税额)　　　　　　6 500
　　贷：银行存款　　　　　　　　　　　　　　　　　　55 500
借：库存商品　　　　　　　　　　　　　　　　　26 000
　　贷：主营业务成本　　　　　　　　　　　　　　　　26 000

5) 一般分期收款销售

分期收款销售是指商品已经出售并交付给购买方但货款分期收回的一种销售方式。其会计核算分两种情况，即一般分期收款销售以及采用递延方式分期收款销售。本书只介绍第一种情况的核算。

在商品已经交付，货款分期收回，但收款期限较短的情况下，对于收款期限较短的分期收款销售业务，一般认为其不具有融资性质，故而对于所售商品，销售方应按正常销售售价(公允价格)结算。

其账务处理为：在商品交付时确认收入，即借记"应收账款"账户，贷记"主营业务收入""应交税费——应交增值税(销项税额)"账户，同时结转成本，即借记"主营业务成本"账户，贷记"库存商品"账户；按约定合同的时点分期收款时，借记"银行存款"账户，贷记"应收账款"账户。

【例 11-6】华风电视机厂于 2021 年 4 月 30 日采用分期收款发出商品销售方式，售给长双商场电视机 200 台，每台单位成本 4 000 元，售价 5 000 元，增值税税率 13%，共计货款 1 130 000 元。双方合同约定，长双商场发出商品分三个月支付全部款项，发出商品时支付 30%，以后每月 30 日付款，付款比例分别为 30%和 40%。

(1) 2021 年 4 月 30 日发出 200 台电视机时，收回货款的 30%，编制如下会计分录。

借：应收账款——长双商场　　　　　　　　　　　791 000
　　银行存款　　　　　　　　　　　　　　　　　339 000
　　贷：主营业务收入　　　　　　　　　　　　　　　1 000 000
　　　　应交税费——应交增值税(销项税额)　　　　　130 000
借：主营业务成本　　　　　　　　　　　　　　800 000
　　贷：库存商品　　　　　　　　　　　　　　　　　800 000

(2) 2021 年 5 月 30 日收到 30%的货款时，编制如下会计分录。

借：银行存款　　　　　　　　　　　　　　　　339 000
　　贷：应收账款　　　　　　　　　　　　　　　　　339 000

(3) 2021 年 6 月 30 日收到 40%的货款时，编制如下会计分录。

借：银行存款　　　　　　　　　　　　　　　　452 000
　　贷：应收账款　　　　　　　　　　　　　　　　　452 000

6) 代销商品

代销商品也称为委托代销安排，是指委托方和受托方签订代销合同或协议，委托受托方向终端客户销售商品是指委托方和受托方签订代销合同或协议，委托受托方向终端客户销售商品。受托方获得对商品控制权的，企业应当按销售商品进行会计处理，这种安排不属于委托代销商品安排。受托方没有获得对商品控制权的，企业通常应在受托方售出商品后,按合同或协议约定的方法计算确认收入。

代销商品分为视同买断方式委托代销商品和收取手续费方式委托代销商品。

(1) 视同买断方式。视同买断方式代销商品,是指委托方和受托方签订合同或协议,委托方按合同或协议收取代销的货款,实际售价由受托方自定,实际售价与合同或协议价之间的差额归受托方所有。

企业采用这种代销商品方式确认收入有两种情况:一种情况是如果委托方和受托方之间的协议明确标明,受托方在取得代销商品后,无论是否能够卖出、是否获利,均与委托方无关,那么,受托方实际上获得了对商品的控制权,这种代销商品交易,与委托方直接销售商品给受托方没有实质区别,委托方应按销售商品进行会计处理。

另一种情况是,如果委托方和受托方之间的协议明确标明,将来受托方没有将商品售出时可以将商品退回给委托方,或受托方因代销商品出现亏损时可以要求委托方补偿,那么,受托方没有获得对商品的控制权,委托方在交付商品时不确认收入,受托方也不作购进商品处理;受托方将商品销售后,按实际售价确认销售收入,并向委托方开具代销清单;委托方收到代销清单时,再确认本企业的销售收入。

【例 11-7】 甲公司委托乙公司销售商品 100 件,协议价为每件 300 元,成本为每件 120 元,增值税税率为 13%。代销协议约定,乙企业将来没有售出商品时可以将商品退回给甲公司。这批商品已经发出,甲公司收到乙企业代销清单时开出增值税专用发票上注明的价款为 30 000 元,增值税税额为 3 900 元。乙公司按每件 400 元销售,并收回款。

甲公司采用视同买断方式委托乙公司代销商品。

① 甲公司在发出商品时:

借:发出商品　　　　　　　　　　　　　　　12 000
　　贷:库存商品　　　　　　　　　　　　　　　　12 000

② 收到代销清单时:

借:应收账款——乙公司　　　　　　　　　　33 900
　　贷:主营业务收入　　　　　　　　　　　　　　30 000
　　　　应交税费——应交增值税(销项税额)　　　 3 900
借:主营业务成本　　　　　　　　　　　　　12 000
　　贷:发出商品　　　　　　　　　　　　　　　　12 000

③ 收到乙公司汇来货款 33 900 元时的账务处理如下:

借:银行存款　　　　　　　　　　　　　　　33 900
　　贷:应收账款——乙公司　　　　　　　　　　　33 900

乙公司的账务处理如下。

① 收到该批商品时:

借:受托代销商品　　　　　　　　　　　　　30 000
　　贷:受托代销商品款　　　　　　　　　　　　　30 000

② 对外销售该批商品时:

借:银行存款　　　　　　　　　　　　　　　45 200
　　贷:主营业务收入——销售××商品　　　　　　40 000
　　　　应交税费——应交增值税(销项税额)　　　 5 200

借：主营业务成本——××商品　　　　　　　　　　　　30 000
　　　贷：受托代销商品　　　　　　　　　　　　　　　　　30 000
借：受托代销商品款　　　　　　　　　　　　　　　　30 000
　　　贷：应付账款——甲公司　　　　　　　　　　　　　　30 000
③ 按合同协议价将款项付给甲公司时的账务处理如下：
借：应付账款——甲公司　　　　　　　　　　　　　30 000
　　应交税费——应交增值税(进项税额)　　　　　　3 900
　　　贷：银行存款　　　　　　　　　　　　　　　　　　　33 900

(2) 收取手续费方式。在收取手续费方式下，委托方有权要求收回商品或将其销售给其他的客户，受托方并不能主导这些商品的销售，这些商品对外销售与否、是否获利以及获利多少等不由受托方控制，受托方没有取得这些商品的控制权。委托方在发出商品时不应确认收入，而应在受托方将商品销售给最终客户时确认收入。

【例 11-8】 甲公司委托丙公司销售商品 200 件，商品已经发出，每件成本为 60 元。合同约定丙公司应按每件 100 元对外销售，甲公司按售价的 10%向丙公司支付手续费。丙公司对外实际销售 100 件，开出的增值税专用发票上注明的销售价款为 10 000 元，增值税税额为 1 300 元，款项已经收到。甲公司收到丙公司开具的代销清单时，向丙公司开具一张相同金额的增值税专用发票。假定甲公司发出商品时纳税义务尚未发生，不考虑其他因素。

甲公司的账务处理如下。
① 发出商品时：
借：发出商品——丙公司　　　　　　　　　　　　　12 000
　　　贷：库存商品　　　　　　　　　　　　　　　　　　　12 000
② 收到代销清单，同时发生增值税纳税义务：
借：应收账款——丙公司　　　　　　　　　　　　　11 300
　　　贷：主营业务收入　　　　　　　　　　　　　　　　　10 000
　　　　　应交税费——应交增值税(销项税额)　　　　　　1 300
借：主营业务成本　　　　　　　　　　　　　　　　6 000
　　　贷：发出商品——丙公司　　　　　　　　　　　　　　6 000
借：销售费用——代销手续费　　　　　　　　　　　1 000
　　　贷：应收账款——丙公司　　　　　　　　　　　　　　1 000
③ 收到丙公司支付的货款时：
借：银行存款　　　　　　　　　　　　　　　　　　10 300
　　　贷：应收账款——丙公司　　　　　　　　　　　　　　10 300
丙公司的账务处理如下。
① 收到商品时：
借：受托代销商品——甲公司　　　　　　　　　　　20 000
　　　贷：受托代销商品款——甲公司　　　　　　　　　　　20 000
② 对外销售时：
借：银行存款　　　　　　　　　　　　　　　　　　11 300
　　　贷：受托代销商品——甲公司　　　　　　　　　　　　10 000
　　　　　应交税费——应交增值税(销项税额)　　　　　　1 300

③ 收到增值税专用发票时：

借：受托代销商品款——甲公司　　　　　　　　　10 000
　　应交税费——应交增值税(进项税额)　　　　　 1 300
　　贷：应付账款——甲公司　　　　　　　　　　　　　　11 300

④ 支付货款并计算代销手续费时：

借：应付账款——甲公司　　　　　　　　　　　　11 300
　　贷：银行存款　　　　　　　　　　　　　　　　　　　10 300
　　　　主营业务收入——代销手续费　　　　　　　　　　 1 000

7) 销售材料等存货的处理

企业在日常活动中还可能发生对外销售不需用的原材料、随同商品对外销售单独计价的包装物等业务。企业销售原材料、包装物等存货也视同商品销售，其收入确认和计量原则比照商品销售。企业销售原材料、包装物等存货实现的收入作为其他业务收入处理，结转的相关成本作为其他业务成本处理。

【例 11-9】　甲公司销售一批原材料，开出的增值税专用发票上注明的售价为 10 000 元，增值税税额为 1 300 元，款项已由银行收妥。该批原材料的实际成本为 9 000 元。甲公司会计处理如下。

(1) 取得原材料销售收入时：

借：银行存款　　　　　　　　　　　　　　　　　11 300
　　贷：其他业务收入　　　　　　　　　　　　　　　　　10 000
　　　　应交税费——应交增值税(销项税额)　　　　　　　 1 300

(2) 结转已销原材料的实际成本时：

借：其他业务成本　　　　　　　　　　　　　　　 9 000
　　贷：原材料　　　　　　　　　　　　　　　　　　　　 9 000

2. 在某一时段内履行履约义务确认收入

对于在某一时段内履行的履约义务，企业应当在该段时间内按照履约进度确认收入，履约进度不能合理确定的除外。满足下列条件之一的，属于在某一时段内履行的履约义务：①客户在企业履约的同时即取得并消耗企业履约所带来的经济利益；②客户能够控制企业履约过程中在建的商品；③企业履约过程中所产出的商品具有不可替代用途，且该企业在整个合同期间内有权就累计至今已完成的履约部分收取款项。

企业应当考虑商品的性质，采用实际测量的完工进度、评估已实现的结果、时间进度、已完工或交付的产品等产出指标，或采用投入的材料数量、花费的人工工时、机器工时、发生的成本和时间进度等投入指标确定恰当的履约进度，并且在确定履约进度时，应当扣除那些控制权尚未转移给客户的商品和服务。资产负债表日，企业按照合同的交易价格总额乘以履约进度扣除以前会计期间累计已确认的收入后的金额，确认当期收入。

【例 11-10】　甲公司为增值税一般纳税人，装修服务适用增值税税率为 9%，2020 年 12 月 1 日，甲公司与乙公司签订一项为期 3 个月的装修合同，合同约定装修价款为 500 000 元，增值税税额为 45 000 元，装修费用每月末按完工进度支付。2020 年 12 月 31 日，经专业测量师测量后，确定该项劳务的完工程度为 25%；乙公司按完工进度支付价款及相应的增值税款。截至 2020 年 12 月 31 日,甲公司为完成该合同累计发生劳务成本 100 000 元(假定均为装修人员薪酬),估计还将发生劳务成本 300 000 元。

假定该业务属于甲公司的主营业务,全部由其自行完成;该装修服务构成单项履约义务,并属于在某一时段内履行的履约义务;甲公司按照实际测量的完工进度确定履约进度。

甲公司应编制如下会计分录。

(1) 实际发生劳务成本 100 000 元:

借:合同履约成本　　　　　　　　　　　100 000
　　贷:应付职工薪酬　　　　　　　　　　　　100 000

(2) 2020 年 12 月 31 日确认劳务收入并结转劳务成本:

2020 年 12 月 31 日确认的劳务收入=500 000×25%-0=125 000(元)

借:银行存款　　　　　　　　　　　　136 250
　　贷:主营业务收入　　　　　　　　　　　　125 000
　　　　应交税费——应交增值税(销项税额)　11 250
借:主营业务成本　　　　　　　　　　　100 000
　　贷:合同履约成本　　　　　　　　　　　　100 000

2021 年 1 月 31 日,经专业测量师测量后,确定该项劳务的完工程度为 70%;乙公司按完工进度支付价款同时支付对应的增值税款。2021 年 1 月,为完成该合同发生劳务成本 180 000 元(假定均为装修人员薪酬),为完成该合同估计还将发生劳务成本 120 000 元。甲公司应编制如下会计分录。

(1) 实际发生劳务成本 180 000 元:

借:合同履约成本　　　　　　　　　　　180 000
　　贷:应付职工薪酬　　　　　　　　　　　　180 000

(2) 2021 年 1 月 31 日确认劳务收入并结转劳务成本:

2021 年 1 月 31 日确认的劳务收入=500 000×70% -125 000 =225 000(元)

借:银行存款　　　　　　　　　　　　245 250
　　贷:主营业务收入　　　　　　　　　　　　225 000
　　　　应交税费——应交增值税(销项税额)　20 250
借:主营业务成本　　　　　　　　　　　180 000
　　贷:合同履约成本　　　　　　　　　　　　180 000

2021 年 2 月 28 日,装修完工;乙公司验收合格,按完工进度支付价款同时支付对应的增值税款。2021 年 2 月,为完成该合同发生劳务成本 120 000 元(假定均为装修人员薪酬)。甲公司应编制如下会计分录。

(1) 实际发生劳务成本 120 000 元:

借:合同履约成本　　　　　　　　　　　120 000
　　贷:应付职工薪酬　　　　　　　　　　　　120 000

(2) 2021 年 2 月 28 日确认劳务收入并结转劳务成本:

2021 年 2 月 28 日确认的劳务收入=500 000-125 000-225 000=150 000(元)

借:银行存款　　　　　　　　　　　　163 500

贷：主营业务收入　　　　　　　　　　　150 000
　　　　应交税费——应交增值税(销项税额)　 13 500
借：主营业务成本　　　　　　　　　　　　　120 000
　　贷：合同履约成本　　　　　　　　　　　120 000

【例11-11】 甲公司经营一家健身俱乐部。2020年7月1日，某客户与甲公司签订合同，成为甲公司的会员，并向甲公司支付会员费3 600元(不含税价)，可在未来12个月内在该俱乐部健身，且没有次数的限制。该业务适用的增值税税率为6%。

本例中，客户在会籍期间可随时来俱乐部健身，且没有次数限制，客户已使用俱乐部健身的次数不会影响其未来继续使用的次数，甲公司在该合同下的履约义务是承诺随时准备在客户需要时为其提供健身服务，因此，该履约义务属于在某一时段内履行的履约义务，并且该履约义务在会员的会籍期间内随时间的流逝而被履行。因此，甲公司按照直线法确认收入，每月应当确认的收入为300(3 600÷12)元。甲公司应编制如下会计分录。

(1) 2020年7月1日收到会员费时：
借：银行存款　　　　　　　　　　　　　　3 600
　　贷：合同负债　　　　　　　　　　　　　3 600

本例中，客户签订合同时支付了合同对价，可在未来的12个月内在该俱乐部进行健身消费，且没有次数的限制。企业在向客户转让商品之前已经产生一项负债，即合同负债。

(2) 2020年7月31日确认收入，开具增值税专用发票并收到税款时：
借：合同负债　　　　　　　　　　　　　　300
　　银行存款　　　　　　　　　　　　　　 18
　　贷：主营业务收入　　　　　　　　　　　300
　　　　应交税费　应交增值税(销项税额)　　18

2020年8月至2020年6月，每月确认收入同上。

当履约进度不能合理确定时，企业已经发生的成本预计能够得到补偿的，应当按照已经发生的成本金额确认收入，直到履约进度能够合理确定为止。

(六)合同成本

企业在与客户之间建立合同关系过程中发生的成本主要有合同取得成本和合同履约成本。

1. 合同取得成本

企业为取得合同发生的增量成本预期能够收回的，应作为合同取得成本确认为一项资产。增量成本是指企业不取得合同就不会发生的成本，也就是企业发生的与合同直接相关，但又不是所签订合同的对象或内容(如建造商品或提供服务)本身所直接发生的费用，例如销售佣金等，如果销售佣金等预期可通过未来的相关服务收入予以补偿，该销售佣金(即增量成本)应在发生时确认为一项资产，即合同取得成本。

企业取得合同发生的增量成本已经确认为资产的，应当采用与该资产相关的商品收入确认相同的基础进行摊销，计入当期损益。为简化实务操作，该资产摊销期限不超过一年的，可以在发生时计入当期损益。

企业为取得合同发生的、除预期能够收回的增量成本之外的其他支出(例如,无论是否取得合同均会发生的差旅费、投标费、为准备投标资料发生的相关费用等),应当在发生时计入当期损益,除非这些支出明确由客户承担。

【例11-12】 甲公司是一家咨询公司,通过竞标赢得一个服务期为5年的客户,该客户每年末支付含税咨询费1 908 000元。为取得与该客户的合同,甲公司聘请外部律师进行尽职调查支付相关费用15 000元,为投标而发生的差旅费10 000元,支付销售人员佣金50 000元。甲公司预期这些支出未来均能够收回。此外,甲公司根据其年度销售目标、整体盈利情况及个人业绩等,向销售部门经理支付年度奖金10 000元。

在本例中,甲公司因签订该客户合同而向销售人员支付的佣金属于取得合同发生的增量成本,应当将其作为合同取得成本确认为一项资产;甲公司聘请外部律师进行尽职调查发生的支出、为投标发生的差旅费以及向销售部门经理支付的年度奖金(不能直接归属于可识别的合同)不属于增量成本,应当于发生时直接计入当期损益。甲公司应编制如下会计分录。

(1) 支付相关费用:

借:合同取得成本　　　　　　　　　　　　　　50 000
　　管理费用　　　　　　　　　　　　　　　　25 000
　　销售费用　　　　　　　　　　　　　　　　10 000
　　贷:银行存款　　　　　　　　　　　　　　　　85 000

(2) 每月确认服务收入,摊销销售佣金:

服务收入=1 908 000÷(1+6%)÷12=150 000(元)

销售佣金摊销额=50 000÷5÷12=833.33(元)

借:应收账款　　　　　　　　　　　　　　　159 000
　　销售费用　　　　　　　　　　　　　　　　833.33
　　贷:合同取得成本　　　　　　　　　　　　　　833.33
　　　　主营业务收入　　　　　　　　　　　　　150 000
　　　　应交税费——应交增值税(销项税额)　　　　9 000

2. 合同履约成本

合同履约成本是指企业为履行当前或预期取得的合同所发生的、属于《企业会计准则第14号——收入》(2018)规范范围并且按照该准则应当确认为一项资产的成本。

企业为履行合同可能会发生各种成本,企业在确认收入的同时应当对这些成本进行分析,属于《企业会计准则第14号——收入》(2018)准则规范范围且同时满足下列条件的,应当作为合同履约成本确认为一项资产。

(1) 该成本与一份当前或预期取得的合同直接相关。

① 与合同直接相关的成本。a. 直接人工(如支付给直接为客户提供所承诺服务的人员的工资、奖金等);b. 直接材料(如为履行合同耗用的原材料、辅助材料、构配件、零件、半成品的成本和周转材料的摊销及租赁费用等);c. 制造费用或类似费用(如组织和管理相关生产、施工、服务等活动发生的费用,包括管理人员的职工薪酬、劳动保护费、固定资产折旧费及修理费、物料消耗、取暖费、水电费、办公费、差旅费、财产保险费、工程保修

费、临时设施摊销费等)。

② 明确由客户承担的成本以及仅因该合同而发生的其他成本(如支付给分包商的成本、机械使用费、设计和技术援助费用、施工现场二次搬运费、生产工具和用具使用费、检验试验费、工程定位复测费、工程点交费用、场地清理费等)。

(2) 该成本增加了企业未来用于履行(包括持续履行)履约义务的资源。

(3) 该成本预期能够收回。

企业应当在下列支出发生时,将其计入当期损益:一是管理费用,除非这些费用明确由客户承担。二是非正常消耗的直接材料、直接人工和制造费用(或类似费用),这些支出为履行合同发生,但未反映在合同价格中。三是与履约义务中已履行(包括已全部履行或部分履行)部分相关的支出,即该支出与企业过去的履约活动相关。四是无法在尚未履行的与已履行(或已部分履行)的履约义务之间区分的相关支出。

企业发生合同履约成本时,借记"合同履约成本"账户,贷记"银行存款""应付职工薪酬""原材料"等账户;对合同履约成本进行摊销时,借记"主营业务成本""其他业务成本"等账户,贷记"合同履约成本"账户。涉及增值税的,还应进行相应的处理。

【例 11-13】 甲公司经营一家酒店,该酒店是甲公司的自有资产。2021 年 12 月甲公司计提与酒店经营直接相关的酒店、客房以及客房内的设备家具等折旧 120 000 元、酒店土地使用权摊销费用 65 000 元。经计算,当月确认房费、餐饮等服务含税收入 424 000 元,全部存入银行。

本例中,甲公司经营酒店主要是通过提供客房服务赚取收入,而客房服务的提供直接依赖于酒店物业(包含土地)以及家具等相关资产,这些资产折旧和摊销属于甲公司为履行与客户的合同而发生的合同履约成本。已确认的合同履约成本在收入确认时予以摊销,计入营业成本。甲公司应编制如下会计分录。

(1) 确认资产的折旧费、摊销费:

借:合同履约成本　　　　　　　　　　　　　　　185 000
　　贷:累计折旧　　　　　　　　　　　　　　　　　120 000
　　　　累计摊销　　　　　　　　　　　　　　　　　 65 000

(2) 12 月确认酒店服务收入并摊销合同履约成本:

借:银行存款　　　　　　　　　　　　　　　　　424 000
　　贷:主营业务收入　　　　　　　　　　　　　　　400 000
　　　　应交税费——应交增值税(销项税额)　　　　 24 000
借:主营业务成本　　　　　　　　　　　　　　　185 000
　　贷:合同履约成本　　　　　　　　　　　　　　　185 000

二、费用

(一)费用的概念和特征

费用是指企业在日常活动中发生的、会导致所有者权益减少的、与向所有者分配利润无关的经济利益的总流出。费用有狭义和广义之分。广义的费用泛指企业各种日常活动发生的所有耗费,狭义的费用仅指与本期营业收入相配比的那部分耗费。

费用具有以下特点。

(1) 费用是企业在日常活动中发生的经济利益的总流出。

费用形成于企业日常活动的特征，使其与产生于非日常活动的损失相区分。企业从事的某些活动也能导致经济利益流出企业，但不属于企业的日常活动。例如，企业非流动资产毁损报废损失、对外捐赠等，这些活动或事项形成的经济利益的总流出属于企业的损失，而不是费用。

(2) 费用会导致企业所有者权益的减少。

费用既可能表现为资产的减少，也可能表现为负债的增加。根据"资产−负债=所有者权益"的会计等式，费用一定会导致企业所有者权益的减少。

(3) 费用与向所有者分配利润无关。

向所有者分配利润或股利属于企业利润分配的内容，不构成企业的费用。

(二)费用的主要内容

企业的费用主要包括主营业务成本、其他业务成本、税金及附加和期间费用。

1. 主营业务成本

主营业务成本是指企业在进行销售商品、提供劳务等经常性活动时所发生的成本。企业一般在确认销售商品、提供劳务等主营业务收入时，或在月末，将已销售商品、已提供劳务的成本结转入主营业务成本。

2. 其他业务成本

其他业务成本是指企业在进行除主营业务活动以外的企业经营活动时所发生的成本。

3. 税金及附加

税金及附加是指企业经营活动应负担的相关税费，包括消费税、城市维护建设税、教育费附加、资源税、环境保护税、房产税、城镇土地使用税、车船税、印花税、耕地占用税、契税、车辆购置税等。

4. 期间费用

期间费用是指本期发生的、不能直接或间接归入某种产品成本的、直接计入损益的各项费用，包括管理费用、销售费用和财务费用。它是企业当期发生的费用中的重要组成部分。

1) 管理费用

管理费用是指企业为组织和管理企业生产经营所发生的管理费用，包括企业在筹建期间内发生的开办费、董事会和行政管理部门在企业的经营管理中发生的以及应由企业统一负担的公司经费(包括行政管理部门职工薪酬、物料消耗、低值易耗品摊销、办公费和差旅费等)、行政管理部门负担的工会经费、董事会费(包括董事会成员津贴、会议费和差旅费等)、聘请中介机构费、咨询费(含顾问费)、诉讼费、业务招待费、技术转让费、研究费用等。企业和行政管理部门等发生的固定资产修理费用等后续支出，也作为管理费用核算。

企业发生的管理费用，在"管理费用"账户核算，"管理费用"账户按费用项目设置明细账。期末,"管理费用"账户的余额结转"本年利润"账户后无余额。商品流通企业管理费用不多的,可不设"管理费用"账户,相关核算内容可并入"销售费用"账户核算。

【例 11-14】 2021 年 4 月 10 日,某公司为拓展产品销售市场发生业务招待住宿费 50 000 元,取得的增值税专用发票上注明的增值税税额为 3 000 元,已用银行存款支付全部款项。该公司应编制如下会计分录。

```
借:管理费用——业务招待费                    50 000
    应交税费——应交增值税(进项税额)          3 000
    贷:银行存款                                53 000
```

【例 11-15】 某公司行政部 2021 年 4 月份共发生费用 179 000 元,其中:行政人员薪酬 150 000 元,报销行政人员差旅费 21 000 元(假定报销人员均未预借差旅费),其他办公、水电费 8 000 元(均用银行存款支付)。假设不考虑增值税等因素,该公司应编制如下会计分录。

```
借:管理费用                                  179 000
    贷:应付职工薪酬                          150 000
        库存现金                              21 000
        银行存款                              8 000
```

【例 11-16】 2021 年 4 月 30 日,某公司计提管理部门固定资产折旧 50 000 元,摊销公司管理部门用无形资产成本 80 000 元。该公司应编制如下会计分录。

```
借:管理费用                                  130 000
    贷:累计折旧                              50 000
        累计摊销                              80 000
```

2) 销售费用

销售费用是指企业在销售商品和材料、提供劳务的过程中所发生的各种费用,包括企业在销售商品过程中发生的保险费、包装费、展览费和广告费、商品维修费、运输费、装卸费等,以及为销售本企业商品而专设的销售机构(含销售网点、售后服务网点等)的职工薪酬、业务费、折旧费等经营费用。企业发生的与专设销售机构相关的固定资产修理费用等后续支出也属于销售费用。

企业发生的销售费用,应在"销售费用"账户进行核算,并可按费用项目设置明细账。期末,"销售费用"账户的余额结转"本年利润"账户后无余额。

【例 11-17】 某公司为增值税一般纳税人,2021 年 6 月 1 日为宣传新产品发生广告费,取得的增值税专用发票上注明的价款为 100 000 元,增值税税额为 6 000 元,价税款项用银行存款支付。该公司应编制如下会计分录。

```
借:销售费用——广告费                        100 000
    应交税费——应交增值税(进项税额)          6 000
    贷:银行存款                                106 000
```

【例 11-18】 某公司为增值税一般纳税人,2021 年 6 月 12 日销售一批产品,取得的增值税专用发票上注明的运输费为 7 000 元,增值税税额为 630 元,取得的增值税普通发票上注明的装卸费价税合计为 3 000 元,上述款项均用银行存款支付。该公司应编制如下会计分录。

借：销售费用 10 000
　　应交税费——应交增值税(进项税额) 630
　　贷：银行存款 10 630

【例11-19】 某公司为增值税一般纳税人，2021年6月15日用银行存款支付所销产品保险费合计10 600元，取得的增值税专用发票上注明的保险费为10 000元，增值税税额为600元。该公司应编制如下会计分录。

借：销售费用——保险费 10 000
　　应交税费——应交增值税(进项税额) 600
　　贷：银行存款 106 000

3) 财务费用

财务费用是指企业为筹集生产经营所需资金等而发生的筹资费用，包括利息支出(减利息收入)、汇兑损益以及相关的手续费等。

企业发生的财务费用，应在"财务费用"账户进行核算，并可按费用项目设置明细账。期末，"财务费用"账户的余额结转"本年利润"账户后无余额。

【例11-20】 某企业于2021年1月1日向银行借入生产经营用短期借款360 000元，期限6个月，年利率5%，该借款本金到期后一次归还，利息分月预提，按季支付。在1月将其中的120 000元暂时作为闲置资金存入银行，并获得利息收入400元。假定所有利息均不符合利息资本化条件，1月相关利息的会计处理如下。

1月末，预提当月应计利息：360 000×5%÷12=1 500(元)

借：财务费用 1 500
　　贷：应付利息 1 500

同时，当月取得的利息收入400元应作为冲减财务费用处理：

借：银行存款 400
　　贷：财务费用 400

【例11-21】 2021年12月30日，某公司在购买材料业务中，获得对方给予的现金折扣4 000元(假定不考虑增值税)。该公司应编制如下会计分录。

借：应付账款 4 000
　　贷：财务费用 4 000

三、利润

(一)利润的概念及其构成

利润是指企业在一定会计期间的经营成果，包括收入减去费用后的净额、直接计入当期利润的利得和损失等。

直接计入当期利润的利得和损失，是指应当计入当期损益、会导致所有者权益发生增减变动的、与所有者投入资本或者向所有者分配利润无关的利得或者损失。

与利润相关的计算公式如下。

(1) 营业利润。

营业利润=营业收入-营业成本-税金及附加-销售费用-管理费用-研发费用-财务费用+

其他收益+投资收益(-投资损失)+净敞口套期收益(-净敞口套期损失)+公允价值变动收益(-公允价值变动损失)-信用减值损失-资产减值损失+资产处置收益(-资产处置损失)

其中：营业收入是指企业经营业务所确认的收入总额，包括主营业务收入和其他业务收入；营业成本是指企业经营业务所发生的实际成本总额，包括主营业务成本和其他业务成本。

(2) 利润总额。

$$利润总额=营业利润+营业外收入-营业外支出$$

其中，营业外收入是指企业发生的与其日常活动无直接关系的各项利得。营业外支出是指企业发生的与其日常活动无直接关系的各项损失。

(3) 净利润。

$$净利润=利润总额-所得税费用$$

其中，所得税费用是指企业确认的应从当期利润总额中扣除的所得税费用。

(二)营业外收入和营业外支出的核算

1. 营业外收入的核算

1) 营业外收入的核算内容

营业外收入并不是企业经营资金耗费所产生的，因此，不需要企业付出代价。它实际上是经济利益的净流入，不可能也不需要与有关的费用进行配比。营业外收入主要包括非流动资产毁损报废收益、与企业日常活动无关的政府补助、盘盈利得、罚没利得、捐赠利得、确实无法支付而按规定程序经批准后转作营业外收入的应付款项等。

(1) 非流动资产毁损报废收益，是指因自然灾害等发生毁损、已丧失使用功能而报废非流动资产所产生的清理收益。

(2) 与企业日常活动无关的政府补助是指企业从政府无偿取得货币性资产或非货币性资产，且与企业日常活动无关的利得。

(3) 盘盈利得，是指企业对现金等资产清查盘点中发生盘盈，报经批准后计入营业外收入的金额。

(4) 罚没利得，是指企业取得的各项罚款，在弥补由于对违反合同或协议而造成的经济损失后的罚款净收益。

(5) 捐赠利得，是指企业接受捐赠产生的利得。

2) 营业外收入的会计处理

企业应通过"营业外收入"账户核算营业外收入的取得及结转情况。该账户贷方登记企业确认的各项营业外收入，借方登记期末结转入本年利润的营业外收入。结转后该账户应无余额。该账户应按照营业外收入的项目进行明细核算。

企业确认处置非流动资产毁损报废收益时，借记"固定资产清理""银行存款""待处理财产损溢"等账户，贷记"营业外收入"账户。企业确认盘盈利得、捐赠利得计入营业外收入时，借记"库存现金""待处理财产损溢"等账户，贷记"营业外收入"账户。期末，应将"营业外收入"账户余额转入"本年利润"账户，借记"营业外收入"账户，贷记"本年利润"账户。结转后，"营业外收入"账户应无余额。

【例 11-22】 某企业将固定资产报废清理的净收益 179 800 元转作营业外收入，应编制如下会计分录。

借：固定资产清理　　　　　　　　　　　　　179 800
　　贷：营业外收入——非流动资产毁损报废收益　　179 800

【例 11-23】 某企业在现金清查中盘盈 200 元，按管理权限报经批准后转入营业外收入，应编制如下会计分录。

(1) 发现盘盈时：

借：库存现金　　　　　　　　　　　　　　　200
　　贷：待处理财产损溢　　　　　　　　　　　200

(2) 经批准转入营业外收入时：

借：待处理财产损溢　　　　　　　　　　　　200
　　贷：营业外收入　　　　　　　　　　　　　200

【例 11-24】 某企业本期营业外收入总额为 180 000 元，期末结转本年利润。则该企业应编制会计分录如下。

借：营业外收入　　　　　　　　　　　　　　180 000
　　贷：本年利润　　　　　　　　　　　　　　180 000

2. 营业外支出核算

1) 营业外支出核算的内容

营业外支出主要包括非流动资产毁损报废损失、盘亏损失、罚款支出、捐赠支出和非常损失等。

(1) 非流动资产毁损报废损失是指因自然灾害等发生的毁损、已丧失使用功能而报废的非流动资产所产生的清理损失。

(2) 盘亏损失主要是指对于财产清查盘点中盘亏的资产，查明原因并报经批准计入营业外支出的损失。

(3) 罚款支出是指企业支付的行政罚款、税务罚款、以及其他违反法律法规、合同协议等而支付的罚款、违约金、赔偿金等支出。

(4) 捐赠支出是指企业对外进行捐赠发生的支出。

(5) 非常损失是指企业对于因客观因素(如自然灾害等)造成的损失，扣除保险公司赔偿后应计入营业外支出的净损失。

2) 营业外支出的会计处理

企业应通过"营业外支出"账户核算营业外支出的发生及结转情况。该账户借方登记企业发生的各项营业外支出，贷方登记期末结转入本年利润的营业外支出。结转后该账户应无余额。该账户应按照营业外支出的项目进行明细核算。

企业确认处置非流动资产毁损报废损失时，借记"营业外支出"账户，贷记"固定资产清理""无形资产"等账户。确认盘亏、罚款支出计入营业外支出时，借记"营业外支出"账户，贷记"待处理财产损溢""库存现金"等账户。期末，应将"营业外支出"账户余额转入"本年利润"账户，借记"本年利润"账户，贷记"营业外支出"账户。结转后，"营业外支出"账户应无余额。

第十一章　收入、费用和利润岗位业务

【例 11-25】 2019 年 2 月 1 日，某公司取得一项价值 1 000 000 元的非专利技术并确认为无形资产，采用直线法摊销，摊销期限为 10 年。2021 年 2 月 1 日，由于该技术已被其他新技术所替代，公司决定将其转入报废处理，报废时已摊销 200 000 元，未计提减值准备。该公司应编制如下会计分录。

借：累计摊销　　　　　　　　　　　　　　　　　　　　200 000
　　营业外支出　　　　　　　　　　　　　　　　　　　　800 000
　　贷：无形资产　　　　　　　　　　　　　　　　　　　　　　1 000 000

【例 11-26】 某企业将已经发生的原材料意外灾害损失 270 000 元转作营业外支出。则该企业应编制会计分录如下。

借：营业外支出　　　　　　　　　　　　　　　　　　　　270 000
　　贷：待处理财产损溢　　　　　　　　　　　　　　　　　　　270 000

【例 11-27】 某企业用银行存款支付税款滞纳金 30 000 元。则该企业应编制会计分录如下。

借：营业外支出　　　　　　　　　　　　　　　　　　　　30 000
　　贷：银行存款　　　　　　　　　　　　　　　　　　　　　　30 000

【例 11-28】 某企业本期营业外支出总额为 840 000 元，期末结转本年利润。则该企业应编制会计分录如下。

借：本年利润　　　　　　　　　　　　　　　　　　　　　840 000
　　贷：营业外支出　　　　　　　　　　　　　　　　　　　　　840 000

(三)本年利润的确定

企业应设置"本年利润"账户，以核算企业本年度实现的净利润(或发生的净亏损)。企业期(月)末结转利润时，应将各损益类账户的金额转入本账户，结平各损益类账户。结转后本账户的贷方余额为当期实现的净利润；借方余额为当期发生的净亏损。

会计期末，企业应将"主营业务收入""其他业务收入"和"营业外收入"等账户的余额分别转入"本年利润"账户的贷方，将"主营业务成本""其他业务成本""税金及附加""销售费用""管理费用""财务费用""信用减值损失""资产减值损失""营业外支出"和"所得税费用"等账户的余额分别转入"本年利润"账户的借方。企业还应将"投资收益""公允价值变动损益""资产处置损益"账户的净收益转入"本年利润"账户的贷方，将"投资收益""公允价值变动损益""资产处置损益"账户的净损失转入"本年利润"账户的借方。结转后"本年利润"账户如为贷方余额，表示当年实现的净利润；如为借方余额，表示当年发生的净亏损。

年度终了，企业还应将"本年利润"账户的本年累计余额转入"利润分配——未分配利润"账户。如果"本年利润"为贷方余额，借记"本年利润"账户，贷记"利润分配——未分配利润"账户；如为借方余额，作相反的会计分录。结转后"本年利润"账户应无余额。

在会计处理上，对于本月利润总额和本年累计利润总额可以采用表结法和账结法两种方式。

1. 表结法

在表结法方式下，各损益类账户每月月末只需结计出本月发生额和月末累计余额，不结转到"年利润"账户，只有在年末时才将全年累计余额转入"本年利润"账户。但每月月末要将损益类账户的本月发生额合计数填入利润表的本月数栏，同时将本月末累计余额填入利润表的本年累计数栏，通过利润表计算反映各期的利润(或亏损)。在表结法方式下，年中损益类账户无须结转入"本年利润"账户，从而减少了转账环节和工作量，而且并不影响利润表的编制及有关损益指标的利用。

2. 账结法

在账结法方式下，每月月末均需编制转账凭证，将在账上结计出的各损益类账户的余额转入"本年利润"账户。结转后"本年利润"账户的本月合计数反映当月实现的利润或发生的亏损，"本年利润"账户的本年累计数反映本年累计实现的利润或发生的亏损。账结法在各月均可通过"本年利润"账户提供当月及本年累计的利润(或亏损)额，但增加了转账环节和工作量。

【例 11-29】 某公司为增值税一般纳税人工业企业，2021 年 12 月发生下列业务。

(1) 因对外投资收到投资单位分来的投资利润 220 000 元，存入银行。

借：银行存款　　　　　　　　　　　220 000
　　贷：投资收益　　　　　　　　　　　220 000

(2) 取得罚款收入 3 000 元，存入银行。

借：银行存款　　　　　　　　　　　3 000
　　贷：营业外收入　　　　　　　　　　3 000

(3) 向希望工程捐赠人民币 150 000 元，款项已通过银行支付。

借：营业外支出　　　　　　　　　　150 000
　　贷：银行存款　　　　　　　　　　　150 000

(4) 月末将收入类账户结转本年利润。其中，主营业务收入 1 050 000 元，其他业务收入 50 000 元，投资收益 220 000 元，营业外收入 30 000 元。

借：主营业务收入　　　　　　　　　1 050 000
　　其他业务收入　　　　　　　　　　50 000
　　投资收益　　　　　　　　　　　　220 000
　　营业外收入　　　　　　　　　　　30 000
　　贷：本年利润　　　　　　　　　　　1 350 000

(5) 月末将费用类账户结转本年利润。其中，主营业务成本 510 000 元，税金及附加 1 547 元，其他业务成本 30 238 元，管理费用 18 760 元，财务费用 4 000 元，销售费用 15 000 元，营业外支出 150 000 元。

借：本年利润　　　　　　　　　　　729 545
　　贷：主营业务成本　　　　　　　　　510 000
　　　　税金及附加　　　　　　　　　　1 547
　　　　其他业务成本　　　　　　　　　30 238

管理费用	18 760
财务费用	4 000
销售费用	15 000
营业外支出	150 000

(6) 计算全年应交的所得税税额为 402 750.15 元。

借：所得税费用　　　　　　　　　　　402 750.15
　　贷：应交税费——应交所得税　　　　　　402 750.15

(7) 将上述所得税费用结转本年利润。

借：本年利润　　　　　　　　　　　　402 750.15
　　贷：所得税费用　　　　　　　　　　　　402 750.15

(8) 结转企业全年实现的净利润为 817 704.85 元。

借：本年利润　　　　　　　　　　　　817 704.85
　　贷：利润分配——未分配利润　　　　　　817 704.85

(9) 按净利润的 10%提取法定盈余公积 81 770.49 元。

借：利润分配——提取法定盈余公积　　 81 770.49
　　贷：盈余公积——法定盈余公积　　　　　 81 770.49

(10) 经董事会决定向投资者分配股利 400 000 元。

借：利润分配——应付现金股利　　　　400 000
　　贷：应付股利　　　　　　　　　　　　　400 000

(四)利润分配

利润分配是指企业根据国家有关规定和企业章程、投资者协议等，对企业当年可供分配的利润所进行的分配。通过利润分配，一方面可以满足企业投资者获得投资回报的要求，另一方面也是企业留存收益积累的源泉。可供分配利润的计算公式为：

可供分配利润=当年实现的净利润+年初未分配利润(或减去弥补亏损)±其他转入

1. 利润分配的顺序

利润分配的顺序依次是：弥补以前年度亏损、提取法定盈余公积、向投资者分配利润。

1) 弥补以前年度亏损

企业发生的亏损，可以用以后年度实现的税前利润进行弥补，但连续弥补期限不得超过五年。超过五年的亏损用税后净利润弥补。

2) 提取法定盈余公积

公司应按当年税后利润扣除弥补以前年度亏损等后利润的 10%提取法定盈余公积。当企业法定盈余公积金累计达到注册资本的 50%以上时可不再提取。法定盈余公积可以用于弥补亏损、扩大再生产或者转增资本、分配股利。公司从税后利润中提取法定盈余公积金后，经股东会或股东大会决议，可以从税后利润中提取任意盈余公积。

3) 向投资者分配利润

公司弥补亏损、提取盈余公积金后所剩余税后利润，向股东按持股比例(或出资比例)分配利润。在公司弥补亏损、提取法定盈余公积之前，不得向所有者或股东分配股利。

企业向所有者分配利润的主要形式有现金股利和股票股利两种方式。分派现金股利是指使用现金形式将税后利润的一部分支付给所有者。分配股票股利是指以公司额外发行股票的形式将税后利润的一部分分派给所有者。这样做不会影响所有者权益总额,但会引起所有者权益内部结构的调整。可供分配利润经过分配后,如果有剩余即为年末未分配利润。年末的未分配利润计算公式为

年末的未分配利润=当年实现的净利润±年初未分配利润(或未弥补亏损)±其他转入-当年实际分配的利润

2. 利润分配的账务处理

企业应通过"利润分配"账户,以核算企业利润的分配(或亏损的弥补)和历年分配(或弥补)后的未分配利润(或未弥补亏损)。该账户应分别设置"提取法定盈余公积""提取任意盈余公积""应付现金股利或利润""盈余公积补亏"和"未分配利润"等科目进行明细核算。企业未分配利润应通过"利润分配——未分配利润"明细账户进行核算。在年度终了,企业应将全年实现的净利润或发生的净亏损,自"本年利润"账户转入"利润分配——未分配利润"账户,并将"利润分配"向其他明细账结转。结转后,"利润分配——未分配利润"账户如为贷方余额,表示累积未分配的利润数额;如为借方余额,则表示累积未弥补的亏损数额。

1) 弥补以前年度亏损

用利润弥补以前年度亏损时,无论是税前利润弥补亏损还是税后利润补亏,均无须专门编制会计分录。因为在企业年终结账后,亏损和盈利均结转至"利润分配——未分配利润"账户,该账户的借方(亏损额)自然会与贷方(盈利额)进行抵消。

用税前利润弥补亏损与用税后利润弥补亏损的区别在于应纳税所得额不同。

以盈余公积弥补亏损时,应借记"盈余公积"账户,贷记"利润分配——盈余公积补亏"账户。

2) 提取盈余公积

企业按照规定从净利润中提取盈余公积和任意盈余公积时,应借记"利润分配——提取法定盈余公积、提取任意盈余公积"账户,贷记"盈余公积——法定盈余公积、任意盈余公积"账户。

3) 分配现金股利

企业分配给投资者现金股利或者利润时,应借记"利润分配——应付现金股利或利润"账户,贷记"应付股利"账户。

4) 派发股票股利

对于企业经股东大会或类似机构决议分配给股东的股票股利,在办理增资手续后,借记"利润分配——转作股本的股利"账户,贷记"股本"账户,差额记入"资本公积——股本溢价"账户。

3. 年末结转

在年末,利润分配账户除了"未分配利润"明细项目外,其他明细项目的余额都结转为零,以反映期末可供分配的利润。

第十一章　收入、费用和利润岗位业务

【例 11-30】 D 股份有限公司年初未分配利润为 0，本年实现净利润 2 000 000 元，提取法定盈余公积 200 000 元，宣告发放现金股利 800 000 元。假定不考虑其他因素，D 股份有限公司的会计处理如下。

(1) 结转本年利润：
借：本年利润　　　　　　　　　　　　　　　2 000 000
　　贷：利润分配——未分配利润　　　　　　　　　　2 000 000

如果企业当年发生亏损，则应借记"利润分配——未分配利润"账户，贷记"本年利润"账户。

(2) 提取法定盈余公积，宣告发放现金股利：
借：利润分配——提取法定盈余公积　　　　　　200 000
　　　　　　——应付现金股利　　　　　　　　800 000
　　贷：盈余公积——法定盈余公积　　　　　　　　　200 000
　　　　应付股利　　　　　　　　　　　　　　　　800 000

同时：
借：利润分配——未分配利润　　　　　　　　1 000 000
　　贷：利润分配——提取法定盈余公积　　　　　　　200 000
　　　　　　　　——应付现金股利　　　　　　　　800 000

结转后，如果"未分配利润"明细账户的余额在贷方，则表示累计未分配的利润；如果余额在借方，则表示累积未弥补的亏损。本例中，"利润分配——未分配利润"明细账户的余额在贷方，此贷方余额 1 000 000 元(本年利润 2 000 000、提取法定盈余公积 200 000、支付现金股利 800 000)即为 D 股份有限公司年末的累计未分配利润。

本章小结

本章重点介绍了企业收入、费用和利润的会计核算。企业的收入是指企业在日常活动中形成的、会导致所有者权益增加的、与所有者投入资本无关的经济利益的总流入。企业的费用与收入一样，是一个流量概念，它代表企业为获取一定的收入，在日常的生产经营活动中所发生的物化劳动和活劳动的耗费，具体表现为资产的减损或负债的增加。利润是企业一定会计期间的经营成果，包括收入减去费用后的净额、直接计入当期利润的利得和损失。

课后习题

一、单项选择题

1. 下列各项中，属于营业收入的是(　　)。
   A. 无形资产出租收入　　　　　B. 固定资产出售收入
   C. 股票出售收入　　　　　　　D. 接受捐赠收入
2. 下列各项中，属于费用性支出的是(　　)。

A. 生产产品领用的原材料　　　B. 生产车间领用的消耗性材料
C. 管理部门领用的材料　　　　D. 自行建造固定资产领用的材料

3. 下列各项中，属于成本性支出的是(　　)。
   A. 以银行存款偿还短期借款　　B. 以银行存款购买材料
   C. 以银行存款支付广告费　　　D. 以银行存款支付股利

4. 下列各项中，应记入"营业外收入"的账户是(　　)。
   A. 出售无形资产收益　　　　　B. 出租固定资产收益
   C. 取得客户违反合同的罚款　　D. 出售固定资产收益

5. 下列各项中，属于销售费用的是(　　)。
   A. 消费税　　B. 教育费附加　　C. 印花税　　D. 广告费

6. 已知某企业2016年12月的利润总额为5 000 000元，其中，财务费用30 000元(包括国债投资的利息收入2 000元)，资产减值损失30 000元，非公益性捐赠支出60 000元，公允价值变动收益100 000元，职工实际工资比税工资(新规定没有计税工资要求)多9 000元，该公司所得税税率为25%。假如不存在其他纳税调整事项，该公司2016年应交所得税为(　　)元。
   A. 1 247 000　　B. 1 249 250　　C. 1 250 000　　D. 5 070 000

7. 下列资产计提减值后的价值又得以恢复，应在原已计提的减值准备金额内，按恢复增加的金额予以转回的是(　　)。
   A. 无形资产　　　　　　B. 在建工程
   C. 长期股权投资　　　　D. 存货

8. 委托方在采用视同买断方式委托代销商品时，若受托方没有将商品售出时可以将商品退回给委托方，委托方应(　　)确认销售收入。
   A. 向受托方发出商品时
   B. 在受托方售出商品后，并收到受托方开出的商品代销清单时
   C. 收到受托方汇来的销售款项时
   D. 向受托方支付手续费时

9. 下列各项中，不属于利润分配核算内容的是(　　)。
   A. 弥补以前年度亏损　　　B. 提取盈余公积
   C. 结转应交所得税　　　　D. 向所有者分配利润

10. 下列各项中，属于"本年利润"账户年末借方余额反映的内容是(　　)。
    A. 全年实现税后利润　　　B. 累计未分配利润
    C. 全年发生亏损　　　　　D. 累计未弥补亏损

二、多项选择题

1. 下列各项中，属于企业日常活动中取得的收入的有(　　)。
   A. 销售商品的收入　　　　　　B. 提供劳务的收入
   C. 由其他企业代销商品的收入　D. 销售固定资产所取得的价款

2. 下列各项中，属于费用性支出的有(　　)。
   A. 以现金支付生产工人工资　　B. 以现金支付企业管理人员工资

C. 以现金支付销售人员工资　　　D. 以现金支付车间管理人员工资

3. 下列各项中，在计算应纳税所得额时应予以调整的有(　　)。
   A. 企业购买国债取得的利息收入　　B. 非公益性捐赠支出
   C. 资产减值损失　　　　　　　　　D. 公允价值变动收益
   E. 罚款支出

4. 下列各项中，属于税金及附加的有(　　)。
   A. 增值税　　B. 消费税　　C. 资源税　　D. 城市维护建设税

5. 下列各项中，属于营业外支出的有(　　)。
   A. 固定资产报废损失　　B. 无形资产出售损失　　C. 坏账损失
   D. 原材料非常损失　　　E. 固定资产减值损失

6. 下列计提减值准备的资产中，属于一经计提不得转回的有(　　)。
   A. 债权投资　　　　　　B. 长期股权投资
   C. 固定资产　　　　　　D. 存货

7. "利润分配"账户所属明细账户中，本年利润结算后应没有余额的是(　　)。
   A. 提取盈余公积　　B. 盈余公积补亏　　C. 应付优先股股利
   D. 未分配利润　　　E. 应付普通股股利

8. 下列各项中，应计入营业外收入的有(　　)。
   A. 出租固定资产收入　　B. 出售无形资产净收益　　C. 接受捐赠收入
   D. 罚款收入　　　　　　E. 出售固定资产净收益

三、判断题

1. 日常活动以外的其他活动形成的经济利益的总流入不构成收入。(　　)
2. "利润分配—未分配利润"科目是所有者权益类科目，所以只有贷方余额。(　　)
3. 发生成本性支出以后，会使一项资产减少，另一项资产增加，从而使资产总额保持不变。(　　)
4. 企业采用委托代销方式销售商品时，应在商品发出时确认营业收入。(　　)
5. "税金及附加"账户核算的内容有消费税、城市维护建设税、教育费附加以及资源税等。(　　)
6. 企业出租无形资产取得收入应缴纳的城市维护建设税和教育费附加，应计入其他业务成本。(　　)
7. 管理费用中包括的税金有印花税、房产税、土地使用税、消费税以及车船税等。(　　)
8. 某商场承诺"三包"政策，卖出的商品3个月内发现质量问题可以退货，那么如果售出商品据估计很可能发生退货，则在该商场售出商品当天不应确认销售收入。(　　)
9. 对于跨年度的劳务，在资产负债表日，应采用一定的方法确定恰当的履约进度，按照履约进度确认收入。(　　)
10. 企业本年利润结算以后，"利润分配"账户除"未分配利润"二级账户以外，其他二级账户应无余额。(　　)

四、业务操作题

【业务题一】

目的：练习现金折扣的核算。

资料：甲公司发生如下经济业务。

甲公司在 2021 年 7 月 1 日向乙公司销售一批商品，开出的增值税专用发票上注明的销售价款为 20 000 元，增值税税额为 2 600 元。为及早收回货款，甲公司和乙公司约定的现金折扣条件为：2/10，1/20，n/30。计算现金折扣时不考虑增值税，甲公司基于对乙公司的了解，预计乙公司 10 天内付款的概率为 90%。

要求：(1) 甲公司 7 月 1 日销售实现时。

(2) 乙公司在 7 月 9 日付清货款时。

(3) 假定乙公司在 7 月 18 日付清货款时。

(4) 假定乙公司在 7 月底付清货款时。

分别编制上述业务的会计分录。

【业务题二】

目的：练习销售折让的核算。

资料：甲公司发生如下经济业务。

甲公司向乙公司销售一批商品，开出的增值税专用发票上注明的销售价款为 800 000 元，增值税税额为 104 000 元。乙公司在验收过程中发现商品质量不合格，要求在价格上给予 5%的折让。假定甲公司已确认销售收入，款项尚未收到，发生的销售折让允许扣减当期增值税额。

要求：(1) 销售实现时。

(2) 发生折让时。

(3) 乙公司付清货款时。

分别编制上述业务的会计分录。

【业务题三】

目的：练习代销业务的核算。

资料：甲公司发生如下经济业务。

甲、乙公司均为一般纳税人，增值税税率为 13%。2021 年 3 月 6 日甲公司委托乙公司销售商品，合同约定，如果乙公司没有将商品售出，可将商品退回甲公司，商品成本 800 万元，协议价为不含增值税额 1 000 万元，商品已发出。2021 年 6 月 8 日乙公司实际销售时开具的增值税发票上注明，售价 240 万元，增值税为 31.2 万元。同日甲公司收到乙公司开来的代销清单中注明已销售代销商品的 20%，甲公司给乙公司开具增值税发票，并于 2021 年 6 月 28 日收到货款。

要求：(1) 编制甲公司委托代销的会计分录。

(2) 编制乙公司受托代销的会计分录。

【业务题四】

目的：练习在某一时段内履行履约义务确认收入的核算。

第十一章 收入、费用和利润岗位业务

资料：甲公司发生如下经济业务。

甲公司为增值税一般纳税人，装修服务适用增值税税率为9%，2021年12月1日，甲公司与乙公司签订一项为期3个月的装修合同，合同约定装修价款为600 000元，增值税税额为54 000元，装修费用每月末按完工进度支付。2021年12月31日，经专业测量师测量后，确定该项劳务的完工程度 30%；乙公司按完工进度支付价款及相应的增值税款。截至2021年12月31日，甲公司为完成该合同累计发生劳务成本 120 000元(假定均为装修人员薪酬)，估计还将发生劳务成本 350 000元。假定该业务属于甲公司的主营业务，全部由其自行完成；该装修服务构成单项履约义务，并属于在某一时段内履行的履约义务；甲公司按照实际测量的完工进度确定履约进度。

2022年1月31日，经专业测量师测量后，确定该项劳务的完工程度为70%；乙公司按完工进度支付价款同时支付对应的增值税款。2021年1月，为完成该合同发生劳务成本 150 000元(假定均为装修人员薪酬)，为完成该合同估计还将发生劳务成本 180 000元。

2022年2月28日，装修完工；乙公司验收合格，按完工进度支付价款同时支付对应的增值税款。2022年2月，为完成该合同发生劳务成本 180 000元(假定均为装修人员薪酬)。

要求：做出实际发生劳务成本、2021年12月31日、2022年1月31日、2022年2月28日确认劳务收入并结转成本的会计分录。

【业务题五】

目的：练习利润的计算。

资料：甲公司结账前有关损益类账户的年末余额如下。

主营业务收入	贷方余额	4 860 000	其他业务收入	贷方余额	46 000
投资收益	贷方余额	500 000	营业外收入	贷方余额	12 000
主营业务成本	借方余额	3 140 000	税金及附加	借方余额	320 000
其他业务成本	借方余额	24 000	销售费用	借方余额	120 000
管理费用	借方余额	250 000	财务费用	借方余额	60 000
营业外支出	借方余额	450 000	所得税费用	借方余额	480 000

要求：分别计算营业利润、利润总额、净利润。

【业务题六】

目的：练习利润的核算。

资料：中兴公司年终结账前有关损益类账户的年末余额如下。

收入账户	期末余额	费用账户	期末余额
主营业务收入	950 000	主营业务成本	450 000
其他业务收入	100 000	其他业务成本	80 000
投资收益	20 000	税金及附加	10 000
营业外收入	100 000	销售费用	40 000
		管理费用	30 000
		财务费用	20 000
		营业外支出	50 000

中兴公司 12 月 31 日又发生下列业务。

(1) 公司营业外支出中有 1 000 元为非公益性捐赠。

(2) 经查公司该年超过计税工资标准发放的工资数额为 5 000 元。

(3) 本年国债利息收入 2 000 元，已入账。

要求：(1) 将损益类账户结转"本年利润"账户。

(2) 计算公司当年应交所得税，并编制有关会计分录(所得税税率为 25%)，除上述事项外，不考虑其他纳税调整因素。

(3) 计算当年公司的净利润。

【业务题七】

目的：练习利润分配的核算。

资料：甲公司发生如下经济业务。甲企业的所得税税率为 25%。

甲企业 2021 年实现税前利润 1 000 000 元，按照企业会计制度规定，甲企业用 2021 年的税前会计利润弥补 2018 年度的亏损 120 000 元。

要求：编制相关会计分录。

(1) 确认应交所得税，结转所得税费用。

(2) 按净利润的 10% 提取法定盈余公积。

(3) 分配给普通股股东现金股利 200 000 元。

(4) 结转实现的净利润和已分配利润。

(5) 计算未分配利润。

 微课视频

扫一扫，获取本章相关微课视频。

11-1 发出商品不符合收入确认条件的账务处理　　11-2 销售退回的账务处理　　11-3 本年利润的确定　利润分配年末结转

第十二章　总账报表岗位业务

【学习目标】

- 掌握财务报表的概念和种类、财务报表的作用与编制要求。
- 能明确财务报表岗位的工作任务。
- 学会资产负债表、利润表、现金流量表、所有者权益变动表的概念、作用、结构及其编制方法。

【导读案例】

> 安然公司曾是美国最大的天然气采购商及零售商，2000年排名《财富》世界500强第16位。安然公司在1985年成立时只是一家天然气分销商，而且债务累累，公司债券曾一度被评为垃圾债券。公司管理层从那时起开始采取扩大公司规模、利用金融市场的策略，通过控股50%的方式控制了约3000家"特殊目的实体"和子公司，不断扩大公司规模。1996年公司的收入达133亿美元，截至2000年总收入为1008亿美元。它几乎是美国年收入最多的一家公司，但它的利润增长幅度却远远没有收入增长得快。1996年它的总利润是5.84亿美元，1998年是7.03亿美元，2000年是9.79亿美元。可见其利润并没有太多的增长。
>
> 通过分析可以发现，安然公司的销售利润率每年都在大幅度下降，而这一点也早已引起了华尔街许多投资管理公司的质疑。2001年10月，安然公司突然传出接近6亿美元亏损的季度财务报告。随后，美国证券交易委员会介入调查，11月28日曾经每股高达96美元的安然公司的股票一天之内暴跌75%，11月30日又跌至每股0.26美元，股价缩水到不足高峰时期的0.3%。2001年12月2日，拥有498亿美元、曾位列《财富》杂志世界500强第七位的安然公司向纽约破产法院申请破产保护，创下美国历史上一宗最大的公司破产案纪录。
>
> （资料来源：根据百度知道案例删改，https://zhidao.baidu.com/question/197193629.html。）
>
> 问题：
> 安然事件中折射出哪些社会问题？如何避免？

第一节　总账报表岗位概述

一、总账报表岗位的工作内容

(一)财务报告概述

1. 财务报告的概念及组成

1) 财务报告的概念

财务报告是指企业对外提供的反映企业某一特定日期的财务状况和某一会计期间的经

营成果、现金流量等会计信息的文件。

2)财务报告的组成

财务报告由财务报表和报表附注及其他应披露的相关信息组成。

其中,财务报表是核心内容,一般包括资产负债表、利润表、现金流量表和所有者权益变动表。

附注是对报表中列示项目的文字描述或明细资料,以及对未能在报表中列示项目的说明等。其目的是便于会计报表使用者理解报表的内容。

我国会计报表附注的内容主要包括企业的基本情况、财务报表的编制基础、遵循企业会计准则的声明、重要会计政策的说明、重要会计估计的说明、会计政策和会计估计变更以及差错更正的说明、报表重要项目的说明等。

2. 财务报告的作用

(1) 为现实及潜在投资者的投资决策提供信息。

(2) 为债权人的信贷决策提供信息。

(3) 为政府及国家有关部门宏观经济调控提供信息;帮助政府部门加强经济管理和监督,运用经济杠杆调控经济活动,优化资源配置。

(4) 为社会公众了解企业财务信息提供依据。

3. 财务报告的种类

财务会计报表可以根据需要,按照不同的标准进行分类。

1) 按照其反映的经济内容分类

财务会计报表按照其反映的经济内容,可分为资产负债表、利润表、现金流量表和所有者权益变动表。其中,资产负债表为静态报表,利润表、现金流量表、所有者权益变动表为动态报表。

2) 按照其编制的时间分类

财务会计报表按照其编制时间,可分为月报、季报、半年报和年报。其中月报、季报、半年报也称为中期财务报告。

3) 按照其编制的主体分类

财务会计报表按照其编制的主体,可以分为个别报表、合并报表和汇总报表三类。个别报表是反映基层单位财务信息的报表;合并报表是指以母公司和子公司组成的企业集团为一个会计主体,由母公司编制的综合反映企业集团财务信息的报表;汇总报表是由上级主管单位汇总编制的反映某一系统或某一地区的财务信息报表。

4) 按照其服务对象分类

财务会计报表按照其服务对象,可以分为内部报表和外部报表。内部报表是指为适应企业内部经营管理需要而编制的不对外公布的财务报表,它一般不需要规定统一的格式和指标体系;外部报表则是指企业向外提供的财务会计报表,它通常有统一的格式和规定的指标体系。

(二)总账报表岗位的工作任务

1. 制订财务报表编制方案

财务部门负责制订财务报表编制方案。财务报表编制方案应明确财务报告编制方法、会计政策调整与原则、财务报告编制流程、责任与分工以及编报时间安排等。

2. 制订重大事项的会计核算方法

财务部门应当关注重大会计事项,据以制订合理合法的会计核算方法,如关注会计准则的变化及其对会计报表的影响,新增业务对会计报表的影响等。

3. 负责登记总账,核对账目

企业应该正确及时地进行会计业务的综合汇总工作,及时登记总账,编制科目余额表和试算平衡表。总账的余额必须和各明细账余额相符,如发现账账不符,应及时查明原因并处理。

4. 根据岗位分工,编制本单位的个别财务报表并经审核无误后上报

在每月终了,要根据总账和有关明细账的记录编制资产负债表、利润表和现金流量表等有关财务会计报表。报表编制人员应按照分工在规定时间内完成本人负责的财务报表,并将财务报表互相核对,有对应关系的数字必须保持一致。核对无误后,将各种报表连同财务状况说明书加具封面,装订成册,交由总账岗位统一审核签章后,及时报出。

5. 帮助需要编制合并(汇总)报表的单位按要求编报合并报表

财务部门负责收集、审核下级单位或子公司会计报表,编制本级次的会计报表。

6. 负责财务会计档案管理,及时装订会计凭证及报表,并做好日常归档工作

在每月终了,整理装订会计资料,集中保管。年终办完结算后,应将全年的会计凭证、报表收集齐全,整理清楚,分类排列,以便查阅。需要归档的会计资料,应按照《会计档案管理办法》的规定,办理会计资料归档手续,并管理会计档案。

二、总账报表岗位的业务流程

在会计期末,会计人员完成对企业日常经济业务的处理后,就可以着手准备编制规定的财务报表了。财务报表的编制流程如图12-1所示。

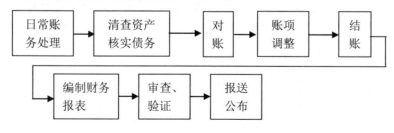

图12-1 财务报表的编制流程

财务报表编制流程的具体说明如下。

(1) 日常账务处理，将发生的经济业务编制记账凭证，登记账簿，这是编制会计报表的基础。

(2) 清查资产、核实债务，企业在编制年度财务报表前，通过全面清查资产、核实债务，以查明财产物资的实存数量与账面数量是否一致、各项结算款项的实际金额等，以确保报表提供的信息真实可靠。

(3) 对账，即核对各会计账簿与会计凭证的内容、金额等是否一致，记账账户是否正确等。

(4) 账项调整，期末结账前，按照权责发生制原则，对有跨期影响的经济业务进行账项调整，然后确定本期应得收入和应负担费用，并据以对账簿记录的有关账项作出必要调整，从而正确计量本期的经营成果，如计提的固定资产折旧、预计应计的利息收入等。

(5) 结账，依照规定的结账日进行结账，结出有关会计账簿的余额和发生额，并核对各会计账簿之间的余额。

(6) 编制财务报表，在结账后，如果总账与明细账结出余额经核对无误，就可以编制总账科目余额表进行试算平衡。试算平衡无误后，再根据账簿资料编制财务报表，这样才能保证账表相符，数字真实、准确。

(7) 财务报表的审查验证，为了发挥注册会计师的社会监督作用，维护投资者和债权人的合法权益，企业的财务报告必须经过独立于企业的机构进行检查和验证，并出具查证报告，以证实报告提供信息的公正、真实和合法。

(8) 财务报告的报送和公布，企业财务报告编制完成以后，应及时按月、按季和按年向有关部门、单位报送或向社会公众发布。

第二节　财务报表的编制

一、财务报表的编制要求

1. 真实可靠

企业财务报表必须如实地反映企业的会计信息，使财务会计报表各项目的数据建立在真实可靠的基础之上。因此，财务报表必须根据核实无误的账簿资料编制，不得弄虚作假。

2. 相关可比

企业财务报表所提供的财务会计信息必须与报表使用者进行决策所需要的信息相关，并且便于报表使用者在不同企业之间及同一企业前后各期之间进行比较。

3. 全面完整

企业财务报表应全面完整地披露企业的会计信息，以满足各有关方面对财务会计信息资料的需要。为此企业在编制财务报表时，应按照规定的格式和内容，对于企业某些重要的事项，按照要求在财务报表附注中说明，不得漏编漏报。

4. 编报及时

企业财务报表所提供的资料，具有很强的时效性。按照《企业财务会计报告条例》的规定：企业的月报表应于月度终了后 6 天内(节假日顺延，下同)对外提供；季报表应于季度终了后 15 天内对外提供；半年报表应于年度中期结束后 60 天内(相当于两个连续的月份)对外提供；年报表应于年度终了后 4 个月内对外提供。

5. 便于理解

企业编制的财务报表应清楚明了，易于理解，不要编制得晦涩难懂。

二、资产负债表

(一)资产负债表的概念

资产负债表是指反映企业在某一特定日期财务状况的会计报表。

(二)资产负债表的作用

(1) 资产负债表反映了企业所拥有的经济资源及其分布情况。

(2) 资产负债表反映了企业的资金来源及其构成情况，从而反映了企业的财务风险。

(3) 资产负债表可以反映企业的变现能力、偿债能力。资产负债表中的资产和负债是按其流动性大小排列的，通过将流动资产与流动负债相比较，将总资产与总负债相比较，可以比较清晰地反映企业的偿债能力。

(三)资产负债表的结构

资产负债表的结构有报告式和账户式两种，我国企业常用的资产负债表采用的是账户式。账户式资产负债表是将资产项目列示在表的左方，将负债和所有者权益项目列示在表的右方，资产负债表左右两方的资产总计金额和负债、所有者权益的总计金额相等，报表中三要素的关系为"资产=负债+所有者权益"。

(四)资产负债表的编制方法

资产负债表各项目均需填列"期末余额"和"上年年末余额"两栏。其中，"上年年末余额"栏的项目数字应根据上年年末资产负债表的"期末余额"栏内所列数字填列；"期末余额"栏的项目数字根据本期相关账户期末余额填写。如果上年度资产负债表规定的各个项目的名称和内容和本年度不相一致，应按照本年度的规定对上年末资产负债表各项目的名称和数字进行调整，填入表中"上年年末余额"栏内。

资产负债表"期末余额"栏各项目的填列方法主要有以下几种。

1. 根据总账科目余额填列

如"交易性金融资产""递延所得税资产""短期借款""应付职工薪酬""应交税费""递延所得税负债""实收资本(或股本)""库存股""资本公积""其他综合收益""盈余公积"等项目，应根据有关总账科目的余额直接填列。

有些项目则需根据几个总账科目的期末余额计算填列,如"货币资金"项目,需根据"库存现金""银行存款""其他货币资金"三个总账科目的期末余额的合计数填列;"其他应付款"项目,需根据"其他应付款""应付利息""应付股利"三个总账科目余额的合计数填列;"未分配利润"根据"本年利润"科目和"利润分配"科目的期末余额合计填列,未弥补的亏损以"-"符号反映。

2. 根据明细账科目余额计算填列

"应收账款"项目,根据"应收账款"和"预收账款"明细科目期末借方余额合计数减去"坏账准备"科目中有关应收账款计提的坏账准备后的净值填列。

"预收款项"项目,根据"应收账款"和"预收账款"明细科目期末贷方余额合计数填列。

"应付账款"项目,根据"应付账款"和"预付账款"明细科目期末贷方余额合计数填列。

"预付款项"项目,根据"应付账款"和"预付账款"明细科目期末借方余额合计数填列。

"开发支出"项目,需要根据"研发支出"科目中所属的"资本化支出"明细科目期末余额计算填列;"应付职工薪酬"项目,需要根据"应付职工薪酬"科目的明细科目期末余额计算填列;"一年内到期的非流动资产""一年内到期的非流动负债"项目,需要根据相关非流动资产和非流动负债项目的明细科目余额计算填列;"未分配利润"项目,需要根据"利润分配"科目中所属的"未分配利润"明细科目期末余额填列。

【例 12-1】 某公司年末结账前"应收账款"科目所属明细科目中有借方余额 30 000 元,贷方余额 20 000 元;"预付账款"科目所属明细科目中有借方余额 15 000 元,贷方余额 6 000 元;"应付账款"科目所属明细科目中有借方余额 50 000 元,贷方余额 80 000 元;"预收账款"科目所属明细科目中有借方余额 4 000 元,贷方余额 16 000 元;"坏账准备"科目余额为 5 000 元。则年末资产负债表中"应收账款"项目和"应付账款"项目的期末数分别为多少?

年末资产负债表中"应收账款"项目期末数=30 000+4 000-5 000=29 000(元)

年末资产负债表中"应付账款"项目期末数=80 000+6 000=86 000(元)

3. 根据总账科目和明细账科目余额分析计算填列

如"长期待摊费用"项目,应根据"长期待摊费用"科目的期末余额,减去将于一年内(含一年)摊销的数额后的金额分析填列。

"其他非流动资产"项目,应根据有关科目的期末余额减去将于一年内(含一年)收回数额后的金额计算填列。

以上项目中一年内到期的长期资产,在"一年内到期的非流动资产"项目内反映。

"长期借款"项目,需要根据"长期借款"总账科目余额扣除"长期借款"科目所属的明细科目中将在一年内到期且企业不能自主地将清偿义务展期的长期借款后的金额计算填列。

"应付债券"根据"应付债券"总账科目余额扣除"应付债券"科目所属明细科目中

将于一年内到期的部分填列。

"其他非流动负债"项目,应根据有关科目的期末余额减去将于一年内(含一年)到期偿还数额后的金额计算填列。

以上项目中一年内到期的长期负债,在"一年内到期的非流动负债"项目内反映。

4. 根据有关科目余额减去其备抵科目余额后的净额填列

如资产负债表中"应收票据""应收账款""长期股权投资""在建工程"等项目,应当根据"应收票据""应收账款""长期股权投资""在建工程"等科目的期末余额减去"坏账准备""长期股权投资减值准备""在建工程减值准备"等备抵科目余额后的净额填列。

"投资性房地产"(采用成本模式计量)、"固定资产"项目,应当根据"投资性房地产""固定资产"科目的期末余额,减去"投资性房地产累计折旧""投资性房地产减值准备""累计折旧""固定资产减值准备"等备抵科目的期末余额,以及"固定资产清理"科目期末余额后的净额填列。

"无形资产"项目,应当根据"无形资产"科目的期末余额,减去"累计摊销""无形资产减值准备"等备抵科目余额后的净额填列。

5. 综合运用上述填列方法分析填列

如"存货"项目,需要根据"原材料""库存商品""委托加工物资""周转材料""材料采购""在途物资""发出商品""生产成本""材料成本差异"(若为贷方减去,若为借方加上)以及"商品进销差价"等总账科目期末余额的分析汇总数,再减去"存货跌价准备" 科目余额后的净额填列。

"债权投资"根据"债权投资"总账科目期末余额减去一年内到期的投资以及"债权投资减值准备"账户期末余额后填列。

【例12-2】某企业期末"工程物资"科目的余额为100万元,"发出商品"科目的余额为50万元,"原材料"科目的余额为60万元,"材料成本差异"科目的贷方余额为5万元,"存货跌价准备"科目的余额为20万元。假定不考虑其他因素,该企业资产负债表中"存货"项目的金额为多少?

该企业资产负债表中"存货"项目的金额=50+60-5-20=85(万元)

(五)资产负债表编制示例

【例12-3】 新纪元股份有限公司为增值税一般纳税人,适用的增值税税率为13%,所得税税率为25%,原材料采用计划成本计价。

(1) 资料:2021年期初有关账户余额如表12-1所示。

2021年新纪元有限责任公司发生的经济业务及账务处理如下。

① 将即将到期的K公司银行承兑汇票一张 (面值为200 000元)、解讫通知连同进账单交银行办理转账,收到银行盖章退回的进账单一联,款项已收存工商银行账户。

借:银行存款　　　　　　　　　　　　　　　　　200 000
　　贷:应收票据——K公司　　　　　　　　　　　　　　200 000

表 12-1　总账及有关明细账的期初余额

单位：元

账户名称	借方期初余额	账户名称	贷方期初余额
库存现金	8 315	短期借款	303 000
银行存款	1 263 000	交易性金融负债	0
其他货币资金	150 000	应付票据	200 000
交易性金融资产	25 000	应付账款	953 800
应收票据	246 000	预收账款	0
应收股利	0	应付职工薪酬	110 000
应收利息	0	应付股利	0
应收账款	300 000	应付利息	1 000
坏账准备	-915	应交税费——应交所得税	30 000
预付账款	100 000	——应交教育费附加	6 600
其他应收款	5 000	其他应付款	57 000
材料采购	500 000		
原材料	900 000	长期借款	1 600 000
周转材料	700 000	应付债券	0
委托加工物资	0	长期应付款	0
材料成本差异	80 000	专项应付款	0
库存商品	500 000	预计负债	0
生产成本	0	递延所得税负债	0
存货跌价准备	0	实收资本(股本)	5 000 000
发出材料	0	资本公积	13 000
债权投资	0	盈余公积——法定盈余公积	100 000
长期股权投资	250 000	——任意盈余公积	50 000
长期股权投资减值准备	0	利润分配——未分配利润	200 000
投资性房地产	0		
固定资产	2 018 000		
累计折旧	-720 000		
固定资产减值准备	0		
工程物资	0		
在建工程	1 500 000		
无形资产	800 000		
累计摊销	-200 000		
长期待摊费用	200 000		
递延所得税资产	0		
合　计	8 624 400	合　计	8 624 400

② 收到 Y 公司前欠货款 351 000 元，存入银行。
借：银行存款 351 000
　　贷：应收账款——Y 公司 351 000

③ 由于资金紧张，将面值为 292 500 元的 K 公司商业承兑汇票一张到银行贴现，贴现息为 20 000 元，收到贴现净额 272 500 元。
借：银行存款 272 500
　　财务费用 20 000
　　贷：应收票据——K 公司 292 500

④ 按应收账款余额的 3‰ 计提坏账准备 900 元。
借：信用减值损失 900
　　贷：坏账准备 900

⑤ 购入 A 材料一批，增值税专用发票上注明购入材料的价款为 561 965 元，增值税税额为 73 055 元，款项已转账支付 300 000 元，其余尚未支付，材料未到。
借：材料采购 561 965
　　应交税费——应交增值税(进项税额) 73 055
　　贷：银行存款 300 000
　　　　应付账款 335 020

⑥ 收到 A 材料一批，实际成本 100 000 元，计划成本 95 000 元，材料已验收入库，货款已于上月支付。
借：原材料 95 000
　　材料成本差异 5 000
　　贷：材料采购 100 000

⑦ 用面值为 117 000 元的银行汇票支付采购 B 材料价款 99 800 元，增值税专用发票上注明的增值税税额为 12 974 元，企业收到开户银行转来的银行汇票多余款通知。通知上填写的多余款为 4 226 元。原材料已验收入库，该批原材料的计划价格为 100 000 元。
借：材料采购——B 材料 99 800
　　应交税费——应交增值税(进项税额) 12 974
　　银行存款 4 226
　　贷：其他货币资金——银行汇票 117 000
借：原材料——B 材料 100 000
　　贷：材料采购——B 材料 99 800
　　　　材料成本差异 200

⑧ 生产产品领用 A 材料和 B 材料各一批，计划成本分别为 500 000 元和 200 000 元，基本生产车间领用的低值易耗品的计划成本为 50 000 元，采用一次摊销法摊销。
借：生产成本 700 000
　　贷：原材料——A 材料 500 000
　　　　　　——B 材料 200 000
借：制造费用 50 000
　　贷：周转材料——低值易耗品 50 000

⑨ 计算并结转领用原材料和低值易耗品的材料成本差异，材料成本差异率为5%，其中，计入生产成本35 000元，计入制造费用2 500元。

借：生产成本　　　　　　　　　　　　　　　　　35 000
　　制造费用　　　　　　　　　　　　　　　　　 2 500
　　贷：材料成本差异　　　　　　　　　　　　　　　　37 500

⑩ 企业将列入交易性金融资产的债券15 000元转让，转让价值16 500元，款项已存入工商银行账户。

借：银行存款　　　　　　　　　　　　　　　　　16 500
　　贷：交易性金融资产　　　　　　　　　　　　　　　15 000
　　　　投资收益　　　　　　　　　　　　　　　　　　 1 500

核算转让债券应交增值税。

借：投资收益　　　　　　　　　　　　　　　　　　　 85
　　贷：应交税费——转让金融商品应交增值税　　　　　　85

⑪ M公司宣告发放现金股利，本公司收到股息30 000元，该股利为投资后M公司实现的本公司应享有的部分利润，款项已存入工商银行账户(股票投资采用成本法核算)。

借：应收股利　　　　　　　　　　　　　　　　　30 000
　　贷：投资收益　　　　　　　　　　　　　　　　　　30 000
借：银行存款　　　　　　　　　　　　　　　　　30 000
　　贷：应收股利　　　　　　　　　　　　　　　　　　30 000

⑫ 与美林公司达成投资协议，决定以一台设备向美林公司投资，该设备的原价为310 000元，累计折旧100 000元，双方协议约定的价值为210 000元，占美林公司有表决权股份的55%。

借：固定资产清理　　　　　　　　　　　　　　 210 000
　　累计折旧　　　　　　　　　　　　　　　　 100 000
　　贷：固定资产　　　　　　　　　　　　　　　　　310 000
借：长期股权投资——美林公司　　　　　　　　 210 000
　　贷：固定资产清理　　　　　　　　　　　　　　　210 000

⑬ 购入不需安装的设备一台，价款100 000元，取得普通发票一张，支付包装费、运杂费共计1 000元，价款及运杂费等均以银行存款支付，设备已交付使用。

借：固定资产　　　　　　　　　　　　　　　　 101 000
　　贷：银行存款　　　　　　　　　　　　　　　　　101 000

⑭ 建造厂房，购入工程物资一批，价款250 000元，专用发票上注明的增值税税额为32 500元，款项已用银行存款支付，并将物资验收入库。

借：工程物资　　　　　　　　　　　　　　　　 250 000
　　应交税费——应交增值税(进项税额)　　　　　 32 500
　　贷：银行存款　　　　　　　　　　　　　　　　　282 500

⑮ 在建工程领用工程物资250 000元，计算工程人员工资200 000元，计提职工福利费28 000元。

借：在建工程——自营工程	478 000	
贷：工程物资		250 000
应付职工薪酬		228 000

⑯ 工程完工时，计算在工程建设期间应负担的长期借款利息 150 000 元。

借：在建工程——自营工程	150 000	
贷：应付利息		150 000

⑰ 某建筑工程完工，已办理竣工手续，并交付使用，固定资产价值 1 400 000 元。

借：固定资产	1 400 000	
贷：在建工程——自营工程		1 400 000

⑱ 基本生产车间一台机床报废，原价 200 000 元，已提折旧 180 000 元，清理费用 500 元，残值收入 800 元，已用银行存款收支，该项固定资产已清理完毕。

借：固定资产清理	20 000	
累计折旧	180 000	
贷：固定资产		200 000
借：固定资产清理	500	
贷：银行存款		500
借：银行存款	800	
贷：固定资产清理		800
借：营业外支出——非流动资产处置损失	19 700	
贷：固定资产清理		19 700

⑲ 出售一台不需用设备，收到价款 300 000 元，该设备原价 400 000 元，已计提折旧 150 000 元。该设备已由购货单位运走。

借：固定资产清理	250 000	
累计折旧	150 000	
贷：固定资产		400 000
借：银行存款	300 000	
贷：固定资产清理		300 000
借：固定资产清理	50 000	
贷：资产处置损益		50 000

⑳ 计提固定资产折旧 100 000 元，其中，车间固定资产折旧 80 000 元，管理部门固定资产折旧 20 000 元。

借：制造费用	80 000	
管理费用	20 000	
贷：累计折旧		100 000

㉑ 收到工商银行的通知，以银行存款支付到期的 W 公司商业承兑汇票 100 000 元。

借：应付票据	100 000	
贷：银行存款		100 000

㉒ 为购建固定资产，从建设银行借入 3 年期借款 400 000 元，将其存入银行。

借：银行存款	400 000	
贷：长期借款		400 000

㉓ 归还工商银行短期借款本金 250 000 元,利息 12 500 元(已计提)。

借：短期借款	250 000
应付利息	12 500
贷：银行存款	262 500

㉔ 提取现金 500 000 元备发工资。

借：库存现金	500 000
贷：银行存款	500 000

㉕ 支付工资 500 000 元,其中包括工程人员工资 200 000 元。

借：应付职工薪酬	500 000
贷：库存现金	500 000

㉖ 分配职工工资 300 000 元(不包括工程人员工资),其中生产工人工资 275 000 元,车间管理人员工资 10 000 元,行政管理人员工资 15 000 元。

借：生产成本	275 000
制造费用	10 000
管理费用	15 000
贷：应付职工薪酬	300 000

㉗ 根据国家规定的计提标准,提取各种社会保险费 42 000 元(不包括工程人员)。其中,生产工人 38 500 元,车间管理人员 1 400 元,行政管理人员 2 100 元。

借：生产成本	38 500
制造费用	1 400
管理费用	2 100
贷：应付职工薪酬	42 000

㉘ 提取应计入本期损益的借款利息共 21 500 元。其中,短期借款利息 11 500 元,长期借款利息 10 000 元。

借：财务费用	11 500
在建工程	10 000
贷：应付利息	21 500

㉙ 计算本期应缴纳的城市维护建设税和教育费附加分别为 7 000 元和 2 000 元。

借：税金及附加	9 000
贷：应交税费——应交城市维护建设税	7 000
——应交教育费附加	2 000

㉚ 以银行存款缴纳本期应交的增值税 100 000 元、城市维护建设税 7 000 元和教育费附加 3 000 元。

借：应交税费——应交增值税(已交税金)	100 000
——应交城市维护建设税	7 000
——应交教育费附加	3 000
贷：银行存款	110 000

㉛ 偿还工商银行长期借款本金 1 000 000 元。

借：长期借款	1 000 000
贷：银行存款	1 000 000

㉜ 接受现金捐赠 200 000 元，已存入公司账户(假定不考虑所得税)。
　　借：银行存款　　　　　　　　　　　　　　　　　　　200 000
　　　　贷：营业外收入——接受现金捐赠　　　　　　　　　　　　200 000
㉝ 根据业务发展需要，经批准增加发行新股 500 万股，每股面值 1 元，发行价格为每股 1.6 元，发行协议规定按发行价格的 1%支付代理发行机构的手续费和佣金。
　　借：银行存款　　　　　　　　　　　　　　　　　　　7 920 000
　　　　贷：股本　　　　　　　　　　　　　　　　　　　　　　　5 000 000
　　　　　　资本公积——股本溢价　　　　　　　　　　　　　　　2 920 000
㉞ 销售 A 产品一批，销售价款 300 000 元，专用发票注明的增值税税额为 39 000 元，该批产品实际成本 180 000 元，产品已经发出，货款尚未收到，信用期限为 2 个月。
　　借：应收账款　　　　　　　　　　　　　　　　　　　339 000
　　　　贷：主营业务收入　　　　　　　　　　　　　　　　　　　300 000
　　　　　　应交税费——应交增值税(销项税额)　　　　　　　　　　39 000
㉟ 销售 A 产品一批，价款 700 000 元，增值税税额 91 000 元，销售产品的实际成本 420 000 元，货款已收到并存入银行。
　　借：银行存款　　　　　　　　　　　　　　　　　　　791 000
　　　　贷：主营业务收入　　　　　　　　　　　　　　　　　　　700 000
　　　　　　应交税费——应交增值税(销项税额)　　　　　　　　　　91 000
㊱ 摊销无形资产价值 10 000 元，摊销以租赁方式租入的使用权资产的改良支出 100 000元，其中厂部应分摊 10 000 元，生产车间应分摊 90 000 元。
　　借：管理费用——无形资产摊销　　　　　　　　　　　10 000
　　　　贷：累计摊销　　　　　　　　　　　　　　　　　　　　　10 000
　　借：管理费用　　　　　　　　　　　　　　　　　　　10 000
　　　　制造费用　　　　　　　　　　　　　　　　　　　90 000
　　　　贷：长期待摊费用　　　　　　　　　　　　　　　　　　　100 000
㊲ 以银行存款支付产品展览费 10 000 元。
　　借：销售费用——展览费　　　　　　　　　　　　　　10 000
　　　　贷：银行存款　　　　　　　　　　　　　　　　　　　　　10 000
㊳ 分配结转制造费用 233 900 元。
　　借：生产成本　　　　　　　　　　　　　　　　　　　233 900
　　　　贷：制造费用　　　　　　　　　　　　　　　　　　　　　233 900
㊴ 本期产品全部完工入库，计算并结转本期产品生产成本 1 282 400 元。
　　借：库存商品　　　　　　　　　　　　　　　　　　　1 282 400
　　　　贷：生产成本　　　　　　　　　　　　　　　　　　　　　1 282 400
㊵ 以银行存款支付广告费 10 000 元。
　　借：销售费用——广告费　　　　　　　　　　　　　　10 000
　　　　贷：银行存款　　　　　　　　　　　　　　　　　　　　　10 000
㊶ 采用商业承兑汇票结算方式销售 A 产品一批，收到购货方承兑的商业汇票一张，价款 250 000 元，增值税税额 32 500 元，产品实际成本 150 000 元。

借：应收票据	282 500	
贷：主营业务收入		250 000
应交税费——应交增值税(销项税额)		32 500

㊷ 提取现金 50 000 元，并以此支付职工退休金。

借：库存现金	50 000	
贷：银行存款		50 000
借：管理费用	50 000	
贷：库存现金		50 000

㊸ 结转销售产品制造成本 750 000 元。

借：主营业务成本	750 000	
贷：库存商品		750 000

㊹ 年末对企业各项资产进行检查，计提存货跌价准备 8 000 元。其中，原材料跌价准备 3 000 元，库存商品跌价准备 5 000 元；L 公司长期股权投资减值准备 2 000 元，M 公司长期股权投资减值准备 6 000 元；固定资产减值准备 25 000 元，其中，设备减值准备 10 000 元，厂房减值准备 15 000 元；无形资产减值准备 9 000 元。

借：资产减值损失——计提的存货跌价准备	8 000	
——计提的长期股权投资减值准备	8 000	
——计提的固定资产减值准备	25 000	
——计提的无形资产减值准备	9 000	
贷：存货跌价准备——原材料		3 000
——库存商品		5 000
长期股权投资减值准备——L 公司		2 000
——M 公司		6 000
固定资产减值准备——设备		10 000
——建筑物		15 000
无形资产减值准备——专利权		9 000

㊺ 将各损益类账户结转到"本年利润"账户。其中，主营业务收入 1 250 000 元，投资收益 31 415 元，资产处置损益 50 000 元，营业外收入 200 000 元；主营业务成本 750 000 元，税金及附加 9 000 元，销售费用 20 000 元，管理费用 107 100 元，财务费用 31 500 元，资产减值损失 50 000 元，信用减值损失 900 元，营业外支出 19 700 元。

借：主营业务收入	1 250 000	
投资收益	31 415	
资产处置损益	50 000	
营业外收入	200 000	
贷：本年利润		1 531 415
借：本年利润	988 200	
贷：主营业务成本		750 000
税金及附加		9 000
销售费用		20 000

管理费用	107 100
财务费用	31 500
资产减值损失	50 000
信用减值损失	900
营业外支出	19 700

㊻ 期末计提并结转应交所得税 135 804 元。

借：所得税费用　　　　　　　　　　　　　135 804
　　贷：应交税费——应交所得税　　　　　　　　135 804
借：本年利润　　　　　　　　　　　　　　135 804
　　贷：所得税费用　　　　　　　　　　　　　　135 804

㊼ 提取法定盈余公积和任意盈余公积均为 40 741 元。

借：利润分配——提取法定盈余公积　　　　40 741
　　　　　　——提取任意盈余公积　　　　40 741
　　贷：盈余公积——法定盈余公积　　　　　　　40 741
　　　　　　　——任意盈余公积　　　　　　　　40 741

㊽ 宣告发放现金股利 60 000 元。

借：利润分配——应付现金股利　　　　　　60 000
　　贷：应付股利　　　　　　　　　　　　　　　60 000

㊾ 将本年实现的净利润及利润分配各明细账户的余额转入"未分配利润"明细账户。其中，本年净利润 407 411 元，提取盈余公积 81 482 元，应付股利 60 000 元。

借：本年利润　　　　　　　　　　　　　　407 411
　　贷：利润分配——未分配利润　　　　　　　　407 411
借：利润分配——未分配利润　　　　　　　141 482
　　贷：利润分配——提取法定盈余公积　　　　　40 741
　　　　　　　　——提取任意盈余公积　　　　　40 741
　　　　　　　　——应付现金股利　　　　　　　60 000

(2) 根据表 12-1 中的数据及上述经济业务登记账簿，并编制新纪元股份有限公司 2020 年 12 月 31 日的科目余额表(参见表 12-2)。

表 12-2　总分类账户期末余额表

单位：元

账户名称	借方期末余额	账户名称	贷方期末余额
库存现金	8 315	短期借款	53 000
银行存款	9 022 526	交易性金融负债	0
其他货币资金	33 000	应付票据	100 000
交易性金融资产	10 000	应付账款	1 288 820
应收票据	36 000	预收账款	0
应收股利	0	应付职工薪酬	180 000
应收利息	0	应付股利	60 000

续表

账户名称	借方期末余额	账户名称	借方期末余额
应收账款	288 000	应付利息	160 000
坏账准备	-1 815	应交税费	115 460
预付账款	100 000	其他应付款	57 000
其他应收款	5 000	代理业务负债	0
材料采购	961 965	长期借款	1 000 000
原材料	395 000	应付债券	0
周转材料	650 000	长期应付款	0
委托加工物资	0	专项应付款	0
材料成本差异	47 300	预计负债	0
库存商品	1 032 400	递延所得税负债	0
生产成本	0	实收资本	10 000 000
存货跌价准备	-8 000	资本公积	2 933 000
发出商品	0	盈余公积	231 482
债权投资	0	本年利润	0
长期股权投资	460 000	利润分配	465 929
长期股权投资减值准备	-8 000		
投资性房地产	0		
固定资产	2 609 000		
累计折旧	-390 000		
固定资产减值准备	-25 000		
工程物资	0		
在建工程	738 000		
无形资产	800 000		
累计摊销	-210 000		
无形资产减值准备	-9 000		
长期待摊费用	100 000		
递延所得税资产	0		
合 计	16 644 691	合 计	16 644 691

(3) 编制的资产负债表如表 12-3 所示。

表 12-3 资产负债表

编制单位：新纪元股份有限公司　　　　2021 年 12 月 31 日　　　　　　　　　　单位：元

资　产	期末余额	上年年末余额	负债和所有者权益（或股东权益）	期末余额	上年年末余额
流动资产：			流动负债：		
货币资金	9 063 841	1 421 315	短期借款	53 000	303 000
交易性金融资产	10 000	25 000	交易性金融负债		

续表

资　产	期末余额	上年年末余额	负债和所有者权益(或股东权益)	期末余额	上年年末余额
衍生金融资产			衍生金融负债		
应收票据	36 000	246 000	应付票据	100 000	200 000
应收账款	286 185	299 085	应付账款	1 288 820	953 800
应收款项融资			预收款项		
预付款项	100 000	100 000	合同负债		
其他应收款	5 000	5 000	应付职工薪酬	180 000	110 000
存货	3 078 665	2 680 000	应交税费	115 460	36 600
合同资产			其他应付款	277 000	58 000
持有待售资产			持有待售负债		
一年内到期的非流动资产			一年内到期的非流动负债		
其他流动资产			其他流动负债		
流动资产合计	12 579 691	4 776 400	流动负债合计	2 014 280	1 661 400
非流动资产：			非流动负债：		
债权投资			长期借款	1 000 000	1 600 000
其他债权投资			应付债券		
长期应收款			其中：优先股		
长期股权投资	452 000	250 000	永续股		
其他权益工具投资			租赁负债		
其他非流动金融资产			长期应付款		
投资性房地产			预计负债		
固定资产	2 194 000	1 298 000	递延收益		
在建工程	738 000	1 500 000	递延所得税负债		
生产性生物资产			其他非流动负债		
油气资产			非流动负债合计	1 000 000	1 600 000
使用权资产			负债合计	3 014 280	3 261 400
无形资产	581 000	600 000	所有者权益(或股东权益)：		
开发支出			实收资本(或股本)	10 000 000	5 000 000
商誉			其他权益工具		
长期待摊费用	100 000	200 000	其中：优先股		
递延所得税资产			永续股		
其他非流动资产			资本公积	2 933 000	13 000
非流动资产合计	4 065 000	3 848 000	减：库存股		
			其他综合收益		
			专项储备		
			盈余公积	231 482	150 000
			未分配利润	465 929	200 000
			所有者权益(或股东权益)合计	13 630 411	5 363 000
资产总计	16 644 691	8 624 400	负债和所有者权益(或股东权益)总计	16 644 691	8 624 400

三、利润表

(一)利润表的概念

利润表又称损益表,是反映企业一定会计期间经营成果的财务报表。它是以"收入-费用=利润"这一会计等式为理论依据编制的。

(二)利润表的作用

利润表具有以下四个方面的作用。
(1) 揭示企业的经营业绩和获利能力。这是利润表编制的基本目的和作用。
(2) 为企业经营成果分配提供重要依据。
(3) 考核企业管理人员的经营业绩。
(4) 提供预测企业未来发展前景的有关信息。

(三)利润表的结构

利润表的结构有单步式和多步式两种。单步式利润表是将当期所有的收入列在一起,所有的费用列在一起,然后将两者相减得出当期净损益。我国企业的利润表采用多步式格式,即通过对当期的收入、费用、支出项目按性质加以归类,按利润形成的主要环节列示一些中间性利润指标,分步计算当期净损益,以便财务报表使用者理解企业经营成果的不同来源。

利润表一般由表头、表体两部分组成。表头部分应列明报表名称、编制单位名称、编制日期、报表编号和计量单位。表体部分为利润表的主体,列示了形成经营成果的各个项目和计算过程。

为了使财务报表使用者通过比较不同期间利润的实现情况,判断企业经营成果的未来发展趋势,企业需要提供比较利润表。为此,利润表金额栏分为"本期金额"和"上期金额"两栏分别填列。我国企业一般利润表的格式请参见表12-5。

(四)利润表的编制

1. 利润表项目的编制步骤

我国一般企业利润表的主要编制步骤和内容如下。

第一步,以营业收入为基础,减去营业成本、税金及附加、销售费用、管理费用、研发费用、财务费用,加上其他收益、投资收益(或减去投资损失)、净敞口套期收益(或减去净敞口套期损失)、公允价值变动收益(或减去公允价值变动损失)、资产减值损失、信用减值损失、资产处置收益(或减去资产处置损失),计算出营业利润。

第二步,以营业利润为基础,加上营业外收入,减去营业外支出,计算出利润总额。

第三步,以利润总额为基础,减去所得税费用,计算出净利润(或净亏损)。

第四步,以净利润(或净亏损)为基础,计算出每股收益。

第五步,以净利润(或净亏损)和其他综合收益为基础,计算出综合收益总额。

2. 利润表主要项目的填列说明

利润表各项目均需填列"本期金额"和"上期金额"两栏。

其中"上期金额"栏内各项数字,应根据上年该期利润表的"本期金额"栏内所列数字填列。"本期金额"栏内各期数字,除"基本每股收益"和"稀释每股收益"项目外,应当按照相关科目的发生额分析填列。如"税金及附加""销售费用""管理费用""投资收益""公允价值变动收益""信用减值损失""资产减值损失""资产处置收益""营业外收入""营业外支出""所得税费用"等项目,应根据其发生额分析填列。

"营业收入"项目,根据"主营业务收入""其他业务收入"科目的发生额分析计算填列;"营业成本"项目,根据"主营业务成本""其他业务成本"科目的发生额分析计算填列。

"研发费用"项目,应根据"管理费用"科目下的"研发费用"明细科目的发生额以及"管理费用"科目下"无形资产摊销"明细科目的发生额分析填列。"财务费用"项目,应根据"财务费用"科目的相关明细科目发生额分析填列。

根据表 12-4 中新纪元股份有限公司的损益类账户发生额资料编制的利润表如表 12-5 所示。

表 12-4 损益类账户发生额表

2021 年　　　　　　　　　　　　　　　　　　　　　　　　　　　　　　　单位:元

账户编码	账户名称	借方发生额	贷方发生额
6001	主营业务收入		1 250 000
6111	投资收益		31 415
6115	资产处置损益		50 000
6301	营业外收入		200 000
6401	主营业务成本	750 000	
6403	税金及附加	9 000	
6601	销售费用	20 000	
6602	管理费用	107 100	
6603	财务费用	31 500	
6701	资产减值损失	50 000	
6702	信用减值损失	900	
6711	营业外支出	19 700	
6801	所得税费用	135 804	

表 12-5 利润表

编制单位:新纪元股份有限公司　　　　　2021 年 12 月　　　　　　　　　　单位:元

项 目	本期金额	上期金额
一、营业收入	1 250 000	1 052 600
减:营业成本	750 000	678 000
税金及附加	9 000	6 800

续表

项　目	本期金额	上期金额
销售费用	20 000	18 500
管理费用	107 100	96 700
研发费用		
财务费用	31 500	39 800
其中：利息费用	31 500	39 800
利息收入		
加：其他收益		
投资收益(损失以"-"号填列)	31 415	28 400
其中：对联营企业和合营企业的投资		
以摊余成本计量的金融资产终止确认收益(损失以"-"号填列)		
净敞口套期收益(损失以"-"号填列)		
公允价值变动收益(损失以"-"号填列)		
信用减值损失(损失以"-"号填列)	-900	
资产减值损失(损失以"-"号填列)	-50 000	915
资产处置收益(损失以"-"号填列)	50 000	
二、营业利润(亏损以"-"号填列)	362 915	240 285
加：营业外收入	200 000	40 000
减：营业外支出	19 700	18 500
三、利润总额(亏损总额以"-"号填列)	543 215	261 785
减：所得税费用	135 804	86 300
四、净利润(净亏损以"-"号填列)	407 411	175 485
(一)持续经营净利润(净亏损以"-"号填列)		
(二)终止经营净利润(净亏损以"-"号填列)		
五、其他综合收益的税后净额	(略)	
(一)不能重分类进损益的其他综合收益		
1.重新计量设定受益计划变动额		
2.权益法下不能转损益的其他综合收益		
3.其他权益工具投资公允价值变动		
4.企业自身信用风险公允价值变动		
……		
(二)将重分类进损益的其他综合收益		
1.权益法下可转损益的其他综合收益		
2.其他债权投资公允价值变动		
3.金融资产重分类计入其他综合收益的金额		
4.其他债权投资信用减值准备		

续表

项 目	本期金额	上期金额
5.现金流量套期储备		
6.外币财务报表折算差额		
……		
六、综合收益总额		
七、每股收益		
(一)基本每股收益	—	—
(二)稀释每股收益		

四、现金流量表

(一)现金流量表的概念

现金流量表是反映企业在一定会计期间现金和现金等价物流入和流出的报表。现金是指企业的库存现金以及可以随时用于支付的存款，不能随时用于支付的存款不属于现金。现金等价物是指企业持有的期限短、流动性强、易于转换为已知金额现金、价值变动风险很小的投资。期限短，一般指从购买日起 3 个月内到期。企业应当根据具体情况，确定现金等价物的范围，且一经确定不得随意变更。

现金流量表按照收付实现制原则编制，将权责发生制下的盈利信息调整为收付实现制下的现金流量信息，便于信息使用者了解企业净利润的质量。

(二)现金流量表的作用

现金流量表具有以下三个方面的作用。

(1) 说明企业一定时期内现金流入、流出的原因，评价企业未来获取现金的能力。

(2) 说明企业的偿债能力和支付能力。企业获利的多少在一定程度上表明企业具有一定的支付能力，但企业一定时期内获得的利润并不代表企业真正具有偿债或支付能力。某些情况下，企业利润表上反映的经营业绩相当可观，但财务困难，到期债务无法偿付。现金流量表以收付实现制为基础直接反映企业当期的现金流入、流出，据此可了解企业现金流入、流出的构成，分析企业的偿债及支付能力。

(3) 通过净利润与经营活动的现金流量的差异可分析企业收益的质量及影响现金净流量的因素。

(三)现金流量的结构

在现金流量表中，现金及现金等价物被视为一个整体，企业现金形式的转换不会产生现金的流入和流出。例如，企业从银行提取现金，是企业现金存放形式的转换，并未流出企业，不构成现金流量。同样，现金与现金等价物之间的转换也不属于现金流量。例如，企业用现金购买三个月到期的国库券。根据企业业务活动的性质和现金流量的来源，现金流量表在结构上将企业一定期间产生的现金流量分为三类：经营活动产生的现金流量、投资活动产生的现金流量和筹资活动产生的现金流量。现金流量表的具体格式见表12-6所示。

(四)现金流量表的填列方法

现金流量表的正表通常采用直接填列法填制。直接法是指通过现金收入和现金支出的主要类别直接反映企业经营活动产生的现金流量。采用直接法编制现金流量表时,可以根据有关账户记录分析填列,也可以采用工作底稿法或T型账户法。本章主要介绍根据有关账户记录分析编制现金流量表。

1. 经营活动产生的现金流量

(1) "销售商品、提供劳务收到的现金"项目,反映企业销售商品、提供劳务实际收到的现金(含销售收入和应向购买者收取的增值税税额),包括本期销售商品、提供劳务收到的现金,以及前期销售商品、提供劳务本期收到的现金和本期预收的账款,减去本期退回本期销售的商品和前期销售本期退回的商品而支付的现金。企业销售材料和代购代销业务收到的现金,也在本项目反映。本项目根据"库存现金""银行存款""应收账款""应收票据""预收账款""主营业务收入""其他业务收入"等账户的记录分析填列。通常可以采用以下公式。

销售商品、提供劳务收到的现金=当期销售商品、提供劳务收到的现金(价、税)+当期收回前期的应收票据+当期预收的款项-当期销售退回而支付的现金+当期收回前期核销的坏账损失

(2) "收到的税费返还"项目,反映企业收到返还的各种税费,包括收到返还的增值税、消费税、关税、所得税、教育费附加等。本项目可根据"库存现金""银行存款""营业外收入"等账户的记录分析填列。

(3) "收到的其他与经营活动有关的现金"项目,反映企业除了上述各项目以外所收到的其他与经营活动有关的现金,如罚没收入、租赁固定资产收到的现金、流动资产损失中由个人赔偿的现金收入、除税费返还外的其他政府补贴收入等。若某项其他与经营活动有关的现金流入金额较大,则应单列项目反映。本项目可以根据"库存现金""银行存款""管理费用""销售费用"等账户的记录分析填列。

(4) "购买商品、接受劳务支付的现金"项目,反映企业购买材料及商品、接受劳务实际支付的现金,包括本期购买材料及商品、接受劳务支付的现金(包括增值税进项税额),本期支付前期购买商品、接受劳务的未付款以及本期预付账款,扣除本期发生的购货退回而收到的现金。本项目可以根据"库存现金""银行存款""应付账款""应付票据""预付账款""主营业务成本""其他业务成本"等账户的记录分析填列。通常可以采用以下公式。

购买商品、接受劳务支付的现金=当期购买商品、接受劳务支付的现金+当期支付前期的应付账款和应付票据+当期预付的账款-当期因购货退回收到的现金

(5) "支付给职工以及为职工支付的现金"项目,反映企业实际支付给职工,以及为职工支付的现金,包括本期实际支付给职工的工资、奖金、各种津贴和补贴等,以及为职工支付的其他费用。企业代扣代缴的职工个人所得税也在本项目反映。本项目不包括支付给

离退休人员的各项费用及支付给在建工程人员的工资及其他费用。对于企业支付给离退休人员的各项费用(包括支付的统筹退休金以及未参加统筹的退休人员的费用)，在"支付的其他与经营活动有关的现金"项目中反映，对于支付给在建工程人员的工资及其他费用，在"购建固定资产、无形资产和其他长期资产支付的现金"项目反映。

对于企业为职工支付的医疗、工伤、生育等社会保险基金、补充养老保险、住房公积金，企业为职工交纳的商业保险金，因解除与职工劳动关系给予的补偿，现金结算的股份支付，以及企业支付给职工或为职工支付的其他福利费等，应根据职工的工作性质和服务对象，分别在"购建固定资产、无形资产和其他长期资产支付的现金"和"支付给职工以及为职工支付的现金"项目中反映。本项目可以根据"应付职工薪酬""库存现金""银行存款"等账户的记录分析填列。

(6) "支付的各项税费"项目，反映企业按规定支付的各种税费，包括企业本期发生并支付的税费，以及本期交付以前各期发生的税费和预交的税金，如支付的所得税、消费税、土地增值税、房产税、车船使用税、印花税、教育费附加等，但不包括计入固定资产价值、实际支付的耕地占用费等，以及本期退回的增值税、所得税，本期退回的增值税、所得税在"收到的税费返还"项目反映。本项目可以根据"应交税费""库存现金""银行存款"等账户的记录分析填列。

(7) "支付的其他与经营活动有关的现金"项目，反映企业除上述各项目外所支付的其他与经营活动有关的现金，如罚款支出、支付的差旅费、业务招待费、保险费、经营租赁支付的现金等。若其他与经营活动有关的现金流出金额较大，则应单列项目反映。本项目可以根据"库存现金""银行存款""管理费用""营业外支出"等账户的记录分析填列。

2. 投资活动产生的现金流量

(1) "收回投资收到的现金"项目，反映企业出售、转让或到期收回除现金等价物以外的交易性金融资产、债权投资、长期股权投资、投资性房地产而收到的现金，但不包括债权性投资收回的利息、收回的非现金资产，以及处置子公司及其他营业单位收到的现金净额。对于债权性投资收回的本金，在本项目反映，而对于债权性投资收回的利息，不在本项目中反映，而是在"取得投资收益收到的现金"项目中反映。对于处置子公司及其他营业单位收到的现金净额，则单设项目反映。本项目可以根据"交易性金融资产""长期股权投资""债权投资""投资性房地产""库存现金""银行存款"等账户的记录分析填列。

(2) "取得投资收益收到的现金"项目，反映企业因股权性投资而分得的现金股利，从子公司、联营企业或合营企业分回利润而收到的现金，以及因债权性投资而取得的现金利息收入。股票股利不在本项目中反映；包括在现金等价物范围内的债券性投资，其利息收入在本项目中反映。本项目可以根据"应收股利""应收利息""投资收益""库存现金""银行存款"等账户的记录分析填列。

(3) "处置固定资产、无形资产和其他长期资产收回的现金净额"项目，反映企业处置固定资产、无形资产和其他长期资产收到的现金，减去为处置这些资产而支付的有关费用后的净额，包括因自然灾害所造成的固定资产等长期资产损失而收到的保险赔款收入。如果所收回的现金净额为负数，则应在"支付的其他与投资活动有关的现金"项目中反映。本项目可以根据"固定资产清理""库存现金""银行存款"等账户的记录分析填列。

(4)"处置子公司及其他营业单位收到的现金"项目,反映企业处置子公司及其他营业单位所取得的现金,减去子公司或其他营业单位持有的现金和现金等价物以及相关处置费用后的净额。本项目可以根据"长期股权投资""库存现金""银行存款"等账户的记录分析填列。

(5)"收到的其他与投资活动有关的现金"项目,反映企业除了上述各项目以外,所收到的其他与投资活动有关的现金。例如,企业收回购买股票和债券时支付的已宣告但尚未领取的现金股利或已到付息期但尚未领取的债券利息。若其他与经营活动有关的现金流入金额较大,应单列项目反映。本项目可根据"应收股利""应收利息""库存现金""银行存款"等账户的记录分析填列。

(6)"购建固定资产、无形资产和其他长期资产支付的现金"项目,反映企业购买、建造固定资产、取得无形资产和其他长期资产实际支付的现金。本项目不包括为购建固定资产而发生的借款利息资本化的部分,以及以租赁方式租入的使用权资产支付的租赁费;企业支付的借款利息和以租赁方式租入的使用权资产支付的租赁费,在筹资活动产生的现金流量中反映。本项目可以根据"固定资产""使用权资产""在建工程""工程物资""无形资产""库存现金""银行存款"等账户的记录分析填列。

(7)"投资所支付的现金"项目,反映企业进行权益性投资和债权性投资所支付的现金,包括企业取得的除现金等价物以外的交易性金融资产、债权投资、其他债权投资等支付的现金,以及支付的佣金、手续费等交易费用;企业购买债券的价款中含有债券利息的,以及溢价或折价购入的,均按实际支付的金额反映。

企业购买股票和债券时,实际支付的价款中包含的已宣告但尚未领取的现金股利或已到付息期但尚未领取的债券利息,应在"支付的其他与投资活动有关的现金"项目中反映;收回购买股票和债券时支付的已宣告但尚未领取的现金股利或已到付息期但尚未领取的债券利息,应在"收到的其他投资活动有关的现金"项目中反映。

本项目可以根据"交易性金融资产""债权投资""其他债权资产""投资性房地产""长期股权投资""库存现金""银行存款"等账户的记录分析填列。

(8)"取得子公司及其他营业单位支付的现金净额"项目,反映企业取得子公司及其他营业单位购买出价中以现金支付的部分,减去子公司及其他营业单位持有的现金和现金等价物后的净额。本项目可根据"长期股权投资""库存现金""银行存款"等账户的记录分析填列。

(9)"支付的其他与投资活动有关的现金"项目,反映除上述各项目外所支付的其他与投资活动有关的现金,如购买股票时实际支付的价款中包含的已宣告而尚未领取的现金股利,购买债券时支付的价款中包含的已到期但尚未领取的债券利息等。如果某项其他与投资活动有关的现金流出金额较大,则应将其单列项目反映。本项目可以根据"应收股利""应收利息""库存现金""银行存款"等账户的记录分析填列。

3. 筹资活动产生的现金流量

(1)"吸收投资收到的现金"项目,反映企业以发行股票、债券等方式筹集资金实际收到的款项净额(发行收入减去支付的佣金等发行费用后的净额)。对于以发行股票等方式筹集资金而由企业直接支付的审计、咨询费用,则不在本项目反映,而在"支付的其他与筹资活动有关的现金"项目反映。本项目可以根据"实收资本(或股本)""库存现金""银行存款"等账户的记录分析填列。

(2) "借款所收到的现金"项目，反映企业举借各种短期、长期借款所收到的现金。本项目可以根据"短期借款""长期借款""库存现金""银行存款"等账户的记录分析填列。

(3) "收到的其他与筹资活动有关的现金"项目，反映企业除上述各项目外收到的其他与筹资活动有关的现金，如接受现金捐赠等。若某项其他与筹资活动有关的现金流入金额较大，则应将其单列项目反映。本项目可以根据"营业外收入""库存现金""银行存款"等账户的记录分析填列。

(4) "偿还债务所支付的现金"项目，反映企业偿还债务本金所支付的现金，包括偿还金融企业的借款本金、偿还企业到期的债券本金等。企业支付的借款利息和债券利息在"分配股利、利润或偿付利息支付的现金"项目反映，不包括在本项目内。本项目可以根据"短期借款""长期借款""交易性金融资产""应付债券""库存现金""银行存款"等账户的记录分析填列。

(5) "分配股利、利润或偿付利息支付的现金"项目，反映企业实际支付的现金股利、支付给其他投资单位的利润或用现金支付的借款利息、债券利息等。本项目可以根据"应付股利""应付利息""利润分配""财务费用""在建工程""制造费用""研发支出""库存现金""银行存款"等账户的记录分析填列。

(6) "支付的其他与筹资活动有关的现金"项目，反映企业除上述各项目外所支付的其他与筹资活动有关的现金，如以发行股票、债券等方式筹集资金而由企业直接支付的审计、咨询等费用，以租赁方式租入的使用权资产所支付的租赁费等。若某项其他与筹资活动有关的现金流出金额较大，则应将其单列项目反映。本项目可以根据"营业外支出""长期应付款""库存现金""银行存款"等账户的记录分析填列。

4. 汇率变动对现金及现金等价物的影响

汇率变动对现金及现金等价物的影响，指企业外币现金流量及境外子公司的现金流量折算成记账本位币时，所采用的是现金流量发生日的即期汇率或按照系统合理的方法确定的、与现金流量发生日即期汇率近似的汇率，而现金流量表"现金及现金等价物净增加额"项目中外币现金净增加额是按资产负债表日的即期汇率折算的。这两者的差额即为汇率变动对现金的影响。

以例12-3及相关资料为例所编制的现金流量如表12-6所示。

表12-6 现金流量表

编制单位：新纪元股份有限公司　　　　2021年12月　　　　　　　　　　　单位：元

项　　目	本期金额	上期金额
一、经营活动产生的现金流量：		
销售商品、提供劳务收到的现金	1 618 726	1 260 000
收到的税费返还		
收到其他与经营活动有关的现金		
经营活动现金流入小计	1 618 726	1 260 000

续表

项　　目	本期金额	上期金额
购买商品、接受劳务支付的现金	537 000	334 685
支付给职工以及为职工支付的现金	550 000	254 000
支付的各项税费	110 000	215 000
支付其他与经营活动有关的现金		45 000
经营活动现金流出小计	1 197 000	848 685
经营活动产生的现金流量净额	421 726	411 315
二、投资活动产生的现金流量：		
收回投资收到的现金	285 500	17 340
取得投资收益收到的现金	31 500	28 000
处置固定资产、无形资产和其他长期资产收回的现金净额	30 300	234 600
处置子公司及其他营业单位收到的现金净额		
收到其他与投资活动有关的现金		
投资活动现金流入小计	347 300	279 940
购建固定资产、无形资产和其他长期资产支付的现金	384 000	387 600
投资支付的现金		
取得子公司及其他营业单位支付的现金净额		
支付其他与投资活动有关的现金		
投资活动现金流出小计	384 000	387 600
投资活动产生的现金流量净额	-36 700	-107 660
三、筹资活动产生的现金流量：		
吸收投资收到的现金	7 920 000	
取得借款收到的现金	400 000	800 000
收到其他与筹资活动有关的现金	200 000	500 000
筹资活动现金流入小计	8 520 000	1 300 000
偿还债务支付的现金	1 262 500	650 000
分配股利、利润或偿付利息支付的现金		10 860
支付其他与筹资活动有关的现金		
筹资活动现金流出小计	1 262 500	660 860
筹资活动产生的现金流量净额	7 257 500	639 140
四、汇率变动对现金及现金等价物的影响		
五、现金及现金等价物净增加额	7 642 526	942 795
加：期初现金及现金等价物余额	1 421 315	468 520
六、期末现金及现金等价物余额	9 063 841	1 411 315

五、所有者权益变动表

(一)所有者权益变动表的概念

所有者权益变动表是指反映构成所有者权益的各组成部分当期增减变动情况的报表。

(二)所有者权益变动表的作用

所有者权益变动表应当全面反映一定时期所有者权益变动的情况，不仅包括所有者权益总量的增减变动，还应包括所有者权益增减变动的重要结构性信息，让报表使用者准确理解所有者权益增减变动的根源，进而对企业的资本保值增值情况作出正确判断，为进一步决策提供有用的信息。

(三)所有者权益变动表的内容和结构

1. 所有者权益变动表的内容

在所有者权益变动表中，综合收益和所有者(或股东)的资本交易导致的所有者权益的变动，应当分别列示。企业至少应当单独列示反映下列信息的项目。

(1) 综合收益总额。
(2) 会计政策变更和前期差错更正的累积影响金额。
(3) 所有者投入资本和向所有者分配利润等。
(4) 提取的盈余公积。
(5) 所有者权益各组成部分的期初和期末余额及其调节情况。

2. 所有者权益变动表的结构

为了清楚表明构成所有者权益的各组成部分当期的增减变动情况，所有者权益变动表应当以矩阵的形式列示：一方面，列示导致所有者权益变动的交易或事项，即所有者权益变动的来源，对一定时期所有者权益的变动情况进行全面反映；另一方面，按照所有者权益各组成部分(即实收资本、其他权益工具、资本公积、库存股、其他综合收益、盈余公积、未分配利润)列示交易或事项对所有者权益各部分的影响。此外，企业还需要提供比较所有者权益变动表，并对表内各项目再分为"本年金额"和"上年金额"两栏分别填列。

(四)所有者权益变动表的编制

1. 所有者权益变动表项目的填列方法

所有者权益变动表各项目均需填列"本年金额"和"上年金额"两栏。

所有者权益变动表"上年金额"栏内各项数字，应根据上年度所有者权益变动表"本年金额"栏内所列数字填列。上年度所有者权益变动表规定的各个项目的名称和内容同本年度不一致的，应对上年度所有者权益变动表各项目的名称和数字按照本年度的规定进行调整，填入所有者权益变动表的"上年金额"栏内。

所有者权益变动表"本年金额"栏内各项数字一般应根据"实收资本(或股本)""其他

权益工具""资本公积""库存股""其他综合收益""专项储备""盈余公积""利润分配""以前年度损益调整"科目的发生额分析填列。

企业的净利润及其分配情况作为所有者权益变动的组成部分,不需要单独编制利润分配表列示。

2. 所有者权益变动表的主要项目说明

(1)"上年年末余额"项目,反映企业上年资产负债表中实收资本(或股本)、其他权益工具、资本公积、库存股、其他综合收益、专项储备、盈余公积、未分配利润的年末余额。

(2)"会计政策变更""前期差错更正"项目,分别反映企业采用追溯调整法处理的会计政策变更的累积影响金额和采用追溯重述法处理的会计差错更正的累积影响金额。

(3)"本年增减变动金额"项目。

① "综合收益总额"项目,反映净利润和其他综合收益扣除所得税影响后的净额相加后的合计金额。

② "所有者投入和减少资本"项目,反映企业当年所有者投入的资本和减少的资本。

a. "所有者投入的普通股"项目,反映企业接受投资者投入形成的实收资本(或股本)和资本溢价或股本溢价。

b. "其他权益工具持有者投入资本"项目,反映企业发行的除普通股以外分类为权益工具的金融工具的持有者投入资本的金额。

c. "股份支付计入所有者权益的金额"项目,反映企业处于等待期中的权益结算的股份支付当年计入资本公积的金额。

③ "利润分配"项目,反映企业当年的利润分配金额。

④ "所有者权益内部结转"项目,反映企业构成所有者权益的组成部分之间当年的增减变动情况。

a. "资本公积转增资本(或股本)"项目,反映企业当年以资本公积转增资本或股本的金额。

b. "盈余公积转增资本(或股本)"项目,反映企业当年以盈余公积转增资本或股本的金额。

c. "盈余公积弥补亏损"项目,反映企业当年以盈余公积弥补亏损的金额。

d. "设定受益计划变动额结转留存收益"项目,反映企业因重新计量设定受益计划净负债或净资产所产生的变动计入其他综合收益,结转至留存收益的金额。

e. "其他综合收益结转留存收益"项目,主要反映:第一,企业指定为以公允价值计量且其变动计入其他综合收益的非交易性权益工具投资终止确认时,之前计入其他综合收益的累计利得或损失从其他综合收益中转入留存收益的金额;第二,企业指定为以公允价值计量且其变动计入当期损益的金融负债终止确认时,之前由企业自身信用风险变动引起而计入其他综合收益的累计利得或损失从其他综合收益中转入留存收益的金额等。

以例 12-3 及相关资料为例所编制的所有者权益变动表如表 12-7 所示。

表 12-7 所有者权益变动表

编制单位：新纪元股份有限公司　　2021 年度　　会企 04 表　单位：元

项目	本年金额									上年金额								
	实收资本(或股本)	其他权益工具			资本公积	减：库存股	其他综合收益	盈余公积	未分配利润	所有者权益合计	实收资本(或股本)	其他权益工具			资本公积	减：库存股	其他综合收益	盈余公积	未分配利润	所有者权益合计
		优先股	永续债	其他								优先股	永续债	其他						
一、上年末余额	5 000 000																			
加：会计政策变更																				
前期差错更正																				
其他																				
二、本年初余额	5 000 000							150 000	200 000	5 363 000										
三、本年增减变动金额(减少以"-"号填列)																				
(一)综合收益总额									407 411	407 411										
(二)所有者投入和减少资本	5 000 000				2 920 000					7 920 000										
1. 所有者投入的普通股																				
2. 其他权益工具持有人投入资本																				
3. 股份支付计入所有者权益的金额																				
4. 其他										0										
(三)利润分配								81 482	-81 482	-60 000										
1. 提取盈余公积																				
2. 对所有者(或股东)的分配									-60 000											
3. 其他																				
(四)所有者权益内部结转																				
1. 资本公积转增资本(或股本)																				
2. 盈余公积转增资本(或股本)																				
3. 盈余公积弥补亏损																				
4. 设定受益计划变动额结转留存收益																				
5. 其他综合收益结转留存收益																				
6. 其他																				
四、本年末余额	10 000 000				2 933 000			231 482	465 929	13 630 411	5 000 000				13 000			150 000	200 000	5 363 000

六、附注

(一)附注概述

附注是对资产负债表、利润表、现金流量表和所有者权益变动表等报表中列示项目的文字描述或明细资料,以及对未能在这些报表中列示项目的说明等。

附注主要起到两方面的作用:第一,附注的披露,是对资产负债表、利润表、现金流量表和所有者权益变动表列示项目含义的补充说明,以帮助财务报表使用者更准确地把握其含义。例如,通过阅读附注中披露的固定资产折旧政策的说明,使用者可以掌握报告企业与其他企业在固定资产折旧政策上的异同,以便进行更准确的比较。第二,附注提供了对资产负债表、利润表、现金流量表和所有者权益变动表中未列示项目的详细或明细说明。例如,通过阅读附注中披露的存货增减变动情况,财务报表使用者可以了解资产负债表中未单列的存货分类信息。

通过附注与资产负债表、利润表、现金流量表和所有者权益变动表列示项目的相互参照关系,以及对未能在财务报表中列示项目的说明,可以使财务报表使用者全面了解企业的财务状况、经营成果和现金流量以及所有者权益的情况。

(二)附注的主要内容

附注是财务报表的重要组成部分。根据企业会计准则的规定,企业应当按照如下顺序披露附注的内容。

1. 企业的基本情况

(1) 企业注册地、组织形式和总部地址。

(2) 企业的业务性质和主要经营活动。

(3) 母公司以及集团最终母公司的名称。

(4) 财务报告的批准报出者和财务报告的批准报出日。

(5) 营业期限有限的企业,还应当披露有关营业期限的信息。

2. 财务报表的编制基础

财务报表的编制基础是指财务报表是在持续经营基础上还是非持续经营基础上编制的。企业一般是在持续经营基础上编制财务报表,清算、破产属于非持续经营基础。

3. 遵循企业会计准则的声明

企业应当声明编制的财务报表符合企业会计准则的要求,真实、完整地反映企业的财务状况、经营成果和现金流量等有关信息,以此明确企业编制财务报表所依据的制度基础。

4. 重要会计政策和会计估计

企业应当披露采用的重要会计政策和会计估计,不重要的会计政策和会计估计可以不披露。在披露重要会计政策和会计估计时,企业应当披露重要会计政策的确定依据和财务报表项目的计量基础,以及会计估计中所采用的关键假设和不确定因素。

会计政策的确定依据，主要是指企业在运用会计政策过程中所作的对报表中确认的项目金额最具影响的判断，有助于财务报表使用者理解企业选择和运用会计政策的背景，增加财务报表的可理解性。财务报表项目的计量基础，是指企业计量该项目采用的是历史成本、重置成本、可变现净值、现值还是公允价值，这直接影响财务报表使用者对财务报表的理解和分析。

在确定财务报表中确认的资产和负债的账面价值过程中，企业需要对不确定的未来事项在资产负债表日对这些资产和负债的影响加以估计，如企业预计固定资产未来现金流量采用的折现率和假设。这类假设的变动对这些资产和负债项目金额的确定影响很大，有可能会在下一个会计年度内作出重大调整，因此，强调这一披露要求，有助于提高财务报表的可理解性。

5. 会计政策和会计估计变更以及差错更正的说明

企业应当按照会计政策、会计估计变更和差错更正会计准则的规定，披露会计政策和会计估计变更以及差错更正的有关情况。

6. 报表重要项目的说明

企业对报表重要项目的说明，应当按照资产负债表、利润表、现金流量表、所有者权益变动表及其项目列示的顺序，采用文字和数字描述相结合的方式进行披露。报表重要项目的明细金额合计应当与报表项目金额相衔接，主要包括以下重要项目：应收款项、存货、长期股权投资、投资性房地产、固定资产、无形资产、职工薪酬、应交税费、短期借款和长期借款、应付债券、长期应付款、营业收入、公允价值变动收益、投资收益、资产减值损失、营业外收入、营业外支出、所得税费用、其他综合收益、政府补助、借款费用。

7. 或有和承诺事项、资产负债表日后非调整事项、关联方关系及其交易等需要说明的事项

对于或有和承诺事项、资产负债表日后非调整事项、关联方关系及其交易等需要说明的事项，企业应当按照相关会计准则的规定进行披露。

8. 有助于财务报表使用者评价企业管理资本的目标、政策及程序的信息

资本管理受行业监管部门监管的金融等行业企业，除遵循相关监管要求外，还应当按照会计准则的规定，在财务报表附注中披露有助于财务报表使用者评价企业管理资本的目标、政策及程序的信息，对企业资本管理进行说明。

本章小结

虽然财务会计通过日常核算可以提供反映企业财务状况和经营成果等方面的会计信息，但反映在会计凭证和账簿上的资料比较分散，不易于理解和利用，很难满足信息使用者的需要。因此，有必要在日常核算的基础上，根据会计信息使用者的需要，定期对日常核算进行加工处理和分类，通过编制财务报告，来总括、综合、清晰明了地反映企业的财

务状况、经营成果以及资金的来源和运用情况等，从而实现财务会计的目标。本章主要介绍了财务报告的作用、组成、编制的要求；资产负债表、利润表和现金流量表、所有者权益变动表的概念、作用、格式及编制方法。

课后习题

一、单项选择题

1. "应收账款"账户明细账中若有贷方余额，应将其计入资产负债表中的(　　)项目。
   A. 应收账款　　B. 预收账款　　C. 应付账款　　D. 其他应付款
2. 下列资产负债表项目中，应根据几个总账账户余额计算填列的是(　　)。
   A. 应付账款　　B. 资本公积　　C. 货币资金　　D. 长期借款
3. 下列资产负债表项目中，可直接根据有关总账余额填列的是(　　)。
   A. 货币资金　　B. 短期借款　　C. 存货　　D. 应收账款
4. 下列项目中，不应在资产负债表"存货"项目反映的是(　　)。
   A. 生产成本　　　　　　　B. 受托代销商品
   C. 委托加工物资　　　　　D. 工程物资
5. 下列项目中，属于资产负债表中流动负债项目的是(　　)。
   A. 长期应付款　　B. 应付债券　　C. 其他应付款　　D. 长期借款
6. 利润表中，根据账户的贷方发生额分析填列的项目是(　　)。
   A. 营业收入　　　　　　　B. 营业成本
   C. 研发费用　　　　　　　D. 税金及附加
7. 现金流量表编制方法中的"直接法"和"间接法"是用来反映(　　)的。
   A. 投资活动的现金流量　　　B. 筹资活动的现金流量
   C. 经营活动的现金流量　　　D. 上述三项活动的现金流量
8. 下列各项中，应列入利润表"营业收入"项目的是(　　)。
   A. 销售材料取得的收入　　　B. 接受捐赠收到的现金
   C. 出售专利权取得的净收益　D. 出售自用房产取得的净收益
9. 对于将于一年内到期的长期借款，在资产负债表中应在(　　)项目中列示。
   A. 长期借款　　　　　　　B. 短期借款
   C. 一年内到期的非流动负债　D. 其他长期负债
10. 下列各项中，应列入利润表"税金及附加"项目的是(　　)。
    A. 进口原材料应交的关税　　B. 购进生产设备应交的增值税
    C. 处置房屋应交的增值税　　D. 销售自产应税化妆品应交的消费税

二、多项选择题

1. 下列各项中，影响利润表中"营业利润"项目的有(　　)。
   A. 盘亏固定资产净损失　　　B. 计提固定资产减值准备
   C. 发生的所得税费用　　　　D. 出售无形资产的净收益

2. 在资产负债表中,作为"存货"项目列示的有( )。
   A. 材料采购　　　　　　　　　　B. 在途物资
   C. 委托代销商品　　　　　　　　D. 生产成本
3. 下列各项中,应列入资产负债表"其他应付款"项目的是( )。
   A. 应付租入包装物租金　　　　　B. 应付银行短期借款的利息
   C. 应付股东的股利　　　　　　　D. 应付由企业负担的职工社会保险费
4. 下列各项中,影响企业营业利润的项目有( )。
   A. 销售费用　　B. 投资收益　　C. 管理费用　　D. 所得税费用
5. 下列各资产负债表项目中,应根据明细账户余额分析填列的有( )。
   A. 应收账款　　B. 预收账款　　C. 应付账款　　D. 预付账款
6. 资产负债表中的应付账款项目应根据( )填列。
   A. 应付账款所属明细账贷方余额合计　　B. 预付账款所属明细账贷方余额合计
   C. 应付账款总账余额　　　　　　　　　D. 应付账款所属明细账借方余额合计
7. 一项投资被确认为现金等价物必须同时具备的条件有( )。
   A. 期限短　　　　　　　　　　　B. 流动性强
   C. 易于转换为已知金额的现金　　D. 价值变动风险很小
8. 下列属于会计报表附注应提供的信息的有( )。
   A. 重要会计政策和会计估计
   B. 会计政策和会计估计变更以及差错更正的说明
   C. 报表重要项目的说明
   D. 或有承诺事项、资产负债表日后非调整事项、关联方关系及其交易等需要说明的事项
9. 下列各项中,应列入利润表"营业成本"项目的有( )。
   A. 以经营租赁方式出租设备计提的折旧额　　B. 出租非专利技术计提的摊销额
   C. 出售商品的成本　　　　　　　　　　　　D. 对外提供劳务的成本
10. 下列活动中,产生的现金流量属于由投资活动产生的有( )。
    A. 固定资产的购建与处置　　　　B. 无形资产的购建与处置
    C. 债权性投资的利息收入　　　　D. 以现金形式收回的投资本金

三、判断题

1. 增值税应在利润表的"税金及附加"项目中反映。( )
2. 利润表是反映企业在一定会计期间经营成果的报表。( )
3. 对于资产负债表中的"长期借款"项目,应根据"长期借款"总账余额填列。( )
4. "利润分配"总账的年末余额不一定与资产负债表中"未分配利润"项目的数额一致。( )
5. 资产负债表中,"无形资产"项目反映各项无形资产抵减无形资产减值准备后的净额。( )
6. 我国规定资产负债表的格式采用账户式结构。( )
7. 现金各项目之间、现金与非现金各项之间的增减变动,均会影响企业现金流量净额

的变动。（　）

8. 资产负债表是静态会计报表，利润表是动态会计报表。（　）

9. 所有者权益变动表"未分配利润"项目的本年年末余额应当与本年资产负债表"未分配利润"项目的年末余额相等。（　）

10. 如果编制的财务会计报告未遵守基本会计假设，必须在会计报表附注中予以披露。（　）

四、业务操作题

目的：练习财务报表的编制。

要求：(1) 根据华新公司 2021 年发生的经济业务编制相关会计分录。

(2) 编制该公司 2021 年年末的资产负债表、利润表。

资料：华新股份有限公司为一般纳税人企业，所得税税率为 25%，增值税税率为 13%；原材料采用计划成本核算。该公司 2021 年年初有关账户的余额如表 12-8 所示。

表 12-8　新华股份有限公司 2021 年年初有关账户的余额

科目名称	借方期初金额	科目名称	贷方期初金额
库存现金	7 600	短期借款	300 000
银行存款	580 000	应付票据	50 000
其他货币资金	500 000	应付账款	890 000
交易性金融资产	30 000 000	预收账款	9 000 000
应收票据	15 000	应付利息	42 000
应收账款	400 000	其他应付款	
坏账准备	−800	应交税费	
应收股利	150 000	应付股利	36 000
其他应收款	18 000	长期借款	800 000
在途物资	18 000	长期应付款	
原材料	180 000	实收资本	24 461 600
库存商品	1 020 000	资本公积	1 250 000
周转材料	31 000	盈余公积	730 000
债权投资	400 000	未分配利润	560 000
长期股权投资	500 000		
固定资产	1 500 000		
累计折旧	−400 000		
固定资产减值准备	−6 000		
在建工程	2 000 000		
无形资产	800 000		
合计	37 712 800	合计	37 712 800

华新公司 2021 年发生的经济业务如下。

① 购入原材料一批，取得的增值税专用发票上注明的原材料价款 150 000 元，增值税税额为 19 500 元，款项以银行存款支付，材料已验收入库。

② 销售产品一批，销售价款 1 500 000 元，增值税税额为 195 000 元，该批产品已经发出，已收款项 877 500 元，余款尚未收到。该企业主营业务成本于期末一次结转。

③ 企业出售所持有的 A 上市公司股票，该股票取得时的成本为 150 000 元，公允价值变动为借方 20 000 元，出售价格为 200 000 元，款项收到存入银行。

④ 购入不需安装的设备一台，价款 400 000 元，增值税税额为 52 000 元，全部款项均已用银行存款支付。设备已交付使用。

⑤ 以银行存款偿还长期借款 25 000 元。

⑥ 分配应支付的职工工资 300 000 元。其中，生产工人工资 150 000 元，行政管理部门人员工资 75 000 元，在建工程人员工资 75 000 元。

⑦ 通过银行支付工资 300 000 元。

⑧ 计提固定资产折旧 225 000 元，其中，计入制造费用 150 000 元，管理费用 75 000 元。

⑨ 生产产品领用原材料 600 000 元。

⑩ 期末，将制造费用 150 000 元分配计入产品生产成本。

⑪ 计算并结转本期完工产品成本 900 000 元。没有期初在产品，本期生产的产品全部完工入库。

⑫ 期末，结转本期主营业务成本 900 000 元。

⑬ 发生长期借款利息费用 75 000 元。其中，计入财务费用的为 45 000 元，应由在建工程负担的利息费用为 30 000 元，利息尚未支付。

⑭ 将各损益类账户结转至本年利润。

⑮ 计提并结转本期应交所得税(税率为 25%)。

⑯ 按净利润的 10%提取法定盈余公积。

⑰ 将"本年利润"科目及利润分配各明细科目的余额转入"利润分配——未分配利润"明细科目。

⑱ 以银行存款缴纳所得税。

微课视频

扫一扫，获取本章相关微课视频。

12　资产负债表

参 考 文 献

[1]《企业会计准则第 14 号——收入》(财会〔2017〕22 号),财政部.
[2]《关于深化增值税改革有关政策的公告》(〔2019 年〕第 39 号),财政部.
[3] 财政部会计资格评价中心. 中级会计实务[M]. 北京:经济科学出版社,2022.
[4] 财政部会计资格评价中心. 初级会计实务[M]. 北京:中国财政经济出版社,2022.
[5] 胡生夕,项丽霞. 财务会计理论与实训[M]. 北京:中国人民大学出版社,2010.
[4] 唐东升,黄骥. 企业会计核算与报告[M]. 北京:中国人民大学出版社,2010.
[6] 甄立敏. 财务会计[M]. 南京:南京大学出版社,2008.
[7] 杨印山. 财务会计及实训[M]. 北京:北京理工大学出版社,2010.
[8] 鲁亮升. 财务会计[M]. 北京:清华大学出版社,2009.
[9] 刘永泽,陈立军. 中级财务会计[M]. 大连:东北财经大学出版社,2009.
[10] 黄晓榕,陈科虹. 财务会计[M]. 北京:高等教育出版社,2006.
[11] 张利,翟雪改. 新编财务会计[M]. 大连:大连理工大学出版社,2008.
[12] 贾白. 财务会计新教程[M]. 北京:北京师范大学出版社,2009.
[13] 沈应仙. 财务会计[M]. 北京:中国人民大学出版社,2009.
[14] 孔德兰. 企业财务会计[M]. 北京:高等教育出版社,2011.
[15] 曹邦英. 企业负债筹资风险分析及控制[J]. 四川大学学报(哲学社会科学版),2006(06).